ROWOHLT
BERLIN

Volker Mauersberger

Hitler in Weimar
Der Fall einer deutschen Kulturstadt

Rowohlt · Berlin

1. Auflage März 1999
Copyright © 1999 by Rowohlt · Berlin Verlag GmbH, Berlin
Alle Rechte vorbehalten
Umschlaggestaltung Walter Hellmann
(Foto: Stadtarchiv Weimar)
Satz aus der Centennial PostScript PageOne
Gesamtherstellung Clausen & Bosse, Leck
Printed in Germany
ISBN 3 87134 340 4

Für Wolfgang Held

«*Übers Niederträchtige, niemand sich beklage,
denn es ist das Mächtige,
was man Dir auch sage.
In dem Schlechten waltet es,
sich zum Hochgewinne.
Und mit Rechtem schaltet es –
ganz nach seinem Sinne.*»

Johann Wolfgang von Goethe

Inhalt

Die Affäre Loeb –
Der Antisemitismus wird gesellschaftsfähig

Hitler in Weimar –
Ein besonderes Verhältnis und seine Folgen

Der Schreibtischtäter –
Mit Wilhelm Frick an die Macht

Jedem das Seine –
Weimar und Buchenwald

Vorwort

Weimar ist zuallererst Reminiszenz: Erinnerung an die Zeit der Klassik, an Goethe, Herder und Schiller, an die silberne Zeit von Franz Liszt und an den kurzen Aufbruch in die Moderne, für die Namen wie Henry van de Velde, Harry Graf Kessler und Walter Gropius stehen; aber Weimar ist auch ein dubioser Nietzsche-Kult, das Scheitern der hier gegründeten «Weimarer Republik» und Hitlers früher Einzug in die Dichterstadt. Für Anna Seghers ist Weimar «der beste und der schlimmste Ort der Geschichte» gewesen. Zu Beginn seiner Goethe-Vorlesung im Jahre 1949 erklärte der aus dem Exil zurückgekehrte Germanist Richard Alewyn: «Zwischen uns und Weimar liegt Buchenwald.» Immer wieder ist das Janusköpfige dieser Stadt beschworen worden. Weimar war auch der Ort, an dem die Selbstaufgabe des intellektuellen Bürgertums und der kulturellen Elite stattfand und steht so für das Mißlingen einer angemessenen Beziehung von Geist und Macht und für das besonders in Deutschland krasse Mißverhältnis von Intellektualität und Politik.

Weimar, die kleine, weltberühmte Stadt im Herzen von Deutschland, hat seine geistige Identität mit Klauen und Zähnen verteidigt. Nicht nur unter seinen Bewohnern, sondern auch bei den zahllosen Besuchern stellte sich ein «geistiges Heimatgefühl» ein, das sich mit den großen Dichtern und Denkern, mit Goethe und Schiller, Herder, Wieland und Nietzsche, natürlich auch mit der Musik eines Johann Sebastian Bach und Franz Liszt identifizieren wollte. Weimar wurde zur Kultstätte eines deutschen Bildungsbürgertums, dem Goethe mit den berühmten Versen geschmeichelt hatte: «O Weimar! dir fiel ein besonder Loos! Wie Bethlehem in Juda, klein und groß!» Aber fiel diese Sehnsuchtsstadt der gebildeten Deutschen nicht auch ihren zahllosen Bewunderern zum Opfer?

Seit dem Fall der Mauer im Jahre 1989 ist uns Weimar endlich wieder so nahe gerückt, daß wir diese Frage ohne Vorurteile und ideologische Klischees untersuchen können. Deshalb tritt uns schärfer als bisher das Doppelgesicht einer Stadt entgegen, deren klassisches Erbe in fataler Weise instrumentalisiert worden ist. Das einst weltoffene Weimar wurde nach dem Zusammenbruch des Kaiserreichs zum Sammelpunkt für alle, die auf die nationale Wiedergeburt der Deutschen hofften. Gerade hier prallten die Gegensätze hart aufeinander. Antidemokratisches Denken, das sich in einer Politisierung des Weltkriegserlebnisses, in der Abkehr von der Novemberrevolution 1918 und in einer Feindschaft gegen die in Weimar ausgerufene Republik manifestierte, mündete bald in eine Fluchtbewegung, die zu einer geistigen Überfrachtung Weimarer Traditionen führte. In Weimar wurde eine «Konfliktatmosphäre von nationaler Dimension» geschaffen; es war hier, an diesem Ort, «wo richtungweisend um die politische, geistig-künstlerische und intellektuelle Kultur der Weimarer Republik gerungen wurde».

Daß die vertrauten Antworten des 18. und 19. Jahrhunderts in der kulturell fragmentierten Moderne keinen Bestand mehr haben konnten, haben besonders die konservativen und nationalistischen Intellektuellen nicht wahrhaben wollen. Aber nicht nur sie waren anfällig für die schönen Versprechen der Rechten. Für die Mehrheit des in Weimar versammelten geistigen Bürgertums waren die Regelungsmechanismen der parlamentarischen Demokratie kein probates Mittel, um den oft und inbrünstig beschworenen «Geist von Weimar» zu erneuern. Die Gewalterfahrungen des Ersten Weltkrieges, völkische, nationale und pangermanistische Strömungen, antisemitische Ressentiments, die sich schon 1925 im Ruf nach der Selektion von Juden artikulierten – dies alles gab den Resonanzboden für eine antidemokratische Gegenrevolution ab, bei der die konservativ-nationalistische Intelligenz eine führende Rolle übernahm, aber nicht allein war. Für die antidemokratischen Vordenker der kulturellen und politischen Rechten war Goethe ein Kronzeuge für die untergegangene Monarchie oder für das ersehnte «Dritte Reich»; für die «Weimarer Republik», die ohnehin mit dem «Ludergeruch der Revolution» und der «Schmach von Versailles» behaftet war, durfte der Dichterfürst nicht in Anspruch genommen werden. Diese fragwürdigen Konzepte trugen nicht nur zur Destabilisierung der Republik bei, sondern spielten besonders den Nationalsozialisten in die Hände.

Wie sich Weimars bürgerliche Eliten zunächst von der hier begründeten Republik abgewandt und dann allmählich auf den ersehnten Führerstaat zubewegt haben – diese geistige Wende wird auf den folgenden Seiten beschrieben. Deshalb ist «Hitler in Weimar» nicht nur ein Buch über eine weltberühmte Dichterstadt, die in beklemmender Weise sogar meine «Vaterstadt» ist; im Rückblick auf den geistigen Fall dieser Stadt wird geschildert, wie leicht sich ein intellektuelles Bildungsbürgertum von der Gewaltphilosophie Hitlers einfangen und verführen ließ.

Im November 1998

Weimar
Doppelgesicht einer Stadt

Begegnung mit Jorge Semprun

Die Idee zu diesem Buch ist nicht in Weimar, sondern in der spanischen Hauptstadt Madrid entstanden, wo ich lange als Journalist gelebt und gearbeitet habe. Im Juli 1988 wollte ich mit dem frisch ernannten spanischen Kulturminister Jorge Semprun ein Interview führen. Ich wollte ihn fragen, wie sein Verhältnis zu Deutschland war, ob er jenes Land noch liebte, an dem er so gelitten hatte. Im Jahre 1943 war Semprun, der sich nach der Flucht aus Spanien dem kommunistischen Widerstand in Frankreich angeschlossen hatte, in Paris von der Gestapo verhaftet worden.

«Eine teuflische Ironie» nannte er es, daß er in die Nähe von Weimar gebracht wurde, das ihm, dem Goethe-Liebhaber und angehenden Romancier, zur geistigen Heimat geworden war. In seiner poetischen Autobiographie «Was für ein schöner Sonntag» hatte er nicht nur die Erfahrung eines KZ-Häftlings, sondern auch die Verstrickung zwischen der Kulturstadt Weimar und Buchenwald beschrieben. «Goethe ging auf diesen Hügeln zwischen diesen Buchen spazieren ... Dort ist ‹Wanderers Nachtlied› entstanden ... Mit Goethe traf sich die ganze intellektuelle Elite von Weimar auf dem Ettersberg», erinnerte sich Semprun später.[1] Ausgerechnet auf dem durch Goethes Dichtung geadelten Ettersberg sollte das Konzentrationslager Buchenwald entstehen, in das 1944 der Häftling mit der Nummer 44904 Jorge Semprun alias Camille Salignac, alias Rafael Artigas, alias Ramon Barreto, Gerard Sorel, Monsieur de Saint-Prix, Agustin Larrea oder Federico Sanchez eingeliefert wurde.

Aber warum beschäftigte das ausgerechnet alles mich, den deutschen Korrespondenten, dem Semprun damals in seinem

noch unaufgeräumten Madrider Amtszimmer sarkastisch er-
zählte, wie er als Häftling der SS sein Deutsch so perfektioniert
habe, daß er später Musil, Hölderlin und Rilke, aber auch Hegel
und Marx fast mühelos verstehen konnte? «Ich wage zu behaupten, daß das Deutsch – in der Dichtung, im Roman, in der
philosophischen Reflexion – ein wesentlicher Bestandteil meines geistigen Vaterlandes ist.»[2] Damals, als mir Semprun diese
Sätze sagte, ahnte ich plötzlich die inneren Zusammenhänge,
die auf den ersten Blick zufällig wirkten und sich dann aber
doch zu einem kohärenten Bild fügten.

Am Anfang stand eine Vermutung, ein Verdacht. Hatte mein
Vater, der SS-Scharführer Horst Mauersberger, diesen von mir
so bewunderten Revolutionär und Romancier Jorge Semprun in
Buchenwald bewacht – an jenem Ort, wo damals keine Vögel
mehr sangen, weil der Rauch der Krematorien sie vertrieben
hatte?

Mein Vater und Buchenwald

Ich bin am 18. Juli 1939 in einem kleinen Einfamilienhaus am
südlichen Hang des Ettersbergs oberhalb von Weimar geboren
worden – genau an jenem Tag, an dem in Spanien der Putschist
Franco siegreich in die Hauptstadt Madrid einmarschierte. Mit
dem «diecisiocho de Julio», dem 18. Juli 1939, begann für Jorge
Semprun eine Odyssee, eine Existenz als Heimatloser, ein Leben
in Unsicherheit und Angst: erst die Flucht aus der spanischen
Heimat, dann die Illegalität in Paris und schließlich die Verhaf-
tung durch die Gestapo. Jahrzehnte später, bei der Verleihung
des Weimar-Preises im Jahre 1995, wird der gefeierte Schriftsteller erzählen, daß Weimar ihm eine Art geistige Heimat war
und eine seiner tiefsten Wurzeln an dem Ufer der Ilm liegt, «auf
diesem Stück grüner Wiese zwischen den Bäumen, wo Goethes
Gartenhaus steht».[3]

Als Semprun nach Paris flieht, wird in einem Wald acht Kilometer von Weimar entfernt von unbekannten SS-Schergen mit den Vorarbeiten für jenes Lager begonnen, in das gemäß dem Befehl des Reichsführers-SS Heinrich Himmler die ersten achttausend Häftlinge gebracht werden. Ab 1937 marschieren durch das Lagertor, das die zynische Aufschrift «Jedem das Seine» trägt, sogenannte «asoziale Elemente», Menschen, die für den SS-Staat «degenerierte Vagabunden» und des «erwiesenen Widerstands gegen den neuen Staat für schuldig Befundene» sind.[4]

Einer jener Männer, die dabeistanden, als die ersten politischen Häftlinge in Buchenwald ankamen, war mein Vater. Wie viele seiner damaligen Altersgenossen hatte sich der spätere SS-Scharführer Horst Mauersberger 1935 als zweiundzwanzigjähriger überzeugter Nationalsozialist freiwillig für jene SS gemeldet, die als berüchtigte Sondereinheit den Aufbau des geplanten Konzentrationslagers bewachte. Er hat erlebt, wie die ersten Häftlinge, von den Wachmannschaften gehetzt und vorangetrieben, Bäume roden, Baracken bauen und Stacheldrahtzäune ziehen mußten. In kaum zwei Jahren entstand auf einem beliebten Ausflugsgelände ein Ort des Grauens, während das bürgerliche Weimar wenige Kilometer entfernt ungeniert fortfuhr, sich mit seinen Dichtern und Denkern zu brüsten. Die Statistik des Lagers verzeichnet 2912 Zugänge und 48 Verstorbene für das Jahr 1937; doch schon 1938 waren es dann 791 Inhaftierte, die hier unter grausamen Umständen starben. Bis zur Befreiung des Lagers sind in Buchenwald 56000 Menschen umgekommen.

Nie habe ich mit meinem Vater, der seine Familie in den fünfziger Jahren nach langer Kriegsgefangenschaft in Frankreich verließ, über jene Jahre reden können. Krieg und Nazi-Herrschaft lasteten in stummer, bitterer Verdrängung auch auf uns. Vaters Zeit in Buchenwald und in der Nähe des Konzentrationslagers Natzweiler im Elsaß blieben aus allen Familiengesprächen ausgeklammert. Eine lange Kriegsgefangenschaft von fast zehn Jahren schien Sühne genug gewesen zu sein. Aber auch das blieb ein Thema, über das man besser schwieg.

Manchmal, wenn ich das Foto des schmalen jungen Mannes in SS-Uniform betrachte, möchte ich ihm Nachsicht widerfahren lassen. Hat er, der sich als blutjunger SA-Aktivist auf die Seite des damaligen Gauleiters und späteren Reichsstatthalters in Thüringen, Fritz Sauckel, geschlagen hatte, tatsächlich jene Parolen geglaubt, die Himmler seinen SS-Leuten eingebleut hatte? An meine zwei Kindheitsjahre auf dem Ettersberg kann ich mich kaum erinnern. Aber ich hätte gern gewußt, wie sich das Leben in jenem schmucken Reihenhaus mit der Hausnummer 10 abgespielt hat, wo man von Nachbarn umgeben war, deren Männer der SS angehörten und die mit ihren Familien in einem friedlich anmutenden Wohnidyll einige Kilometer vom Lager entfernt ein bürgerliches Leben führten. Man lebte zusammen, lud sich gegenseitig zum Essen oder Wein ein, fuhr hinunter nach Weimar, um Freunde und Verwandte zu besuchen oder ins Theater zu gehen. Aber diese Ober- und Unterscharführer, Haupt- und Untersturmführer waren das privilegierte Rückgrat einer SS-Wachmannschaft, die nach dem terroristischen Himmler-Befehl handelte: «Lieber zehn Unschuldige hinter Stacheldraht setzen, als einen wirklichen Gegner in Freiheit lassen.» Damit war der Willkür Tür und Tor geöffnet. Alles, was dem nationalsozialistischen Herrschafts- und Rassedenken widersprach – politische Gegner, Juden, Kriminelle, Homosexuelle, Zigeuner –, mußte vernichtet werden. Hat mein Vater je über den Sinn dieser barbarischen Befehle nachgedacht? Hat er Zweifel gehabt? Oder hatte die Erziehung zum totalen Gehorsam von ihm und seinen SS-Kameraden vollständig Besitz ergriffen, so daß Fragen überhaupt nicht mehr gestellt wurden?

Über seinen Alltag im Lager weiß ich wenig. Einige Dokumente beweisen, daß mein Vater am 26. Februar 1941 als einer von 26 Postentruppführern ein Arbeitskommando von 1732 Häftlingen bewachte, die als Sandstreuer auf der Straße nach Weimar, als Kalfaktoren und Wachblockreiniger oder als Helfer in der Führerküche arbeiten und Sklavendienste für eine Herrenschicht leisten mußten. So geht es aus den wenigen, mit

Schreibmaschine getippten Listen und Zahlen hervor, die ich in den Archiven finde. Welche Macht, Gewalt und welcher Zynismus über Leben und Tod mögen sich hinter jenen dürren Angaben verbergen, die ich auf den Dokumenten unter dem Namen des SS-Scharführers Horst Mauersberger gefunden habe, der als Postentruppführer und später als Falkner an Himmlers Falkenhof aufgeführt wird?

Auch dies gehörte zur teuflischen Realität dieses Lagers, daß man nur einige hundert Meter von den elektrischen Todeszäunen und Wachtürmen entfernt in einem malerisch gelegenen Waldgelände Falken züchtete, die als Himmlers Lieblingsvögel galten und doch nur zur Erheiterung und Zerstreuung der NS-Bonzen dienten. Wo heute junge Birken, Eichen und Buchen grünen, standen damals Gehege und Käfige, in denen Adler, Falken, Habichte und andere Raubvögel gehalten wurden. Ein Arbeitskommando von sechs bis zehn Häftlingen war zum Füttern der Tiere und zum Reinigen eingeteilt. «Verwundungen durch Bisse und Festkrallen der Raubvögel waren die Belohnung für eine anstrengende Arbeit, bei der die SS mit Schlägen nie gespart hat», berichtete der ehemalige Buchenwald-Häftling Leopold Reitter.[5] Hat mein Vater mit meiner Mutter, den Verwandten und Freunden aus Weimar darüber sprechen dürfen, was er täglich in Buchenwald sah und erlebte? Auf der Liste jener SS-Leute, die nach der Befreiung des Lagers im Frühjahr 1945 wegen besonderer Grausamkeit angezeigt wurden, findet sich sein Name nicht. Das Wachpersonal, zu dem mein Vater gehörte, hat wahrscheinlich aus gewöhnlichen, meist jungen Männern bestanden, die – überzeugt von der NS-Ideologie – im Gehorsam gegenüber den drakonischen Befehlen glaubten, ihre Pflicht zu tun. Aber irgendwann ging auch ihr idealistischer Glaube zu Bruch. Als sich mein Vater mit einem Vorgesetzten wegen der Behandlung der Gefangenen überwarf, wurde er ab 1941 an die Kriegsfront strafversetzt.

Organisierte Schuld

Bei den Recherchen zu diesem Buch, die auch zur deprimierenden Spurensuche wurden, hat mir Hannah Arendts These von der «organisierten Schuld» eine vorläufige Antwort auf die Frage gegeben, wo politische und moralische Verantwortlichkeit gesucht werden könnte. Hatten die Nazis nicht durch die organisatorische Erfassung eines ganzen Volkes sowie durch ein teuflisches, fast lückenloses System von Gleichschaltung und Kontrolle eine Situation geschaffen, durch die fast jeder mündige Deutsche, ob er nun das System innerlich akzeptierte oder nicht, in die Vorbereitung der Verbrechen einbezogen war? Gewiß gab es auch Widerstand, Verweigerung und Auflehnung, die unter Lebensgefahr durchgehalten werden mußten. Noch heute bin ich auf einen meiner Onkel in Weimar stolz, der in der Illegalität gegen lokale Nazi-Größen agitierte und bei der Verteilung von Flugblättern so geschickt vorging, daß er nie erwischt worden ist. Aber was geschah mit den anderen, die sich aus voller politischer Überzeugung und doch ahnungslos mit dem NS-System eingelassen haben? Schuld, Verstrickung, Verbrechen, Abscheu, Gedankenlosigkeit, Wissen und Nichtwissen tauchen im persönlichen Schicksal meines Vaters auf; ein halbes Jahrhundert später bin ich unfähig, die Ungeheuerlichkeiten seines Lebens einzig und allein ihm anzulasten. Bis heute regt mich die Kritiklosigkeit auf, mit der die Generation unserer Väter trotz der Erfahrungen des Ersten Weltkrieges das Inferno des zweiten Krieges, das Ideal des Militärischen und den glühenden Gehorsam gegenüber Hitler hingenommen hat.

«Wir sind alle süchtig gewesen», meint heute eine Bürgerin der Stadt Weimar, Jahrgang 1911, die ehrenamtlich in der NS-Frauenschaft gearbeitet und bis zuletzt an den Endsieg des Führers geglaubt hat. «Ich habe die Deutschen Abende der Hitlerjugend miterlebt, von denen ich hell begeistert war. Alle waren damals begeistert, nur wenige geben das heute zu.» Wie mag das damals gewesen sein, als Zwanzigjähriger mit Enthusiasmus erst in die SA und danach in die SS zu gehen? Hat mein Vater ahnen können, was ihn in jenem Lager, das da errichtet wurde, tatsächlich erwartete? Die Überlebenden von Buchenwald haben nach 1945 berichtet, daß die Kontrolle im Konzentrationslager ungemein streng war. Selbst ein Mitglied der SS-Wachmannschaften, das, von den brutalen Verhältnissen angewidert und moralisch herausgefordert, gegen die Lagerleitung protestiert hätte, wäre wohl als Sträfling im Lager gelandet. Dem Reichsführer-SS, der Gestapo und dem Chef des Reichssicherheits-Hauptamtes waren alle Machtbefugnisse in die Hände gelegt – sie bildeten einen «Staat im Staate», gegen dessen System der einzelne machtlos war. «Keine Einzelperson, kein Gericht, keine Verwaltungsbehörde, ja selbst nicht einmal höhere Parteistellen waren in der Lage, sich gegen diese Instanzen durchzusetzen», schrieben der Oberbürgermeister von Weimar, die Vertreter der Kirchen und der Leiter der Weimarer Kulturstätten am 1. Mai 1945 an die amerikanische Militärregierung, um die Bevölkerung gegen den Vorwurf in Schutz zu nehmen, sie habe das Grauen in Buchenwald gekannt und dennoch feige geschwiegen. Jeder aus Buchenwald entlassene Häftling mußte sich verpflichten, über alles zu schweigen, was er im Lager gesehen und erlebt hatte – auch für das SS-Kommando bestand ein absolutes Rede- und Auskunftsverbot. Aber stimmte das wirklich, und hätte man sich nicht doch dagegen auflehnen können? Schuld und Verantwortung lasten wohl auf jedem, der damals mit dem Lager und seinen Insassen in Berührung kam. «Wir haben viele Jahre gar nicht gewußt, was dort oben los war, auf dem Buchenwald. Wenn ich mit meiner Mutter abends Feldpostbriefe an die Bahn brachte, haben wir sie gesehen, die Häftlinge, wenn sie aus dem Fürsteneingang kamen und auf einen LKW verladen wurden. Wir sind nicht stehengeblieben, nur vorbeigegangen ...» Einige der Weimarer Bürger sind doch stehengeblieben, haben den Häftlingen in ihren gestreiften Anzügen geholfen, wie Ingeborg Koch, Jahrgang 1938, erzählt. Deren Tante habe den Buchenwäldern heimlich Essen zugesteckt, was vom SS-Wachpersonal mit der Drohung quittiert wurde: «Nur weil Sie weiße Haare haben, verschonen wir Sie. Sonst wären Sie jetzt weg.» [6]

Als die amerikanischen Befreier im April 1945 die Bürger von Weimar dazu zwangen, das Lager auf dem Ettersberg zu besichtigen und sich die Berge von Leichen anzusehen, behaupteten fast alle Einwohner der Stadt, nichts gehört und nichts gesehen, ja nicht einmal den besonders im Sommer penetranten Verbrennungsgeruch aus den Schornsteinen des Krematoriums wahrgenommen zu haben. Aber wer war in den Nischen dieser kleinen Provinzstadt wirklich ein Täter? Waren es nur die SS-Wachmannschaften hinter den Stacheldrahtzäunen oder gehörten auch jene Weimarer Bürger dazu, die das Lager Buchenwald in einer heute fast unbegreiflichen Gleichgültigkeit als eine völlig normale Einrichtung akzeptierten? Immerhin hat es seit 1937 ein enges, fast familiäres Nachbarschaftsverhältnis zwischen Weimar und Buchenwald gegeben. An fast hundert Stellen der Stadt waren Lagerhäftlinge in speziellen Arbeitskommandos eingesetzt, an ihren gestreiften Anzügen mit den farbigen Häftlingswinkeln überall erkennbar. Drei Dutzend Firmen lieferten fast täglich Lebensmittel, Baumaterial und Bürobedarf nach Buchenwald, als handele es sich um ein normales Geschäft. Wer fragte bei einem Besuch des Wildgeheges oder des Falknerhofes danach, was sich hinter den fernen, schwerbewachten Lagerzäunen abspielen mochte? Sechsmal am Tag fuhr ein Bus vom Weimarer Fürstenplatz nach Buchenwald und zurück, transportierte die SS-Mannschaften ins Theater, in Wirtshäuser oder Kneipen, als sei dies das Normalste der Welt. Buchenwald war über das städtische Telefonnetz zu erreichen, verfügte über ein eigenes Postamt und hatte ein eigenes Standesamt mit der Bezeichnung Weimar II, wo am 18. Juli 1939 zum Beispiel meine Geburt eingetragen worden ist.

Wer heute nach der Verantwortung in der NS-Gesellschaft und nach der Beteiligung des einzelnen an den nationalsozialistischen Verbrechen fragt, der wird diese «Normalität im

Grauen» nicht ignorieren dürfen. Nicht nur die SS-Männer, sondern auch ihre Frauen bewegten sich am Einsatzort wie selbstverständlich, weil Ehe und Familie wichtige Grundsätze des SS-Sippenordens waren. Schon 1929 hatte Heinrich Himmler verkündet, er wolle aus der SS eine Sippengemeinschaft von Männern und Frauen formen, die als «rassische Oberschicht des germanischen Volkes» und als Führungselite eines von den Nazis beherrschten Europa betrachtet werden sollte. Der «Verlobungs- und Heiratsbefehl» Himmlers aus dem Jahre 1931 dekretierte, daß SS-Männer nur Frauen heiraten durften, die sich freiwillig einer rassischen und politischen Überprüfung unterzogen.[7] Auf der Basis dieser Ideologie wurden zwischen 1931 und 1945 240000 Ehen von SS-Angehörigen geschlossen – auch die meiner Eltern. Rassepaß und Ariernachweis wurden von ihnen wie selbstverständlich akzeptiert.

Wie viele Ehefrauen der SS-Männer sind Mitwisserinnen der Taten und heimliche Komplizinnen ihrer Männer geworden, weil sie vom Ordensgedanken der SS, vom Glauben an das «Herrenmenschenpaar» und der befohlenen Germanisierungspolitik überzeugt waren? Kann ich heute Schuldgefühl, Moral und Verantwortung bei meinen Eltern einklagen, obwohl diese Tugenden damals nur bei wenigen zu finden waren? Es mag ja sein, daß man sich in der Stadt Weimar darüber wunderte, warum das geschätzte Ausflugsgebiet Ettersberg plötzlich abgeriegelt und in einen geheimen Lagerkomplex verwandelt wurde. Aber man war in der Bevölkerung auch sichtbar erleichtert, daß die «asozialen Elemente» – Arbeitslose, Hausierer und Zigeuner – endlich von der Straße verschwanden. Offenbar war bei den Eliten der Gesellschaft ebenso wie bei den ganz normalen Deutschen eine Mehrheit durchaus bereit, auch die allmähliche Stigmatisierung der Juden zu akzeptieren. Zwischen der Weimarer Bevölkerung und der geheimnisvollen Institution Buchenwald existierte ein fast normales Nachbarschaftsverhältnis. Das Lager befand sich weitab von der Stadt, war mit Bussen zu erreichen und konnte aus der Distanz geahnt werden. Aber was hinter den Todeszäunen vorging, danach fragte man besser nicht. Das waren Häftlinge und nichts mehr. «Wir gehörten einfach zu den Erscheinungen der Welt, nach denen sie nicht fragen konnten oder wollten, deren Charakter als an sie gerichtete Frage ihnen überhaupt nicht zum Bewußtsein kam», schreibt der damalige Häftling Jorge Semprun in seinem ersten Erinnerungsband «Die große Reise». «Sie arbeiteten auf ihren Feldern, hörten am Sonntag dem Pfarrer zu und gingen dann spazieren, vom übrigen sahen sie nichts. Freilich sahen sie nur deshalb nichts, weil sie nichts sehen wollten.»[8]

Wie rasch sich die Abgrenzung zur Welt der Opfer verwischen konnte, sollte mein Vater im Jahre 1938 erleben. Damals wurde der Häftling Rudolf Held aus Weimar in Buchenwald eingeliefert, der als Mitglied der Kommunistischen Partei von der Gestapo aufgegriffen und in das Konzentrationslager gebracht worden war. Bei dem Inhaftierten handelte es sich um den Schwager meines Vaters, den Bruder meiner Mutter, die ihren Mann inständig anflehte, sich für die Freilassung des inhaftierten Bruders einzusetzen. Nach zwei Wochen wurde Rudolf Held von Buchenwald in das Konzentrationslager Esterwegen gebracht, wo er später zur berüchtigten, mit lebensgefährlichen Einsätzen betrauten Sturm-Brigade Dirlewanger abkommandiert wurde. Er kam nicht aus dem Krieg zurück, den er als überzeugter Pazifist stets abgelehnt hatte. «Buchenwald – das ist die historische Gestalt des radikal Bösen, dessen, was aufgeklärtes Denken in Weimar immer bekämpft hat, von Goethes Zeiten bis zur demokratischen Republik, der Weimarer Republik, die vom barbarischen Toben des Hitler-Regimes vernichtet wurde.» Es ist der KZ-Häftling und spätere Weimar-Preisträger Semprun gewesen, der diesen Zusammenhang schonungslos benannte. «Die Mitläufer, die Gleichgültigen – jene, die NSDAP gewählt haben, solange es noch freie Wahlen gab, sogar diese Deutschen, ohne Zweifel die Mehrheit, sind Opfer des Hitler-Regimes geworden.»[9]

Das Versagen der geistigen Elite

Aber wo liegen die Wurzeln für Diktatur und Terror? Wo liegen die Triebfedern für Entrechtung und Verfolgung von Menschen und welche Einstellungen bereiteten der totalitären Nazi-Diktatur den Weg? Ich schreibe diese Zeilen am 27. Januar 1998, am Abend jenes Tages, an dem der Deutsche Bundestag an die Befreiung des Konzentrationslagers Auschwitz erinnert und in einer Feierstunde versucht, sich der bedrückendsten Wahrheit deutscher Geschichte zu stellen. Wenige Stunden zuvor habe ich auf der Pressetribüne des weiten, von hellem Winterlicht erfüllten Bonner Plenarsaales gesessen und zu den Abgeordneten hinübergeblickt, von denen die meisten zu dieser Gedenkstunde erschienen sind. Der Bundespräsident, der Bundeskanzler, die Bundesregierung und die Ministerpräsidenten der Länder: Die politische Repräsentanz der Bundesrepublik versuchte sich in Anwesenheit der gesamten Staatsspitze daran zu erinnern, was nationaler Wahn und politische Selbstüberschätzung vor mehr als einem halben Jahrhundert angerichtet haben. Aber es war kein Deutscher, sondern ein Gast aus Jerusalem, der eine klare Antwort auf die Frage versuchte, warum der Tod ein Meister aus Deutschland werden konnte. «Wie kann man das Nazi-Regime erklären?» fragte der Leiter der Holocaust-Gedenkstätte Yad Vashem, Professor Yehuda Bauer. «Ich glaube, daß es eine pseudointellektuelle Elite war, die in Deutschland die Macht eroberte», meinte der Gast und ist davon überzeugt, daß diese geistige Eroberung nur gelang, «weil diese Führungsschicht einen scheinbaren Ausweg in eine wunderschöne Utopie anbot».[10]

Dies scheint mir eine Erklärung dafür zu sein, warum ausgerechnet aus der Hochkultur Weimars viele geistige Wegbereiter der schändlichsten Barbarei hervorgehen konnten. Jene tonangebende Schicht von Adel und Großbürgertum, von Museumsdirektoren und Goethe-Philologen, von Beamten, Studienräten und Lehrern, von Fabrikdirektoren, Offizieren und Händlern war es, die der Nazi-Partei jenen Rückenwind gab, mit dem sie schon 1924 zu einem bestimmenden Faktor in der Landespolitik und schließlich im Jahre 1931 zum Koalitionspartner einer bürgerlichen Regierung in Thüringen werden sollte. Die Schichten des gehobenen und mittleren Bürgertums, die akademisch gebildeten Verehrer von Goethe, Schiller, Herder und Nietzsche identifizierten sich weitgehend mit der Vision vom «Dritten Reich», und selbst der Aufbau des Lagers Buchenwald konnte diese Identifikation nicht wirklich stören. Im Gegenteil: Es war ein unumgänglicher Schritt zum Erreichen dieses Zieles. Der Gast aus Jerusalem spricht diese Wahrheit deutlich aus. «Sobald sich der Herr Doktor, der Herr Professor, der Herr Direktor, der Herr Pfarrer, Priester oder Herr Ingenieur für die Sache interessierten und sich ein Konsens herausbildete, daß der Diktator so etwas wie eine halb mythische Figur war – von diesem Zeitpunkt an wurde es leicht, auch die Massen zu überzeugen und aus ihr die Täter zu rekrutieren.»

Ich sitze an jenem Tag noch lange auf der Pressetribüne des Deutschen Bundestages und denke über diese Sätze nach. War nicht mein damals zweiundzwanzigjähriger Vater auch einer von jenen unzähligen Verführten gewesen, die von den Professoren an den Universitäten, von den Lehrern an den Schulen oder von den Literaturpäpsten Weimars zu einem Mittäter gemacht worden waren? Wie hätte ich mich als junger Mann verhalten, wenn mir ein Germanist wie der Hochschullehrer Emil Staiger gesagt hätte, daß man nur mit einer neuen Führerfigur «der würdelosen Despotie des Zeitgeistes» entrinnen könne? War jene Melange von «Hitlerismus und Goethe», über die sich der Besucher Thomas Mann im Jahre 1932 beim Gang durch Weimar wunderte, nicht auch eine Art von geistigem Aufbruch, der besonders die Jugend damals ungemein begeistert hat? Darf ich mir heute einbilden, ich wäre damals ein Held gewesen?

Prominente Opportunisten und Mitläufer gab es ohnehin genug. Wie der glühende Hitler-Verehrer Hans Severus Ziegler in seinen nach 1945 erschienenen Erinnerungen berichtet, war es dem damaligen Direktor des Weimarer Nationalmuseums Hans Wahl schon im Jahre 1926 eine außerordentliche Freude, den in München zu einer Festungshaft verurteilten, mit Rede- und Auftrittsverbot belegten und in akademischen Kreisen als «ungebildeten Trommler» verketzerten Adolf Hitler an der Pforte zum Weimarer Goethe-Haus zu empfangen – nach 1945 sollte dieser Opportunist und frühe Wendehals behaupten, Hitler habe das Goethe-Haus niemals betreten.[11] Ausgerechnet die Stadt Weimar schien ein signifikantes Beispiel dafür zu sein, wie ein hochgebildetes Bürgertum gerade durch seine Rückbesinnung auf Klassik und Humanismus die gefährliche politische Realität aus den Augen verlor. Man schwärmte für Goethe, Schiller, Herder und Nietzsche und sehnte sich insgeheim nach einem Führer wie Hitler. Kam die Barbarei vielleicht sogar mitten aus der Kultur, weil deren Protagonisten längst zur Mittäterschaft entschlossen waren?

«Wir müssen endlich die Tatsache ernst nehmen, daß Hitler auf Goethe gefolgt ist», meint Volkhard Knigge, Leiter der Gedenkstätte in Buchenwald. Dieser einfühlsame Historiker und Psychoanalytiker schränkt aber ein: «Selbstverständlich soll das nicht heißen, daß Goethe Wegbereiter war.» Aber mit Blick auf die Geschichte Weimars müsse man auch konstatieren, daß die hohe Kultur wenig resistent war, ja, es könnte sogar sein, daß die Barbarei von Buchenwald durch die hohe Kultur der Goethe-und-Schiller-Stadt beflügelt wurde.[12] Ein harter Vorwurf. Deutsche Bildungsbürger glauben bis heute, daß sich die Politik Hitlers weniger barbarisch entwickelt hätte, wenn sich der NS-Führer von der Dichtung eines Goethe hätte durchdringen lassen; sie bedauerten sogar, daß Hitler in «Mein Kampf» den Weimarer Dichterfürsten nur einmal, obendrein in einem üblen antisemitischen Zusammenhang, erwähnte. Aber die Apologeten der Weimarer Klassik haben es dem aufstrebenden Führer so leicht gemacht, daß er die Stadt Goethes und Schillers nicht lange zu umwerben brauchte – die selbsternannten Geistesgrößen kamen scharenweise zu ihm. Im offenen Einverständnis mit seinen völkischen Anhängern versah der rabiate Antisemit und Thüringer NSDAP-Gauleiter Arthur Dinter schon 1924 Zeitungsanzeigen für seine Vorträge mit der Zeile: «Juden haben keinen Zutritt». Da gab es unter den Mitgliedern der akademisch-literarischen Clubs, Gesellschaften und Vereine wenige, die gegen eine solche Diffamierung öffentlich protestierten. Das Wegschauen wurde früh praktiziert.

Was Victor Klemperer in seinen Tagebüchern in beklemmender Weise beschrieb, hat sich auch in der Kulturstadt Weimar ereignet: Stigmatisierung und Aussonderung, die in beruflicher Entrechtung und dann in diffamierenden Exzessen mündeten, waren an der Tagesordnung. Saul Friedländer hat diese Mechanismen in seinem Buch über die Verfolgung der Juden beschrieben: Unter den meisten gewöhnlichen Deutschen gab es Einverständnis mit der Aussonderung der Juden und ihrer Entlassung aus dem öffentlichen Dienst; es gab individuelle Initiativen, um aus ihrer Enteignung Nutzen zu ziehen – und es gab auch ein gewisses Maß an Schadenfreude beim Mitansehen ihrer Erniedrigung. Die Mehrheit der Deutschen akzeptierte einfach die vom Regime unternommenen Schritte. «Mitgefühl mit den Juden hätte ein gewisses Mißtrauen gegen die Richtigkeit von Hitlers Weg bedeutet, und viele Deutsche hatten sich mit ihren individuellen und kollektiven Prioritäten in dieser Hinsicht endgültig festgelegt.»[13]

Die in diesem Buch beschriebene Affäre um den Weimarer Präsidenten der Staatsbank Walter Loeb erinnert, obwohl schon Mitte der zwanziger Jahre stattgefunden, bereits in vielen Passagen an das, was Friedländer in seinem Buch beschrieben hat – fast wie selbstverständlich haben die meisten der Weimarer Bildungsbürger später auch den Nazi-Grundsatz übernommen, daß im deutschen Schrifttum jede Mitarbeit von «rassefremden Autoren» abzulehnen sei.

«Das war nicht nur Terror, meine Damen und Herren», ruft Professor Yehuda Bauer an diesem Nachmittag des 27. Januar

1998 in die Stille des Bonner Plenarsaales, «das war ein Konsens, auf dem Versprechen einer wunderbaren Utopie ... die Vision von einer idyllischen, weltbeherrschenden Volksgemeinschaft, die ohne Reibungen und ohne Parteien funktionieren sollte, allein von Sklaven bedient. Um dies zu erreichen, mußte man sich gegen alles aufbäumen. Gegen bürgerliche und jüdisch-christliche Moral, gegen individuelle Freiheit und gegen den Humanismus, gegen das ganze Gepäck der Französischen Revolution und überhaupt – gegen die gesamte Aufklärung!»

Hitlers braune Hochburg

Im Zentrum der deutschen Klassik und des Humanismus, in der Stadt der demokratischen Verfassung und der ersten deutschen Republik ist die Selbstaufgabe der Intellektuellen und die Entflechtung der Kultur von den Prinzipien der Aufklärung besonders deutlich verlaufen. Die geistige Anpassung war geradezu beängstigend. Zwar hatten die künftigen Machthaber Weimar früh als ideales Aufmarschgebiet für ihre Ziele ausgemacht – als Ort von Humanismus und Klassik hatte diese Stadt für die Nazis besonderen Symbolwert. Schon bei den Neuwahlen zum Thüringer Landtag am 10. Februar 1924 hatte die «Vereinigte Völkische Liste» um den exzentrischen Antisemiten Arthur Dinter mit 18,6 % allein in Weimar das mit Abstand beste Ergebnis in ganz Thüringen erreicht. Im «Naturschutzpark der Geistigkeit», wie Egon Erwin Kisch im Jahre 1927 spottete, hatten sich doppelt so viele Wähler wie im Landesdurchschnitt für die völkischen Nazis entschieden. Das war ein Achtungserfolg, der zum ersten Mal nationalsozialistische Abgeordnete in einen deutschen Landtag brachte und der den Appetit des in Landsberg inhaftierten Hitler auf das «Pompeji des deutschen Geistes» erst richtig geweckt hat. Aber warum ist gerade Weimar zu einer braunen Hochburg geworden, wo die NSDAP bei den späteren Landtagswahlen im Jahre 1929 11,3 % der Stimmen und sechs Landtagsmandate eroberte und bei den Koalitionsverhandlungen zum Zünglein an der Waage wurde? Damals hatten sich Wähler und Mandate der Nationalsozialisten in Thüringen schon verdreifacht, was den Erdrutsch bei den Reichstagswahlen des Jahres 1932 bereits ahnen ließ. Woran hat es gelegen, daß bei diesen Landtagswahlen vier Jahre vor Hitlers Machtantritt im Deutschen Reich bereits 26,4% aller Stimmen auf die Nazis entfielen, so daß der weltberühmte Musenort zu den Nazi-Hochburgen Bayreuth, Coburg, Kulmbach oder Nürnberg aufrücken konnte?

«Ich liebe Weimar», hatte Hitler seinem Mitkämpfer Hans Severus Ziegler, nach 1933 Generalintendant des Deutschen Nationaltheaters, schon nach den ersten Besuchen im Jahre 1926 gesagt und prophezeit, daß er mit dieser Stadt «etwas ganz Besonderes vorhabe». Zwar galt die besondere Zuwendung des NS-Führers der Wagner-Kultstätte Bayreuth, die sich schon vor dem Auftauchen Hitlers als geistige Waffenschmiede für eine nationale Revolution angeboten hatte. Aber auch dem idyllischen Weimar kam in der politstrategischen Langzeitplanung eine Schlüsselrolle zu, weil sich nur hier, an der unumstrittenen Hochburg deutscher Bildung, der ersehnte und mit allen Mitteln erkämpfte kulturpolitische Klimawechsel demonstrieren ließ. «Die geopolitische Bedeutung eines zentralen Mittelpunktes einer Bewegung kann nicht überschätzt werden», hatte Hitler bereits in «Mein Kampf» geschrieben, «nur das Vorhandensein eines solchen, dem magischen Zauber eines Mekka oder Rom stattgebenden Ortes kann ... einer Bewegung die Kraft schenken.» [14] Sollte die Goethe-Stadt nach der Wagner-Metropole nun zum zweiten geistigen Kraftquell der NS-Revolte ausgebaut werden? Auf jeden Fall ging die wahltaktische Strategie Hitlers auf, über eine allmähliche Eroberung der deutschen Provinz auch in den Großstädten Mehrheiten zu holen.

In Bayreuth hatte Winifred Wagner schon früh für den in Landsberg einsitzenden Hitler Spenden gesammelt. «Meine Frau kämpft wie eine Löwin für Hitler – großartig!» hatte Siegfried Wagner kommentiert, der zusammen mit dem englischen

Rassentheoretiker Houston Stewart Chamberlain Bayreuth zum Hort des Hitlerischen Antisemitismus machte. Hitler griff die Annäherungsversuche des Wagner-Clans nur zu gern auf. Nicht nur das Heldische in den Opern von Richard Wagner hatte es ihm angetan, sondern auch Nietzsches Visionen vom Übermenschen und dessen Verachtung demokratischer Gleichheitspostulate. Elisabeth Förster-Nietzsche, die Schwester Friedrich Nietzsches, die von Hitler in Weimar besucht wurde, brachte unverhohlen ihre Bewunderung über Hitlers «wundervolle, geradezu phänomenale Persönlichkeit» zum Ausdruck – eine Hochschätzung, die nach Meinung der alten Dame auch ihr Bruder, der Verkünder des Übermenschentums, bedingungslos geteilt hätte.[15] So dachten damals viele, die sich zum politisch erwachenden geistigen Bürgertum der Stadt zählten. Der NSDAP-Führer stellte für die Mehrheit der rasch auf fast dreitausend Mitglieder angewachsenen NS-Kulturgemeinde die Erfüllung aller Zukunftsvisionen dar, weil er wie kein anderer den «Willen zur Macht» propagierte und die deutsche Revolution endlich zu erkämpfen bereit war. Welcher junge Mann wollte sich damals dieser geistigen Faszination widersetzen?

Das «Kleinod des deutschen Geistes und der deutschen Seele», wie Hitler den Weimarer Bildungsbürgern schon bei seinen ersten Besuchen nach der Landsberger Gefängnishaft schmeichelte, schien für diese geistige Eroberung wie geschaffen. Im völkisch-nationalistischen Dunstkreis des antisemitischen Schriftstellers Adolf Bartels, des später von der NSDAP verfemten Nazi-Apologeten Arthur Dinter und der Gralshüterin des Nietzsche-Erbes, Elisabeth Förster-Nietzsche, gab es leider viele, die dem NS-Führer schon früh wichtige Kontakte vermittelten. Zwischen 1926 und 1936 kam Hitler mehr als vierzigmal in diese Stadt, logierte wie selbstverständlich im «Hotel Elephant» und schaute sich im Deutschen Nationaltheater besonders Aufführungen völkisch-nationaler Autoren an, deren Inszenierungen nach dem politischen Rechtsruck im Jahre 1924 sprunghaft zunahmen. Denn nirgendwo tat man sich mit den neuen Zeiten, die im November 1918 über Deutschland hereinbrachen, so schwer wie in der Stadt an der Ilm. Die erzwungene Abdankung des Großherzogs war hier, wo man wie überall in den Zaunkönigreichen von fürstlichen Geldgebern abhängig gewesen war, als Anmaßung empfunden worden – das verzieh man der Linken nie, gegen die sich bald ein verärgertes und verängstigtes Bürgertum zusammenfinden sollte. Weimar ist ein Beispiel dafür, wie das demokratische Parteiensystem zum Opfer einer fast haßerfüllten Aggression werden sollte. Spätestens nach 1924 ist der Brückenschlag zwischen Bürgertum und Arbeiterschaft, dessen Scheitern der Historiker Friedrich Meinecke als eine der Ursachen für den Niedergang der Republik ansah, zur Illusion geworden. Die Grenzen nach rechts verwischten sich, die Gräben nach links wurden immer tiefer. Im Lauf der Jahre verband sich die Begeisterung für die Nazis auch beim Weimarer Bildungsbürgertum mit einer fast haßerfüllten Ablehnung der neuen demokratischen Republik.

Diese politische Distanzierung von den demokratischen Verhältnissen war unübersehbar und hatte bereits nach der Novemberrevolution eingesetzt, als sich die politische Stadtelite Weimars bei den ersten demokratischen Wahlen in die Arme der Deutschnationalen Volkspartei flüchtete. Damit wurde eine Partei favorisiert, die aus ihrer Abneigung gegen die Republik keinen Hehl machte und gegen die Weimarer Verfassung stimmte. Danach organisierte sich die nationalkonservative Mehrheit im Stadtrat in sogenannten Bürgerlisten, die eine Sammlung des verängstigten Bürgertums bezweckten und einen deutlichen Affront gegen die Sozialdemokratie sowie gegen alle Anhänger der verhaßten Novemberrevolution markieren sollten. Damals erinnerte das Bürgertum noch an einen kohärenten Block, der durch Besitz und Bildung gefestigt war; links waren «die Leute», mit denen man politisch besser nicht in Berührung kam.

Aber der Putsch gegen die Demokratie 1920, in den Wirren der Kapp-Lüttwitz-Revolte ausgelöst, wurde im politischen

Dunstkreis dieses Bürgertums geplant. Auch die spektakuläre Vertreibung des Weimarer Bauhauses ging auf das Konto eines unversöhnlichen Schutz- und Trutzbündnisses, das nicht nur aus völkischen Nazis bestand; denn auch das weitgehend konservative Handwerk, die höhere Bürokratie von Stadt und Land sowie rechtsstehende Bürgereliten halfen mit, eine als kalt und «undeutsch» geltende Institution aus der Stadt zu jagen. «Wir werden in neuerer Zeit von dem Weimarer Spießer-Pöbel schwer bekämpft», klagte man schon 1924 im Kreise der verfemten Bauhaus-Künstler. Die rechtskonservative «Vereinigung zur Pflege deutscher Kultur in Thüringen» schlug zurück: «Wir wollen nicht ruhig zusehen, wie Phantasten uns die in ... Jahrhunderten mühsam ... errungenen Methoden des Denkens zertrampeln ...» Damit war klar: Die avantgardistischen Künstler des Bauhauses wurden von einer Mehrheit des tonangebenden Bürgertums als Fremdlinge betrachtet, die in Weimar nichts zu suchen hatten. «Es hat sich ausgeweimart, meine Herren, wir gehen jetzt dessauern!» schrieb Lyonel Feininger im Februar 1925 an seine Frau, als der darauffolgende Umzug nach Dessau beschlossen war.

Walter Gropius, Lyonel Feininger und Paul Klee trugen damals mit dem erzwungenen Auszug aus ihrer Wahlheimat den Glauben an eine kulturelle Renaissance Weimars zu Grabe. Bis heute muß Weimar mit dem Vorwurf leben, eines der faszinierendsten Experimente der Moderne in dumpfem Provinzialismus erstickt zu haben – auch wenn sich die Stadt heute wieder mit dem Bauhaus zu schmücken dürfen glaubt: Henry van de Velde und Walter Gropius hatten in Weimar zuletzt mehr Feinde als Freunde. Längst war der Hort deutscher Klassik zu einem Experimentierfeld völkisch-nationalistischer Ideologie geworden, von dem hauptsächlich die Nazis profitierten. Gesucht wurde nach der «richtigen Kultur», die eine neue Identität stiften und einer durch den Versailler Vertrag gedemütigten Nation das beschädigte Rückgrat wieder richten sollte. Der Nachlaß der Weimarer Klassik schien in den Händen der Expressionisten verraten und verkauft. Eine fast spießbürgerlich anmutende Kleingeistigkeit, aber auch die Sehnsucht nach einem nationalen Kulturstaat sorgten dafür, daß den Meistern des Bauhauses jede künstlerische Befähigung abgesprochen wurde. Als die Bauhäusler gingen, kamen bald erste Kolonnen der im Jahre 1926 in Weimar gegründeten «Hitlerjugend» und SA. Fast zeitgleich mit dem Auszug der modernistischen Künstler erschien Hitler zum ersten Mal in Weimar auf der Bildfläche – er eroberte eine Stadt, die ihm kaum fünf Jahre später als Retter und Befreier zujubeln sollte.

Schon am 30. Januar 1932, ein Jahr vor der Vereidigung zum deutschen Reichskanzler in Berlin, schaute sich der erfolgsselige Hitler im Theater von Weimar die Premiere des Theaterstücks «Hundert Tage» von Benito Mussolini an, in dem der Aufstieg der Napoleonischen Herrschaft beschrieben wird. Als müsse sich der Totengräber der Weimarer Demokratie noch einmal an der Größe Napoleons ergötzen, verfolgte er die Aufführung des mittelmäßigen Stücks in jenem Theatergebäude, wo 1919 die Nationalversammlung die erste demokratische Verfassung Deutschlands beraten und verabschiedet hatte. Was als Szenario einer Tragikomödie wirkte, wurde wenig später tödlicher Ernst. Auf einem der schönsten Ausflugsgelände in der Umgebung der Stadt entstand das KZ Buchenwald. «Hier fühlt man sich groß und frei, wie die große Natur, die man vor Augen hat», schwärmte Geheimrat Johann Wolfgang von Goethe, wenn er mit der Weimarer Hofgesellschaft auf dem Ettersberg spazierenging. 1935 begannen die Arbeiten für das Konzentrationslager. Während die Nationalsozialistische Kulturgemeinde die neuen Zeiten feiert, protestieren einige ihrer Mitglieder beim Inspekteur der Konzentrationslager und Führer der SS-Totenkopfverbände Theodor Eicke gegen die Benennung des geplanten Lagers mit dem Namens Ettersberg – die Parallelität des Lagers mit dem Leben und Werk Goethes könne die Erinnerung an den Dichter beschmutzen. Dem Antrag, von diesem Namen Abstand zu nehmen, wird stattgegeben. Der Fall der Kulturstadt Weimar hat unwiderruflich begonnen.[16]

Der Sturz des Großherzogs
Über den Abgang der Monarchie

Deutscher November

Freitag, der 8. November 1918. Im gediegenen Plüschambiente des Weimarer Hoftheaters wird an diesem Abend «Donna Diana» gespielt. Noch einmal ergötzt sich die Weimarer Kunstgemeinde an einer komischen Oper, in der sich der spanische Don Cesár in die schöne Donna Diana verliebt. Doch die maurische Romanze von verletztem Stolz und falscher Eitelkeit, in deren Mittelpunkt ein eitler Frauenheld steht, will dem Publikum diesmal nicht so recht gefallen. Immer wieder gehen die Blicke der Theaterbesucher hinauf in die Hofloge, die an diesem Abend leer bleibt. Überall wird getuschelt, was sich längst in Weimar herumgesprochen hat: Großherzog Wilhelm Ernst, Hausherr im altehrwürdigen Schloß, ist seit Tagen verschwunden. Gerüchte wollen wissen, der Fürst sei geflohen, weil revolutionäre Soldatenräte nach ihm fahnden. Warum sind die Hoftore seit Tagen verschlossen? Ist die großherzogliche Familie bei Nacht und Nebel aus Weimar verschwunden?

Die Komödie auf der Bühne des Weimarer Hoftheaters wirkt wie der Abgesang auf eine Epoche, deren Ende unwiderruflich begonnen hat: Während man sich drinnen an die Glanzzeit europäischer Aristokratien erinnert, hat draußen ein Drama begonnen, bei dem bislang unbekannte Akteure die Hauptrolle übernehmen. Nach Wochen politischer Unruhen hat die deutsche Revolution des November 1918 jenes idyllische Städtchen erreicht, das sich von der großen Politik stets fernzuhalten versucht hatte. Auch in der Goethe-Stadt Weimar ist die geschlossene Welt der Gewißheiten und festen kleinen Formen jetzt durcheinandergeraten. «Die Soldaten haben sich die Kokarden und Achselklappen entfernt. Patrouillen durchziehen die Stadt

... Die Straßen in Unruhe, Automobile jagen hin und her»[1], notiert der Weimarer Lokaldichter Johannes Schlaf in sein Tagebuch. Die heraufziehende Revolution wird für den konservativen Literaten zu einem Schlüsselerlebnis, das ihm ebenso wie seinem liberalen Zeitgenossen, dem Diplomaten und Weltbürger Harry Graf Kessler, als der Inbegriff von Chaos erscheint, das sich wie ein Ölfleck vom Kieler Matrosenaufstand bis in das thüringische Herz Deutschlands auszubreiten droht. «Umgekehrt wie in Frankreich revolutioniert die Provinz die Hauptstadt, die See das Land. Wikingerstrategie.»[2] Weit nüchterner analysiert ein damaliger Politiker die Situation. «Die tollsten Gerüchte werden verbreitet», schreibt der SPD-Funktionär und Landtagsabgeordnete August Baudert in sein Tagebuch. «Soviel steht fest, daß etwas Wichtiges im Anzug ist.»[3]

Das Imperium der Hohenzollern zerfällt, die Abdankung des Kaisers scheint nur noch eine Frage von Stunden zu sein. Meutereien, Streiks und wachsende Unzufriedenheit breiten sich aus. «Deutschland bittet um Waffenstillstand und Frieden ... Deutschland bricht zusammen. So weit haben es die Vaterlandsparteien nun gebracht. Wir hungern!» hatte Baudert einige Wochen vor jenem 8. November 1918 notiert, an dem auch in Weimar der revolutionäre Umsturz beginnt. Auf der Weimarer Hauptpost weht seit drei Tagen eine rote Fahne, die von revolutionären Soldaten aufgezogen worden ist. Unbekannte Pazifisten haben am Goethe-und-Schiller-Denkmal ein Zitat von Friedrich von Schiller angebracht: «Ein furchtbar wütend Schrecknis ist der Krieg. Die Herde schlägt er und den Hirten.» Die Wut über den verlorenen Krieg, für den jede Familie Opfer bringen mußte, ist überall zu spüren. Seit Beginn des Jahres 1918 sind viele Wehrpflichtige desertiert, streunen durch die Stadt und machen Jagd auf Offiziere, denen man die Schulterstücke und Kokarden von den Uniformen reißt. Mit solchen Gesten will man nachträglich auch einen «Kadavergehorsam» attackieren, unter dem unzählige Kameraden an der Front den Tod gefunden haben. Inspiriert von den Matrosenaufständen in

Kiel und anderen Küstenstädten, beflügelt vom Pathos der russischen Oktoberrevolution und beseelt vom Glauben, daß man die verhaßte Monarchie ebenso in Deutschland endlich zum Teufel jagen könne, nehmen wütende Soldaten und frustrierte Arbeiter in jenem November 1918 in Weimar ihr politisches Schicksal selbst in die Hand.

Zum erstenmal erklingen in der bürgerlichen Dichterstadt Arbeiterlieder und wehen rote Fahnen, als sich am Abend des 8. November ein langer Demonstrationszug von der Wielandstraße zur Schillerstraße auf den Marktplatz und von dort aus zum Schloß wälzt, um die Abdankung des Großherzogs zu fordern. «Kameraden und Genossen», steht auf Flugblättern zu lesen, «die Revolution marschiert. Unsere Schicksalsstunde hat geschlagen. Die militärische Macht ist in unseren Händen und die politische wird folgen. Hört auf uns. Folgt unseren Anordnungen. Die größte Ruhe und Entschlossenheit ist nötig. Plünderungen und Roheiten sind Eurer unwürdig ... Es lebe die sozialistische Republik!»

Dieser Zusammenbruch der alten Mächte, der wenig später vor dem Weimarer Schloß eskaliert, hatte in den vergangenen Tagen fast lautlos und unerwartet begonnen. Eine Woche zuvor war im Landtag des Großherzogtums Sachsen-Weimar-Eisenach zum erstenmal in einer gereizten Debatte über eine Verfassungsreform und über die mögliche Abdankung des Großherzogs gestritten worden. Zwar war durch eine Reichsverfassungsänderung der Obrigkeitsstaat bereits verabschiedet und der Übergang in eine parlamentarische Demokratie vollzogen worden; doch dieser in Berlin ausgehandelte, höchst revolutionäre Vorgang war im abgeschiedenen Weimar fast unbeachtet geblieben. Als der SPD-Abgeordnete Baudert im Verlauf jener Landtagsdebatte vom 31. Oktober 1918 die Forderung stellt, daß die «Fürsten samt und sonders von der Regierung zurücktreten» sollten, entsteht auf den Bänken der konservativen Landtagsmehrheit heftiger Tumult. Im Drei-Klassen-Parlament des Großherzogtums galt es immer noch als höchst unschicklich, über die Person des Großherzogs eine öffentliche Diskussion zu führen. Der Sozialdemokrat handelt sich für seinen Vorstoß auch prompt eine Rüge des Landtagspräsidenten ein und reagiert darauf wie ein abgekanzelter Schuljunge: «Ich füge mich.»

Noch kurz zuvor hatte der Staatsminister des Großherzogs im Landtag zu Protokoll gegeben, daß von der «Beseitigung des Absolutismus» keine Rede sein könne. Mit großer Entrüstung hatte die Mehrheit den moralischen Zusammenbruch des Heeres bestritten. Dankbar hielt der Parlamentspräsident am Ende jener denkwürdigen Sitzung fest: «Unsere Sozialdemokratie will keine Revolution. Das deutsche Volk ist monarchisch bis in die Knochen!» Die alten Ideale wurden bis zuletzt verteidigt, obwohl der Glaube an den deutschen Kaiser kaum noch hochzuhalten war. Die Nomenklatura des deutschen Bürgertums zog es vor, Ergebenheitsadressen an den «durchlauchtigsten Großherzog, gnädigsten Fürsten und Herrn» zu senden, in denen man schwor, sich jeder Änderung der traditionellen Gewalten zwischen Kaiser, Bundesfürsten und Reichstag zu versagen. «Eurer Königlichen Hoheit erlauchte Ahnen haben jederzeit die höchsten Kulturgüter fördernd und schirmend bewahrt; ihre Namen leben im dankbaren Gedächtnis der Nation. Voll gläubigen Vertrauens wenden wir uns … in dieser Notzeit des Deutschtums an Eure Königliche Hoheit mit der unterthänigsten Bitte, allen Änderungen … der Reichsverfassung die höchste Zustimmung versagen zu wollen.» [4]

Solche Huldigungen zeigten an, auf welche Seite sich ein verunsichertes Bürgertum in einer polarisierten Situation schlagen wollte. Mit allen Kräften lehnte es sich gegen eine politische Entwicklung auf, die in der Reichshauptstadt Berlin, aber auch in anderen deutschen Kleinstaaten bereits zu ersten verfassungsmäßigen Veränderungen in Richtung Demokratie geführt hatte. Der «Aufruf zur rechten Stunde», auf der Titelseite der konservativen *Weimarischen Zeitung* publiziert, richtete sich gegen die gerade eingeleitete Parlamentarisierung der deutschen Reichsgewalt. Unterzeichnet war er von Adeligen, Mili-

tärs, Beamten und Pensionären, die sich als «deutsche Vater-
landsfreunde» bezeichneten und jede kritische Auseinandersetzung mit der Monarchie und der militärischen Niederlage ab-
lehnten. «Die Antwort Wilsons auf das Friedensangebot unserer
Regierung, die heute veröffentlicht worden ist, ist unmöglich!
Sie verlangt geradezu, so ziemlich unverblümt, die Abdankung
des Kaisers, der Zollern. Sie ist auch sonst in jeder Hinsicht nur
auf unsere Demütigung aus», so der Weimarer Dichter Johannes Schlaf.[5] In der lokalen Öffentlichkeit der Stadt Weimar erschienen Anzeigen, adressiert an Paul von Hindenburg, Sieger
der legendären Tannenberg-Schlacht, in denen versprochen
wurde, daß in der Stunde der Not «kein Mann von der Schanze
und keine Frau von der Arbeit» weichen würde. «Wir sind nicht
verloren, wenn wir uns nicht verloren geben», rief Weimars
evangelischer Stiftsprediger während einer gutbesuchten Versammlung in der Stadtkirche, die von allen Beteiligten mit
einem «Rütlischwur» verglichen wurde. Schon machte die Unterstellung die Runde, das deutsche Volk sei durch den amerikanischen Präsidenten Wilson dazu gezwungen worden, seinem
Kaiser gewaltsam untreu zu werden – auch dies war eine Lüge,
die später zusammen mit der Dolchstoßlegende Ludendorffs als
Munition gegen die «Novemberverbrecher» benutzt werden
sollte. Selbst das Eingeständnis Hindenburgs, daß die militärische Niederlage unausweichlich sei, wollte man im Großherzogtum Sachsen-Weimar-Eisenach lange Zeit nicht glauben. Statt
dessen predigte man Durchhalteparolen: «Namenlose Verelen-
dung steht uns bevor, wenn wir nicht bis zur letzten Stunde zu-
sammenstehen und dem Feinde zeigen, daß ein noch ungebro-
chenes deutsches Volk ihm die Hand zum Frieden gereicht hat.»

Sehr lange identifizierte sich dieses aufgeschreckte Bürgertum mit dem kaiserlichen Heer und seinen Befehlshabern,
denen ein militärisches Fiasko nicht zugetraut wurde. «Nichtswürdig ist die Nation, die nicht ihr Alles freudig setzt an ihre
Ehre», tönt es mit Friedrich Schiller im patriotisch beseelten
Weimar, wo man entschlossen gegen den «Schandfrieden von

Versailles» und gegen eine drohende Auslieferung des deutschen Kaisers polemisierte. Fast zwei Dutzend der lokalen Frauenvereine richteten ein offenes Schreiben an die Königin von Holland, daß «Kaiser Wilhelm II. niemals eine Schuld an dem furchtbaren Weltkrieg treffen könne». Und noch am 24. Oktober 1918, zwei Wochen vor dem 9. November, entrüsteten sich monarchistische Kreise öffentlich darüber, daß zum sechzigsten Geburtstag der Kaiserin keine Jubelfahnen aufgezogen worden waren. «Die Monarchie muß erhalten bleiben», rief der Staatsminister des Großherzogs unter dem Beifall seiner konservativen Freunde im Landtag. Noch fühlte man sich als Vertreter eines «ancien régime», dessen Sturz keinesfalls eine beschlossene Sache war. Durchhalten oder Untergehen – in dieser Kampfformel präsentierte sich eine an die Ideologie der Alldeutschen erinnernde Propaganda, die eine neue Realität kaum zur Kenntnis nehmen wollte. Kein Gedanke daran, daß es nur noch kurze Zeit dauern sollte, bis der Großherzog bei Nacht und Nebel aus Weimar verschwinden mußte.

Die Stunde der Abrechnung

Der Sturz aller deutschen Fürstenhäuser im Jahre 1918 wurde zum Fanal für einen konstitutionellen Umbruch – und doch ist die spätere Weimarer Republik lange eine «Republik ohne Demokraten» geblieben. Warum wurde die Weimarer Republik so wenig getragen? Als zwischen dem 7. und 25. November 1918 überall in Deutschland die Fürstenthrone stürzten, rollte eine antimonarchistische Flutwelle durch das Reich, die die deutschen Fürstenhäuser völlig entmachtete. Weil die deutschen Bundesfürsten seit 1871 auf das engste mit dem Deutschen Kaiserreich verbunden waren, wurden sie in der Stunde der Abdankung des Kaisers nur noch als lästige Vasallen der Hohenzollern gesehen, die wie er zurücktreten sollten. Aber keiner der deutschen Fürsten zeigte soviel Einsicht, freiwillig auf den

Thron zu verzichten. In jedem der acht Einzelstaaten mußte die Abdankung erzwungen werden – in Thüringen dauerte es sechzehn Tage, bis die letzte Kleinmonarchie in Schwarzburg-Sondershausen am 25. November 1918 endgültig abgetreten war.[6] Und in Weimar? Am Nachmittag des 8. November 1918 versammelten sich im Weimarer «Volkshaus» die Mitglieder des revolutionären Soldatenrats. Ihre politischen Forderungen haben sie rasch formuliert: die Abdankung des Kaisers und der deutschen Fürsten, die sofortige Beendigung des Krieges, die Aufhebung der Militärgesetze sowie die Freilassung der politischen Gefangenen. Nun gerät mit dem SPD-Landtags- und Reichstagsabgeordneten August Baudert ein Politiker in das Zentrum der sich anbahnenden Konfrontation zwischen dem Alten und Neuen, der bis dahin die Gewalt der Straße immer peinlich gemieden hatte. Dieser altgediente Genosse, den der frühere Großherzog Carl-Alexander immer jovial «meinen Sozialdemokraten» genannt hatte, lehnte eine revolutionäre, gar an russischen Vorbildern orientierte Umwälzung strikt ab. Das Ziel des eher gemäßigten Abgeordneten war ein ordentlich funktionierender Staat, der die Folgen des Krieges, die Lebensmittelknappheit und die drohende Typhusepidemie in Thüringen beseitigen sollte. Der professorale Tonfall linker Manifeste war ihm ebenso fremd wie das revolutionäre Pathos, mit dem plötzlich den Palästen der Reichen der Krieg erklärt wurde. Natürlich wollten auch Baudert und seine drei SPD-Mitstreiter im Landtag endlich das Ende der Monarchie, die fast überall in Deutschland zu einem verhaßten Anachronismus geworden war. Immer lauter wurde bei den Untertanen des Großherzogs von Sachsen-Weimar-Eisenach der Ruf, daß ein diskriminierendes Drei-Klassen-Wahlrecht in Preußen schlecht zu einer Nation passe, die ihre Bürger ohne Unterschied von Herkunft, Rang und Stand in einen mörderischen Weltkrieg geschickt hatte. War das Volk, dem man die politische Mitsprache immer noch verwehrte, nicht gründlich von seinem Kaiser, den Königen, Fürsten und den Militärs betrogen worden? Sollte das kaiserliche Deutschland ein antiquierter, von Drei-Klassen-Wahl-recht, Erbmonarchie und Offiziersdenken geprägter Obrigkeits-staat bleiben, oder standen die Zeichen in Richtung Demokratie, die besonders von allen fortschrittlichen Parteien immer stür-mischer gefordert wurde – das war die Frage, die damals nicht nur im abgeschiedenen Weimar, sondern in ganz Deutschland debattiert worden ist.

Vom Pathos der historischen Stunde überwältigt, kommt es vor dem Weimarer Schloß zum Zusammenprall der alten und der neuen Mächte. Auf einem improvisierten Rednerpodium steht der Sozialdemokrat Baudert vor einem langen Protestzug, dem sich zahlreiche Bürger sowie ungewöhnlich viele Frauen angeschlossen haben. Als er in seiner Rede die Abdankung des Fürsten fordert, der sich angeblich in den Gemächern des weit-läufigen Schloßbaus verbirgt, kommt es zu Tumulten und Schmährufen gegen den Monarchen. «Nur der geringste Anlaß, und das Schloß wäre gestürmt worden», erinnert sich Baudert später. Die brisante Stimmung wird vom Garnisonsältesten der ehemals fürstlichen Truppen entschärft, der im Namen des Großherzogs den Demonstranten verspricht, alle politischen Gefangenen freizulassen. Damit kann in Weimar ein erster «re-volutionärer Erfolg» gefeiert werden. Jubelnd holen die Solda-ten ihre inhaftierten Gefährten aus dem Gefängnis, ziehen mit ihnen triumphierend durch die Stadt. «Der Soldatenrat hat die politische Gewalt», notiert Johannes Schlaf am 9. November 1918, «die Stadt steht im Zeichen der Revolution.» [7]

Tatsächlich ist die bestehende Ordnung zusammengestürzt. Auf den Straßen und Plätzen patrouillieren Posten, die sich als Vertreter des Soldatenrates ausgeben und Waffen an die Bevöl-kerung verteilen. Vom benachbarten Flugplatz Nohra wird ge-meldet, daß sich die dortige Besatzung solidarisch erklärt und den Aufständischen Autos und Flugzeuge zur Verfügung stellt. In Weimar werden strategisch wichtige Positionen besetzt. Auf der Post, im Bahnhof sowie im Fernsprech- und Telegraphen-amt kontrollieren Uniformierte den Verkehr. Alle Buchdrucker werden nachts aus ihren Betten geholt, um Plakate und Flugzettel vorzubereiten. Im altehrwürdigen Weimarer Hoftheater, wo sich das feine Bildungsbürgertum zur hundertsten Aufführung von Schillers «Maria Stuart» eingefunden hatte, schallen die Rufe aus dem Parkett: «Nieder mit der monarchistischen Theaterei! Jetzt machen wir Theater!» Publikum und Schauspieler sind derart erschrocken, daß die Jubiläumsaufführung abgebrochen wird. Aber die Unruhen pflanzen sich fort. Die Redaktion der *Weimarischen Zeitung* wird von Arbeiter-und-Soldaten-Räten kontrolliert. Das reaktionäre Nachrichtenblatt des Großherzogtums wird vorläufig verboten, weil das Blatt eine «aufrechte Gegnerin der Umwälzung» gewesen sei. Den Redakteuren, die sich empört auf die neue Pressefreiheit berufen, werden Aufpasser zur Seite gestellt. Autos rattern durch die Stadt, die von johlenden Aufständischen gestohlen worden sind. Im großherzoglichen Marstall werden die Reitpferde losgeschirrt, auf denen Soldaten in den nahe gelegenen Schloßpark galoppieren. Das Volk, das bisher nichts zu sagen hatte, tobt sich aus. Das Mysterienspiel einer maroden Monarchie hat freilich erst begonnen. Als bekannt wird, daß in Bayern die Wittelsbacher und in Berlin die Hohenzollern gestürzt worden sind, ruft man in Weimar nach der Abdankung der Wettiner.

Der verhaßte Monarch

Die «Königliche Hoheit», wie sich Großherzog Wilhelm Ernst von seinem Hofstaat und seinen Untertanen stets korrekt anreden ließ, hat den Zorn des Volkes geahnt. Noch zwei Tage vor seiner Abdankung verlieh er in einer letzten, demonstrativen Geste fürstliche Orden an bewährte Hofbeamte und ließ verkünden, daß er ab 1. Januar 1919 auf die traditionelle Steuerfreiheit des Hofes verzichten werde. Danach blieb er verschwunden. Er versteckte sich vor dem demonstrierenden Volk im Privathaus des Weimarer Rechtsanwalts Hermann Jöck, einem seiner engsten Berater. Kein Zweifel, daß der letzte Großherzog auf dem Thron der Wettiner damals um sein Leben bangen mußte. Wilhelm Ernst war in seinem kleinen Reich derart unbeliebt, daß August Baudert schon in einer der letzten Landtagssitzungen ungerührt verkündete, der Weimarer Großherzog sei leider zu einem «der verhaßtesten Fürsten in ganz Deutschland geworden». Schon lange klagte man in linken und liberalen Kreisen darüber, daß die Ministerien der thüringischen Kleinstaaten jährlich viele Millionen Reichsmark verschlangen. Nicht zuletzt wegen der üppigen Versorgungsansprüche der Fürstenfamilien sowie ihrer zahlreichen Hofschranzen galt Großherzog Wilhelm Ernst seit seiner Inthronisation im Jahre 1901 als ein höchst umstrittener Regent, der es nie verstanden hatte, «als Fürst zum Volke» herabzusteigen, wie ihm später in der Stunde der Abrechnung vorgehalten wurde. Schon der damalige preußische Gesandte in Weimar hatte den jungen Thronfolger in einem vertraulichen Bericht an den Kaiser als «Mann von großer Strenge» beschrieben, der eine «etwas verlegene, schwer zugängliche und mißtrauische Natur» und ein «cholerisches Temperament» besitze.

Als im Jahre 1905 nach nur zweijähriger Ehe die junge Großherzogin Caroline unter großer Anteilnahme der Bevölkerung zu Grabe getragen wurde, schwirrten böse Gerüchte durch die Stadt. «Was wußten die Leute», so der Dramaturg Wilhelm von Scholz, «gleichviel ob die Künstler oder der Arzt, den man aufsuchte, der Geschäftsinhaber, bei dem man kaufte oder die Waschfrau alles über die erste Ehe des wenig beliebten jungen Großherzogs zu erzählen: Wie schlecht es mit der sympathischen, anmutigen und allgemein bemitleideten Großherzogin, die noch wie ein Mädchen aussah, stünde – daß sie an seinem rauhen, unverträglichen Wesen schließlich dahingesiecht sei.»[8] Damals wurde im klatschsüchtigen Weimar kolportiert, daß die Großherzogin nach einer tief unglücklichen Ehe in den Freitod getrieben worden war – wie auch immer, die Kluft zwischen

Fürst und Volk wurde nach diesem Ereignis so groß, daß der Großherzog für einige Jahre auf seinen schlesischen Familienbesitz retirierte, um sich möglichst wenig bei seinen Weimarer Untertanen blicken zu lassen. Oder wollte man noch Schlimmeres vertuschen? In den Tagebuchaufzeichnungen von Harry Graf Kessler findet sich der Hinweis, wonach der Großherzog den Weimarer Hoffotografen Held verprügelte, weil dieser offenbar Bilder der verstorbenen Caroline an eine Berliner Zeitung verkauft hatte. In rasender Wut habe der Fürst damals nach dem ahnungslosen Held rufen lassen: «Er wolle ihn totschlagen», heißt es in den Aufzeichnungen von Harry Graf Kessler, «die Lakaien hätten die Gewehrschränke verschlossen (Warum? Sie müssen schon Erfahrungen gemacht haben!) Der Grossherzog habe dann seinen Hirschfänger verlangt; und als ein Lakai ihm auch diesen verweigerte, habe der Grossherzog den Unglücklichen mit Fusstritten fast totgetreten. Dann sei Held gekommen. Der Gh. habe sich inzwischen eine Peitsche verschafft und habe damit auf Held, als er ins Zimmer trat, ehe er ein Wort sagen konnte, so losgeschlagen, daß Held nachher wochenlang liegen mußte.» [9]

Von diesen Dramen hinter höfischer Kulisse bekam die Öffentlichkeit damals nur in Andeutungen Kenntnis. Aber das Ansehen der traditionsreichen Weimarer Dynastie haben diese Skandale dennoch nachhaltig geschädigt. Nicht nur in der «Hufschmiede», dem gern besuchten Künstlerlokal der Stadt, sondern im gesamten Hofstaat wurde über einen Fürsten gelästert, der mit der Reitpeitsche nach Kutschern schlug, sobald sie den fürstlichen Equipagen nicht schnell genug aus dem Weg fuhren. Besonders in dieser kleinen Stadt, wo der Hof für den täglichen Klatsch und Tratsch sorgte, sprach sich in Windeseile herum, daß die Lakaien in den Schloßgemächern von ihrem Hausherrn verprügelt wurden, sobald der Fürst nicht rechtzeitig für den Jagdausflug geweckt worden war. Hofbedienstete erzählten, daß der Fürst ihnen in einem seiner Wutanfälle das Teegeschirr samt heißem Inhalt an den Kopf geworfen habe. Und sogar kleine Kinder soll er mit der Reitpeitsche gezüchtigt haben, was der jähzornige Potentat mit dem zynischen Hinweis entschuldigte: «Ja, mein Temperament.»

Die Kritik an diesem Verhalten war auch damals schon groß. Offenbar unterschätzte Wilhelm Ernst die Psyche seiner Untertanen, wenn er sich öffentlich wie ein unberechenbarer Despot benahm und sogar darauf hoffte, dieses Verhalten könne folgenlos bleiben. «Ritt er durch die Straßen, wich ihm Alles schön aus; denn seine Reitpeitsche verfehlte nie das Antlitz des unvorsichtigen Fußgängers. Manches Weimarische Kind wimmerte unter seinen Hieben. ‹Schweinehund›, ‹Proletenpack› waren seine geläufigen Ausdrücke.»[10] In das Bild dieses zügellosen Monarchen paßte, daß er im Februar des Jahres 1915 den Oberbürgermeister Martin Donndorf von der Hofloge des vollbesetzten Theaters aus mit den Worten «Sie Rindvieh» und «Dummer August» titulierte. Offenbar hatte sich das bürgerliche Stadtoberhaupt Weimars in den Theaterrängen verlaufen, die streng nach «hoffähigen» und «nicht hoffähigen» Zuschauern unterteilt waren. «Schaffen Sie mir das Proletenpack vom Hals», hatte der Fürst den Saaldienern zugerufen – und er brüllte so laut, daß es jedermann im Weimarer Hoftheater hören konnte. Immer wieder wurden diese Entgleisungen von offizieller Seite mit dem Hinweis entschuldigt, daß Großherzog Wilhelm Ernst nach dem plötzlichen Tod seines Vaters ohne eine hinreichende Vorbildung und Reife auf den Weimarer Thron gelangt sei. Später erfuhr man, daß der Monarch in Wahrheit schwer nervenkrank war und eine ständige Notrufleitung zwischen dem Schloß und einem Jenaer Psychiatrieprofessor installiert werden mußte.

Diese Affären illustrieren die Atmosphäre in einem deutschen Großherzogtum, das vom Modernisierungsdruck des heraufziehenden Industriezeitalters nichts wahrnahm, sondern sich dagegen abschottete. Noch glaubte der Obrigkeitsstaat, sich auf eine Macht des Monarchen stützen zu können, die praktisch immer noch unangreifbar war. Wer das Verhalten des

Monarchen in der Öffentlichkeit oder gar im Landtag kritisierte, der konnte rasch in Ungnade fallen. Als sich der Dichter und Theaterkritiker Ernst von Wildenbruch im Jahre 1903 erdreistete, das mangelnde Interesse des Monarchen an den Tagungen der Weimarer Goethe-Gesellschaft zu kritisieren, traf ihn der Bannstrahl aus dem Schloß. In einem «Wort über Weimar» hatte der angesehene und bei Hofe geschätzte Autor gefragt, warum der Großherzog das Treffen der Goethe-Liebhaber einfach ignoriere. «Ja, es muß ihm gesagt werden und wenn kein Anderer es tut, so will ich es tun, daß es die Pflicht eines Großherzogs von Weimar ist, dafür zu sorgen, daß eine Institution wie der Goethe-Tag eine ist, nicht verkommt ... und elend unter der Gleichgültigkeit der Menge erstickt.»[11] Schon diese gutgemeinte Ermahnung war zuviel und forderte den Zorn des Monarchen heraus. Der Großherzog ließ den Schriftsteller zu sich kommen und herrschte ihn an, wie er dazu komme, ihm «gewisse Verhaltungsmaßregelungen» zu erteilen. Er ließ den Gast kaum aussprechen, so daß dieser das Schloß in äußerster Erregung verließ. Die Tore zu Weimars Fürstenhaus blieben danach für Ernst von Wildenbruch lange verschlossen.

Der Kaiser, der auf das Geschehen am Weimarer Hof ein waches Auge hielt, lobte Wilhelm Ernst für seine schroffe Reaktion. Diese öffentliche Kritik sei in der Form höchst taktlos und unehrerbietig gewesen, hieß es in einem Brief aus Berlin. «Regierende deutsche Großherzöge kritisiert man nicht durch das dreckige Medium der Presse. Der Großherzog ist nicht ein X-Beliebiger, der es rechtfertigt, daß man ihn im Stile des J'accuse von Zola selig anrempelt.»[12] Der kaiserliche Brief zeigte, daß jede öffentliche Kritik immer noch als unzulässige Einmischung in höfische Angelegenheiten galt. Wer den Kommen: der adeligen Oberklasse verletzte, der mußte mit Bestrafung rechnen. Der Monarch sollte unantastbar bleiben, weil auf das «Magische kein Tageslicht» fallen durfte, wie der britische Historiker Walter Bagehot den Dynastien Europas ins Stammbuch geschrieben hatte.

Das autokratische Regiment des umstrittenen Großherzogs hat manchen Gesprächsstoff für eine privilegierte Gesellschaft abgegeben, die im Dauerzyklus von höfischen Festen, Galatheatern und der Jagd ein höchst gelangweiltes Leben führte und sich deshalb über jede Sottise freute, die das Ritual protokollarischer Unterwerfung durchbrach. Besonders am kleinen Hof von Sachsen-Weimar-Eisenach blieb man weitgehend unter sich, achtete auf protokollarische Regeln und schottete sich fast eifersüchtig von der übrigen Gesellschaft ab. Besonders nach dem frühen Tod der kunstsinnigen Großherzogin Caroline erstarb fast jedes geistige Leben hinter den Schloßmauern; jetzt regierten Protokoll und Etikette unter dem unberechenbaren Zepter eines Fürsten, der sich wenig für die Kunst und mehr für die Jagd interessierte.

Das Weimarer Großherzogtum stand in dem Ruf, bei der Vergabe der begehrten «Hoffähigkeit» besonders restriktiv zu sein. Als der Ruf von Henry van de Velde zum Direktor der Kunstgewerbeschule schon fast perfekt war, sorgte die Einführung des Belgiers bei Hofe für beträchtliche Probleme, weil man sich erst über die «Hoffähigkeit» von Madame van de Velde erkundigen mußte. War die Künstlergattin eine Adelige, oder hatte der unkonventionelle Belgier eine Bürgerliche geheiratet? Nicht nur die Herkunft, sondern auch das Protokoll waren für den Zugang in die verschlossene Welt «bei Hofe» entscheidend. Bei Veranstaltungen im Schloß hatte man sich einer strikten Kleiderordnung zu unterwerfen. Die «Hoftenue» bestand aus betreßtem Frack, einem Zweispitz, einer weißen Hose und dem obligatorischen Degen. Wer wie van de Velde darum bat, die an rheinischen Karnevalsfrohsinn erinnernde Uniform nicht tragen zu müssen, zog sich den Unmut Seiner Königlichen Hoheit zu. Als der belgische Künstler die Stirn hatte, bei einem Galadiner im Frack zu erscheinen, handelte er sich eine ironische Anspielung des brüskierten Gastgebers ein. Die schlagfertige Antwort des Belgiers, Königliche Hoheit mögen sich vorstellen, der Präsident der USA habe seinen Botschafter an den Hof von Weimar entsandt, hat früh zu der Verstimmung zwischen diesen so ungleichen Männern beigetragen.[13]

Weil der Rang in Weimar eine so große Rolle spielte, mußte van de Velde gegen seinen ausdrücklichen Wunsch den Titel «Professor» annehmen – eine Ablehnung wäre als Affront empfunden worden. Der damalige Reise- und Modeschriftsteller Richard Voß wurde gebeten, seine Frau regelmäßig zu Hause zu lassen, sobald er «zu Hofe» befohlen wurde; denn seine Gattin wurde bei der Hofgesellschaft «als nicht geeignet» empfunden. In der engstirnigen Exklusivität der Wettiner Dynastie mokierte man sich sogar darüber, daß Johann Wolfgang von Goethe einst in die Kaste eingedrungen war. «Nur Fremdworte drücken das Maß der Abschließung deutlich aus», schrieb ein Zeitgenosse über die Urenkel des Goethe-Förderers Carl August, die sich bis heute nicht damit abgefunden hätten, «daß ein bürgerlicher junger Mann aus Frankfurt so unversehens in die Kreise der vornehmen Großväter eingedrungen und ihnen sogar erheblich über den Kopf gewachsen sei».[14] Der auf Etikette erpichte, in preußischer Disziplin aufgewachsene Wilhelm Ernst hat solche Exklusivität bis an den Rand der Lächerlichkeit strapaziert. Er zeigte sich meist in Uniform vor seinen Untertanen und verhielt sich derart unnahbar, daß ein altgedienter preußischer Regimentskommandeur bei seiner ersten Audienz fast erschrak: «Keine Ahnung vom Handgeben. Ich erwartete jeden Augenblick, mit ER angeredet zu werden.»

Gewiß waren auch in Weimars Idylle einige Rolläden hochgezogen worden, um wenigstens etwas frische Luft hereinzulassen. Natürlich konnte die Hofkamarilla um den autoritären und unberechenbaren Fürsten nicht verhindern, daß dessen Entgleisungen bekannt wurden und bald zum Thema eines ausufernden Hof- und Stadtklatsches wurden. Aber es blieb bei jenem «selbstgefälligen Redegeriesel», wie der seit der Jahrhundertwende in Weimar lebende Harry Graf Kessler die kleine Welt von «Intriguen und Aigriertheit» spöttisch nannte. Viel später hat dieser weltoffene Diplomat und Kunstmäzen selbstkritisch die Frage gestellt, warum gerade im Deutschland Schillers, Kants und Fichtes eine besondere Charakterlosigkeit gezüchtet worden sei. Meinte er damit auch das Versagen der geistigen Elite, die sich der aufbrausenden Selbstherrlichkeit ihrer Fürsten kaum widersetzte? Erst 1924 bricht der Vorwurf aus ihm heraus, daß die Jämmerlichkeit des deutschen Bürgertums auf die intensive Förderung der Servilität an den zahlreichen deutschen Höfen zurückzuführen sei. «Deutschland verdankt es seinen Fürsten, daß es das gebildetste, aber rückgratloseste Volk Europas ist.» [15]

Eine angepaßte Elite

Fast könnte man das vom Glanz literarischer Klassik geprägte Weimar als einen Ort beschreiben, wo sich das Unpolitische als Grundzug deutscher Kultur besonders stark ausgeprägt hat. Man beklagte zwar wie Franz Liszt, Hoffmann von Fallersleben, Harry Graf Kessler, Henry van de Velde, Lyonel Feininger und die vielen Avantgardisten, die sich vom Ruhm der Stadt angezogen fühlten, den «starren Aristokratismus», der mit der Regentschaft von Großherzog Carl Alexander Mitte des 19. Jahrhunderts in die Edelprovinz eingezogen war und auch von dessen Nachfolger nicht beseitigt wurde. Schon zu dieser Zeit hatte Weimar Beinamen erhalten, in denen sich das Mißbehagen an einer nur rückwärtsgewandten Traditionspflege ausdrückte. Die abgeschiedene Dichterstadt wurde als «Ilm-Athen», als «Pompeji des deutschen Geistes», als «Sarkophag» oder schon 1836 von Heinrich Heine als «Musenwitwensitz» verspottet. Doch diese Kritik führte nicht zu einer Öffentlichkeit, die auf eine Abschaffung der mißliebigen politischen Zustände drängte. Der preußische Gesandte Raschdau hatte 1894 in der Weimarer Gesellschaft eine auffallende Mutlosigkeit beim Blick in die Zukunft analysiert. Adelheid von Schorn, die einen subtilen Einblick in die abgekapselte, von elitärem Hochmut geprägte Hofgesellschaft besaß, konstatierte um die Jahrhundertwende: «Wir leben nur von der Tradition. Sie wird modrig. Es riecht dumpf nach Mottenpulver.»[16]

Der kurzzeitige Anlauf zur Moderne, von Elisabeth Förster-Nietzsche, Harry Graf Kessler und Henry van de Velde ab 1903 initiiert, sollte schon nach einigen Jahren scheitern, weil dieser Kulturströmung der Rückhalt bei den Alteingesessenen fehlte. Der Name des Diplomaten, Schriftstellers, Buchkünstlers und Mäzenaten Harry Graf Kessler, der von 1903 bis 1906 ehrenamtlicher Direktor des Weimarer Museums für Kunst und Kunstgewerbe sowie Gründer und Leiter der in Weimar editierten Cranach-Presse war, steht fast symbolisch für das Scheitern der Moderne in dieser rückwärtsgewandten Stadt. Er habe das «Leben an kleinen Höfen endgültig satt», beklagte sich Kessler, nachdem sein Experiment des «Neuen Weimar» endgültig gescheitert war.

Großherzog Wilhelm Ernst hatte Kessler 1903 die Leitung der «Permanenten Kunstausstellung» übertragen, die danach in das «Museum für Kunst und Kunstgewerbe» umgewandelt wurde. Der kleine Kreis um Kessler wollte eine Kehrtwende in der bisher konservativen Kunstpolitik einleiten; doch der avantgardistische Anlauf scheiterte am Widerstand einer engstirnigen Hofkamarilla um den Oberhofmarschall Aimé von Palezieux-Falconnet, der die Konkurrenz der kulturellen Erneuerer fürchtete. Kessler plädierte für Neuaufbruch, indem er impressionistische Künstler nach Weimar holte und die Stadt mit der zeitgenössischen Moderne versöhnte. Ausstellungen von Max Klinger, Lovis Corinth, Claude Monet, Auguste Renoir, Paul Cézanne und Paul Gauguin machten Weimar zu einem Treffpunkt, der auch international Beachtung fand. Aber es kam zum Bruch, als Kessler mit einer Ausstellung von Werken des französischen Bildhauers Auguste Rodin das «gesunde Volksempfinden» Weimars beträchtlich strapazierte.

Der renommierte, an der Universität Jena zum Ehrendoktor promovierte Rodin hatte im Jahr 1904 eine Ausstellung mit Werken eröffnet, die allgemeinen Beifall erhielt. Als die Ausstellung zwei Jahre später, um eine Abteilung mit Aktzeichnungen bereichert, wiederholt werden sollte, kam es zum Skandal. Rodin wollte Kessler eine beträchtliche Zahl von Zeichnungen überlassen, die später dem Neuen Museum geschenkt werden sollten. Arglos hatte der Franzose auf den Passepartout einer seiner Zeichnungen, die er dem Großherzog als persönliche Gabe überreichen wollte, die Widmung geschrieben: «Hommages respectueux de Auguste Rodin au Grand-Duc de Weimar». Die Zeilen mußten entfernt werden, weil hinter der Widmung des französischen Künstlers eine Beleidigung des Landesherrn vermutet wurde. Die Kunstaristokratie der Stadt rottete sich zusammen und lamentierte, daß derart frivole Ausstellungen überhaupt in Weimar gezeigt würden. Frauen und Töchter wurden gewarnt, eine Ausstellung zu besuchen, die als «Schmach für Weimar» empfunden wurde. Kessler wurde verdächtigt, er habe von dieser Beleidigung gewußt und eine gezielte Attacke gegen den Großherzog lanciert. Die selbsternannten Hüter von Moral und Sittlichkeit sahen das Ansehen ihres Fürsten besudelt. «Es ist eine Frechheit des Ausländers, unserem hohen Herrn so etwas zu bieten ... möge der Franzose aus seinem Künstlerkloakenleben sich ins Fäustchen lachen, so etwas in Deutschland an den Mann gebracht zu haben. Wir wollen uns das nicht gefallen lassen und rufen Pfui und tausendmal Pfui über den Urheber und seine Helfershelfer, die solche Abscheulichkeiten uns vor Augen stellen.» [17]

Diese Abrechnung stammte von einem traditionellen Weimarer Künstler, dem Maler Hermann Behmer, der mit seinem Zeitungsartikel eine weit über Weimar hinaus beachtete Diskussion angezettelt hatte. Man sprach abfällig von einer Provinzposse, die sich im «deutschen Athen» zugetragen habe. Aber dieser Konflikt offenbarte, daß ein konservatives, ja fast reaktionäres Bürgertum mit der Rückendeckung des Hofes mobilisiert werden konnte, um eine unliebsame Kunstrichtung abzuwürgen. Harry Graf Kessler wurde vom Großherzog vor versammelter Hofgesellschaft brüskiert und mokierte sich danach tief verärgert über die «Leutchen», die vor Fürst und Hofmarschall «zu Kreuze gekrochen» seien. Ein halbes Jahr später trat er von seinem Posten zurück. Sein kühnes Projekt war gescheitert; viele der damaligen Mitstreiter zogen sich in die künstlerische Privatheit zurück. Oft erscheinen jene Künstler, die von einem «Neuen Weimar» träumten, im Rückblick als weltfremde Ästheten, die sich nur in den Bahnen von Moral und Hypermoral bewegten. In einem kleinen, fast absolutistisch regierten Staatswesen wie dem Großherzogtum Sachsen-Weimar-Eisenach mußte man vielleicht bei der Eroberung neuer Kulturwelten Brückenköpfe bilden. Wer sich gegen einen allmächtigen Fürsten, gegen dessen Hofkamarilla und deren zahllose Günstlinge durchsetzen wollte, der mußte mit Niederlagen rechnen. In dieser Stadt gab es leider keine einflußreiche Schicht kritischer Intellektueller, die sich beherzt in die Belange des Staates eingemischt oder einen exzentrischen Fürsten gar in dessen Schranken zurückverwiesen hätte. Privat beklagte sich Kessler bitter über die «unvollkommene Natur» des Fürsten, dem er einen Geistesgrad «weit unter dem Normalen» zubilligte, zu dem eine «fast pathologische innere Roheit» hinzukomme, die auch eine bessere Erziehung nicht beheben könne. Solche Kritik prallte an den Weimarer Schloßmauern ab, viel wurde unter den Teppich gekehrt. Aber war man nicht auch das Produkt jener Verhältnisse geworden, die man lauthals beklagte?

Ganz sicher kam ein Desinteresse an der Beschäftigung mit Politik hinzu. Die Hypertrophie eines heraufziehenden Weltkrieges, die imperialen Ansprüche eines größenwahnsinnigen Kaisers, der Haß auf die Nachbarländer Frankreich, England und Rußland oder die geradezu groteske Kriegsbegeisterung des Jahres 1914: das waren umstrittene Themen der damaligen Politik, die mit Kontroversen über die Legitimität des Drei-Klassen-Wahlrechts, der sozialen Ungerechtigkeit und der längst überfälligen Modernisierung der Gesellschaft hätten verknüpft werden müssen. Aber diese Diskussion wurde im elitären Weimarer Kulturambiente nicht geführt, weil Kunst und Kultur als Autonomes und Esoterisches verteidigt und strikt vom Politischen abgegrenzt wurden.

Wie überall in den kleinen Hofresidenzen hat es auch im Großherzogtum von Sachsen-Weimar-Eisenach die folgenreiche Trennung von Kultur und Politik, von Geist und Macht, von Idee und Wirklichkeit, von Theorie und Praxis gegeben, die als «Schattenlinien» in die Weimarer Republik hineinreichen sollten.[18] Für das Verhältnis von Geist und Macht galt der Spott von Carl Sternheim: «Die Relation zwischen den führenden Klassen Deutschlands war so: Die Intelligenz ließ die Machthaber herrschen und mächtig verdienen, bewunderte ihre gesellschaftliche Überlegenheit und ihren Schneid. Dafür ließen die Regierenden den deutschen Geist sich tummeln und lachten sich über ihn, waren sie allein, halbtot.»

Bürger und Arbeiter

Als der Fürst in der Stunde seiner Demission eine Abdankungsurkunde unterschreiben sollte, die auf den revolutionären Willen «der Soldaten und Arbeiter wie der Bürger in Weimar» verwies, strich er «wie der Bürger» durch. Er wisse genau, daß die Bürger seines Staates an dieser Revolution nicht beteiligt seien. Damit bestritt er, daß die Bürger seine Abdankung billigen würden. Die Symbolik der Geste war kaum zu übersehen. Noch mit seiner letzten Amtshandlung dokumentierte der scheidende Fürst, daß für ihn der Dualismus zwischen Bürgertum und Arbeiterschaft intakt geblieben war. Für seinen Sturz und den Abgang der deutschen Dynastien machte er nur die Soldaten und Arbeiter verantwortlich. Das Wort «Bürger» schuf die nötige Distanz zu dem «Proletenpack», wie der Großherzog einen Teil seiner Untertanen öffentlich bezeichnet hatte.

Schon mit diesem folgenreichen Akt schien ein Keil zwischen Bürgertum und Arbeiterschaft getrieben, weil die Haltung des

Fürsten einem Signal an seine Untertanen gleichkam, die politische Verantwortlichkeit für die Revolution der Linken zuzuschreiben. Mit einem Federstrich wurden die Protagonisten der Arbeiterbewegung wieder als jene Reichsfeinde stigmatisiert, die sie in der politischen und sozialen Entwicklung des Kaiserreichs gewesen waren. Der scheidende Fürst berief sich mit dieser fast visionären Anmaßung noch einmal auf das System der «stabilisierenden Interessenbestätigung», das bis dahin in fast allen Ländern des Deutschen Reichs gegolten hatte. Es waren privilegierte Bürger, die in den Städten in Allianz mit dem Hofe die Schaltstellen lokaler Macht besetzt hielten – und wie die dramatische Geschichte dieser einen Stadt illustriert, sollte es auch nach Abdankung der Fürstenherrschaft bei dieser Privilegierung bleiben. Nur den wohlhabenden, tonangebenden Bürgern war es vergönnt gewesen, ihren Nachwuchs auf die Gymnasien zu schicken, in das Hoftheater zu gehen und sich dort auf Ränge zu verteilen, die von oben verordnet wurden und das Klassengefüge der Stadt widerspiegelten. Ein fast ständisch situiertes Bürgertum hatte in Weimar eine Kultur von Rang produziert, die bis 1918 jedoch vom Gutdünken des herrschenden Fürsten abhängig war. Als dem Großherzog die Kunstrichtung von Harry Graf Kessler nicht mehr paßte, warf er den umtriebigen Kulturmanager aus dem Amt hinaus. Als nationalistische Heimatkünstler den Belgier Henry van de Velde bei Hof madig machten, mußte der international hochgeachtete Direktor der Kunstgewerbeschule seine Wirkungsstätte verlassen – vorher wurde er von seinem unberechenbaren Fürsten unter Hausarrest gestellt. Die Studenten des Bauhauses verwiesen 1924 auf diese Vorfälle, als ihre Kunstschule unter dem Druck einer reaktionären Öffentlichkeit geschlossen werden mußte.

Erst ab 1918 kam es zu einer politischen Formierung, die diesem unwürdigen Wechselspiel ein Ende machte. Aber die Kontinuität der Eliten sollte über die Abdankung der Herrscherhäuser hinaus erhalten bleiben. Um sie zu stabilisieren, mußte die Kluft zur Arbeiterschaft erweitert werden – das war das ge-

heime Signal, welches der scheidende Fürst seinen Untertanen
mit auf den Weg geben wollte. Hier wurde ein fast unversöhnlicher Zwist zwischen Bürgertum und Arbeiterschaft angelegt,
der ab 1920 viel zur Polarisierung der politischen Lager beigetragen hat.[19]

Der Zorn der Soldaten

«Über Nacht erhob sich kühn die Revolution», rief am 14. November 1918 der zum Staatskommissar ernannte SPD-Abgeordnete August Baudert in der außerordentlichen Sitzung des
Landtages, «die Throne brachen und Dynastien jahrhunderte-
alter historischer Vergangenheit sind vom Schauplatz ihres Da-
seins verschwunden!» Hinter Baudert und der kleinen Gruppe
sozialdemokratischer Politiker lagen Tage der Angst und Unsicherheit, die sogar in die Gefahr gewaltsamer Provokationen
abzugleiten drohten. Niemals ist in der Revolution jener Tage
ein Schuß gefallen, und nachher stellten alle Beteiligten erleichtert fest, daß nirgendwo geraubt und geplündert worden war,
obwohl die städtischen Residenzschlösser oft ohne militärische
Bewachung waren. Aber zur Begleiterscheinung dieses historischen Machtwechsels gehörte, daß erst der Verweis auf die Gefahr eines Bürgerkrieges die Protagonisten der alten Macht
dazu brachte, freiwillig in ihre Abdankung einzuwilligen. Bis
zuletzt wollte ein völlig ratloser Monarch nicht daran glauben,
daß die Stunde seines Abschieds und das Ende seiner Dynastie
gekommen war.

Noch am Morgen des 9. November 1918, als der Sturz der deutschen Zaunkönigreiche schon beschlossene Sache war, verlief
die Umwälzung in Weimar eher wie ein pittoresker Operetten-
putsch. Als sich eine Delegation des Arbeiter-und-Soldaten-Rats
beim Staatsminister Rothe meldete, um die Abdankung des
Großherzogs zu verlangen, fragte der Beamte zurück: «Er soll
mich wohl die Treppe hinunterwerfen?» Obwohl sich auch in den

übrigen deutschen Kleinstaaten der Ruf nach Abdankung der Landesfürsten erhoben hatte, hielt man sich in Weimar die Ohren zu. Offenbar mußten dem Fürsten die neuen politischen Verhältnisse erst schonend beigebracht werden; erst am Nachmittag kam es zur Begegnung zwischen der Volksabordnung und dem Monarchen, der demonstrativ in feldgrauer Uniform, ohne Achselstücke und Ehrenzeichen erschien – als wolle er damit seine neue Volksnähe beweisen.

Aber schon dieser Auftritt bewies wenig Fingerspitzengefühl. Bei einer Soldatenkundgebung am 8. November, wo Baudert ein «Hoch auf die Republik» ausgerufen hatte, war es zu wüsten Schmähungen gegen den Großherzog gekommen. Man sagte dem Fürsten nach, er habe im Felde auf Gefangene und Verwundete geschossen und in Briefen über seine «Treffer» wie über eine Hasenjagd berichtet. Gerade die Rolle des Monarchen als Offizier wurde zum Anlaß einer Empörung, die sich nur mühsam bändigen ließ; schon hatten sich aus Ersatzkompanien in den örtlichen Kasernen Stoßtrupps gebildet, die das Schloß stürmen und endlich mit dem verhaßten Großherzog abrechnen wollten. Die Soldaten hatten allen Grund, sich über ihren fürstlichen Befehlshaber zu entrüsten. Großherzog Wilhelm Ernst hatte die Schlachten an der Marne, in Polen und Rußland tatsächlich mit dem Jagdhalali in Thüringens Wäldern und ihre unzähligen Opfer mit Hasen verglichen, die erledigt werden mußten. «Vorgestern haben wir die Russen gehörig verhauen», schrieb er seiner zweiten Frau, der Großherzogin Feodora, in einem Feldpostbrief, der auf Befehl Ihrer Königlichen Hoheit in der Lokalzeitung abgedruckt wird. «Von drei Seiten hatten wir sie umklammert. Leider sind uns doch noch welche entkommen. Ich war zur Division ... geritten, da packte mich doch die Passion, ich nahm einen Karabiner und machte den Angriff mit. Das Gefecht ist für mich in schöner Erinnerung. Es war angelegt wie der Kopf einer Hasenstreife, leider war der Kessel nicht geschlossen. In meinem Bereich sind nicht viele Russen am Leben geblieben. Unsere Leute waren auch ganz rabiat. Aus Häusern und Erdhöhlen mußte man die Russen hervorholen. Sie müssen sehr große Verluste gehabt haben.»

Am 9. November 1918 wurde abgerechnet. Zum erstenmal war der Sozialdemokrat Baudert zum «Hofgänger» geworden, wie er im Rückblick belustigt schreibt. Am Eingang zu den herrschaftlichen Gemächern wurde er vom Oberhofmarschall Freiherr von Fritsch empfangen, der sich seiner Tränen nicht erwehren konnte. Baudert sparte bei der folgenden Unterredung nicht mit Vorwürfen und hielt dem Fürsten ein Sündenregister der Entgleisungen vor. Hatte er Soldaten mit der Reitpeitsche geschlagen? Wurden sogar Kinder mit der Peitsche gezüchtigt? Das Temperament des Großherzogs könne nun keine Entschuldigung mehr sein: «Bei dem Zusammenbruch, den wir jetzt erleben, ist die Zeit gekommen, wo die Fürsten vom Schauplatz ihrer Tätigkeit abtreten müssen.» Als der Großherzog fragte, mit welchem Recht man dies verlange, erhielt er die Antwort: «Mit dem Recht der Revolution, die eine neue Verfassung bringen wird.» [20]

Ein schmählicher Abschied

Von den zwanzig regierenden Fürsten, die 1918 in Deutschland abdanken mußten, ahnte wohl keiner sein Ende voraus; die meisten wurden von den politischen Ereignissen überrascht. Erst die Abdankung des Kaisers machte den Fürsten klar, daß sie um einen Thronverzicht nicht mehr herumkamen. Erst unter dem Eindruck der Meldungen aus Berlin wurde auch in Weimar eine provisorische Abdankungsurkunde unterzeichnet. «Dem mir von der Vertretung der Soldaten und Arbeiter in Weimar aufs ausdrücklichste ausgesprochenen Wunsche, für mich und meine Familie für alle Zeit auf den Thron und die Thronfolge zu verzichten, um dem drohenden Bürgerkrieg vorzubeugen, leiste ich Folge und erkläre hiermit, daß ich für mich und meine Familie für alle Zeit auf den Thron und die Thronfolge im

Großherzogtum Sachsen-Weimar-Eisenach verzichte. Unterschrift: Wilhelm Ernst. Weimar, 9. November 1918.»

Bis zuletzt ist der Großherzog von seiner engsten Umgebung
bestürmt worden, im Text der Urkunde die Formulierung «für
alle Zeit» nicht zu akzeptieren. Doch er lehnte zur Enttäuschung seines Staatsministers Rothe und des Rechtsanwalts
Hermann Jöck ab. Vielleicht kam diese Zurückhaltung daher,
weil im Verlauf der Verhandlungen durchgesickert war, daß
selbst die Bekanntgabe der Abdankung den Zorn der Soldaten
vor den Schloßeingängen nicht besänftigt hatte. Die militärische
Hauptwache wollte die Abfahrt der großherzoglichen Familie
verhindern und drohte, auf das Auto zu schießen. Dennoch ist
der ungeliebte Fürst nicht bei «Nacht und Nebel fortgebracht
worden», wie konservative Kreise später behaupteten. Aber er
mußte sich unwürdig, ohne Abschiedsgruß und persönliche Erklärung von seinen Untertanen davonstehlen, weil man ihm
nach Leib und Leben trachtete.

Dies war nicht überall in den deutschen Fürstentümern so.
So hatte sich im benachbarten Herzogtum Sachsen-Altenburg
der populäre Landesherr Ernst II. mit «herzlichem Lebewohl
und wärmstem Dank für die Anhänglichkeit» von seinen Lan-
deskindern verabschiedet. Der örtliche Soldatenrat stellte die
Herzogsfamilie sogar offiziell unter seinen Schutz. Im Großherzogtum Sachsen hingegen mußte der Abgang des unpopulären
Wettiners an der Wache vorbei lanciert werden, weil die Rache-
gefühle der Soldaten noch nicht abgekühlt waren. Dennoch
sorgte auch hier der Soldatenrat für Geleit und gewährte militärischen Schutz, weil man Ausschreitungen verhindern wollte.
So kam es, daß nur eine getarnte Flucht im Morgengrauen
die Familie des Großherzogs endgültig in Sicherheit bringen
konnte. Es ging nicht an einen «schönen Ort in der Schweiz»,
wie sich dies der Großherzog gewünscht hatte; auch die nahe
gelegenen Familiensitze Wilhelmstal und Dornburg kamen als
Exil nicht in Frage, weil für die Sicherheit der Fürstenfamilie
dort nicht gebürgt werden konnte. Auf Schloß Allstedt, wohin

die großherzogliche Familie am 12. November 1918 in Begleitung eines bewaffneten Feldwebels gebracht wurde, einigte
man sich, daß der Großherzog in das schlesische Heinrichsau
übersiedelte.

Als die provisorische republikanische Regierung endlich die
Macht übernehmen konnte, beschwor der neue Staatskommissar August Baudert die «noch unbekannten Gefilde einer neuen
Zeitperiode», die nun auf alle Deutschen zukommen würden.
An jenem 14. November 1918 ahnte dieser brave Sozialdemokrat noch nicht die vergiftete Attacke, die kaum ein Jahr später
aus dem schlesischen Exil des verbannten Fürsten erfolgen
sollte. Am 13. März 1920 war die Brigade Ehrhardt in Berlin ein-
marschiert, um mit Militärs der Reichswehr um General von
Lüttwitz und den Politiker Kapp zu putschen. Dieser rechtsradikalen Erhebung gegen die Republik schloß sich die in Weimar
stationierte Reichswehrbrigade XVI unter General von Hagenberg sofort an. Die Aufständischen übertrugen die Regierungs-
geschäfte an den Weimarer Rechtsanwalt Hermann Jöck,
nachdem die bisherige Landesregierung unter Baudert von
putschenden Einheiten abgesetzt worden war. Der ehemalige
Vertraute des Großherzogs sollte Chef einer parteilosen Regierung in Thüringen werden, die unter einem Reichskanzler Kapp
die frühere Souveränität der Bundesstaaten unter Führung
Preußens wiederherstellen wollte. Der erste militärische Aufstand gegen die junge Republik wurde nach einem Generalstreik zurückgeschlagen; Hermann Jöck legte bereits einen Tag
nach seiner Amtsübernahme seinen Posten nieder. Damals versammelten sich im traditionsreichen Weimarer «Volkshaus»
Anhänger der gefährdeten Republik, darunter viele Sozialdemokraten und Kommunisten, zu einer Demonstration gegen die
Putschisten; acht Menschen wurden bei der anschließenden
Konfrontation mit den Militärs getötet, drei Dutzend Demonstranten schwer verletzt. Das von Walter Gropius entworfene
Denkmal der Märzgefallenen und eine Gedenktafel am Weimarer «Volkshaus» erinnern noch heute an jene Märztage des Jah-

res 1920, als die junge Republik vor ihrer schwersten Bewährungsprobe stand. Aber als Rädelsführer der Erhebung wurden mit Hauptmann von Gregory, dem Rittmeister der Reserve von Stegmann sowie dem Chef der deutschnationalen *Weimarischen Zeitung* drei monarchistische Gefolgsleute ausgemacht, die zum verbannten Großherzog im schlesischen Heinrichsau engen Kontakt gehalten hatten. Der ehemalige Landesherr hatte den Gedanken an eine notfalls auch gewaltsame Rückkehr offensichtlich nicht aufgegeben.

Diese Episode bewies, wie brüchig die demokratische Fassade in der Stadt der deutschen Nationalversammlung schon ein Jahr nach der Verabschiedung der Reichsverfassung war. Vor den Augen der nationalen und internationalen Öffentlichkeit ließ sich die politische Elite der Stadt von rechtsradikalen Desperados in eine Meuterei gegen die Demokratie hineinziehen – kaum ein Jahr nach Verkündung der Weimarer Republik, die im Geiste von Goethe und Schiller mit vielen schönen Worten aus der Taufe gehoben worden war. Wo waren im Gefolge des Kapp-Lüttwitz-Abenteuers alle guten Vorsätze geblieben? Die Flucht des Monarchen hatte im politisch verstörten Weimar offenbar ein Machtvakuum hinterlassen, das nach Auffassung der verunsicherten Eliten möglichst rasch durch eine starke Persönlichkeit ersetzt werden mußte. In dieser unpolitischen, sensibel reagierenden Kulturstadt hatte die nationale Gegenbewegung ihren Auftrieb durch jene Krisensymptome erhalten, von denen die neue demokratische Staatsordnung seit Herbst 1919 befallen war. Man war über den «Schandfrieden von Versailles» empört, lästerte über die unzuverlässigen «Novemberverbrecher» und wollte nicht glauben, daß der Krieg tatsächlich durch militärisches Versagen der bewunderten Feldherren Hindenburg und Ludendorff verlorengegangen war. Das war der Mythos, den man sich nachträglich nicht zerstören lassen wollte. Der gegenrevolutionäre Akt, der in Weimar zu einer mehrtägigen Festnahme der demokratisch gewählten Regierung führte, war das Werk einer kleinen Gruppe, deren Drahtzieher in der ehemaligen «Vaterlandspartei» sowie in den Stäben der früheren Obersten Heeresleitung zu suchen waren. Aber das praktische Ziel des Umsturzes war auf den ersten Blick nicht die «Wiederherstellung der Monarchie», wie der nach Schlesien verbannte Großherzog Wilhelm Ernst vergeblich hoffte; der gewaltsame Aufstand des Generalmajors Hagenberg wollte auch in Thüringen über einen Sturz der Parlamente und Parteienherrschaft eine vorübergehende politisch-militärische Diktatur etablieren. Das politische Fernziel der Putschisten um Kapp und Lüttwitz war die «Rekonstitutionalisierung des Staates durch die Aufrichtung einer von den Parteien unabhängigen Regierungsgewalt».[21] An dieser Utopie haben schon damals alle mitgebastelt, die im Dunstkreis jener gescheiterten Verschwörung agierten: enge Gefolgsleute des entmachteten Hofes, Mitglieder der Reichswehr, Angehörige des lokalen Adels, Vertreter der örtlichen Publizistik sowie Protagonisten des Bürgertums, das sich früh der Deutschnationalen Volkspartei und damit einer Gruppierung in die Arme warf, die sich von der «Erfüllungspolitik» der Reichsregierung zutiefst herausgefordert fühlte.

«Die Regierung ist gestürzt, die Nationalversammlung aufgehoben. Generallandschaftsdirektor Kapp ist Direktor, Reichskanzler und Ministerpräsident. General von Lüttwitz militärischer Oberbefehlshaber. Reichswehrtruppen und Sicherheitspolizei stehen fest zur neuen Regierung. Gott sei Dank, es ist … als wär ein Albtraum von einem gewichen.»[22] Kein Wort über die acht Menschenleben und die fünfunddreißig Verletzten, die der Aufstand in Weimar gekostet hatte. Kein Satz über die Verantwortungslosigkeit, die dieser Putschversuch offenbarte. So wie Johannes Schlaf in jenen Tagen schrieb, als die Putschisten noch an ihren Sieg glaubten, dachten damals viele in der angeblich verträumten Residenzstadt Weimar, die sich mit den neuen demokratischen Verhältnissen nicht abfinden wollte.

Flucht in den Mythos
Eine Kulturstadt träumt von der Vergangenheit

Konservative Stimmungen

Als in der Novemberrevolution die Throne stürzten, sandte der Dichter Reinhold Schneider den entmachteten Dynastien die wehmütigen Zeilen hinterher: «Im Schloßhof rauschen die Brunnen noch immer und das klare Wasser steht zwischen dem geschwungenen Steingeländer der Schwemme; die mächtige Auffahrt harrt – es ist, als könne alles noch einmal beginnen und es ist doch vorüber für immer! Das seltsam bezwingende Leben im Schloß, das der Stadt erst Leben gab ... eine kleine, aber sichere Ordnung, nachdem die große verloren war. Das kleine Land hatte seinen Sachwalter, einen einzigen Verantwortlichen, der sagte und erweckte – es war vielleicht in sich selbst ein vollkommener Staat.» [1]

Mag sein, daß damals einige unverbesserliche Monarchisten von der Rückkehr der alten Ordnung träumten. Aber typisch für die Stimmung der Bevölkerung war diese Gefühlslage nicht. «Mit Verwunderung blickten am Sonntagmorgen noch gar viele Weimarer um sich und wollten es gar nicht glauben, was geschehen war! Der Großherzog abgedankt und alles so ruhig! Man findet sich mit der Tatsache ab und staunt nur immer wieder über die Art und Weise der Vollziehung.» [2] Diese Beschreibung in der *Weimarischen Zeitung* traf auf fast alle Zaunkönigreiche zu, wo verwaiste Luxusschlösser, herrschaftliche Anwesen und viele ratlose Untertanen zurückgeblieben waren.

Aber in jenen Monaten nach dem Waffenstillstand, noch vor der Unterzeichnung des Versailler Vertrages und der Annahme der neuen Reichsverfassung, hat es in Deutschland auch eine schöpferische Denkpause gegeben. Selbstkritisch wurde über die Versäumnisse der Vergangenheit sowie über die Fehler des

Kaiserreichs nachgedacht; kühn wurde eine Zukunft entworfen, die von jedem einzelnen die politische Mitarbeit erforderte. Der Aufruhr der Gefühle nach der Novemberrevolution ließ eine große Bereitschaft zur Abkehr von traditionellen Haltungen entstehen. In diesem unwirklichen «Traumland der Waffenstillstandsperiode» (Ernst Troeltsch) haben auch überzeugte Konservative wie der Verleger der renommierten Zeitschrift Die Tat, Eugen Diederichs, für die Revolution warme Worte gefunden; in jenen Monaten wurden selbst Konservative ein wenig revolutionär. Zwar blieb ihr Verhältnis zur Niederlage ambivalent; aber der Waffenstillstand wurde doch als Ereignis begrüßt, das endlich den Frieden brachte. Selbst dem abgedankten und in das benachbarte Holland geflüchteten Kaiser wurde nicht mehr länger nachgetrauert. Die neue demokratische Republik, die sich bereits am Horizont abzeichnete, wurde nicht bejubelt – aber unter diesen Konservativen wurde die neue Staatsform doch als unabänderliche und längst fällige historische Tatsache akzeptiert.[3]

Typisch für diese Aufbruchsstimmung war ein Manifest, das in den ersten Tagen nach der Novemberrevolution erschien. Mit deutlichen Worten traten die prominenten Unterzeichner dieses Aufrufs dafür ein, einen gemeinsamen demokratischen Neuanfang zu wagen und sich für die Republik einzusetzen. «Wir wollen nach besten Kräften, wo man uns braucht, der werdenden Gestaltung dienen. Wir wollen mitwirken, daß die Wurzeln des geistigen und wirtschaftlichen Lebens im großen Wandel der Dinge, den wir gut heißen, nicht Schaden leiden, sondern neue Kraft gewinnen.»[4] Die meisten der Unterzeichner waren Konservative oder Nationalisten gewesen und galten als Anhänger der abgedankten Hohenzollern-Monarchie, auch wenn viele von ihnen zuletzt den Kaiser selbst immer kritischer bewertet hatten. Aber die Sorge um das Vaterland einte alle, die unterschrieben hatten: die Publizisten Georg Bernhard und Stefan Großmann, die Dichter Lujo Brentano, Richard Dehmel und Gerhart Hauptmann, Wissenschaftler wie Albert Einstein, Friedrich

Meinecke, Werner Sombart und Alfred Weber, den Maler Max Liebermann und den Weimarer Theaterintendanten Ernst Hardt, aber auch Politiker wie den Konservativen Heinrich von Gleichen, die Liberalen Theodor Heuß, Friedrich Naumann und Walther Rathenau. Zu den Unterzeichnern gehörten sogar Gewerkschafter wie Adam Stegerwald oder der mächtige Ruhrindustrielle Hugo Stinnes. Quer durch alle Berufsschichten und politische Richtungen rief diese ungewöhnliche Wählerinitiative zu einem Aktionsbündnis auf, das «Demokratischer Volksbund» heißen sollte. Man wollte im ratlosen Umbruch jener Tage eine Anlaufstelle sein, «um der werdenden Gestaltung» zu dienen.

Möglichkeiten für eine eigenständige konservative Politik gab es in der neuen Republik also, sie hätte von all jenen genutzt werden können, die zur konstruktiven Mitarbeit bereit waren. Voraussetzung dabei war jedoch, daß man das politische Ergebnis der Revolution anerkannte und die Republik als Konsequenz der gestürzten Hohenzollern-Monarchie akzeptierte: dazu gehörten die Nationalversammlung und damit das Bekenntnis zu einer parlamentarischen Demokratie, die als Chance für demokratisches Zusammenleben begriffen wurde. Die Alternative zu dieser durchaus vernunftrepubikanischen Haltung konnte nur eine rein negative Opposition sein, die unfähig war, den Wettstreit der Parteien, das Prinzip wechselnder Mehrheiten, das Gebot einer demokratischen Öffentlichkeit, die Kontrolle der Regierung oder die Legalisierung der Macht als Grundprinzipien moderner Demokratien anzuerkennen. Wer sich abseits dieses demokratischen Aufbruchs auf einen Sonderweg begab, der konnte schnell an einen Abgrund geraten, der gefährliche Illusionen erweckte, wie der Historiker Klemens von Klemperer sie für die Konservativen zwischen Kaiserreich und Nationalsozialismus festgehalten hat.[5]

Genau dieser Weg wurde auch in Weimar vom konservativen Bürgertum beschritten, das früh und entschieden vor dem Nationalsozialismus kapitulierte. Im spektakulären Umbruch der Novemberrevolution wollte man in der Kulturstadt das Neue mit dem Alten erobern; das gebildete Bürgertum flüchtete sich in die Arme seiner Dichter und Denker, die Trost und Zuspruch versprachen. In der verzweifelten Suche nach einem sittlichen Kulturstaat wurde die Weimarer Klassik zu einem Regelwerk für richtiges Verhalten verbogen – ein realistisches und zeitgemäßes Verhältnis zu den Anforderungen einer modernen Demokratie und Industriegesellschaft wurde dadurch nicht gerade gefördert.

Der «Geist von Weimar»

Goethe und Schiller, die Hand in Hand als bronzene Geistesheroen vor dem Weimarer Nationaltheater verewigt waren, galten früh als eine Art literarische Mahnwache für ein sittliches und moralisches Handeln. So lautete der Imperativ, mit dem das Weimarer Bildungsbürgertum gegen die neuen demokratischen Verhältnisse zu Felde zog. Dieser Rückzug zeigte Symptome einer Wagenburgmentalität, die sich gegen alle Einflüsse der Moderne, von Zivilisation, Westlertum und einer verachteten «Amerikanisierung» stemmte, die als «Drachensaat der Revolution» ausgemacht worden waren. Wie ein schwerer Schatten lastete der Umsturz im fernen Rußland auf den Gemütern eines Bildungsbürgertums, das die Ausläufer der bolschewistischen Revolution bereits an den Grenzen des gedemütigten Vaterlandes ausgemacht hatte. Lange aufgestaute Ressentiments brachen sich Bahn. «Zum Jahre 1920 möchte ich Ihnen meinen Wunsch aussprechen, der sich fest in Ihr Gehirn einprägen soll», schrieb eine Anhängerin der Weltkriegsgeneräle Hindenburg und Ludendorff an den neuen Staatskommissar August Baudert, «ich wünsche Ihnen, daß Sie keine Ruhe finden sollen bei Tag und Nacht, selbst nicht bei Krankheit und Not, vor dem, was Sie getan haben.»[6]
Der Zorn richtete sich unmittelbar gegen die Vertreter der deutschen Sozialdemokratie, die als Verantwortliche der No-

vemberrevolution und ihrer Folgen ausgemacht wurden. In der fast panikartigen Verzweiflung jener Wochen wurde in den Kreisen eines hochkonservativen Bürgertums auch das antidemokratische Vokabular geboren, welches das Klima der neuen Republik so sehr vergiftete. Das Wort vom Parlament als unnützer Schwatzbude, die Verachtung parteilicher Mehrheiten, die Favorisierung politischer Eliten und die abfällige Betrachtung breiter, von Edgar Julius Jung sogar als minderwertig geschmähter Massen – das vulgäre und antidemokratische Arsenal einer konservativ-völkischen Rechten ist ausgerechnet in dem Musenhort Weimar gegen das System einer Republik munitioniert worden, die zur stillen Empörung einiger Unverbesserlicher sogar den weltberühmten Stadtnamen auf ihre Fahnen geschrieben hatte. Am Eröffnungstag der Nationalversammlung flaggten viele dieser Deutschnationalen nicht Schwarz-Rot-Gold, sondern grüßten mit den kaisertreuen Fahnen Schwarz-Weiß-Rot. Schon dies war ein Indiz für die politisch aufgewühlte Stimmung. Rasch wurde als Ersatz für den lädierten «Geist von Potsdam» ein «Geist von Weimar» beschworen, der die gedemütigte Nation zur neuen Blüte bringen sollte.

Bereits in den Begrüßungsansprachen der lokalen Honoratioren für die im Frühjahr 1919 anreisenden Abgeordneten der Nationalversammlung wurde jener «Geist unserer Großen» bemüht: «Nichtswürdig ist die Nation, die nicht ihr Alles freudig setzt an ihre Ehre», tönte es mit den berühmten Worten Schillers den Abgeordneten entgegen, die sich an die gewaltige Aufgabe machen mußten, mit den Siegermächten einen halbwegs gerechten Friedensvertrag auszuhandeln. Nur von Weimar aus könne die «geistige Wiedergeburt unseres Volkes beginnen», hieß es in der Begrüßungsbroschüre, «mögen die Vertreter des deutschen Volkes von Weimar – als dem geistigen Zentrum Deutschlands – mit dem Bewußtsein scheiden, daß unser Volk nur durch eine Erziehung im klassischen Sinne sich unter der Sonne den Platz wieder erobern wird, der ihm von Gottes und Rechts wegen gebührt».

Anmaßung paarte sich hier mit Rückwärtsgewandtheit. War die kleine Kulturstadt wegen Goethe und Schiller immer noch das geistige Zentrum in Deutschland, oder war Weimar nicht längst von anderen deutschen Metropolen überholt worden? Erziehung im klassischen Sinne anzumahnen – war dies vor dem Hintergrund einer international inspirierten Moderne noch zeitgemäß? Hatten Jazz und Step-Dance, Expressionismus und Dada die alten Dichtergötter nicht allmählich vom Kulturthron verdrängt? Hätte man sich mit diesen Strömungen nicht auseinandersetzen müssen, bevor man das Alte als das einzig Wahre und Richtige verabsolutierte?

Wie ernst das Weimarer Bürgertum seine nationalistischen Träume vom «Platz an der Sonne» meinte, zeigte sich, als sich im Januar 1919 unter dem Dach der «Neuen Weimarer Literarischen Gesellschaft» eine städtische Lobby einflußreicher Persönlichkeiten zusammenfand, die dem bedrohten «Geist von Weimar» neue Kraft einhauchen wollte. Unter den Mitgliedern dieser lokalen Vereinigung war alles vertreten, was in der Stadt bis vor kurzem Rang und Namen hatte: der ehemalige Oberbürgermeister und der einstige Oberhofmarschall, der als enger Berater des demissionierten Fürsten ausgewiesene Rechtsanwalt Hermann Jöck sowie fast alle Museums- und Archivdirektoren, der Sparkassendirektor und der ehemalige Staatsminister, Honoratioren wie der kulturbeflissene Gymnasialoberlehrer Scheidemantel, der abgehalfterte Theaterdirektor von Schirach oder der völkische Schriftsteller Lienhard, der Dichter Johannes Schlaf, Fabrikdirektoren, adelige Rittergutsbesitzer und Geheime Kommerzienräte. Zufrieden wurde von den Organisatoren nach der ersten Zusammenkunft vermerkt, daß dem Gründungsaufruf bereits über hundert Sympathisanten beigetreten waren. Es war der erste Aufstand eines konservativen Milieus, das sich rasch im städtischen Leben festsetzte und einen erheblichen Einfluß geltend machen sollte. Was in Zukunft als «Geist von Weimar» zu verstehen war, das sollte hier, im intellektuellen Umfeld einer «pressure group», formuliert werden, die ihre bedrohte Vormachtstellung über das klassische Erbe zurückzuerobern trachtete. Allen konservativen Parteien signalisierte sie, daß man in der «Literarischen Gesellschaft» auf politischen Flankenschutz zählen durfte.

Die Rodin-Affäre im Jahre 1906 und die späteren Konflikte um den künstlerischen Kurs von Henry van de Velde hatten gezeigt, daß mit den Weimarern in Fragen des guten Geschmacks nicht zu spaßen war. Empörte Bürger hatten damals dafür gesorgt, daß der Kulturmanager Harry Graf Kessler bei seinem Großherzog in Ungnade fiel, weil er mit Aktzeichnungen von Auguste Rodin das Ansehen des Fürsten angeblich beleidigt hatte. Auch Henry van de Velde war den Verfechtern einer völkischen Heimatkunst geopfert worden, die mit den Jugendstilvariationen des berühmten Belgiers herzlich wenig anfangen konnten. Beide Affären hatten gezeigt, daß man notfalls mit einer gezielten Kampagne die «silent majority» mobilisieren konnte, zu der alle diejenigen gehörten, die sich nicht zu den sozialdemokratischen oder gar kommunistischen Parteien rechneten. Nun ging man erneut daran, gegen alles Neue geistige Abwehrdämme zu errichten.

Natürlich war es verständlich, daß sich die Bürger der Stadt um das geistige Erbe ihrer großen Söhne Sorgen machten. Aber in der Wiedererrichtung eines neuen sittlichen Kulturstaates wurde ein klarer Trennungsstrich zur abstrakten Moderne gezogen, diese wurde ausgegrenzt. Weimar galt als «heiliger Ort», der mit dem Glauben an das «innerliche Deutschland» verknüpft war. Diese Metapher stammte von Hans Wahl, Gründungsmitglied der neuen «Literarischen Gesellschaft» und politischer Wendehals der ersten Stunde. Denn vier Jahre später war es ausgerechnet der damalige Direktor des Goethe- und Schiller-Archivs, der einen staunenden Hitler durch die geheiligten Dichtersäle führte, als habe Weimar den erhofften Führer für das «innerliche Deutschland» schon gefunden. Immer waren es jener «adelige Kreis» oder die «Reaktionäre aller Schattierungen», wie der Sozialdemokrat Baudert verächtlich meinte, die das klassische Erbe einseitig politisierten und damit eine frühe Abkehr von Revolution und Sozialismus, Republik und Parteienstaat vollzogen. Dabei wollte gerade die bürgerliche Mehrheitssozialdemokratie das Abgleiten in russische Zustände verhindern. Viele Jahre später hat Friedrich Meinecke in seinen Untersuchungen über das Scheitern der Weimarer Republik jenen «unholden Geist» attackiert, der sich im deutschen Bürgertum als «Frucht der nationalen Untreue, der unheroischen Gesinnung und der Ausbeutung der durch Verrat verursachten Niederlage» artikuliert habe.[7] Tatsächlich hatte man in den Salons eines besitzenden Bürgertums und eines im Staatsdienst noch mächtigen Adels alle Sympathien für die Republik verloren, und die Mentalität dieser Gruppen sollte sich noch zu einer bedrohlichen Gefahr auswachsen. Ein mutiges Geschichtsdenken sollte diesen Zusammenhängen heute nicht ausweichen. Ganz sicher ist es in Weimar diese fast panikartige Flucht in einen antidemokratischen sittlichen Kulturstaat gewesen, die den Wertekodex des Bürgertums allmählich verdorben und auch für Hitlers völkisch-antisemitische Einflüsterungen vorbereitet hat.

Zwischen Goethe und Scheidemann

Damals wurde eine Abhandlung über Weimarer Eindrücke publiziert, die den vielsagenden Titel trug: «Zwischen Goethe und Scheidemann». Die Absicht der Broschüre lag darin, in der zerklüfteten Weimarer Republik mit dem Rückgriff auf Goethe eine sinnstiftende, verbindliche Realität zu schaffen. Man habe sich als nationaler Deutscher zwischen Goethe und Scheidemann zu entscheiden. Wer für den Dichterfürsten plädiere, der habe gegen Scheidemann votiert. Goethe stand für das Gute, Schöne und Wahre; der Sozialist Scheidemann galt als Sündenbock für alles Schlechte, das über Deutschland hereingebrochen war. Die Begriffe Vaterland, Tradition, Autorität, Pflicht, Gewissen und

Staat waren «ewige Werte», die dem allgemeinen Diskurs entzogen waren – die Klassik kam in der Dichterstadt als nun gar völlig unantastbare, ästhetische Größe hinzu. Bald wurde sogar die Frage gestellt, ob man von einer Republik überhaupt erwarten könne, daß sie zur Förderung von Kunst und Wissenschaft in der Lage sei. Die Antwort lautete nein; denn die amerikanische Demokratie und die Systeme Westeuropas hätten bewiesen, daß die kulturelle Erziehung weit hinter deutschem Niveau zurückgeblieben sei. Amerika besitze keine eigene Kunst, sondern habe fremde Kultur unentwegt aus Europa einkaufen müssen. «Es soll nicht behauptet werden, daß jede Republik dem geistigen Streben abhold sei», tönte es auf der konservativen Rechten, «aber der gleiche Boden für solches ist ihre kalte Nüchternheit nicht, wie ein von persönlichem Kunstsinn getragener Vertreter in Gestalt eines Monarchen.»[8]

Damit sollte der neuen Republik von Anfang an keine große Chance eingeräumt werden, sich kulturpolitisch oder gar erzieherisch zu betätigen; das hatten Kaiser, König und Fürst viel besser gekonnt. Die lokale Kulturaristokratie gab den Rat, den «Geist von Weimar» möglichst mit «Bismarckschem Staats- und Kraftbewußtsein» zu durchdringen. Die verklärte Erinnerung an den Alten aus dem Sachsenwald war eine bewährte Methode, um die Regierung der neuen Demokraten dilettantisch und vor allem vaterlandslos erscheinen zu lassen. Nur wenn das Vermächtnis eines Otto von Bismarck mit dem Geist Weimars in Einklang gebracht werde, könne man stolz auf den Sitz der Nationalversammlung sein – ein Anspruch, der völlig an der Realität eines besiegten Volkes vorbeiging. Alle hatten offenbar etwas zu verlieren: Macht und Ansehen, ökonomische Existenz und soziale Stellung, den Glauben an höhere Güter oder die Liebe zum Staat – überall herrschte ein Gefühl von Verlust, das die heterogenen Kreise einer konservativ-nationalen Opposition zusammenführte. Und über allem stand Weimar als Symbol für all das, was gegen die neuen Verhältnisse verteidigt werden mußte.

«Die Waffen des Geistes klirren gegeneinander», rief der Schriftsteller Erich Noether, «wir rufen zum Kampf. Wir wollen Altbewährtes erhalten. Neues schaffen. Wir wollen neu aufbauen. Ein neues Reich errichten. Ein Reich des Geistes. Ein Reich des Weimarer Geistes.» [9] War das bereits der Gegenentwurf zu einer Republik, die an neuen ästhetischen Maßstäben auszurichten war? Immer ging es um den «Dauergehalt der in Weimar geprägten Ewigkeitswerte», um das Leben, fern aller Parteien, möglichst von innen heraus zu erneuern. Aber die Hoffnung auf eine kulturelle Wiedergeburt zielte auch auf eine rundum erneuerte «deutsche Kultur», die die versprengten Individuen zur ersehnten deutschen Volksgemeinschaft zusammenschweißen konnte. [10] Das Land sei zerrissen von Gegensätzen, weil ein gehässiges Parteileben die gemeinsamen Aufgaben ignoriere. Entgegengehalten wurde dem ein fundamentalistisches Gemeinschaftsideal, gepaart mit der salbungsvollen Erinnerung an Goethesche Ideale. Immer ging es um die hochstrebende Kraft führender Geister und um jene kleine Stadt, wo Goethe und Schiller einst ein Schauspiel von geistesgeschichtlicher Größe zelebriert hatten, wie der konservative Theatermann Eduard Scheidemantel in seiner Botschaft an die Nationalversammlung formulierte: «Hier soll der feste, den Weiterbau bestimmende Grund gelegt werden zu einem neuen, in Freiheit glücklichen Deutschland.»

Eine kleine Stadt im Herzen von Deutschland, die voller Epigonentum und Heldenverehrung steckte. Dieses 30000-Seelen-Nest, als «Pensionopolis» für Rentner und Offiziere verspottet, verteidigte seine Identität mit Klauen und Zähnen. Nicht nur bei den meisten Einwohnern, sondern auch bei vielen Besuchern, die ihren Goethe und Schiller in der Schule gepaukt, ihren Herder, Wieland, Nietzsche und Fichte gelesen und die Musik eines Johann Sebastian Bach gehört hatten, stellte sich an diesem Ort eine Art «geistiges Heimatgefühl» ein. Weimar war eben nicht nur jene kleine Rentnerstadt, wo gelangweilte Spaziergänger, zeitunglesende Kaffeehausbesucher oder verknöcherte Offiziere auf ihren täglichen Dämmerschoppen warteten – Weimar war eine «geistige Stadt», die Bewunderer in hellen Scharen anzog. Allein die Idee, eine kurze Zeit an der Stätte großer Erinnerungen zu verweilen, faszinierte. «Werthers Garten, das Haus der Stein, die Ackerwand, die von Goethe geschaffene Bibliothek, die Gasthäuser mit ihren traditionsreichen Namen – wie lockte und verpflichtete das», hatte der Besucher Wilhelm von Scholz zur Jahrhundertwende geschrieben.[11] Diese Stimmung galt noch immer; aber der intellektuelle Besitzerstolz flüchtete in die Vergangenheit wie in einen schützenden Kokon und tat alles, um sich von der politischen Gegenwart und den Notwendigkeiten einer Veränderung abzuschotten.

Durch den kaiserlichen Obrigkeitsstaat geprägt, empfand man auch in Weimar die parlamentarische Demokratie als System, das von den Siegern aufgezwungen und damit eigentlich undeutsch war. Dieses Vorurteil saß tief und wurde nur allzu gerne mit dem Hinweis bestärkt, daß die großen Dichterfürsten nicht anders gedacht hätten. Dieses antidemokratische Ressentiment war längst zur dominanten Gefühlslage geworden: Die große Mehrheit des geistigen Bürgertums richtete sich in einer «machtgeschützten Innerlichkeit» ein, wie Thomas Mann diesen Rückzug später bezeichnen sollte. Dieses Bürgertum war nicht auf dem Weg in eine Zivilgesellschaft; es fühlte sich unterdrückt und übertönt von der entstehenden Massenkultur – vom Sport, vom Tanz, von Kino, Radio und dem Lärm der Massenveranstaltungen.

Der Politikwissenschaftler Justus H. Ulbricht hat diese Weimarer Honoratiorengesellschaft, die den Staat nicht nur als Rechts- und Sozialstaat, sondern vornehmlich als einen sittlichen Kulturstaat definierte, das «geheime Deutschland» genannt. Die Weimarer Klassik war eine Art Projektionsfläche für ihr vaterländisches Denken, aber auch für Erwartungen und Sehnsüchte, für Unbehagen und Verdrossenheit. «Man fühlte sich überfordert und votierte für eine Rückbesinnung, für eine Wendung nach Innen auf das Wesentliche deutscher Kunst und

Kultur und auf das Wesentliche der eigenen Seele. In dieser Rückbesinnung sah man sich als verschworene Gemeinschaft vereint gegen die moderne Gesellschaft.»[12]

Die «verschworene Gemeinschaft» war ständig auf der Suche nach Bundesgenossen, die bereit waren, an einem neuen geistigen Klima und einem kulturellen Aufbruch mitzuarbeiten, der sich von dem eher tristen Erscheinungsbild der neuen Demokratie abheben sollte. Das «geheime Deutschland» mußte sich auch praktisch-organisatorisch als eine Art «kulturelle Opposition» mit nationalem Anspruch konstituieren. Die zahllosen Periodika, die in Weimar gegründet wurden, bildeten bald eine Art Netzwerk, das diese Vorkämpfer einer geistig-moralischen Wende untereinander verband. Die Stadt Goethes und Schillers wurde früh zu einem Ort, wo sich völkisch-nationalistische Schriftsteller, Dichter und Journalisten zu einem Medienverbund zusammenschlossen, um in zahlreichen Publikationen gegen Avantgarde und Moderne zu agitieren. Bald wurde diese publizistische Gegenbewegung durch ein einmaliges Bürgerbündnis verstärkt, das rasch zur bestimmenden Kraft in der Weimarer Kommunalpolitik aufrücken sollte.

Ein Bündnis gegen links

«Niemand, der sich mit der Zeit nach 1918 beschäftigt, darf außer acht lassen, wie hartnäckig sich die alten Denkweisen und der konservative Widerstand gegen jede Veränderung erhalten haben. Während der ganzen Zeit des Übergangs wurde der Durchbruch des Neuen durch die retardierende Kraft des Alten aufgehalten» – diesen Satz stellt die Historikerin Annelise Thimme an den Anfang ihrer Untersuchung über die Deutschnationale Volkspartei, deren «Flucht in den Mythos» zum Stimmungsbarometer eines militanten Konservativismus seit 1918 wurde.[13] Die politische Entwicklung in Thüringen und der Landeshauptstadt Weimar geriet immer mehr unter den Einfluß der

rasch aufsteigenden Deutschnationalen, die zum Auffangbek-
ken der alten Mächte, des städtischen und agrarischen Adels,
der höheren Bürokratie, des Militärs und des gehobenen Mittel-
stands avancierten. Schon der erste Wahlgang in der neuen
Republik wies Weimar als Ort aus, wo das totgeglaubte
Schwarz-Weiß-Rot des alten Reichs über den Wechsel zur Demokratie zu triumphieren schien. Hier hatte man wesentlich
konservativer als in den anderen thüringischen Städten gewählt, weil die Deutschnationalen bei den Wahlen zur Nationalversammlung zu heimlichen Siegern geworden waren, wie eine
genaue Analyse nach dem Wahltag am 19. Januar 1919 ergab.
Von 20 511 Wahlberechtigten gaben 4587 ihre Stimme den großbürgerlichen Deutschnationalen, 7522 wählten die Deutsche Demokratische Partei, 7288 entschieden sich für die Mehrheitssozialisten und nur 576 Stimmberechtigte votierten für die USPD,
was durchaus dem Gesamtergebnis im deutschen Reichsgebiet
entsprach. Von der gestiegenen Zahl der Stimmberechtigten
durch die Herabsetzung des Wahlalters auf zwanzig Jahre und
der erstmaligen Beteiligung weiblicher Wähler hatte aber vorrangig die Deutschnationale Volkspartei profitiert, obwohl SPD,
DDP und Zentrum zu den klaren Gewinnern dieser ersten demokratischen Wahlen geworden waren.

Dieser Trend nach rechts verstärkte sich bei den Landtagswahlen am 9. März 1919. Zwar siegten in Weimar erneut Sozialdemokraten (40,4 %) und Deutsche Demokratische Partei
(21,6 %), aber bereits jeder fünfte thüringische Wähler hatte sich
mit der DNVP für eine Partei entschieden, die offen gegen die
neue Republik agitierte und die bereits angekündigt hatte, gegen die neue Verfassung zu votieren. Schon diese Abstimmung
trug alle Merkmale einer Protestwahl. Der Versailler Vertrag
mit seinen als ungerecht empfundenen Gebietsabtretungen, den
ungeklärten Reparationen sowie der moralischen Verurteilung
des Deutschen Reichs als alleinigem Kriegsschuldigen mobili-
sierten offenbar Widerstände, die zu einem Ruck nach rechts
führten. Diese politische Entwicklung ist durch das Zwischen-

spiel einer sozialdemokratisch geführten Minderheitsregierung unter Ministerpräsident August Frölich ab 1921 unterbrochen worden; die Frage bleibt, ob nicht das thüringische Linksbündnis einer von der KPD tolerierten SPD-Minderheitsregierung sowie die spätere Regierungskoalition aus SPD und KPD alle Kräfte von rechts mobilisierte. Als das «Volksfront-Experiment» im Jahre 1923 scheiterte, wurde das ehemals «rote Thüringen» zu einer Hochburg der politischen Rechten. Bei den Landtagswahlen im Jahre 1924 siegte der neugegründete «Thüringer Ordnungsbund» mit 48% der Stimmen, so daß man bereits von einem nationalkonservativen Durchbruch in Mitteldeutschland sprechen konnte.

Ausgerechnet in Thüringen, in dessen Landeshauptstadt Weimar die neue Republik aus der Taufe gehoben worden war, wurde die Renaissance aller «verfassungsoppositionellen Parteien» und der extremen Rechten eingeleitet. Fast wie ein Paukenschlag wirkte Anfang 1924 der Anstieg der «Vereinigten Völkischen Liste», die bei ihrer ersten Kandidatur in Thüringen auf Anhieb 9,3% und genau 81706 Stimmen bekam. Deren sieben Mandatsträger waren die ersten Parlamentarier einer von Ludendorff und Hitler dirigierten nationalsozialistisch-völkischen Liste, die sich teilweise von den Deutschnationalen abgespalten hatte.[14] Während sich die NSDAP aus den unteren Mittelschichten rekrutierte, fanden sich bei den lokalen Anhängern des «Thüringer Ordnungsbundes», bei der Deutschnationalen Volkspartei und den Deutsch-Völkischen eher die alten Oligarchien und das gehobene Bürgertum ein. Diese Wählerklientel war an einem Kreuzweg angelangt und mußte sich entscheiden: entweder für Verfassung und Republik oder für jene Kräfte, die offenbar bereits für eine andere autoritäre Ordnung arbeiteten. Die folgenden Ereignisse zeigten, daß sich das allgemeine Klima bereits schlagartig verändert hatte.

Bürgertum am Scheideweg

Schon in den ersten nachrevolutionären Wochen kam es zu einem Wiederaufleben zahlreicher militärischer Vereine. Der «Krieger- und Militärverein», der «Flotten- und Kolonialverein», die «Vereinigung Jungborn», der «Freibund für Menschheitskultur», die «Weimar-Gesellschaft», die «Weimarer Staatsbürgerliche Gesellschaft», die Organisation «Jungdeutschland», die «Deutsche Kolonialgesellschaft», die «Vaterländische Gesellschaft 1914», der «Deutsche Offiziersbund», der «Hilfsbund der Elsaß-Lothringer», allein fünf Kriegervereine und zahlreiche kulturelle Institutionen vereinten sich unter dem großen gemeinsamen Ziel, sich um das klassische Erbe der Stadt zu sorgen. Hinter diesen Gruppierungen verbarg sich ein antisemitisch-völkisches Sektierertum, das für die kleinbäuerliche Region typisch war; das Land Thüringen hatte nach 1918 die meisten Neugründungen zu verzeichnen, die patriotisch-nationalistischer Provenienz waren. Da gab es den «Deutsch-Völkischen Schutz- und Trutzbund» unter seinem rührigen Geschäftsführer Alfred Roth, da etablierte sich der «Hochschulring Deutscher Art» als Dachorganisation deutsch-völkischer Bestrebungen an den Universitäten. Freikorps und Kampfbünde wie «Werwolf» oder «Reichskriegsflagge» waren gleichfalls in Thüringen zu Hause, das mit Weihestätten nationaler Identität reich gesegnet war. Eisenach mit der Wartburg, Jena, Erfurt und natürlich Weimar beflügelten nationale Gefühle nicht minder wie die Erinnerung an deutsche Dichter und Denker.

In Weimar gelang es mit zwei «Bürgerlisten», das verzagte Bürgertum politisch zu vereinigen und vor der gefürchteten Zersplitterung zu bewahren. In deutlichem Affront gegen das Parteiwesen der neuen Republik riefen die Honoratioren der Stadt bei den Gemeinderatswahlen am 23. März 1919 dazu auf, auf dem Boden der neuen Verhältnisse die «Belange des deutschen Bürgertums aller Berufskreise ohne Unterschied der bisherigen Parteizugehörigkeit» zu wahren. Auf den Listen, die von einem Gymnasialoberlehrer und einem Bauunternehmer angeführt wurden und damit in fast klassischer Weise Bildung und Besitz verkörperten, standen fast alle prominenten Männer und Frauen der Stadt: der Syndikus der Handelskammer und sein Stellvertreter, der königs- und kaisertreue Vorsitzende des Gemeinderats, der um seine Wiederwahl bangte, viele höhere Beamte mit klangvollen Titeln, zwei Geheimräte, ein Tischlermeister, ein Brauereibesitzer sowie der bekannteste Bäcker und Konditormeister der Stadt, der als vordem großherzoglicher Hoflieferant über Nacht seine fürstliche Klientel verloren hatte. Natürlich war der Stiftsprediger auf der Liste, und der Gastwirt vom Museumsplatz fehlte nicht, der sich wie der örtliche Fleischermeister oder der Weingroßhändler für die «Liste Scheidemantel» oder die «Liste Ehrhardt» hatte anwerben lassen. Große Unterschiede gab es zwischen beiden Wahlbündnissen nicht, höchstens persönliche und politische Animositäten. Es waren zwei Wählerinitiativen quer durch alle lokalen Bevölkerungsschichten, die auf alte Bekanntschaften, Beziehungen und den Komment vergangener Jahrzehnte bauten.

«Man schreite zur Wahl der Bürger. Bürger wählt Eure Vertreter», hieß es in einem Aufruf vom 16. November 1918, kaum eine Woche nachdem Arbeiter-und-Soldaten-Räte die politische Macht übernommen hatten. In solchen Appellen war der antirevolutionäre Grundzug der neuen Bewegung unübersehbar, die der neuen Republik von vornherein eine politische Unfähigkeit attestierte, die jeden Versuch einer fairen Zusammenarbeit ausschloß. «Heute heißt es, die Republik sei das Einzig Wahre! Nun, bis jetzt haben wir, die Freunde von Ruhe und Ordnung, noch keine wahre Freude an ihr gehabt. Der Freude der Radaubrüder wird bald ein unheimlicher Katzenjammer folgen.» [15]

Auf dieser Weimarer Bürgerliste standen gleich drei ranghohe ehemalige Spitzenbeamte des demissionierten Großherzogs – selbst der Name des Militärkommandanten fehlte nicht, der als Garnisonsältester für die Sicherheit der Fürstenfamilie zuständig gewesen war. Was hier unter dem Titel «Liste der Vereinigten bürgerlichen Interessen-Vertretungen» um Wählerstimmen warb, war bei näherem Hinsehen ein camouflierter Hort der Reaktion; denn hinter diesem Bürgerblock versteckten sich nicht nur Honoratioren, sondern auch Parteien der konservativen Rechten. Dazu zählten die Deutschnationale Volkspartei, die Christliche Volkspartei sowie die Deutsche Volkspartei, zu denen als Zusatzlobby der völkisch-antisemitische «Deutschnationale Handlungsgehilfen-Verband» sowie der «Bund der Landwirte» hinzukamen. Damit nicht genug. Hinter den insgesamt vierzig Kandidaten für ein Mandat im Weimarer Gemeinderat hatte sich eine Lobby von sechzig Vereinen und Verbänden verschanzt, die praktisch das gesamte untere, mittlere und gehobene Bürgertum der Stadt repräsentierte. Dazu gehörten Organisationen wie der «Deutsch-Evangelische Frauenbund», der «Allgemeine Deutsche Musiker-Verband», der «Bund Thüringischer Industrieller», der «Gastwirts-Verein» und der «Gewerbe-Verein», die «Vereinigung der Feuer-Versicherungs-Generalagenten», die Handwerkskammer und allein dreizehn Frauenvereine mit zweiundzwanzig Untergruppen, zu denen eine Interessengemeinschaft für Beamte und Lehrer sowie über ein Dutzend lokaler Verbände der organisierten Privatangestellten hinzukamen.

Es waren die Kumpane von einst und die «Spezis» aus vergangenen Zeiten, für die mit dem Sturz der Hohenzollern ohnehin eine Welt zusammengebrochen war. Kein Wunder, daß in Weimar spontane Sympathiekundgebungen für den abgedankten Kaiser Wilhelm abgehalten wurden, ja daß man sich sogar öffentlich mit Wehmut an den Großherzog erinnerte. Den republikanischen Parteien DDP und Zentrum, aber besonders der Mehrheitssozialdemokratie war eine mächtige Gegnerschaft erwachsen, ein finanziell solide ausgestattetes Aktionsbündnis, das als sein wichtigstes Ziel verkündete: «Wähler, laßt in der Stadtverwaltung nicht die Sozialdemokratie Oberwasser ge-

winnen! Bedenkt, wie einseitig dann die Verteilung der städtischen Lasten würde, daß dann mehr noch als bisher die nicht
Seßhaften von dem Vermögen und den Vorteilen Weimars zu
Lasten derjenigen Bürger Vorteil haben.» Damit entpuppte sich
die neue Vereinigung als eine Gemeinschaft von Bürgern, die
möglichst unter sich bleiben und den Zuzug Fremder bremsen
wollte. Man verteidigte den Status quo, trommelte gegen die
SPD und gab sich patriotisch-nationalistisch: «Germania liegt
auf der Erde, sie reitet nicht mehr. Die Bürgerschaft muß nun
helfen, daß sie wenigstens einen Fuß in den Steigbügel setzen
kann.»[16]

Als am Tag nach der ersten Kommunalwahl die Stimmen
gezählt wurden, hatten die bürgerlichen Listen ein überwälti-
gendes Ergebnis erzielt. Sie erhielten von insgesamt 13 373
Stimmen mehr als die Hälfte, erkämpften sich 26 Mandate und
schufen als Listen um den Gymnasialoberlehrer Scheidemantel
und den Baurat Max Ehrhardt einen Block, dessen personelle
Zusammensetzung an die ständische Gesellschaft aus kaiser-
licher Epoche erinnerte. Die Mehrheitssozialisten eroberten
zwölf Sitze, während die unabhängige Linke nur mit einem
Mandat vertreten war. Fast wäre es zum Eklat mit großer publi-
zistischer Wirkung gekommen, weil bei der Wahl zum stellver-
tretenden Vorsitzenden des Gemeinderats der ehemalige Gefolgsmann des Großherzogs, Rechtsanwalt Hermann Jöck, nur
knapp unterhalb der erforderlichen Stimmenzahl blieb. Die Re-
habilitierung eines erklärten Monarchisten, der noch sechs Monate vorher für den Thronanspruch des Großherzogs gekämpft
hatte, zeigte die neue Marschrichtung an. Die alten Mächte hatten gesiegt, Hofadel, höhere Beamte, Militär und ein verunsi-
cherter Mittelstand hatten das Heft wieder fest in der Hand. Die
politischen Kräfte, die im Revolutionsjahr 1918 an die Macht gelangt waren, wurden verleumdet und attackiert. «Mit erschrek-
kender Deutlichkeit haben die letzten Wochen gezeigt, daß der
Arbeiter der leitenden Hand bedarf, soll nicht das Oberste zu-
unterst gekehrt werden», so lautete die Überzeugung dieser

Kreise. «Kraftlos nach außen, kraftlos nach innen steht die sozialdemokratische Regierung da.» [17]

Seit 1848 galt eine Revolution stets als unsittlich, staatsfeindlich und verdammungswürdig. Während Ebert und seine Sozialdemokraten die neue Republik als «Geschichte der Freiheit» und als geglückte Fortsetzung der gescheiterten Paulskirchen-Revolution interpretierten, lehnte das konservative Bürgertum eine solche historische Parallele kategorisch ab. Weil der Staat angeblich falsch geführt und deswegen bereits gescheitert war, rief man das Bürgertum zur Aktion. Die Klassenangst des Bürgertums vor Demokratie und sozialer Veränderung war so groß, daß man sich gegen die neue Republik und für die Vision eines anderen autoritären Staates entschied.

In solchem Versagen lag jenes Scheitern begründet, von dem sich besonders das Weimarer Bürgertum nicht freisprechen kann. Wo sich andere Parteien Programm, Statut und Fraktionsdisziplin unterwarfen, blieb die in Weimar dominierende Bürgerliste ein buntscheckiger Haufen, deren Protagonisten politisch völlig unberechenbar waren und nur durch die Abwehr des ungeliebten Parteienstaates zusammengehalten wurden. Schon nach wenigen Jahren fiel das lokale Interessenkonglomerat wieder auseinander; bei den Gemeinderatswahlen des Jahres 1928 waren von der Bürgerlichen Liste nur noch örtliche Splittergruppen vertreten. Aber zu diesem Zeitpunkt hatten die Nationalsozialisten schon längst den Fuß in der Rathaustür, nachdem bereits Kundgebungen mit Hitler, Goebbels und anderen Nazi-Größen für Sympathiegewinn in der Öffentlichkeit gesorgt hatten. Eine diffuse Flucht in den Mythos radikalisierte sich zur Forderung nach dem autoritären Führerstaat.

Daß die geistige Wende ausgerechnet in Weimar so erfolgreich und früh vollzogen werden konnte, liegt nicht zuletzt daran, daß sich die Klasse des Bürgertums – ohne dies vielleicht genau zu ahnen – für eine andere Orientierung entschied. Die anhaltenden Ressentiments gegen die Nationalversammlung, die polemischen Attacken gegen das Bauhaus, die leichtsinnige

Eintrittskarte für Ludendorff und wenig später für Hitler, die Ausfälle gegen eine jüdische Minderheit sowie die Favorisierung der Nazi-Partei samt ihrer grölenden SA-Kolonnen – dies waren die Etappen der Auflösung demokratischer Strukturen, deren Zerstörung von einer bürgerlichen Mehrheit zunächst im stillen, später dann offen toleriert und gefördert wurde.

Die ungeliebte Republik
Weimar und die Nationalversammlung

Flucht nach Weimar

Es ist der 30. März des Jahres 1848, Frankfurt am Main. Aus allen deutschen Ländern sind Demokraten und Liberale, frühere und amtierende Abgeordnete, engagierte Kämpfer und zaudernde Honoratioren gekommen, um ein deutsches Parlament zu begründen. Noch ist der Jubel groß. «Unbeschreiblich, unvergeßlich», notieren die Abgeordneten in ihre Tagebücher. An Toren und Brücken der Altstadt spannen sich künstliche, farbige Triumphbögen; bunte Bänder flattern, Girlanden schwingen sich über die engen Gassen. «Die Häuser verschwanden fast unter der Masse der Fahnen und Laubgewinde», schreiben die Zeitungen später über jenen Tag, an dem auf der Domspitze die schwarzrotgoldene Fahne weht und die Worte Goethes in aller Munde sind: «Zu neuen Ufern lockt ein neuer Tag!»

Wenn dieser umjubelte Aufstand schon ein Jahr später mausetot war, weil die Gegenrevolution die Nationalversammlung auseinanderjagt und den Kampf um die Herzen der Deutschen gewonnen hatte, dann hat dies nicht am Genius loci der Stadt Frankfurt gelegen. Was können die Orte dafür, welche Geschichte in ihnen geschrieben wird? Sie bilden höchstens die Kulisse für die politischen Akteure, leiden aber oft lange unter dem schlechten Ruf, daß sich in ihren Mauern historisch Mißlungenes abgespielt hat. Aber muß sich Weimar dafür schämen, daß die hier beratene und verabschiedete Verfassung ihre historische Bewährungsprobe nicht bestand und der zweite Anlauf zur Demokratie zwölf Jahre später verhängnisvoll scheiterte? Die Reichsverfassung vom 11. August 1919 trug inoffiziell stets den Namen dieser Stadt – und die Abgeordneten rühmten Weimar als Stätte, «in der von jeher die Werke des Friedens blühten». Konnten sie alle ahnen, daß die Gegner der Republik bald darauf das Schimpfwort vom «Weimarer System» prägen würden, mit dem dieser demokratische Versuch bis heute belastet ist? Dabei war es nicht Weimar, sondern die Reichshauptstadt Berlin, die das schnelle Sterben der Weimarer Republik zu verantworten hatte.

Daß die Verfassung 1919 nicht in Berlin, sondern im abgeschiedenen Weimar beraten und verabschiedet wurde, war nur Zufall. Aber war es klug, die Nationalversammlung in eine Stadt zu verlegen, deren tonangebendes Bürgertum offenbar wenig mit Republik und Demokratie, mit Parlament und Verfassung und mit jenen Mandatsträgern anzufangen wußte, die an einem trüben Februartag des Jahres 1919 zum erstenmal die Stadt aufsuchten, um in unzähligen Sitzungen die Artikel der künftigen Verfassung zu beraten? Der Irrtum von Friedrich Ebert und Philipp Scheidemann habe darin bestanden, so die Meinung von heutigen Historikern, daß man nicht früh genug das verräterische nationalkonservative und deutsch-völkische Milieu Weimars erkannt habe.[1] Man hätte auch Frankfurt zum Sitz der verfassunggebenden Versammlung wählen können. Aber hätte das unglückliche Scheitern des Paulskirchen-Parlaments nicht allzu schwer auf dem Neuanfang gelastet? Damals hatten die Sprecher der süddeutschen Länder, in traditioneller Abneigung gegenüber Berlin, einen Ort gefordert, der möglichst nicht an das Erbe der Hohenzollern erinnerte. Ferner mußte er für die auswärtigen Parlamentarier gut erreichbar sein, sollte über geeignete Tagungsstätten verfügen und sich durch einen guten Ruf auszeichnen. Schließlich waren die dramatischen Ereignisse des Jahres 1919, als in Berlin fast ein Bürgerkrieg tobte, ausschlaggebend dafür, daß Weimar – vielleicht allzu rasch und ohne gründliche Vorbereitung – zum Sitz der Nationalversammlung erkoren wurde.

Der designierte Reichspräsident Friedrich Ebert war entschlossen, die anberaumte Nationalversammlung außerhalb Berlins tagen zu lassen. Zusammen mit den Generälen der

Reichswehr und dem märkischen Oberbefehlshaber Gustav Noske suchte er nach einem Ort, der sich gegen revolutionäre Aktionen schützen ließ. «Immer häufiger tauchte das Wort Weimar auf. Die Militärs bewiesen an den Landkarten, daß die Thüringer Wälder eine strategische Lage ergaben, wo der Anmarsch etwaiger Demonstrationszüge mit Leichtigkeit verhindert werden konnte. In der Pensionärsstadt selbst war kaum mit bedeutsamen Kräften der Arbeiterschaft zu rechnen», erinnerte sich der Beamte Walter Oehme, der damals in der Reichskanzlei die Ereignisse an Ort und Stelle verfolgte.[2]

Als die Entscheidung für Weimar fiel, glich Berlin einer Geisterstadt. Nach dem Sieg der Regierungstruppen gegen die spartakistischen Arbeiter-und-Soldaten-Räte hatte Noske die Bevölkerung zur Ablieferung aller Waffen aufgefordert; Menschenansammlungen waren verboten, der Verkehr blieb auf das Notwendigste beschränkt. Die Ermordung von Rosa Luxemburg und Karl Liebknecht hatte noch einmal eine Empörung gegen den selbsternannten «Bluthund Noske», aber auch gegen «die Verräter Ebert und Scheidemann» aufbranden lassen. Überall wurde das Bild der Schreckensherrschaft einer radikalen Linken und die Gefahr anarchistischer Zustände an die Wand gemalt. «Spartakus kämpft jetzt um die ganze Macht ... Nehmt Euren Platz entschlossen bei denen, die Euch Freiheit und Ordnung bringen werden», lauteten die Appelle der Reichsregierung zu Beginn des Jahres 1919, als die Wahl einer Nationalversammlung in möglichst absehbarer Zeit in Aussicht gestellt wurde.[3] Die Zeit drängte. Der ursprüngliche Wahltermin wurde um einen Monat vorgezogen. Für den 19. Januar 1919 wurden allgemeine Wahlen einberufen, aus denen das erste frei gewählte deutsche Parlament seit 1848 hervorgehen sollte.

Die überwältigende Mehrheit der Großberliner Arbeiter-und-Soldaten-Räte hatte sich für die Demokratie und gegen ein Rätesystem entschieden. Diese öffentliche Zustimmung galt es zu nutzen. Als das Berliner Reichstagsgebäude bei Straßenkämpfen am 15. Januar 1919 schwer beschädigt wurde, sprachen sich die Vertreter der süddeutschen Länder am Sitz der Reichsregierung kategorisch gegen Berlin als Tagungsstätte aus. Der weimarische Vertreter in der Hauptstadt, Geheimrat Arnold Paulssen, und der Unterstaatssekretär Curt Baake brachten Weimar ins Spiel und rühmten die politisch zuverlässige Dichterstadt als Wirkungsstätte, die gut nach außen abgeschirmt werden könne. Man fühlte sich im behaglichen Weimar weitab vom Schuß – und ahnte nicht, daß selbst das idyllische «Ilm-Athen» zur unsicheren Zufluchtsstätte werden sollte.[4]

So überzeugend die Argumente der Weimar-Befürworter waren – am Ende ist es der Geist von Klassik und Humanismus gewesen, der beschworen wurde und für Weimar den Ausschlag gab. Allen voran Friedrich Ebert drängte in einer eilig anberaumten Kabinettssitzung am 14. Januar 1919 darauf, «den Geist von Weimar mit dem Aufbau des neuen Deutschen Reichs zu verbinden». Durch die Wahl des auch international berühmten Tagungsorts sollte der amerikanische Präsident Wilson milde gestimmt werden, der immer noch großes Mißtrauen gegen das Deutschland der Hohenzollern hegte und nur mit einer demokratisch gewählten Regierung zu verhandeln bereit war. Im Umfeld von Ebert hoffte man auf einen fairen und gerechten Frieden und glaubte, ein Friedensabkommen zwischen Siegern und Besiegten aushandeln zu können. Deshalb wollte Ebert auch die hehre Erinnerung an die humanistische deutsche Klassik für den neuen Staat in Anspruch nehmen und beschwor in seiner späteren Eröffnungsrede den «guten Geist der Deutschen, den Geist von Weimar, den Geist der großen Philosophen und Dichter», der «eine Wandlung vom Imperialismus zum Idealismus» und «von der Weltmacht zur geistigen Größe» einleiten solle. Ebert und die Mehrheit der Deutschen hofften zu diesem Zeitpunkt noch auf Wilson und auf einen Friedensschluß im Geiste von Ausgleich und Verständigung auf der Grundlage des Selbstbestimmungsrechts aller Völker. Bei seiner Eröffnungsrede rief deshalb der designierte Reichspräsident beschwörend in die Runde der über vierhundert neugewählten

Abgeordneten: «Deutschland hat die Waffen niedergelegt. Jetzt gebe man uns den Wilson-Frieden, auf den wir Anspruch haben.»[5]

Auflehnung gegen Versailles

Die politische Wirklichkeit sah aber anders aus und war damals kaum vorherzusehen. Die Unterzeichnung des umstrittenen Vertragswerks von Versailles leitete bei der nationalistischen Rechten einen Klimawechsel ein, der zu einer tiefen Entfremdung mit der neuen Weimarer Republik führte. Das Vertragswerk mit über vierhundert Artikeln, das dem deutschen Außenminister Graf Brockdorff-Rantzau am 6. Mai 1919 im Spiegelsaal von Versailles übergeben wurde, wurde als Aufforderung zur Unterwerfung und als vernichtende Anklageschrift verstanden. Die Friedensbedingungen waren aus der Sicht des Reichsaußenministers «unerträglich, «unerfüllbar», «rechtsverletzend» und «unaufrichtig». Deutschland sollte die alleinige Kriegsschuld übernehmen und einen Gewaltfrieden akzeptieren.

Die emotionsgeladenen Debatten über das Pro und Kontra von Versailles erinnerten den Zeitzeugen Harry Graf Kessler später an «ein Ringen auf Tod und Leben – zwei riesenhafte, weit über die Mauern des Theatersaales hinausreichende Gewalten» hätten einander an der Kehle gehabt.[6] Das war ein Frieden, der in den Augen der großen Mehrheit der Deutschen keiner war. Aber es war kein Repräsentant der Deutschnationalen, sondern der sozialdemokratische Chef der Reichsregierung, Philipp Scheidemann, der bei einer Kundgebung der Nationalversammlung in der Berliner Universität ausrief: «Welche Hand müßte nicht verdorren, die sich und uns in diese Fesseln legt?» Daß dieser Vertrag ein Mordplan und für die Reichsregierung unannehmbar war, ja daß «Deutschlands Leiche» auf dem Schlachtfeld von Versailles für immer begraben sei – solche Sätze stammten von Scheidemann und prägten bis weit in die dreißiger Jahre hinein eine aufgewühlte Debatte. Das Selbstbestimmungsrecht der Völker, die Unabhängigkeit freier Nationen, der Glaube an all die schönen Ideale, unter deren Banner die Entente zunächst zu fechten vorgab: dies alles stürzte wie ein riesiges Kartenhaus ein und gipfelte in dem Vorwurf des empörten Scheidemann: «Eine Verwilderung der sittlichen Begriffe ohnegleichen, das wäre die Folge eines solchen Vertrages von Versailles.»[7]

Ebert und die Mehrheit der Parteien in der Nationalversammlung fühlten sich getäuscht; alle Träume von einem fair ausgehandelten Frieden sowie einer neuen, besseren Weltordnung schienen zunichte. Urplötzlich war auch dem allerletzten deutschen Versöhnungspolitiker klargeworden, daß die europäischen Verbündeten der USA nicht verhandeln wollten, sondern nur das Ziel verfolgten, Deutschlands politische und ökonomische Macht ein für allemal zu vernichten. Aber die deutsche Reichsregierung hatte alles zu akzeptieren, was vorher beschlossen worden war; dem Außenminister und den deutschen Delegierten war es lediglich erlaubt, schriftlich Stellung zu nehmen. Der endgültige, fast unveränderte Text wurde am 16. Juni 1919 zugestellt; für die Annahme oder die Ablehnung des Vertrages war eine Frist von nur drei Tagen gesetzt, die dann allerdings um zwei Tage verlängert wurde. Jeder weitere Aufschub wurde schroff verwehrt; für den Fall einer Ablehnung wurde mit dem sofortigen Einmarsch gedroht.

Die allgemeine Ablehnung dieses Friedensdiktats war so vehement, daß die Reichsregierung an den Chef der Heeresleitung die Frage richtete, ob bei einem Nein gegen den Vertrag die Wiederaufnahme militärischer Operationen möglich sei. Der legendäre Feldherr der «Schlacht von Tannenberg» telegraphierte zurück, daß militärisch erneut eine Niederlage drohe; doch müsse er als «Soldat den ehrenvollen Untergang einem schmählichen Frieden vorziehen» – ein Satz, der nicht nur die Emotionen der nationalistischen Rechten wiedergab, sondern auch neue Sündenböcke schuf. Nach der Dolchstoßlegende des

Generals Ludendorff, pazifistische Parteien seien einem siegreichen deutschen Heer in den Rücken gefallen, kam Hindenburgs Alternative von schmachvoller Annahme oder ehrenvollem Untergang hinzu.

Der Versailler Vertrag ist auch aus heutiger Sicht ein Dokument von ungeheurer Härte, das die Lasten des Weltkrieges ungerecht und unter unerfüllbaren Auflagen verteilte. Das Reich verlor Gebiete im Ausmaß von insgesamt 87 000 Quadratkilometern mit sieben Millionen deutschen Bewohnern sowie alle Kolonien. Die Stärke der deutschen Streitkräfte wurde auf 100 000 Heeres- und 15 000 Marinesoldaten ohne schwere Waffen begrenzt. Das linke Rheinufer wurde entmilitarisiert und sollte auf fünfzehn Jahre besetzt bleiben. Obwohl ökonomisch geschlagen und durch den Verlust wertvoller Agrar- und Industriegebiete geschwächt, wurden dem besiegten Reich gewaltige zunächst sogar unbegrenzte Reparationsleistungen aufgebürdet. Besonders provozierend war, daß das Abkommen mit allen früheren Versprechungen brach. Mußte sich der deutsche Reichspräsident nicht düpiert fühlen, der soeben noch mit Hinweis auf den Geist von Weimar an den «good will» des US-Präsidenten appelliert hatte? Hatte das Friedensdiktat aus Versailles nicht alle Unverbesserlichen gestärkt, die von ihrem Haß gegen den «Erbfeind» Frankreich nicht lassen wollten? Alle Hoffnung auf eine objektive Analyse der Kriegsursachen schien ein für allemal zunichte gemacht. Besonders der berüchtigte Artikel 231, in dem Deutschlands Alleinschuld am Ausbruch des Weltkrieges festgestellt wurde, sollte das Verhältnis zu den Siegermächten in Zukunft schwer belasten. Aber auch der Verlust der deutschen Reichsgebiete mit der Abtretung eines Territoriums auf dem sieben Millionen Bewohner lebten, wurde fortan zu einem gefühlsbeladenen Reizthema.

Die «Macht des Hasses», die der deutsche Reichsaußenminister in Versailles am Werke sah, sollte zu einer fast unversöhnlichen Waffe der politischen Rechten werden. Wenn die Weimarer Republik, die als große Negativfolie unter der Bildung der

Bundesrepublik Deutschland lag, fortan zu einer ungeliebten, ja verhaßten Demokratie wurde, dann wurden die Wurzeln für solche Ressentiments 1919 in der Nähe der französischen Hauptstadt Paris gelegt, wo man eine einmalige Chance zur europäischen Verständigungspolitik versäumte. Die Revision von Versailles wurde von der äußersten Linken bis zur extremen Rechten zum politischen Imperativ, schweißte die politischen Kräfte in einer neuen, destruktiven Gemeinsamkeit zusammen und wurde zum «wirkungsmächtigen Symbol der Republik» (Hagen Schulze). «Nicht die politische Gegenwart war es daher, auf die sich allgemeines politisches Handeln richtete, sondern ihre Überwindung, nicht die Zukunft eines demokratischen ... Staatswesens in einer freien Völkergemeinschaft, sondern die Wiederherstellung einer im kollektiven Gedächtnis der Deutschen glanzvoll vergoldeten Vergangenheit – eine negative Utopie.»[8]

Schon in den ersten Tagen nach Bekanntgabe des Versailler Vertrages zeigten sich im aufgewühlten Nachkriegsdeutschland destabilisierende Folgen. Als der ohnehin aussichtslose Kampf um eine Milderung der Vertragsbedingungen scheiterte, standen die Realpolitiker unter den Sozialdemokraten und des katholischen Zentrums mit ihrer Haltung allein, daß man den Vertrag dennoch unterschreiben müsse, weil die Alliierten bei einer Ablehnung das gesamte Reich besetzen würden. In den preußischen Ostprovinzen wurde bereits an Plänen für die Errichtung eines selbständigen Oststaates gearbeitet. Und in der Reichswehr war die Erregung über die Friedensbedingungen, die Kriegsschuldfrage sowie über die bevorstehende Entwaffnung derart eskaliert, daß die ersten Putschpläne für einen Kampf um die Befreiung Deutschlands aufkamen.[9]

In keiner Frage war sich Nachkriegsdeutschland so einig wie in der nahezu einhelligen Ablehnung eines Vertrages, der als «Schanddiktat» sowie als bösartiger Racheakt der Siegermächte gebrandmarkt wurde. Deutschland, das nach der Niederlage in seinem Selbstwertgefühl ohnehin erschüttert war, fühlte sich auf den Platz einer Nation zweiter Klasse verwiesen. Die Schuld für diese Erniedrigung wurde nicht nur den Siegermächten der Entente zugeschrieben, sondern auch jenen republikanischen Parteien, deren Sprecher, allerdings mit gewaltigen Skrupeln, für eine Annahme des Vertrages plädiert hatten. Fortan mußten besonders Sozialdemokraten, aber auch Zentrumsabgeordnete sowie das kleine Häuflein unterschriftsbereiter Demokraten mit dem Vorwurf leben, sie hätten mit ihrer Zustimmung die Hand zur Erniedrigung Deutschlands gehoben.

Im Kampf gegen Versailles und gegen die «Kriegsschuldlüge» fanden sich Vertreter aus allen Parteien zusammen. Der Sozialdemokrat Eduard Bernstein wurde Mitte Juni 1919 auf einem SPD-Parteitag in Weimar niedergeschrien, als er seine Genossen zu einer Analyse der im Jahre 1914 erfolgten Zustimmung zu den Kriegskrediten aufforderte. Das erregte Parteiplenum wollte in der Stunde höchster nationaler Schmach keinen Appell zur Selbstkritik hören. Die Gemüter waren aufgewühlt, überall fand man sich in Zorn und Auflehnung zusammen – besonders im politischen Umfeld der Weimarer Nationalversammlung, wo der umstrittene Vertrag von einer parlamentarischen Mehrheit ratifiziert werden mußte. Unversehens war auch die kleine Stadt in die Mühlen der Weltpolitik geraten; denn aus dem In- und Ausland blickte man auf den Tagungsort des deutschen Parlaments, wo die eher spröden Verfassungsberatungen durch emotionale Kontroversen über Versailles immer wieder unterbrochen wurden.

Anfang Juni 1919 berichtete die *Weimarische Zeitung*: «Unter dem feierlichen Geläut der Glocken füllte sich gestern Abend der weite Marktplatz mit den Scharen derer, die noch einmal, bevor die Würfel über Deutschland fallen, für einen Frieden des Rechts und der Ehre ihre Stimme erheben wollten. In würdiger und ernster Ruhe standen die Bürger, alt und jung, arm und reich, und von den Türmen dröhnten die Glocken. In den Herzen aller auf dem weiten Platz glüht heiße Liebe und trotzige Treue auf. Uns wollen sie bettelarm und ehrlos machen für die

Zukunft.»[10] Der Sturm der Entrüstung, der durch das kleine Städtchen Weimar brandete, war typisch für die damalige Stimmung im gesamten Lande. Wie empfindlich die Dichterstadt Weimar auf die Versailler Vertragsbedingungen reagierte, offenbarte ein verzweifelt anmutendes «Offenes Sendschreiben an die führenden Kräfte der fremden Kulturvölker», das am Tag vor der Vertragsunterzeichnung veröffentlicht wurde. «Wir fordern einen Rechtsfrieden, fordern eine getreue Erfüllung der vierzehn Wilsonsätze kraft Völkerrechts, heischen volle Achtung vor deutscher Ehre und volle Bewahrung auch unserer wirtschaftlichen Lebensmöglichkeiten. Fordern sofortige Freigabe unserer Gefangenen und sofortige Aufgabe der Hungerblockade.»[11]

Diese Petition, die Weimars Repräsentanten ein «Treuegelübde» nannten, ist wie unzählige andere Resolutionen der Berliner Regierung übergeben worden; doch solche Bitten fanden kein Gehör bei den Siegermächten und verstärkten das Gefühl von Bitterkeit, Enttäuschung und Auflehnung. In der *Weimarischen Zeitung* endete die Reportage über den Protestaufmarsch gegen den Gewaltfrieden damals mit den visionären Sätzen: «Die Landesjäger ziehen ab mit klingendem Spiel. Die Musik verklingt, die Menge verläuft sich. Ein alter Herr in weißem Bart, barhäuptig und mit leuchtenden Augen, singt mit zitternder Stimme und bebenden Lippen. Er lächelt, als er sich zum Gehen wendet. Seine Söhne sind gefallen, aber seine Enkel sind mit im Zug. Der kann die Stunde vielleicht noch erleben, wo Deutschland wieder stark und ehrlich ist.»[12]

Je näher der Tag der Unterzeichnung des Friedensvertrages rückte, um so mehr zerstritten sich die Parteien darüber, wie man dem massiven Druck der Siegerstaaten begegnen könne. Als am Sonntag, dem 22. Juni 1919, die Friedensfrage vor die Nationalversammlung kam, stand jeder einzelne Abgeordnete vor einer Gewissensprüfung. Von den 423 Abgeordneten nahmen 42 an der Abstimmung nicht teil, weil sie sich krank gemeldet hatten. Für die Unterzeichnung stimmte bis auf zwei Neinstimmen das Zentrum. Auch die Mehrheitssozialisten und die Unabhängigen Sozialdemokraten gaben ihre Stimmen geschlossen für die Annahme ab; ihren Widerspruch bekundeten 25 Abgeordnete, indem sie unter Führung Scheidemanns der Abstimmung demonstrativ fernblieben. Gegen die Unterzeichnung stimmten die Deutschnationalen und die Deutsche Volkspartei geschlossen und die Demokraten bis auf eine Minderheit von sechs Abgeordneten. Die Enthaltungen verteilten sich auf die Zentrumsfraktion und den Deutschen Bauernbund. In der entscheidenden Abstimmung nahm die Nationalversammlung die Zustimmung zum Friedensvertrag mit 237 gegen 138 Stimmen an. Niemals zuvor war das deutsche Parlament derart zerrissen wie in der Friedensfrage, die auch die deutsche Gesellschaft in höchstem Maße polarisierte. Reichskanzler Bauer sagte in seiner Regierungserklärung, man sei sich über alle Schranken hinweg einig «in der schärfsten Verurteilung des nun vorgelegten Friedensvertrages, zu dem wir unter unerhörtem Zwang unsere Unterschrift geben sollen».[13] In weiten Teilen der Bevölkerung wurde die Weimarer Republik damit zu einer ungeliebten, verhaßten Demokratie. Jene, die den Vertrag dennoch unterschrieben hatten, wurden fortan immer stärker diffamiert. Die «Novemberleute», wie man die Weimarer Koalitionäre von SPD, Zentrum und DDP nannte, wurden systematisch lächerlich gemacht: «Ihr Konkursverwalter eines Unglücks, das Ihr selber angerichtet! Wie lange soll die innere und äußere Ausplünderung Deutschlands dauern? Wehrt den Räubern draußen und drinnen. Wir sind noch stark genug dazu!»[14] Zur patriotischen Stimmung gehörte, daß das österreichische Kärnten seine Grüße «in der Erwartung des baldigen Anschlusses von Deutsch-Österreich» nach Weimar sandte. Der Rektor der Universität Graz wünschte «der neuen politischen Paulskirche Groß-Deutschlands» eine glänzende Zukunft. Die Deutsch-Freiheitliche Partei für Tirol, die Deutsch-Böhmische Landesversammlung und viele andere im Grenzland lebende Deutsche schickten hoffnungsvolle Glückwunschtelegramme, die beim

Verlesen im Weimarer Plenum enthusiastisch beklatscht wurden. Ein Kapitän aus Berlin eilte der Zeit sogar weit voraus und empfahl dem Parlament, «Generalfeldmarschall von Hindenburg zum provisorischen Präsidenten zu wählen». Solche Reaktionen zeigten, daß viele sich mit der Niederlage nicht abfinden wollten.

Aber zum aufgewühlten Zeitgeist gehörten auch Apathie, Weltschmerz und Hoffnungslosigkeit. «Die Schmach des Dolchstoßes von hinten, da das letzte auf dem Spiele stand! Der Kriegswucher, das Schiebertum, die Streiks, die Greuel der Putsche! Der Zwist der Parteien, die Ohnmacht der Regierungen! Die Beamtenplage, der Luxus, die Vergnügungswut, die Unzucht, die grassierenden Morde, die Verwahrlosung der Jugend! Der Niedergang des Geistigen, der Künste! Der Zusammenbruch der Religion.»[15] Dieses Krisenpanorama aus der Feder des Weimarer Schriftstellers Johannes Schlaf reflektierte das tief erschütterte kollektive Selbstbewußtsein jener Zeit. Jedoch offenbarte diese Untergangsstimmung auch einen tiefsitzenden Ekel an der Politik sowie an den veränderten Verhältnissen, der besonders das geistige Bürgertum erfaßt hatte. Dort herrschte eine bedrohliche Mischung von Politikverdrossenheit und Haß, aus der bald antidemokratische Ressentiments wie Giftpilze emporschießen sollten.

Verhöhnte Demokraten

Über die Instabilität der Weimarer Republik ist viel geschrieben worden. Gewiß hat sie ihre Gegner auch unterschätzt. Schon die monatelangen Verfassungsberatungen zeigten, wie gering der Vertrauensvorschuß war, der den neuen Regierenden eingeräumt wurde. Von der inneren Schwäche der Reichsregierung profitierten zunächst alle Anhänger einer Rechtsopposition, die lange wie von der Bildfläche verschwunden war. In den Wochen nach der Novemberrevolution noch furchtsam versteckt, meldete man sich jetzt um so lautstärker zurück. Diese Kreise kultivierten eine Sehnsucht nach vorrevolutionären Zeiten, als habe es die Niederlage, den Waffenstillstand und den Friedensschluß nie gegeben. Da schwärmte man für Kaiser und König, obwohl die Monarchie überall in Deutschland kräftig an Sympathien verloren hatte. Da rümpfte man schon nach kurzer Tagungsdauer die Nase über eine «schlappe» und «faule» Nationalversammlung, die an eine «Horde ohne Regierung und Leitung» erinnere, und mahnte sie, sich gefälligst zu energischen Aktionen aufzuraffen. Der Eindruck verstärkte sich: Je schwieriger und unübersichtlicher die Gegenwart, um so sehnlicher träumte man sich in die Vergangenheit zurück.

Gewiß hatte das Weimarer Stadtoberhaupt den Wunsch der Berliner Reichsregierung freudig begrüßt, die Nationalversammlung in der Goethe-und-Schiller-Stadt tagen zu lassen. Der «alte Ruhm der Stadt» könne durch die Einberufung des Parlaments nur eine Huldigung erfahren, schrieb das Stadtoberhaupt an den Staatssekretär des Inneren, Hugo Preuß. Man machte sich zwar Sorgen darüber, wie das Großereignis organisatorisch zu bewältigen sei; es wurde darüber gestritten, ob die Abgeordneten im großherzoglichen Schloß, in der Herderkirche oder doch im allseits geliebten Hoftheater tagen sollten. Im theaterinteressierten und kulturell verwöhnten Weimar wurde sogar gefragt, ob man den Musentempel denn überhaupt den vielen unbekannten Mandatsträgern überlassen könne; man fürchtete Radauszenen, falls es zu Handgreiflichkeiten kommen sollte. Immerhin sei es im ungarischen Parlament – so streuten böse Zungen aus – zu üblen Krawallszenen gekommen. Aber solche Übertreibungen wurden kaum ernst genommen; die meisten Bürger hatten drückendere Sorgen. Ein besiegtes, demoralisiertes Heer kehrte geschlagen von der Front zurück, oft mußten schwerverwundete Soldaten in den Familien aufgenommen werden. Hungersnöte und Typhus grassierten, weil die Blockade der Alliierten auch nach dem Waffenstillstand fortdauerte und zu einer katastrophalen Ernährungslage führte.

Hinter den nüchternen Zahlen der Statistiken verbarg sich das nackte Elend. Allein im Jahr 1918 starben im deutschen Reichsgebiet mehr als eine Viertelmillion Menschen an den Folgen von Hunger und Krankheit, nahmen die Todesfälle zu Beginn des Jahres 1919 wegen der allgemeinen Unterernährung sogar noch zu. Kein Wunder, daß in Berlin die Frage gestellt wurde, ob Weimar dem Ansturm von über vierhundert Abgeordneten, fast eintausend Presseleuten und über viertausend zum Schutz der Nationalversammlung aufgebotenen Soldaten gewachsen sein würde. «Wo sollen die Leute wohnen? Wo sollen sie essen? Wo bekommen sie ihr Heiz- und Beleuchtungsmaterial her?» Diese Frage in der Lokalpresse war mehr als berechtigt; doch die Mittelstadt von dreißigtausend Einwohnern konnte stolz darauf sein, dieses Mammutereignis für ihre Verhältnisse zu allseitiger Zufriedenheit bewältigt zu haben.

Weit schlimmer waren die kleinen Gehässigkeiten, mit denen die alten Machteliten ihren Unwillen über eine Veranstaltung bekundeten, deren Vertreter man eigentlich nicht standesgemäß und als unwürdig empfand, Deutschland politisch zu führen. Der kritische Beobachter Harry Graf Kessler bemerkte bei seinen Streifzügen durch Weimar, daß man im rechtsstehenden Bürgertum nur von «den Leuten» wie von Dienstboten redete; gemeint waren die Parteienvertreter und Regierungsmitglieder, die oft als «Parvenüs» oder als reine Protagonisten ihrer egoistischen Fraktionsinteressen diffamiert wurden. Und auch Kessler selbst, ein weitgereister Diplomat und Weltbürger, sah in der neugewählten Nationalversammlung ein «Mittelding zwischen Bierbank und Konklave», deren Anblick nicht gerade feierlich sei. Es war der mokante Ton eines hochnäsigen Bürgertums, das den Glanz vergangener Zeiten vermißte. Die Weimarer Bevölkerung sei über die Ehre der Nationalversammlung keineswegs erfreut gewesen, schrieb der DDP-Abgeordnete Fritz Hesse. Nur unter großen Schwierigkeiten habe man Dauerquartiere finden können; meist seien die Wohnungsbesitzer störrisch gewesen. Am liebsten wollte man nur an deutschnatio-

nale Abgeordnete Zimmer vermieten. Aber die meisten Vermie-
ter waren schon froh, «wenn sie keinen Sozialisten als Mieter
erhielten».[16]

Die zahlenmäßige Präsenz von Soldaten, Polizisten und uni-
formierten Beamten während der Eröffnungstage war bedrük-
kend. Der umstrittene Reichswehrminister Gustav Noske brü-
stete sich, er fühle sich in Weimar «so sicher wie in Abrahams
Schoß». Das war kein Wunder; die kleine Stadt war durch viertausend Soldaten des Landjägerkorps derart abgeriegelt, daß
man sich wie in einer belagerten Festung fühlte. Auf den Straßen und Plätzen wimmelte es von Soldaten und Bagagewagen,
die viele Weimarer an Schillers «Wallensteins Lager» erinnerten.
War es nicht ein Prestigeverlust für die neue Demokratie, daß
man sich schon in ihrer Geburtsstunde unter Stahlhelme und Pik-
kelhauben der alten Ordnungskräfte flüchten mußte? Die über-
stürzte Flucht der Nationalversammlung nach Weimar hatte ja
bereits deutlich werden lassen, daß die Sozialdemokraten und
ihre Koalitionspartner die Militärs als Schutzmacht vor revolutionären Protestaktionen brauchten. Die Reichswehr war aber
wie ein «Staat im Staate», politisch höchst unzuverlässig und
eher dem rechten Spektrum zuzuordnen. Die Republik wurde
diesen Schatten bis zu ihrem Ende nie wieder los.

Was am 6. Februar 1919 zu einem festlichen Ereignis werden
sollte, geriet zur verunglückten Militärparade. «Auf den Balko-
nen der Häuser, in den Fenstern standen die Landsknechte des
General Maercker mit Stahlhelm, Gewehr im Arm. Friedliches
Weimar! Die alte Dame neben mir schlug die Hände über den
Kopf zusammen: ‹Was haben sie aus unserem stillen Städtchen
gemacht! Was werden wir noch alles erleben müssen!›» Gewiß
läuteten damals von allen städtischen Kirchtürmen die Glok-
ken; aber die Zahl der Neugierigen hielt sich in Grenzen und das
festliche Gepränge wurde von der berechtigten Sorge über-
schattet, daß doch noch ein Anschlag gegen die tagende Nationalversammlung stattfinden könnte. Immerhin hatten sozialistische Soldatenräte aus zwei Armeekorps bei einer Tagung in

Eisenach den Plan diskutiert, das Weimarer Hoftheater in die Luft zu sprengen und dann das Gebäude durch Artilleriebeschuß restlos zu zerstören. Die revolutionäre Linke haßte die neue Republik, weil sie einer sozialistischen Räterepublik eine Absage erteilt hatte und die Reichswehr gegen die Linke einsetzte. Aber die Ressentiments auf der Rechten waren noch stärker, weil man der neuen Staatsform nichts zutrauen wollte. Mancher der pensionierten Offiziere und Geheimräte mag deshalb am strammen Militärzeremoniell bei der Eröffnung vor dem alten Hoftheater seine Freude gehabt haben. «Hacken knallen, stramm flitzt die Hand zum Helmrand, Schleppsäbel klirren auf dem Pflaster, hoch zu Roß preschen Kavalkaden um das Schloß und durch den friedlichen, schneeglitzernden Park. Die Herren Geheimräte a. D. im schwarzen Hut und Mantel sind beruhigt. Bei soviel Truppen kann nichts passieren. Die Revolution ist ausgesperrt.»[17]

Wie unterschied sich doch diese Stimmung von der Glückseligkeit des Jahres 1848! Damals wogte Frankfurt in den Farben Schwarz-Rot-Gold; im Weimar des Jahres 1919 hatten viele Bürger aus Trotz das Schwarz-Weiß-Rot des Kaiserreichs an die Balkone gehängt. «Heute begeht Kaiser Wilhelm II. seinen Geburtstag», begann ein Leitartikel in der nationalistischen *Weimarischen Zeitung*. «Fern von der Heimat in Amerongen, getrennt von seinem Volke, muß er diesen Tag in Sorge um die Zukunft seines Vaterlandes verbringen. Schweren Herzens gedenken auch wir der Trennung und des harten Schicksals, das die deutschen Fürsten und Völker auseinanderriß. Was haben die großen Herrscher aus dem ruhmreichen Hause für das Aufblühen des deutschen Volkes nicht alles geleistet.» Dieser Artikel, kaum eine Woche nach den Wahlen zur Nationalversammlung publiziert, in denen sich eine überwältigende Mehrheit der Deutschen für das republikanische Staatswesen entschieden hatte, war eine Provokation. Aber er entsprach dem süffisanten Ton des nationalistischen Bürgertums, das über die neue Regierung herzog. Jede Frage nach einer Verantwortung des Kaisers und seiner Paladine am Ausbruch des Krieges wurde in die Generalabsolution eines von außen erzwungenen Waffengangs umgebogen. «Die Geschichte soll einmal über Verdienst und Schuld des Kaisers richten ... am allerwenigsten unsere Feinde, deren Hände von Schuld triefen.»[18]

Der abgedankte Großherzog hatte zwar in einem seltenen Anflug von Großmut das Weimarer Schloß dem neuen Kabinett der sozialistischen Volksbeauftragten zur Verfügung gestellt. Aber auf ausdrücklichen Wunsch des ehemaligen Oberhofmarschalls waren zwei Zimmerfluchten des weiträumigen Schlosses unbenutzt geblieben. Das «Fürstenzimmer» und besonders die «Wohnung des Großherzogs» sollten unangetastet bleiben. Hoffte man doch noch auf andere Zeiten? Dennoch wirbelten kleinbürgerliche Sozi-Funktionäre durch die pompöse Residenz des Duodezfürsten, die früher wohl vergeblich zu einer Audienz bei ihrem Landesherrn zugelassen worden wären. In den Jagdzimmern mit ihren Spitzengardinen, in den Räumen der Kammerjungfern oder den hochherrschaftlichen Sälen wehte ein Geist des Aufbruchs, der zur Stimmungslage des städtischen Bürgertums kaum passen wollte. Als sich Reichspräsident Ebert zusammen mit seinem Regierungschef Scheidemann nach der Ankunft am Weimarer Bahnhof im Pferdeschlitten zur Residenz kutschieren ließ, erfreute man sich kaum an solchen Bildern und wollte nichts mehr davon wissen, wie empört die Stadt dereinst über den jähzornigen Großherzog gewesen war, wenn dieser peitschenschwingend durch die Stadt getobt war. Statt dessen gab es gehässige Kommentare und Fragen: Warum hat sich Ebert nicht wie einst der Fürst auf dem Schloßbalkon gezeigt? Hat er sich nicht getraut? Der bieder wirkende Sozialdemokrat, den man den «gekrönten Sattlermeister» nannte, war nach seiner Ankunft mit kleinem Gefolge durch die Stadt spaziert – solch eine Bescheidenheit paßte dem Bürgertum nicht, das jahrzehntelang die anmaßende und selbstherrliche Zurschaustellung von Macht bewundert hatte.

Im konservativen Weimar, wo die Anhänglichkeit der Beamten, der Pensionäre und Offiziere an das Haus der Wettiner noch groß war, mußte Ebert sich auch geringste Sympathien mühsam erkämpfen. Viele Bürger empfanden es als Zumutung, daß der sozialdemokratische «Ersatzkaiser» nur ein Sattlermeister mit Volksschulbildung war und dessen Frau ihr Geld als Dienstmädchen verdient hatte. Gewiß war der designierte Reichspräsident keine imponierende Erscheinung, die es mit dem Glanz der Hohenzollern hätte aufnehmen können. Aber an seinen Vorgängern wurde das mit großen Vollmachten ausgestattete deutsche Oberhaupt immer wieder gemessen. Ebert wirkte zuweilen unbeholfen; er war kein begabter Redner, weder Intellektueller noch Proletarier. Er verkörperte eher den Typ des soliden Handwerksmeisters, auf den man sich verlassen konnte. Diesem gediegenen und gewissenhaften Mann hatte die SPD-Spitze bei Kriegsausbruch die Parteikasse zur sicheren Verbringung nach Zürich anvertraut. Für die meisten Konservativen blieb Ebert hingegen ein Parvenü, der sich unverdientermaßen das höchste Staatsamt anmaßte. Man mokierte sich über den roten Sozi im Frack, der ausgerechnet in der Residenz der Fürsten abgestiegen war. «Ebert im schwarzen Bratenrock, klein und breitschultrig mit einer goldenen Brille», schrieb Kessler am Tag der Vereidigung, «kam nach einem Orgelvorspiel auf die Bühne, gefolgt vom hinkenden Reichskanzler Bauer und dem Reichsministerium, die alle ebenfalls sehr feierlich schwarz waren.»[19]

Über den abgedankten Kaiser und die Schar der deutschen Fürsten und Großherzöge hatte man solche Sottisen selten gelesen. Aber nun nutzte die Presse ihre neugewonnene Freiheit, um den Präsidenten mit der kleinen, fülligen Gestalt, dem spießigen Knebelbart und den Speckfalten im Nacken zu diffamieren. Berühmt wurde das Foto aus dem Berliner Verlags- und Zeitungshaus Scherl, das in mehreren deutschen Illustrierten gleichzeitig erschien: Ebert und Noske beim sommerlichen Bad an der Ostsee, beide nur in Badehose, bis zu den Knien im Wasser. Der Schnappschuß wurde am Tag der feierlichen Vereidigung Eberts zum höchsten Staatsoberhaupt in die nationalkonservative Presse lanciert. Fortan machte man Witze über die rote Badehose des Reichspräsidenten; in den angeblich besseren gesellschaftlichen Kreisen lästerte man über jenen schnauzbärtigen «Sohn der Arbeiterklasse», der sichtlich stolz Postkarten signierte, auf denen sein Konterfei vor dem Hintergrund des eleganten Berliner Amtssitzes, dem Schloß Bellevue, abgelichtet war. Bis zu seinem Tode hat sich Ebert gegen solche Diffamierungen wehren müssen. So veröffentlichten die *Kieler Neuesten Nachrichten* am 25. Januar 1920 eine Meldung, Ebert sei verspätet zu einer Opernaufführung in der Loge erschienen und durch Proteste des Publikums zum Verlassen des Hauses gezwungen worden. Der Vorfall war frei erfunden, wurde jedoch überall kolportiert und fütterte fast unablässig eine auf Klatsch, Gerüchte und Beleidigungen aufgebaute Kampagne, die mit höchst destruktiven Ambitionen gegen das Staatsoberhaupt angezettelt worden war.[20]

Da half es wenig, daß der Reichspräsident auf seine geradezu spartanische Amtsführung verweisen konnte, die mit dem Protz seiner blaublütigen Vorgänger erheblich kontrastierte. Mit einem Gesamtetat von 150 000 Reichsmark für alle persönlichen und sachlichen Ausgaben vermied er jeden überflüssigen Aufwand. Als ihn sein Staatssekretär Otto Meissner einmal auf die Notwendigkeit einer gewissen Repräsentation auch gegenüber dem ausländischen diplomatischen Korps verwies, entgegnete er: «Vergessen Sie nicht, daß wir in Deutschland in einem Trauerhause leben.»[21] Vielleicht war solche Zurückhaltung ein Fehler, weil auch die neue republikanische Staatsform von Symbolen lebte. Die breite Allgemeinbildung, die sich Ebert angeeignet hatte, zählte bei einem national gesinnten, intellektuell hochmütigen Bürgertum wenig, das immer noch an die zivilisatorische Mission der Deutschen glauben wollte. Dem protokollarisch unerfahrenen Staatsoberhaupt wurden selbst kleine Ungeschicklichkeiten angekreidet, die eigentlich auf das Konto einer unfähigen oder gar zur Sabotage neigenden Beamtenschaft gingen. So fehlte, als Ebert vereidigt werden sollte, das Manuskript und mußte erst gesucht werden. Es kam zu peinlichen Pausen, die auf der Pressetribüne ironisch kommentiert wurden.

Vom historischen Datum der feierlichen Verkündigung der Verfassung am 31. Juli 1919 wurde kaum Notiz genommen. Und selbst die feierliche Unterzeichnung der Urkunde konnte erst im thüringischen Schwarzburg nachgeholt werden, während Friedrich Ebert dort zu einem Erholungsaufenthalt weilte. So kam es, daß die «Weimarer Verfassung» nicht in Weimar, sondern in einem thüringischen Kurort signiert wurde und nicht der Tag der parlamentarischen Abstimmung, sondern das Datum der Unterzeichnung zum alljährlichen Verfassungstag ausgerufen wurde. Solche Peinlichkeiten waren Wasser auf die Mühlen der konservativen Machteliten, welche die neue Staatsform als «kleinbürgerliches Theater» und als «lächerliche Komödie» diffamierten. Ganz sicher war das sozialdemokratische Regierungspersonal zuweilen überfordert; aber eine konservative Beamtenschaft hat manches Fettnäpfchen für die noch unerfahrenen neuen Regierungsmitglieder aufgestellt, in das diese fast zwangsläufig hineintapsen mußten. Man boykottierte, warf Sand ins Getriebe und freute sich diebisch, wenn Ebert bei seiner feierlichen Vereidigungsrede Schnitzer oder Patzer unterliefen. Die Verachtung des konservativen Großbürgertums ging so weit, daß die Deutschnationalen der Vereidigung des Reichspräsidenten einfach fernblieben; auch die Bänke der tief beleidigten unabhängigen Linken blieben leer, weil man Ebert dessen pragmatische Politik und Konzessionen an die politische Rechte verübelte.

Gewiß fehlte es damals an charismatischen Persönlichkeiten; die Bürokratisierung der Parteien förderte eher das Mittelmaß. Aber die Sehnsucht nach einem neuen Bismarck und dem genialen Staatenlenker, der Deutschland aus seiner tiefen Not herausführen sollte, hat neben einem starken Realitätsverlust auch irrationale Vorstellungen offenbart. Auch ein Bismarck hätte kaum einlösen können, was man vom sozialdemokratischen Reichspräsidenten ultimativ verlangte: «Dieser Mann hat die verdammte Pflicht und Schuldigkeit, das Deutsche Reich zu verteidigen! Hol ihn die Rache aller Deutschen, wenn er dies nicht leistet! Unsere achthunderttausend Gefangenen, unsere mißhandelten Auslandsdeutschen, die Gefangenen und bedrohten Deutschen in den Ostmarken – all das muß ihm täglich und stündlich vor der Seele stehen, wenn er sein Amt erfüllen will.»[22]

Paradoxerweise war es Ebert selbst, der seine Landsleute stets vor überzogenen Forderungen warnte und der schon in seiner Weimarer Eröffnungsrede an den Pragmatismus eines Johann Wolfgang von Goethe erinnerte, «mit klarem Blick und fester Hand ins praktische Leben hineinzugreifen». Damit sollten vielleicht der oft bemühte «Geist von Weimar» und die Tradition der deutschen Klassik für die erste Demokratie in Deutschland nutzbar gemacht werden. Aber deutscher Geist errichtete seinen Aeropag lieber hoch in den Lüften und diffamierte eine Staatsform, die nicht das erforderliche Kulturniveau besaß und der eigenen Meßlatte nicht mehr genügen wollte. Man blieb geistige Avantgarde und grenzte sich von einem Politikbetrieb aus, den man ohnehin verachtet hatte. Nur hehre Ansprüche waren geblieben: Weil deutsche Kultur auch Entwicklung zur höchsten Geistigkeit bedeutete, hatte sich der neue Staat solchem Idealgebilde zu unterwerfen. Wie hätte eine Politik, die sich zuvörderst um die Nöte eines grauen Alltags kümmern mußte, diese Anforderungen je erfüllen können?

Komplott gegen Erzberger

Am 8. August 1919 ereignet sich im Zug von Bad Berka nach Weimar die folgende Szene. Ein älterer, offenbar gutsituierter Mann sagt im Zugabteil so laut, daß alle es mithören können: «Ich möchte Erzberger erschlagen; man müßte ihm nur ein paar Handgranaten unter den Wagen legen.» Die Fahrgäste bleiben stumm, gegen die ungeheuerliche Bemerkung regt sich kein Widerspruch.

Diese Episode hätte sich nicht nur in der Nähe von Weimar, sondern überall in Deutschland ereignen können; zu jener Zeit gehörte der Zentrumsabgeordnete Matthias Erzberger zu den umstrittensten Politikern, die die Weimarer Republik hervorgebracht hat. In den eigenen Reihen wurde er geachtet, beim politischen Gegner war er verhaßt. Sein Name wird zur umstrittenen «Chiffre der Republik», weil seine Professionalität, seine demokratische Zuverlässigkeit und sein politischer Mut erheblich größer sind als die Fähigkeit, sich Freunde und Bundesgenossen zu schaffen.

Für viele Deutsche ist Erzberger der abstoßende Typ des modernen Parteipolitikers, ein agiler Politprofi, der vor und hinter den Kulissen an allen Strippen zieht. Selbst ein differenzierender Beobachter wie Harry Graf Kessler macht sich über Erzberger und dessen «schlecht gemachte, platte Stiefel» lustig, lästert über seine «drolligen Hosen, die über Korkzieherfalten in einen Vollmondhintern münden» und beschreibt mit Süffisanz die breiten Bauernschultern eines Politikers, dessen ganze Erscheinung an einen «fetten, schwitzenden, unsympathischen Kerl» erinnert. Immer wieder reibt man sich an Erzbergers unsympathischen, aufdringlichen Attitüden. So wird während der Eröffnungsfeier zur Nationalversammlung auf der Pressetribüne über den damaligen Staatssekretär gewitzelt, der sich das Eiserne Kreuz allzu großspurig an den Festanzug geheftet hat, «als habe er ein halbes Dutzend Schlachten in dem verlorenen Kriege gewonnen».

Seine unbestreitbaren politischen Verdienste beim Übergang von der Monarchie zur Republik zählen in der breiten Öffentlichkeit wenig. Gerade weil sich Erzberger höchste Meriten bei der schwierigen Parlamentarisierung des Reichs, bei der Anbahnung des heiklen Friedensschlusses und der späteren Festigung der Weimarer Regierungskoalition erworben hat, zählt er

nun zu jenen Politikern, die den Sündenbock abgeben sollen:
Mit dem Namen Erzberger verbinden sich für viele Niederlage,
Republik, Versailles und der gesamte Parteienstaat, der für das
Elend der Zeit verantwortlich gemacht wird. Erzberger war es,
der die Zentrumspartei zur Annahme des Versailler Friedensvertrages überredete. Verhaßt war er aber auch, weil dieser
streitbare, vom Volksschullehrer zum Finanzminister aufgestie-
gene Selfmademan über eine radikale, großangelegte Steuerre-
form alle Kriegsgewinnler zur Kasse bitten und eine Umvertei-
lung von oben nach unten einleiten wollte.[23]

Der ehemalige Vizekanzler Karl Helfferich, ein prominenter
Deutschnationaler, versuchte seinem politischen Gegner einen
bösen Leumund anzuhängen. In einem spektakulären Prozeß
vor dem Berliner Landgericht versuchte er zu beweisen, daß
Erzberger seit Beginn seiner Karriere gegen alle Regeln des politischen Anstands verstoßen und mit unlauteren Mitteln versucht habe, sich persönlich und politisch zu bereichern. Der damalige Finanzminister wurde nun endgültig zum Buhmann der
Nation und mußte um sein Leben fürchten: Auf dem Weg zum
Gericht wurde er von einem soeben aus dem Heer entlassenen
Fähnrich angeschossen und an der Schulter verletzt. Der Täter
wurde zu einer Gefängnisstrafe verurteilt; das Gericht hielt ihm
jedoch eine «ideale Gesinnung» als mildernden Umstand zu-
gute. Selbst dem mit ausgeklügelter Raffinesse agierenden, agitatorischen Helfferich wurden von wohlmeinenden Richtern
«vaterländische Motive» unterstellt. Erzberger wurde nach
einem langwierigen Verfahren zwar juristisch rehabilitiert;
doch Helfferich blieb unter dem Beifall antidemokratischer
Republikfeinde der unbestrittene moralische Sieger in einem
Prozeß, bei dem viele die Weimarer Demokratie auf der Anklagebank sahen. Die politische Karriere des umstrittenen Finanzministers war damit beendet; am Tag nach der Urteilsverkün-
dung entlud sich der erste rechtsradikale Putsch gegen die neue
Republik. Damals, am 13. März 1920, wurde die Reichshauptstadt Berlin von meuternden Truppen unter Führung der

Rechtsradikalen Kapp, Lüttwitz und Ludendorff besetzt. Die junge Demokratie erlebte ihre schwerste Stunde.

Auch in Weimar war der Zorn gegen Erzberger populär. In den Salons der besseren Gesellschaft hielt sich hartnäckig das Vorurteil, Matthias Erzberger habe bei der Anbahnung der deutschen Friedenspolitik 1917 aus rein egoistischen Motiven gehandelt. Die Kampagne des Deutschnationalen Helfferich hatte hier wie in vielen Medien ihre publizistischen Nachbeter gefunden. So behauptete die *Thüringische Landeszeitung Deutschland*, Erzberger habe die Deutschen im Sommer 1917 um einen «Frieden der Stärke» gebracht; nur durch gezielte Indiskretionen des versöhnungsbereiten Zentrumspolitikers sei ein für Deutschland erfolgreicheres Abkommen verhindert worden. Der Vorwurf gipfelte in der Behauptung, Erzberger sei von Österreich und sogar von Frankreich bestochen worden. Deshalb stand für die nationalistische Presse das Urteil fest: «Auf die Friedensmehrheit und deren Führer Erzberger kommt das Blut der Millionen, das seit dem Sommer 1917 fließen mußte, die Hunderte von Milliarden, die Deutschland und der Kultur der Welt verloren gingen und der schmähliche Friede, unter dem das deutsche Volk jetzt seufzt.»[24]

Diese Anschuldigungen wurden von Erzberger in einer Rede vor der Nationalversammlung am 25. Juli 1919 so eindrucksvoll widerlegt, daß drei Viertel aller Abgeordneten in tosenden Beifall ausbrachen und der kleinen Fraktion der Deutschnationalen die Worte «Mörder, Mörder» zuriefen. Aber lange vor diesen Ereignissen war das friedliche Weimar zur Stadt geworden, wo Erzberger nach dem Leben getrachtet wurde. Der Sozialdemokrat August Baudert berichtet, daß Ebert und Noske in der Nacht vom 17. auf den 18. Juli 1919 von sechzig Soldaten bedroht wurden, die unter mysteriösen Umständen aus der militärischen Untersuchungshaft entkommen und mit Hilfe von Unbekannten in die Weimarer Kaserne eingedrungen waren. Sie hatten sich Waffen beschafft und waren danach auf das Schloß zugestürmt, wo scharf geschossen wurde; zahlreiche Scheiben gingen in Trümmer. Die genauen Hergänge des damaligen Komplottversuchs liegen im dunkeln. Aber Ebert und Noske konnten sich nur mit Hilfe einer loyalen Schloßwache in Sicherheit bringen; nach Erzberger suchten die marodierenden Soldaten noch sechs Tage. Was wäre passiert, wenn der Gesuchte den Feinden in die Hände gefallen wäre? War dieser Gewaltakt nur in letzter Minute mißlungen, weil Erzberger von loyalen Truppen geschützt worden war? [25]

Diese brisanten Vorfälle zeigten, daß der militärische und polizeiliche Ring um Weimar nicht so sicher war, wie oft behauptet wurde. Drahtzieher des Komplotts waren offenbar rechtsradikale Offiziere aus der Reichswehr, die die Empörung gegen den Versailler Vertrag für Anschläge gegen Ebert, Noske und Erzberger ausnutzen wollten. Die Nationalversammlung hatte sich am 22. und 23. Juni 1919 für die Annahme des Friedensvertrages entschieden; für das Militär blieb das ein traumatisches Datum, das zu Unruhe und unkontrollierten Aktionen führte. Die Spannung stieg auf den Siedepunkt. Am Tag vor der Unterzeichnung wurden über Weimar Flugblätter mit der Losung abgeworfen: «Nieder mit den Verrätern, die unterzeichnen wollen!» Der Berliner Aktionskünstler Baader hatte aus einem Flugzeug Zettel mit der Ankündigung abwerfen lassen: «Baader wird bald Präsident Deutschlands und der ganzen Welt!»[25]

Woher kamen solche Aktionen und wer stand hinter ihnen? Warum konnten in der angeblich abgeriegelten Stadt Flugzeuge benutzt werden, die Propagandamaterial abwerfen? Warum brachen Freischärler aus dem Untersuchungsgefängnis aus und liefen über eine Woche frei herum, um einem Politiker Gewalt anzutun? Diese Ereignisse illustrierten eine Situation, wo die junge Republik erneut von einer Gegenrevolution bedroht wurde. Die Stimmung war aufgeheizt. Aufgebrachte Soldaten brachen in das Berliner Zeughaus ein, holten französische und belgische Fahnen aus den Requisitenkammern und verbrannten ihre Trophäen triumphierend ausgerechnet unter dem Denkmal von Friedrich dem Großen. Eine große Menschenmenge, die das Schauspiel verfolgte, sang: «Deutschland, Deutschland über alles.» Als sich Erzberger in Weimar vor seinen Häschern versteckt, notiert Harry Graf Kessler in sein Tagebuch: «Auf Erzberger war allgemein die Verbitterung ungeheuer. Müller sagte, wenn er nicht anders beseitigt werden könne, wollte er selbst hingehen und ihn mit einem Knüttel totschlagen; kein Schwurgericht in Deutschland werde ihn wegen einer solchen Tat verurteilen. Ich fürchte sehr, daß Erzberger das Schicksal Liebknechts teilen wird. Allerdings nicht wie Liebknecht unverdientermaßen, sondern durch seine unheilvolle Tätigkeit selbstverschuldet.»[27]

Wie explosiv die damalige Stimmung war, bewies eine Meldung aus der *Thüringischen Landeszeitung Deutschland*, wonach Angehörige der als loyal eingeschätzten Regierungstruppen eine Demonstration gegen die bedingungslose Unterzeichnung des Friedensvertrages planten und jeder unterschriftsbereiten Regierung ihren «weiteren Schutz versagen wollten». Bereits das war eine Boykottdrohung, die mit einer Militärrevolte gegen eine demokratisch gewählte Exekutive identisch war – ein Putschversuch, wie er schon ein Jahr später unter Kapp und Lüttwitz angezettelt wurde. Schon am 24. Juni 1919 fand deshalb zur Beruhigung der aufgebrachten Gemüter eine «Vaterländische Kundgebung» aller in der Nähe von Weimar stationierten Truppenverbände statt, wo der Oberbefehlshaber General Maercker den Befehl an die Truppen gab, jede Empörung über einen angeblichen «Schmachfrieden» unverzüglich zurückzustellen und weiterhin für Sicherheit und Ordnung zu sorgen. «Jetzt in der Not dürfen Sie nicht abspringen», rief der rasch alarmierte Reichspräsident Ebert bei seiner improvisierten Ansprache vom Weimarer Schloßbalkon den angetretenen Soldaten zu, «je größer die Not, desto größer die Pflicht!» Kaum ein Jahr später war die Regierung vor meuternden Kapp-Putschisten auf der Flucht.

War Weimar also doch nicht das sicherste Nest? Immerhin wurden in einer äußerst labilen Phase der jungen Republik zwei

Spitzenpolitiker mit dem Tode bedroht; ein anderer konnte sich in letzter Minute in Sicherheit bringen. Zwei Jahre nach diesen Vorfällen wurde der ehemalige Reichsfinanzminister Matthias Erzberger am 26. August 1921 beim sommerlichen Spaziergang im Schwarzwald von zwei rechtsradikalen Offizieren erschossen.

Der gefeierte Ludendorff

Am 16. August 1924 erschien in der Weimarer Lokalpresse eine Annonce, die zu einer großangelegten Kundgebung aufrief. «Weimaraner! Morgen, Donnerstag früh betritt der Feldherr der Weltkriege, General Ludendorff Eure Stadt!» Alle Bürger wurden gebeten, an ihren Häusern schwarzweißrote Fahnen aufzuhängen, um Weimar drei Tage lang besonders festlich erscheinen zu lassen. Der öffentliche Schmuck müsse ein kleiner, aber wichtiger Dank für jenen Mann sein, der als «Weltkriegsführer» gepriesen wurde. Gemeint war «Seine Exzellenz Erich Ludendorff», der mit allerhöchstem Pomp empfangen werden sollte. Schon am nahe gelegenen Flugplatz wollten städtische Honoratioren den hohen Gast begrüßen; danach sollte eine farbige Militärparade mit «Abschreiten der Front» und später ein Besuch der kulturellen Gedenkstätten stattfinden, zu denen an diesem Wochenende die Krieger-Gedächtnishalle gehörte.

Kein Wort über jene groß inszenierte Versammlung, die im Weimarer Nationaltheater geplant war. Man verschwieg, daß es einen gewaltigen Festumzug durch die Stadt geben sollte. Wie sich später herausstellte, war alles wie eine unverfängliche Kulturkundgebung arrangiert, zu der jedoch keine schöngeistigen Kulturvereine, sondern die völkisch-rechtsradikale Vorhut eingeladen war: der «Deutsche Offiziersbund», der «Weimarische Krieger- und Militärvereinsbund», der «Stahlhelm – Bund der Frontsoldaten» sowie der «Jungdeutsche Orden», die alle von den Auflösungsbestimmungen des Versailler Vertrages bedroht waren und sich von Erich Ludendorff, aber auch von dem noch in Landsberg einsitzenden Hitler Schützenhilfe für eine bedrohte Zukunft erhofften. Thüringens neuer Innenminister Georg Sattler, Mitglied im «Stahlhelm – Bund der Frontsoldaten», hatte sich in den Urlaub abgemeldet.

Das geplante Großereignis verriet eine Regie, hinter der man unzählige Helfer vermuten konnte. Bei den Wahlen zum Thüringer Landtag war es am 10. Februar 1924 zu einem klaren Sieg des «Thüringer Ordnungsbundes» und zu einem deutlichen Rechtsruck gekommen; mit 35 von insgesamt 72 Mandaten waren die Ordnungsbündler jedoch in der Minderheit geblieben, so daß man auf die Tolerierung durch die Rechtsparteien und besonders den Völkisch-Sozialen Block angewiesen war, der mit 9,3 % der Stimmen und insgesamt sieben Landtagssitzen für die zweite spektakuläre Überraschung dieses Wahlgangs gesorgt hatte. Dessen sieben Abgeordnete waren seit Beginn der Weimarer Republik die ersten völkisch-nationalsozialistischen Parteigänger, die überhaupt in einen deutschen Landtag eingezogen sind. Die siegreich gestimmten Führer des Völkisch-Sozialen Blocks hatten bei den Tolerierungsverhandlungen mit dem «Thüringer Ordnungsbund» verlangt, daß die in Thüringen geltenden Behinderungen für völkische Organisationen aufgehoben werden müßten. Früher als in anderen deutschen Ländern wurde hier deshalb das Verbot der NSDAP sowie anderer rechtsgerichteter Organisationen beseitigt. Das Weimarer Großereignis zeigte, daß das Paktieren der bürgerlichen Parteien mit den völkischen Nationalsozialisten bald zu einem langfristigen politischen Klimawechsel führte.[28]

Ludendorffs pompöser Auftritt war mit generalstabsmäßiger Präzision vorbereitet worden. Schon am 20. April 1924 hatten sich im Weimarer «Hotel Hohenzollern» prominente Nazi-Größen versammelt, um die programmatischen Grundlagen einer nationalsozialistischen Partei zu diskutieren, die durch die Erfolge in Thüringen mächtigen Auftrieb erhalten hatte. Neben

Alfred Rosenberg waren Hermann Esser, Gottfried Feder, Gregor Strasser, Julius Streicher, General Ludendorff sowie zahlreiche Nazi-Funktionäre aus regionalen, meist norddeutschen Parteiverbänden erschienen. Man einigte sich auf ein Wahlprogramm, das «gegen die Welt- und Staatsverfassung der Gegenwart und für Adolf Hitler plädierte», der «durch sein Wort an dem Urinstinkt des deutschen schaffenden Volkes gerüttelt» habe.

Die in Weimar versammelten Nazi-Führer erwiesen mit diesen Sätzen dem in der Festung Landsberg einsitzenden Hitler ihre Reverenz; schon der Zeitpunkt der Tagung war eine kameradschaftliche Geste gegenüber dem Inhaftierten gewesen: Seine Gefolgsleute hatten sich nämlich ausgerechnet an Hitlers 35. Geburtstag am 20. April in der Goethe-und-Schiller-Stadt versammelt. Natürlich wurden Geburtstagsgrüße an den prominenten Häftling geschickt, der als Führer der NSDAP nach dem mißglückten Münchener Putsch vom 9. November 1923 zu einer fünfjährigen Festungshaft verurteilt worden war. Das Weimarer Treffen zeigte, daß Hitlers Autorität trotz Gefängnisstrafe und innerparteilicher Streitigkeiten nicht gelitten hatte; allen voran Alfred Rosenberg schwor alle Anwesenden auf die Person des NS-Führers ein. Von Weimar sollte zum erstenmal seit der verunglückten Münchener Revolte wieder das Signal ausgehen, daß in Deutschland «eine innere Neugeburt» stattfinde. Berauscht von ihren jüngsten Wahlerfolgen, erkannte die in Weimar versammelte Nazi-Elite bei den Deutschen den Willen, «für einen neuen deutschen Staat und für eine wirkliche deutsche Zukunft zu kämpfen».[29]

Tatsächlich war bereits vor der geplanten Weimarer Heerschau die öffentliche Stimmung umgeschlagen; zum «Tag des deutschen Heldengedenkens» am 3. August 1924, der zu Ehren der Gefallenen des Weltkrieges abgehalten wurde, hatte sich eine ungewöhnlich große Menschenmenge in der Weimarer Stadtkirche versammelt. Es wimmelte von Fahnen und Abordnungen der Krieger- und Militärvereine, der vaterländischen Verbände, aber auch des neugegründeten «Reichsbanner Schwarz-Rot-Gold». Man sang «Morgenrot, Morgenrot, leuchtet mir der frühe Tod», hörte das Wort Theodor Körners «Das Vaterland kann jedes Opfer fordern» und lauschte dem Ortspfarrer, der in überschwenglichem Patriotismus die Toten des Weltkrieges rühmte. «Den Krieg haben sie ferngehalten vom deutschen Boden. Im Osten haben sie den Feind hinausgeworfen und im Westen wurden eiserne Mauern gezogen gegen den Feind. Sie haben gehungert und geblutet, haben in den Gräben gelegen Tag und Nacht, sind getötet worden oder nach qualvollem Leiden gestorben. Wie sollten wir das vergessen?» So verständlich diese Totenklage war – im Rückblick auf das Jahr 1914 wurde erneut eine Zusammengehörigkeit beschworen, die sich wie damals über alle Parteien hinwegsetzen und zu einem «einig Volk von Brüdern» führen sollte. «Alle verschiedenen Auffassungen und Meinungen sollen uns nicht abbringen von dem großen Gedanken: ‹Deutschland, Deutschland über Alles!›»[30]

Es gehörte zur Realitätsverweigerung der konservativen Rechten, sich über alle Sorgen, Nöte und Depressionen hinweg mit einem emotionalen Sprung in die Vergangenheit zu retten; wie Weimars Ortspfarrer verarbeiteten viele Nationalkonservative den Entzauberungsschlag des Jahres 1918 mit einer pathetischen Kultivierung früherer Siege. Immer wieder wurde bei den unzähligen Tannenberg-Feiern des Jahres 1924 an Hindenburg und Ludendorff erinnert. Mit der Glorifizierung dieses Feldherrenpaares pflegte man nostalgische Gefühle an eine Zeit, da das Vertrauen in die Genieleistungen des Chefs der Obersten Heeresleitung sowie seines Generalquartiermeisters unbegrenzt gewesen war. Vergessen waren Niederlagen; jetzt dachte man an eine Epoche, da Hindenburg und Ludendorff die «totale Mobilmachung» aller Kräfte und die moralische Kriegsbereitschaft der Nation beschworen hatten. «Trägst Du in Deinem Pflichtkreis und durch Dein opferbereites Wesen, durch Dein treues, ehrliches Verhalten zum Aufstieg und zur Erhaltung des Vaterlandes bei?» Diese inquisitorische Frage des evangelischen Weimarer Ortspfarrers lautete wie ein geheimer Auftrag an alle, auf eine neue deutsche Erhebung zu hoffen. Mit dem legendären Erich Ludendorff empfing man einen General, der wie ein neuer Held gefeiert wurde.

Weimar prangte im Flaggen- und Blumenschmuck, als die Kolonnen des Stahlhelms, des Jungdeutschen Ordens, des Werwolfs sowie zahlreicher anderer vaterländischer Vereinigungen am Bahnhof ankamen und in ihre städtischen Quartiere gebracht wurden. «Heilrufe klangen in den Gesang vaterländischer Lieder aus Tausenden von jungen Kehlen», schrieben Lokalreporter, «alt und jung war auf den Beinen, um das seltene Schauspiel mitzuerleben.» Überall flatterten die schwarzweißroten Fahnen des alten Kaiserreichs, neben die man die Flagge des Großherzogtums Sachsen-Weimar gehängt hatte. Im Armbrustsaal spielte eine Militärkapelle zackige Armeemärsche; ergriffen erhob sich die Zuhörerschaft von den Plätzen, als «Die Wacht am Rhein» und das «Stahlhelm»-Lied intoniert wurden.

Die Regisseure dieser vorher als «völkische Heerschau» angekündigten Veranstaltung taten alles, um ihren Ehrengast in den Mittelpunkt zu postieren. Ludendorff erschien zu allen Auftritten unter Polizeischutz an der Seite des Weimarer Oberbürgermeisters Walter Felix Mueller. Ihrem Ehrengast hatten die Organisatoren sogar das Recht eingeräumt, nach seinem Eintreffen auf dem Flugplatz einen feierlichen Feldgottesdienst zu zelebrieren. Im offenen Viereck warteten alle Abordnungen darauf, ihre Fahnen dem alten Heerführer wie zur persönlichen Weihe zu übergeben. Ludendorff agierte denn auch wie der Hohepriester einer siegreichen deutschen Armee und erinnerte daran, daß bei den Nationalsozialisten eine Fahne Zeichen zur Sammlung sei. «Nur mit Gott kann unser Weg gehen, der zum Siege führt. Wir haben zwar keinen König mehr, gebe Gott aber, daß wir bald wieder einen völkischen König bekommen.»

Danach sang man gemeinsam die dritte Strophe des Deutschlandliedes, und Ludendorff schritt wie ein aktiver Feldherr die Front ab; am Nachmittag mußte er sich für diese Übung fast

eine Stunde Zeit nehmen, weil zur Militärparade so viele Abordnungen gekommen waren, daß der Aufmarsch die Länge von einem Kilometer erreicht hatte. Über 25 000 Schaulustige verfolgten ein Spektakel, dessen Attraktivität offenbar auch von seinen
Organisatoren unterschätzt worden war; statt der geplanten
zwei Festzüge gab es sogar drei Aufmärsche, die sich mit gewal-
tigem Tschingderassabum sternförmig Richtung Weimar in Bewegung setzten.

Ungeniert, mit ausdrücklicher Billigung der Stadtväter und
mit allem verfügbaren Pomp zelebrierte die Nationalsozialistische Partei ihre neue Stärke. Anmaßend nahmen deren Führer
die alten Gebäude, Denkmäler und Plätze Weimars in Besitz;
mit aggressivem, fast unbarmherzigem Radikalismus attak-
kierte man eine Republik, die erst vor wenigen Tagen fünf Jahre
alt geworden war. Besonders in ihren Reden vor dem Deutschen
Nationaltheater – dem «Genius loci der Republik» – präsentierten sich die Nazi-Führer als unversöhnliche Feinde der neuen
Demokratie.

Wo eine Woche zuvor Spitzenvertreter der Reichsregierung
und des Reichstages gegen die «Anbeter des Hakenkreuzes» ge-
wettert hatten, standen deren Führer jetzt auf der Bühne. Wo
man vor der Kopie und Nachahmung «altpreußischen Gama-
schenschliffs» gewarnt hatte, wurde dieser Geist jetzt beschworen. Es war diese raffiniert gewählte Koinzidenz zum fünften
Jahrestag der Republik, die dem völkischen Aufmarsch am 18.
August 1924 seine politische Brisanz verlieh. Der fünfte Jahrestag der Republik, bei dem der ehemalige Reichskanzler Kon-
stantin Fehrenbach, der Verfassungsrechtler Hugo Preuß und
neben vielen anderen der sozialdemokratische Abgeordnete
Paul Loebe geredet hatten, lag kaum eine Woche zurück. Der
Oberbürgermeister sowie die Weimarer Stadtvertreter hatten
neben zahlreichen aus der Reichshauptstadt Berlin angereisten
Ehrengästen gesessen; im festlich geschmückten Nationaltheater hatte man sich von den Plätzen erhoben, als an die Mord-
opfer der Republik, an Erzberger, Rathenau, Gareis und viele

andere erinnert wurde. «Wir hätten viel rücksichtsloser den Kampf gegen die Feinde der Republik führen müssen», hatte Paul Loebe den Zuhörern dieser Jubiläumsveranstaltung zugerufen, und viele hatten für solche Sätze Beifall gespendet.

Kurz danach waren alle Mahnungen in den Wind geschlagen. In Weimar marschierten die Verfassungsfeinde in breiter Front auf. Beim offiziellen Begrüßungs- und Festakt im Nationaltheater waren auf der Bühne gut sichtbar für die zahlreichen Pressevertreter sechs Hakenkreuzfahnen postiert. Der NS-Reichstagsabgeordnete Gottfried Feder lobte Ludendorff als das Vorbild von Tannenberg und rühmte den abwesenden Hitler als «den Erwecker der deutschen Seele». Drei Tage lang wurde Weimar von Hitler-Anhängern buchstäblich besetzt, die ungestraft ihren Haß auf die Republik verbreiteten. Am schlimmsten tat dies der Thüringer NS-Landtagsabgeordnete Arthur Dinter. «Ich klage hier an der Seite des größten deutschen Feldherrn die gegenwärtige Reichsregierung des Volks- und Hochverrats an! Sie gehören an den Galgen! Wir wollen, daß dieser Volks- und Vaterlandsverrat vor dem Staatsgerichtshofe abgeurteilt wird. Unsere Geduld ist erschöpft!» Gegen solche Verunglimpfung erhob sich kein Protest. Im Gegenteil: Dinter ging noch über diese verbale Agitation hinaus und forderte alle Anwesenden auf, mit ihm gemeinsam die Hand zum Schwur zu erheben. Fast alle Zuhörer taten, wie befohlen. Man hob in feierlichem Schauer die rechte Hand und sprach die Sätze: «Wir schwören unserem Führer Ludendorff, wenn er uns ruft, zu folgen bis in den Tod und nicht eher zu rasten, bis die November-Verbrecher ihrer Strafe vor dem deutschen Staatsgerichtshof zugeführt worden sind.» Ein derartiges Rachegelöbnis hatte es bis dahin in Weimar nicht gegeben. Aufruf zum Mord, Anstiftung zur politischen Gewalt sowie der Appell zum unversöhnlichen Haß gegen die Republik – das waren strafrechtliche Delikte, die von einem Richter hätten geahndet werden müssen. Aber wo war ein Kläger, wo ein Richter, die sich dieser Sache annehmen wollten?

In der ranzigen Kleinstadtatmosphäre Weimars, wo die neugewählten NS-Landtagsabgeordneten Dinter und Marschler besonders in den großbürgerlichen Wohnvierteln viele Wähler hatten, schienen solche Verunglimpfungen gut anzukommen. Man wehrte sich nicht einmal dagegen, daß die Nazis Weimars humanistische Tradition in einer schamlosen und vulgären Weise vereinnahmt hatten. Schillers «Tell», Goethes «Faust» und der «Götz», «Egmont», «Hermann und Dorothea» sowie viele andere Werke seien immer rein völkisch gewesen, meinte Dinter und rief, einmal so richtig in Fahrt, seinem Publikum zu: «Das ist der wahre Geist von Weimar, den diese beiden Fürsten unter den Geistesgrößen vertreten. Den Preußengeist eines Preuß lehnen wir ab, wir halten es mit dem Preußengeist eines Ludendorff. Der Geist von Potsdam des Alten Fritz war von vorneherein mit dem Geist von Weimar vermählt.» Danach erscholl ein dreifaches «Heil» auf den Ehrengast, der die Gunst der Stunde nutzte und an Adolf Hitler erinnerte. Mit einer pathetischen, von zahlreichen Auftritten heiseren Stimme verlas Ludendorff von der Empore vor dem Nationaltheater ein Grußtelegramm des in Landsberg eingesperrten und auf seine vorzeitige Freilassung hoffenden NS-Führers. Auch dies kam einem Affront gegen die Republik gleich, die offenbar nicht in der Lage schien, alle Aktivitäten ihres prominenten Häftlings außerhalb seiner Zelle zu verbieten. Wie konnte der «in Landsberg schmachtende Hitler» dem Weimarer Aufmarsch seinen Gruß senden, auf den die aufgeputschten Anhänger mit begeisterten «Heil»-Rufen reagierten? Einige Jungnazis versuchten sogar, die Erinnerungstafel zum Gedenken an die Nationalversammlung abzumontieren, die an der Eingangsseite des Theaters angebracht war. Das Vorhaben wurde vereitelt; die von Walter Gropius entworfene Tafel sollte jedoch nur neun Jahre an ihrem Bestimmungsort bleiben. Schon vor Hitlers «Machtergreifung» wurde sie von SA-Trupps gewaltsam entfernt.

In jenem August 1924 hatte man erst die Ouvertüre für das sich anbahnende Trauerspiel erlebt. Nach Feldgottesdienst, Sternmarsch und Massenauftritten versanken auch die zufriedenen Nazi-Größen andächtig im Kulturgenuß. Man lauschte Wagners «Meistersingern» und folgte dem Auftritt eines Schauspielers, der Siegfrieds Tod aus der «Edda» rezitierte. In mehreren Vortragszyklen hatten Lehrer, Ärzte und Sprecher politisch nahestehender Verbände immer wieder den deutschen Kulturgedanken interpretiert. Da verwahrte sich ein völkischer Pädagoge dagegen, daß christliche Kinder durch jüdische Lehrer erzogen würden und postulierte die Erziehung eines neuen deutschen Willensmenschen für ein künftiges «großes deutsches Heer». Die Reichsführerin des Deutschen Frauenordens versprach, daß die Frauen künftig Schatzgräberinnen für die Rettung des deutschen Volkes sein würden. «Dazu bedarf es des Verstandes und der Seele des Weibes.» Der NS-Reichstagsabgeordnete Franz Wulle sah im damaligen Staat einen Trümmerhaufen, dem man mit stärkster Opposition begegnen müsse. «Da wir jetzt in Thüringen, in den anderen Ländern und auch im Reich ein Machtfaktor sind, bekämpfen wir den Parlamentarismus am besten im Parlament selber.»

Dies war die politische Botschaft, die von Weimar ausgehen sollte. Das verhaßte System konnte nur zum Einsturz gebracht werden, wenn man innerhalb des Gebäudes die Axt anlegte. Ein anderer Nazi-Redner erinnerte daran, daß in Weimar eine Republik geschaffen worden sei, «die nur zu deutlich den Stern des Judentums auf ihrer Stirne» trage. Der Geist von Weimar – so hieß es – sei schändlich mißbraucht worden; wenn Großherzog Carl August, aber auch Goethe und Schiller noch lebten, würden sich alle derartigen Mißbrauch verbitten.

Noch weiter ging der Schriftsteller Adolf Bartels, der sich in seiner Wahlheimat Weimar zum erstenmal vor einer größeren Öffentlichkeit zu der NS-Bewegung bekannte. Mit «Heil»-Rufen begrüßt, von Beifall unterbrochen, entwickelte dieser unversöhnliche Antisemit seine These vom «Geistesjuden», der das gesamte deutsche Geistesleben durch seinen unheilvollen Einfluß verdorben habe. «Nicht mehr die deutschen Gelehrten, sondern die jüdischen werden als die größten Deutschen hingestellt. Juden werden auch als die größten deutschen Dichter anerkannt.» Auch am Umsturz der politischen Verhältnisse waren nach Bartels' Meinung nur die Juden schuld, die in einer fast klassischen Sündenbockrolle für alles Schlechte herhalten mußten. «Die Juden haben es geradezu darauf angelegt, daß der Krieg verloren ging. Es ist klar, daß die Revolution lediglich von den Juden gemacht worden ist. Die bolschewistischen Juden haben das Geld hergegeben und Herr Oscar Cohn hat ... die Geschichte gemacht.»[31]

Auch dies gehört zur Janusköpfigkeit einer Stadt, daß ein Jahrzehnt vor dem Bau des Konzentrationslagers Buchenwald ein stadtbekannter Antisemit solche Sätze ausrufen konnte, ohne daß ihm ernsthaft widersprochen wurde. Bartels wurde später ein großer Bewunderer Hitlers, avancierte zum Ehrenbürger der Stadt und gehörte zum intellektuellen «brain trust» der Nazis, ohne deren Mitglied zu werden. Auf der Höhe der Nazi-Zeit rühmt die *Thüringische Landeszeitung Deutschland*, daß Weimar «durch ihn schon früh den Ehrentitel einer antisemitischen Hochburg erhielt».[32] Die Buchtitel dieses Rechtsintellektuellen waren Programm: «Deutsch sein ist alles» (1918), «Weshalb ich die Juden bekämpfe» (1919), «Die Berechtigung des Antisemitismus» (1921). Seit jenem Augusttag 1924 wurde Bartels ein wichtiger Helfer bei Hitlers Kampf um die Macht, weil er einem latenten, im deutschen Bürgertum seit jeher vorhandenen Antisemitismus eine intellektuelle Rechtfertigung verlieh.

War es Zufall, daß plötzlich in großformatigen Annoncen dazu aufgefordert wurde, «nur deutsche Fabrikate» zu kaufen? Wer protestierte, wenn der NS-Kämpfer Arthur Dinter zu örtlichen Parteiversammlungen mit dem Verweis einlud: «Juden haben keinen Zutritt»? Wo war der Verleger, der eine solche Anzeige zurückwies, wo der mutige Journalist, der gegen diese Diffamierung protestierte? In einer sorgfältig ausgetüftelten Strategie haben die Nationalsozialisten damals Köpfe und Herzen der Weimarer Bevölkerung erobert: Für die kriegsbegeisterten Bürger, die für einen «Hindenburgfrieden» und gegen einen «Scheidemannfrieden» plädierten, war General Ludendorff der Mann mit den eisernen Nerven, der Deutschland wieder nach oben bringen konnte. Wen scherte schon, daß dieser illoyale Militär das ominöse Waffenstillstandsgesuch an den deutschen Kaiser ausgeheckt hatte, um nachher den Verfechtern der Friedensresolution im Reichstag alle Schuld für die Niederlage in die Schuhe schieben zu können? Ludendorffs Anklage eines «Dolchstoßes von hinten» wurde willig von einem konservativen Bürgertum geglaubt, das ohnehin von der pazifistischen, kapitulationsbereiten Regierung «knieweicher Demokraten» nicht viel gehalten hatte. Man jubelte ihm zu, weil er die Rolle des heroischen Soldaten spielte; wie kein anderer verkörperte er die neue bürgerliche Herrenklasse Deutschlands. Mit Ludendorff sei zum erstenmal ein «Zug von kalt-besessener Übertreibung und Schicksalsherausforderung, ein alles oder nichts» aufgetreten, schrieb Sebastian Haffner, «der seitdem aus der deutschen Geschichte nicht wieder verschwunden ist».[33] Bei der Weimarer Veranstaltung spielte Ludendorff die Rolle des risikobereiten «Weltkriegsgenerals», Dinter übernahm den Part des kläffenden agitatorischen Einpeitschers. Zu diesem Duo gesellte sich Bartels, der um ein geistiges Bürgertum warb, das sich aus der Politik bisher weitgehend herausgehalten hatte. «Durch die Lösung der Judenfrage können wir an alle Probleme des deutschen Lebens herankommen», rief Bartels von der Bühne vor dem Nationaltheater und sprach die Hoffnung aus, daß «auf politischem Gebiet ein großer Geist Ersatz für die jetzige Reichsverfassung» schaffe. Schon kaum ein Jahr später holte der erhoffte «große Geist» die Stadt Weimar ein. Hitler kam nach seiner vorzeitigen Freilassung im Jahre 1925 persönlich und eroberte allmählich eine Stadt, die ihm schon aus der Ferne begeistert zugejubelt hatte.

Eine beschädigte Stadt

Wenige Wochen nach dem Aufmarsch der Nazis fand im Weimarer Stadtrat eine heftige Debatte statt, in der es um die Hintergründe der damaligen Vorgänge ging. Nach einhelliger Auffassung aller Mandatsträger hatten diese Ereignisse den guten Ruf Weimars doch arg beschädigt. Am deutlichsten wurde die oppositionelle Sozialdemokratie, deren Vertreter einen Antrag zur Verurteilung der Vorkommnisse einbrachten. Nach dem offiziellen Teil der Nazi-Tagung hatten die Teilnehmer randaliert, es hatte mehrere Verletzte gegeben. Einige Nazi-Kolonnen hatten versucht, das Parteibüro der Kommunisten zu zerstören. Wie durch ein Wunder war es nicht zu tödlichen Zwischenfällen gekommen. Aufgebracht fragten die SPD-Stadträte nach den Drahtziehern der Veranstaltung. «Da die gegenwärtige thüringische Rechtsregierung von den völkischen Abgeordneten abhängig ist, besteht die Gefahr, daß ähnliche sogenannte Kulturbekenntnisse nur in Roheitsakten gegen die Einwohnerschaft ausarten. Die republikanische Einwohnerschaft verurteilt den Mißbrauch der Gastfreundschaft und wird weiterhin bestrebt sein, alle Vereinigungen, die sich zur Republik bekennen, in altgewohnter Weise zu empfangen. Für die Ausschreitungen ist die Nationalsozialistische Partei verantwortlich zu machen, die unter Vorgabe einer Kulturtagung sehr fragwürdige Elemente nach Weimar kommen ließ, deren Betragen auf einer niederen Kulturstufe steht.»

Mit diesem Antrag wollten die Sozialdemokraten einen deutlichen Trennungsstrich zwischen der republikanischen Bevölkerung und den Nationalsozialisten ziehen. Aber dazu kam es nicht, weil sich die bürgerlichen Fraktionen weniger um den beschädigten Geist der Republik, sondern mehr um das Ansehen der Dichterstadt sorgten: «Festgestellt muß aber werden, daß solche Vorkommnisse den Zwiespalt im deutschen Volke immer weiter verschärfen und in stärkstem Widerspruch zu dem Kulturgedanken des klassischen Weimar stehen ... sie stehen besonders im Widerspruch zur Lebensanschauung Goethes, wie auch zu dem Geiste Schillers, der die Deutschen so oft zu innerer Einheit und Einigkeit aufgerufen hat.»

Warum hatte man – mit Goethe und Schiller – das Spektakel nicht vorher verhindert? Wo blieb die Verurteilung jener politischen Haßtiraden, mit denen Ludendorff, Dinter und Bartels ihr Publikum aufgeputscht hatten? Im Verlauf der erregten Sitzung nannte ein sozialdemokratischer Ratsherr Ludendorff einen «Rebell an der Republik, einen Feigling und Kriegsverlängerer», was zu Protesten bei den Bürgerlichen führte. Der Vorsitzende des Stadtrates nahm den attackierten General persönlich in Schutz. Auch bei den Abgeordneten und in den Behörden gab es offenbar Sympathisanten für Ludendorff, Dinter und Bartels. Zumindest wollte man nicht offen gegen sie vorgehen. Lieber zog man sich hinter den Geist der toten Dichter zurück. Diese Haltung kennzeichnete einmal mehr die Mehrheitsfraktion der «Freien Bürgerlichen Vereinigung», die zu den Nazi-Vorkommnissen überhaupt nicht Stellung nehmen, sondern diese Fragen der Polizei überlassen wollte.

Am Ende war es die demokratische Fraktion, die einen ziemlich klaren Strich zum Auftritt der Nazis zog. Man stellte fest, daß die Tagung der Nationalsozialistischen Freiheitspartei Weimar zum Schauplatz lärmender parteipolitischer Massendemonstrationen gemacht habe und wies ausdrücklich darauf hin, daß derartige Veranstaltungen Weimars historischer Bedeutung und seinen großen Überlieferungen nicht entsprächen.[34] Darauf konnten sich alle Fraktionen einigen, weil die Frage nach der politischen Verantwortung ausgeklammert blieb. Derartige Auftritte sollten sich möglichst nicht wiederholen. Bei der Mehrheit aller Ratsherren dominierte der Wunsch nach Ruhe und Ordnung, aber auch die Angst vor einem Imageverlust, sobald der Touristenort Weimar auch weiterhin als Schauplatz für Nazi-Aufmärsche herhalten müsse.

Mit dem eindeutigen Bekenntnis zu den humanistischen Werten, die in dieser Stadt seit Jahrhunderten gepflegt worden waren, hätte man von Weimar ein deutliches Signal an die Öffentlichkeit senden können. Eine eindringliche, ernsthafte Warnung vor den Rechtsradikalen. Aber diese Chance wurde nicht genutzt. Deshalb wurde Weimars Ruf nachhaltig geschädigt. Nun war der Geist aus der Flasche. Schon kaum zwei Jahre später wurde den Nationalsozialisten mit Adolf Hitler an der Spitze erneut der Tagungsort Weimar angeboten. Prompt traf sich hier die deutsche Nazi-Bewegung bald nach Hitlers Freilassung zum ersten Parteitag, der in der deutschen und internationalen Öffentlichkeit stark beachtet wurde. Im Nationaltheater wurde die SA gegründet. Weil es auch im Juli 1926 wie zwei Jahre vorher zu schlimmen Hakenkreuz-Ausschreitungen kam, stimmte der Weimarer Stadtrat einstimmig gegen eine Wiederholung derartiger Treffen. Aber viel zu spät ging man zu einem Gegner auf Distanz, der zu diesem Zeitpunkt wichtige Bastionen erobert hatte.

Haß auf die Moderne
Die Vertreibung des Weimarer Bauhauses

Walter Gropius: «Apollo in der Demokratie»

«Ich brause fieberhaft durch die Stadt», schreibt im Dezember 1918 der in Berlin lebende Walter Gropius dem Freund Karl-Ernst Osthaus. Seine besorgte Mutter läßt er wissen: «Die Weimarer Sache schwebt noch immer. Wenn das etwas würde, wäre es mir am liebsten.»[1]

Damals ist Gropius sechsunddreißig Jahre alt. Der aus dem Weltkrieg zurückgekehrte Soldat, der sich im August 1914 freiwillig gemeldet hatte, ist über die politische Entwicklung in Deutschland tief deprimiert. Die ursprüngliche Begeisterung für den Kampf ums Vaterland ist nach dem Zusammenbruch des Kaiserreichs endgültig dahin. Die Zustände in der kaiserlich-preußischen Armee, die Grausamkeiten des Stellungskrieges und die Sinnlosigkeit der Materialschlachten haben ihn und sein früheres Weltbild verändert. Mit Bitterkeit blickt der Sproß aus großbürgerlicher Architektenfamilie auf die letzten Jahre zurück, in denen er viele Freunde verlor und sich um seine künstlerische Arbeit gebracht sah. «Der Himmel schütze Sie und führe Sie glücklich in unseren Kreis zurück», hatte der Freund und Förderer Karl-Ernst Osthaus, ein Kunstmäzen aus dem westfälischen Hagen, dem Soldaten ins Feld geschrieben. Dieser idealistische Kunstsammler war es, der dem heimgekehrten Architekten Gropius auf Vorschlag von Henry van de Velde die Berufung nach Weimar vermittelte.

Der heimgekehrte Architekt hatte große Pläne. Walter Gropius, Schüler des Berliner Architekten Peter Behrens, hatte vor dem Krieg Ausstellungen für das Essener Folkwang-Museum organisiert und galt schon zu jener Zeit als einer der führenden Architekten der Epoche. Er wollte in Weimar, wo sich die Situation mit dem Sturz des Großherzogs und der Bildung einer provisorischen republikanischen Regierung des neuen Freistaats Sachsen-Weimar-Eisenach verändert hatte, die bildende Kunst, das Kunstgewerbe und die Architektur in einer einzigen Schule vereinigen. Diese Institution sollte «Staatliches Bauhaus in Weimar» heißen. Ihr neuer pädagogischer Auftrag lautete: «Das Endziel aller bildenden Tätigkeit ist der Bau» – ein Satz, der zusammen mit der Losung in das Bauhaus-Manifest einging, wonach Architekten, Bildhauer, Maler, ja sogar «wir alle» zum Handwerk zurückkehren müßten. «Der Künstler ist eine Steigerung des Handwerkers.»[2]

Weimar, 1918. Unter der neuen provisorischen Regierung lag die Kulturpolitik zwar noch in den Händen des Großherzoglichen Hofmarschallamtes; doch die Vertreter der alten Bürokratie und die Führer der Arbeiter-und-Soldaten-Räte hatten sich an den Namen Gropius erinnert, als die Stelle eines Direktors der Kunstgewerbeschule besetzt werden mußte, der Aspirant aber noch im Felde stand. Der in Fachkreisen hochgeschätzte Architekt galt als aussichtsreicher Kandidat, mit dem die ersten Verhandlungen bereits 1915 aufgenommen worden waren. Diese Kontakte wurden jetzt erneuert und führten zum Erfolg, weil auch die übrigen Professoren der Kunsthochschule – meist Maler und Bildhauer – den vergleichsweise jungen Gropius als neuen Direktor akzeptierten. «Ich komme mit Ungestüm ... mit dem festen Vorsatz, aus meiner Sache ein Ganzes zu machen, oder, wenn es nicht gelingt, wieder schnell zu verschwinden. Diese ungeheure, intensive, ideengeschwängerte Zeit ist reif dafür, zu etwas positiv Neuem zusammengehämmert zu werden; ich spüre das auf Schritt und Tritt ... Meine Idee von Weimar ist keine kleine ... Ich glaube bestimmt, daß Weimar gerade um seiner Weltbekanntheit willen der geeignete Boden ist, um dort den Grundstein für eine Republik der Geister zu legen.»[3]

Der neuberufene Architekt kam mit viel Elan, erfüllt von Visionen und kühnen Plänen, in die kleine Residenzstadt. Walter

Gropius war ein selbstbewußter, von seiner künstlerischen Mission erfüllter Mann, der Spaß an den heraufziehenden politischen Konflikten hatte. Kämpferisch verkündete er den Freunden, daß man sich «in Opposition halten müsse», häufig sah er sich als «Apollo in der Demokratie» – also nicht als Architekt und Künstler, sondern als Poet und Prophet in historischer Zeitenwende. Scharf rechnete er mit den alten Zeiten ab. Der Apollo der Alten sei als Aristokrat und kultureller Helfer der Fürsten Diener einer bevorzugten Klasse gewesen; auch der Mäzen habe sich nach solchem Vorbild entwickelt. Aber jetzt, in der Demokratie des 20. Jahrhunderts, müsse der klassische Mäzen durch den «kulturellen Willen des Bürgers» ersetzt werden.

Seine Absage an das Alte, Dahingegangene war radikal, weil er auch mit allen Denk- und Kunstrichtungen zu brechen versuchte, die «den Stil» zu verkörpern glaubten. Was Gropius wollte, war ein Projekt von Kunsterziehung, das die Kunst als nie abgeschlossenes Zusammenwirken aller zivilisatorischen Kräfte betrachtete. Immer wieder dozierte er: «Architekten, Maler und Bildhauer müssen die vielgliederige Gestalt des Bauens in seiner Gesamtheit und in seinen Teilen begreifen lernen – erst dann werden sich die Werke wieder mit architektonischem Geist erfüllen, den sie in der Salonkunst verloren.»[4] Aus dem ehemals konservativen Leutnant war ein progressiver Mann geworden, der sein Leben und seine Arbeit ohne Rücksicht auf bürgerliche Konventionen und alte Anhänglichkeiten definierte. «Nach dem Kriege dämmerte mir ... mit dem alten Krempel war es vorbei.»[5] Der Künstler habe in diesen «Zeiten der Umwälzungen» das Eisen zu schmieden, solange es heiß sei, so hatte er im Berliner «Arbeiterrat für Kunst» propagiert, dessen «sympathisch radikale Strömung» ihn besonders faszinierte. Nach einem furchtbaren Krieg fühlte er sich «geistig idiotisiert», stürzte sich wie ein Rasender in das pulsierende Leben Berlins und verkündete provokante intellektuelle Positionen, die ihm später anklagend vorgehalten werden. Er lebte in einer Zeit, wo in Deutschland alles möglich erschien. Sozialismus oder Rückfall in die Monarchie, Rätediktatur oder organischer Staat – diese Phase einer erregenden Ungewißheit dauerte nur sechs Monate vom Ende des Weltkrieges bis zur Annahme der Waffenstillstandsbedingungen. Die radikale, fast existentialistische Position jener Protagonisten, die ungestüm den Visionen von einem neuen Deutschland folgten, brachte Gropius auf den Punkt: «Der heutige Künstler lebt in einer dogmenlosen Zeit der Auflösung. Er steht geistig allein da. Die alten Formen sind zerbrochen, die erstarrte Welt ist aufgelockert ... Wir schweben im Raum und kennen noch nicht die neue Ordnung.»[6]

War er der richtige Mann zur falschen Zeit und am falsch gewählten Ort? Daß der alte und zerbrochene Staat, dem viele nachtrauerten, wie ein Machthaber über die Kunst gewacht und ein breites, bürgerliches Philistertum die einst lebendige Kunst förmlich erstickt habe – diese Attacken, die Gropius gegen die alte Ordnung ritt, machten ihn nicht gerade zum idealen Chef für ein Kunstinstitut, das in traditionellen Bahnen geführt worden war. Es war nur logisch, daß die Anhänger bewährter Kunstauffassung den fremden Quereinsteiger höchst mißtrauisch betrachtet haben. Wäre Berlin für diesen Adepten einer modernistischen Revolution nicht eine geeignetere Wirkungsstätte gewesen als jenes höchst rätselhafte Weimar, wo der von Gropius attackierte «intellektuelle Bourgeois des alten Reiches, lau und schwunglos, denkfaul, anmaßend und verbildet» nur darauf hoffte, bald schon wieder zum Träger einer erneuerten deutschen Kultur zu werden? Wen Gropius auch immer damit meinte, sobald er den «alten Akademismus» kritisierte: In Weimar fühlten sich viele angesprochen, die eine «chaotische Verwirrung des Kunstlebens» ausgemacht hatten und den Kulturbetrieb möglichst rasch traditionellen Normen unterwerfen wollten. Bis dahin war die Kunst im Sinne von Gustav Freytag als «ideale Habe», also als Eigentum reklamiert worden, das man wie eine sichere Domäne bewachte. Aus dieser Perspektive wurde die Kunst Teil einer alteingesessenen, bildungsbürgerlichen Geselligkeit und war in der Lage, besonders in Weimar einen konkreten, sinnstiftenden Rang zu vermitteln. Genau diesen Begriff von Hochkultur stellte Gropius radikal in Frage.

Schon die Umbenennung der alten Kunsthochschule in «Staatliches Bauhaus» war auf erhebliches Mißtrauen gestoßen; denn das praktisch entmachtete Hofmarschallamt stimmte der Namensänderung nur zu, weil der Antrag zur Namensänderung bereits von der republikanischen Regierung gestellt worden war. Besonders weil er den Mut hatte, das Vertraute in Frage zu stellen, ist Gropius rasch als ein unliebsamer Eindringling verdächtigt worden. Denn es war klar, daß er mit seiner Idee vom Gesamtkunstwerk in Verbindung mit einem neuen Handwerkerideal absolutes Neuland betrat. Auch die Vision einer Werkgemeinschaft, die nach dem Vorbild der mittelalterlichen Bauhütten funktionieren sollte, war ja mehr als nur ein ästhetisches oder gar pädagogisches Konzept. Diese Idee nahm sich eine demokratische Gesellschaft zum Vorbild, die von neuer Intellektualität erfüllt sein sollte. «Das im Gefühlsstau des nachrevolutionären Expressionismus entstandene romantische Bild war voller Utopie», meinen die Historiker des Bauhauses heute und erinnern daran, daß Gropius endlich daranging, das damalige künstlerische Schaffen auf die Technologien der maschinellen Produktion auszurichten. Schon der Werkbund, aber auch englische Reformer hatten eine Veredelung der gewerblichen Arbeit im Zusammenhang von Kunst, Industrie und Handwerk gefordert – eine Symbiose, die Henry van de Velde seit der Jahrhundertwende mit seiner Jugendstilbewegung angemahnt hatte.[7]

Der neue Bauhaus-Direktor hat die heraufziehenden Antagonismen als Beginn einer europäischen Geistesrevolution und als Konflikt zwischen klassischer Bildung und der neuen expressionistischen Dichtung interpretiert. «Hier in Weimar, dem Bollwerk des Klassischen, bricht nicht aus Zufall dieser Kampf am ehesten und schärfsten aus», resümierte er im Dezember 1919. Wenige Wochen nach seiner Ankunft war klar, daß gerade diejenigen Widerstand leisten würden, die nach der Meinung der

Bauhaus-Adepten «aus Goethe und Schiller eine muffige Attraktion ihrer Frauen- und Verkehrsvereine» gemacht hatten. Walter Gropius, das von ihm geleitete Bauhaus und seine Künstler sollten für dieses Weimarer Bürgertum rasch zu unliebsamen Störenfrieden werden. «Das blöde Spießertum in Weimar hat uns den Fehdehandschuh hingeworfen und versucht eine große Stimmungshetze gegen uns zu machen», hieß es am 16. Dezember 1919, also ein Jahr nach der Novemberrevolution, die vom Weimarer Kulturbürgertum als der Beginn einer kulturellen Entmachtung beklagt worden ist.[8]

Kunst als Provokation

Damals erschien in der Weimarer Lokalpresse eine Anzeige mit dem provozierenden Text: «Männer und Frauen von Weimar! Unsere altberühmte Kunstschule, deren besonnene Weiterentwicklung auch wir wünschen, ist in Gefahr. Sie droht durch die einseitige Vorherrschaft einer bestimmten Richtung zerrüttet und ihres Wesens beraubt zu werden.»[9] Das Inserat rief zu einer öffentlichen Kundgebung auf und ist bis heute ein wichtiges Dokument der Weimarer Lokalgeschichte geblieben. Zum erstenmal wurden die Einwohner der Dichterstadt zur Mitsprache in einer brisanten kulturellen Streitfrage aufgefordert, die bisher Sache einer fürstlichen Herrschaft und ihrer Kulturbürokratie gewesen war. Nun wurde um öffentliche Mitsprache, um Einmischung, ja sogar um ein Urteil darüber gebeten, was in Weimar wohl als richtige Kunst und Kultur zu betrachten sei. «Obwohl man uns von gewisser Seite das Recht abspricht, in Kunstsachen mitzureden, bitten wir doch alle Weimaraner, denen unsere Kunst und Kulturstätten heilig sind, sich an der öffentlichen Kundgebung zu beteiligen.» Die Annonce richtete sich fast treuherzig an alle Freunde der «obigen Auffassung» und warb um rege Beteiligung. Die Initiatoren dieser Kampagne waren «gewählte Einwohnerausschüsse» – eine politische Institution, die im besorgten Reflex auf die linken Novemberereignisse gegründet worden war.

Nun machte man auf diese Weise ein verunsichertes Bürgertum mobil, dem die bisherige Definitionsmacht über Kunst und Kultur zu entgleiten drohte. Am Abend des 22. Januar 1920 war der Weimarer Armbrustsaal brechend voll; es war der Auftakt zu einem Kulturkampf, der sich fünf Jahre hinziehen sollte. Gemeinsam wurde eine Kampfschrift beschlossen, in der Emil Herfurth, Vorsitzender des völkisch-nationalen Bürgerausschusses und prominentes Mitglied der Deutschnationalen Volkspartei, eine angeblich «einseitige und intolerante Herrschaft des extremen Expressionismus» am Bauhaus angriff. Gropius bemühte sich um Richtigstellung; aber die Sezession des Bauhauses in eine traditionelle und eine modernistische Abteilung hatte bereits begonnen. Die Protestversammlung aus dem Jahre 1920 machte schlagartig die wachsende Polarisierung klar. Zunächst waren alle diejenigen gekommen, die noch immer nicht begreifen wollten, daß mit dem Sturz von Kaiser und König eine alte Kulturepoche begraben worden war – ihnen standen mit Gropius und seinen Bauhaus-Schülern nicht minder orientierungslose Männer und Frauen gegenüber, die aber entschlossen waren, aus dem Zusammenbruch zu lernen und nach unkonventionellen Lebensformen zu suchen. Die einen klammerten sich an die angeblich glorreiche Vergangenheit, träumten von der wiedererstarkten deutschen Nation und hofften, daß ein gemeinsames Kulturerbe wie die Weimarer Klassik das Zentrum dieser Kulturnation sein würde; die anderen fühlten sich als Avantgarde, machten gegen die «alte, gemütliche Kunstschule» mobil und meinten, die alte Institution sei unter der lahmen Kuratel eines «künstlerischen Konzessionsschulzen» lediglich ausgehalten worden.

Schon die Gründung des Weimarer Bauhauses war eine künstlerische Provokation gewesen, die um gesellschaftliche Anerkennung kämpfen mußte. Unermüdlich verwies Gropius darauf, daß das von ihm geleitete Institut zu Recht durch eine «gewisse Einseitigkeit» gekennzeichnet sein müsse, wenn es als Teil des demokratischen Prozesses gelten solle. «Wenn ihm Einseitigkeit unterstellt wird», so sekundierten 1920 zwei Dutzend Professoren in ihrer Solidaritätsadresse, «dann muß gesagt werden, daß seinen eigenen Weg zu gehen, meist Einseitigkeit bedeutet ... aber mehr Gewähr bietet, zu wertvollen Anregungen zu kommen, als das Einhalten der ausgetretenen Wege».[10] Genau darum ging es. Die einen wollten wie bisher ein Weimarer Kunstzentrum, mit dem möglichst das kriselnde Thüringer Handwerk belebt werden sollte; der neue Bauhaus-Direktor hingegen plädierte dafür, das Bauhaus dem interessanten Zustrom aller neuen, modernen und zeitgenössischen Kunstbewegungen zu öffnen. Damit entstand ein Konflikt zwischen Tradition und Moderne, der nie weiter ausdiskutiert worden ist; allzu rasch fiel die Debatte darüber einer wüsten politischen Polemik zum Opfer.

Die konservative Presse sprach vom «Kulturbolschewismus», der einer «reifen Kunst» gegenübergestellt wurde. Man geißelte in zahlreichen Artikeln den «Einzug des Expressionismus» und forderte ultimativ die Rückkehr zur alten, überschaubaren Kunst. Was Gropius und seine Bauhäusler wollten, wurde von diesen Traditionalisten kaum erkannt. Denn der radikale, gewiß revolutionäre und provozierende Gedanke des Bauhauses lag in der neuen Verbindung von Künstler und Handwerker, die – so formulierte der Meister unermüdlich – gemeinsam an der «gotischen Kathedrale» zu bauen hätten. Statt daß der Künstler nur unendliche Quadratmeter Leinwand vollmalte und der Handwerker keine Verbindung mit dem Künstler hatte, sollten beide zum neuen «Produktionsmenschen» zusammengefügt und ausgebildet werden. «Wir wollen einen neuen Typ des schöpferischen Menschen heranbilden», so Gropius in einem Brief an die Industriemagnaten Ford und Rockefeller. Dem Künstler soll durch die Vermittlung von handwerklichem und technischem Können aus seiner bisherigen «Isoliertheit und Weltfremdheit» herausgeholfen werden; er soll in das «kräftig pulsierende Leben der Arbeit, der Technik, der Industrie» eintreten, so daß er nicht mehr «ein Einsamer, ein Fremder unter anderen ist, sondern ein nützliches und notwendiges Mitglied in der menschlichen Gemeinschaft».[11]

Heute lassen sich die Werke der Bauhaus-Meister und ihrer Schüler fast überall in der Welt studieren. Walter Gropius, Mies van der Rohe, Lyonel Feininger, Gerhard Marcks, Georg Muche, Johannes Itten, Lothar Schreyer, Paul Klee, Oskar Schlemmer, Wassily Kandinsky, László Moholy-Nagy, Herbert Bayer, Marcel Breuer, Josef Albers, Joost Schmidt, Hinnerk Scheper, Gunther Stölzl, Lili Reich, Walter Peterhans und Alfred Arndt schmücken die Ahnengalerie eines Hauses, dessen Protagonisten zu den anerkannten Vorkämpfern der Moderne zählen. Aber damals provozierte fast jedes Produkt des Bauhauses weit über die Stadtgrenzen Weimars hinaus.

Mag sein, daß auch der eigenwillige Habitus der Bauhaus-Schüler auf die durchschnittliche Bevölkerung abschreckend wirkte. «Weimar ritt auf Goethe und Schiller und alles, was neu hereindrang, wurde zunächst abgelehnt», urteilte Gropius später.[12] Tatsächlich eckten die Mitglieder der neuen Schule fast überall an und trugen nach Meinung des Oberlehrers und deutschnationalen Landtagsabgeordneten Emil Herfurth «die Verachtung gegenüber dem alten Weimar geflissentlich zur Schau». Dieser konservative Politiker machte sich zum Wortführer kleinbürgerlicher Ressentiments. Er mokierte sich darüber, daß das auffällige Gebaren der Lehrer und Studenten in Weimar angeblich manchen gereizt und auch «langmütigste Bürger zum Widerspruch herausgefordert» habe. Die Bauhaus-Schüler waren frei im Umgang, kleideten sich nach dem «dernier cri» und brüskierten damit die eher kleinbürgerliche Sofakissenmentalität der einheimischen Bürger. Beim Drachenfest ließ man auf den umliegenden Feldern selbstgebaute, höchst ungewöhnliche Flugkörper steigen. In Sommernächten zog man mit selbstgebastelten Laternen durch die Stadt. Aus aller Welt kamen Architekten, Gelehrte und Künstler, um sich auf unkonventionellen Bauhaus-Abenden zu präsentieren. Vielleicht wären avantgardistische Zentren wie das Bauhaus, das eine ganze Schar moderner Künstler anzog, in anderen Großstädten als willkommene Bereicherung akzeptiert worden. Aber wie überall in Deutschland waren auch in Weimar die Zeiten schlecht, die Bevölkerung hatte andere Sorgen, als sich mit verrückten Künstlern auseinanderzusetzen. Im Winter 1919/20 fehlten Kohlen, Kartoffeln und Speiseöl. Eine Typhusepidemie raffte Kinder und Erwachsene dahin. Der furchtbare Krieg mit seinen drückenden Folgelasten war erst seit einigen Monaten zu Ende. Die breite Mehrheit der Bevölkerung hatte deshalb für die irritierende Modernität der Bauhäusler kaum Verständnis, was ihr angesichts der herrschenden Lebensbedingungen nicht zu verdenken war.

Aber der Konflikt mit dem Bauhaus ging bald über Reibereien und Unstimmigkeiten weit hinaus. Am 30. Dezember 1919 war mit einer Eingabe an das Weimarische Staatsministerium schweres Geschütz aufgefahren worden. Eine Gruppe von Personen, die sich dem «Künstlerstande zugehörig» fühlte, forderte mit ihrem Vorstoß die Rückkehr zur alten Kunstschule in Weimar. Man protestierte gegen die Bezeichnung «Bauhaus», wetterte gegen den «Zustand des Experimentierens», der sich weder mit der geistigen Überlieferung der Stadt noch mit ihren finanziellen Möglichkeiten vertrage, und verlangte ultimativ: «Auch wir möchten die Freiheit der Kunst gewahrt wissen. Aber bei dieser extremen und einseitigen Richtung kann man von Freiheit nicht reden.» Innerhalb des Bauhauses – so mutmaßten diese Kritiker – würden radikale Strömungen herrschen, die die «Weimarische Kunsttradition» mißachteten. Der Ruf der Stadt in Deutschland werde beschädigt. Was immer man in Weimar unter «Kunst und Kulturstadt» verstehe – eine solche Auffassung dürfe sich nie in Gegensatz zu dem stellen, was «dieser Stadt heilig sei».

Seit dieser Eingabe, die später zu einem Untersuchungsbericht des Kultusministeriums führte, fühlte sich der umstrittene

Gropius wie ein «Deichhauptmann bei der Sturmflut», der dennoch hoffte, Herr der Lage zu bleiben. «Ich bin nun mal kein Duckmäuser und in der Aufgabe wächst meine Kraft», schrieb er der besorgten Mutter, «übrigens habe ich von Anfang an voraus gesehen, daß in diesem rückständigen Bierdorf Weimar alles nicht so glatt gehen würde.»[13]

Die Affäre Gross

Tatsächlich hetzte die Meute «mit gemeinsten Mitteln» gegen den Kunstdirektor, wie dieser klagte, allen voran die improvisierten Einwohnerausschüsse, die praktisch per Akklamation, ohne Mandat und im Stile rätedemokratischer Vollversammlungen agierten. Sie wurden zu einer politischen und kulturellen Bastion, auf die sich das irritierte Bildungsbürgertum verlassen konnte. Am 12. Dezember 1919 hatte die «Freie Vereinigung für städtische Interessen» zu einer großen Protestveranstaltung eingeladen, bei der ein Meisterschüler des Bauhauses, der expressionistische Maler und Graphiker Hans Gross, zum Hauptankläger gegen das Bauhaus wurde. Wie sich später herausstellte, gehörte Gross zu einer Clique «deutsch denkender Studierender», die gegen das Bauhaus polemisierte. Deren politische Helfershelfer blieben selbst weitgehend im Hintergrund. Erst später wurde klar, daß der Landtagsabgeordnete der Deutschnationalen Volkspartei, Emil Herfurth, zu den Hintermännern dieses Konflikts gehörte, der sich bald auf die Ebene des Thüringer Landtags verlagerte. Allen voran dieser Abgeordnete machte den Streit zu seiner ureigensten Sache, weil er als Weimarer Gymnasiallehrer das Bauhaus nicht nur als lokales Ärgernis, sondern als Streitfall für die gesamte «deutsche Kunst» betrachtete. Aber auch ein Abgeordneter wie Georg Witzmann von der Deutschen Volkspartei artikulierte früh sein Mißtrauen gegen die Leitung der Bauhaus-Schule, die seit ihrer Gründung «in enger Fühlung mit den Linksparteien» gestanden habe. Walter Gropius, der seine Schule stets aus dem Parteienstreit heraushalten wollte, geriet immer mehr zwischen alle ideologischen Fronten. Nach einem der zahlreichen Auftritte, die immer mehr an Rechtfertigungsrituale erinnerten, konstatierte er im Januar 1920: «Es war der reine deutsch-nationale Parteitag.»[14]

In seiner völkisch-nationalistischen Brandrede vom Dezember 1919 gegen das Bauhaus hatte Gross eine Kunst gefordert, hinter der «ein ganzer Kerl … ein Kerl aus Stahl und Eisen» stehen müsse, der als einziger zur Führung berufen sei. Nach der Auffassung dieses Studenten, der später relegiert wurde, fehlte es in Deutschland an Persönlichkeiten mit Führungskraft, die mit wirklich «deutschem Wesen und deutscher Eigenart das darniederliegende Vaterland aufrichten könnten». So aberwitzig diese Polemik aus dem Munde eines Bauhaus-Studenten klang, mit seinen Tiraden nahm Gross auf den völkisch-antisemitischen Schriftsteller Adolf Bartels Bezug, dessen Schriften in Weimar in hoher Auflage verbreitet waren. Zum Unbehagen an der Moderne, das alle Bauhaus-Kritiker untereinander verband, kam früh eine neue semantische Ausgrenzung hinzu; wie Bartels suggerierte auch Gross, daß für den Kulturzerfall besonders jüdische Kreise verantwortlich seien. Die Rede verfehlte ihre Wirkung nicht. In einem offenen Brief stellten sich sechzehn Studenten hinter Gross, die sich ausdrücklich als «national-chauvinistische Studierende» bezeichneten. Sie forderten einen eigenen Studiengang für das Bauhaus und lehnten die von Gropius eingeschlagene Richtung ab. «Bei dieser uns drohenden Gefahr halten wir es für unsere dringende Pflicht, als Deutsche auf unserem Posten zu sein.»[15]

Gewiß gab es gegen solche Vorwürfe geharnischte Protestnoten der gesamten Studentenschaft und Solidaritätsadressen aus Deutschland; unermüdlich versuchte Gropius in der Presse, von der liberalen *Frankfurter Zeitung* bis zum sozialdemokratischen *Vorwärts*, Unterstützung für sein gefährdetes Bauhaus-Projekt zu gewinnen. Auch für ihn war dieser Konflikt zu einer inhaltlichen Auseinandersetzung zwischen der «alten zerbrök-kelnden Bildung» und der «neuen gotischen Weltanschauung» geworden. Aber seine Gegner hatten Erfolg: Am 20. September 1920 verordnet ein Landtagsbeschluß nach vorheriger Plenar-debatte die Einrichtung einer zweiten «Malschule» neben dem Bauhaus und etablierte damit ein Konkurrenzunternehmen unter einem gemeinsamen Dach. «Eine monströse Geburt der Reaktion», so kommentierte Gropius, der vielleicht damals schon den Anfang vom Ende des Bauhauses geahnt haben mag.[16]

Alle Widersacher hatten mit diesem Beschluß einen Etappen-sieg errungen, weil der Kulturkampf nun institutionalisiert worden war. Weimars ideeller Wert war mit Klauen und Zähnen verteidigt worden. Eine Phalanx konservativer Bildungsbürger hatte sich der baltischen Baronin Mathilde von Freytag-Loring-hoven angeschlossen, die als stadtbekannte Heimatkünstlerin mit Bildern wie «Halde bei Berka», «Der Eschenweg in Weimars Park» und «Garten im Winter» leidlichen Erfolg gehabt hatte. Die streitbare Gräfin war eine Schülerin von Max Thedy gewesen, der von Beginn an gegen Gropius polemisiert hatte. Nun wurde diese Malerin und Feuilletonistin zur Wortführerin einer lokalen kulturpolitischen Reaktion, die aus den Fraktionen des Landtages erfolgreiche Schützenhilfe erhalten hatte. In den Spalten der *Thüringischen Landeszeitung Deutschland*, wo die Kulturbeflissene seit 1913 das Kunstressort verwaltete, wurde die Kampagne gegen Gropius und das Bauhaus mit harten Bandagen ausgefochten. «Nein und wiederum Nein. Schärf-ste Ablehnung muß mehr denn je ... der echtem Künstlertum zugewandte Geist gegenüber diesen Kunstauswüchsen empfinden und es gilt, dies offen zu bekunden. Denn es ist eine Feigheit wie jede andere, sich in Kunstdingen überrumpeln und zum Schweigen bringen zu lassen.» Auch diese Doppelstrategie ging vom ersten Tag an auf, weil nun Traditionalisten und Modernisten unter einem Dach polemisierten. Im Innern war die moderne Experimentierbühne gespalten, draußen ging der Kulturkampf weiter, der zur Grundsatzfrage nach Weimars Erbe aufgeputscht wurde. Die adelige Streiterin für die traditionelle Weimarer Kultur gab dabei unversöhnlich die Richtung an: «Nivellieren kann man Weimar nicht. Berge, die einmal da sind, lassen sich nicht abtragen.»[17]

Das Unbehagen an der Moderne durchzieht die Romane Thomas Manns, die frühen Schriften Friedrich Nietzsches und die kulturpessimistische deutsche Literatur. Hinter diesem Klageruf des Bürgertums verbarg sich aber eine spezielle deutsche Variante. «Die Gemengelage von Ablehnung, Anpassung und Bejahung verweist auf eine Vielfalt, die von der Heimatkunst bis zur expressionistischen Revolte, von der offiziösen Historien oder Monumentalkunst bis zum Funktionalismus oder Kubismus, von der Operette bis zur Neuen Musik reicht; eine Vielfalt, die ohne jenes moderat-liberale Klima des ‹wilhelminischen Kulturstaates› nicht denkbar ist, eine Vielfalt, zu der aber schon die schroffe Ausgrenzung des Fremden zählt», analysiert der Literaturwissenschaftler Georg Bollenbeck und verweist darauf, daß nur in Deutschland völkische und extrem konservative Kreise rabiat und rücksichtslos begannen, auch an die Künstler ihre Judensterne auszuteilen.[18]

Der Kampf um das Weimarer Bauhaus offenbarte bei der konservativen Gegnerschaft eine Verständnislosigkeit, die bald in den vulgären und polemischen Kampfbegriff des «Kulturbolschewismus» mündete. Weil die modernen Künstler Bilder malten, die sich der hergebrachten Definitionsmacht entzogen, regte sich das Publikum mächtig auf. Der Maler Lyonel Feininger rühmte sein geliebtes Weimar zwar als «Stadt seines Schicksals», doch die Kluft zwischen Traditionalismus und Moderne hat auch er als Stagnation beschrieben. Häufig kritisierte Feininger eine chronische, kaum überwindbare Unlust, sich überhaupt auf etwas Neues einzulassen. «Ich sehe, wie schwer es ist, irgendetwas zu malen außer plattem Naturalismus, der, wenn gemalt, überhaupt nicht naturalistisch ist, sondern langweilig.»[19] Lyonel Feiningers Titel-Holzschnitt «Kathedrale der Zukunft» hatte schon zu Beginn fast alle Gemüter in Wallung gebracht. Die Arbeit war als Umschlagentwurf für das vierseitige Flugblatt «Manifest des Bauhauses» ausgewählt worden; plötzlich war diese Arbeit für seine Gegner der fast schlagende Beweis, daß sich in Weimar eine als links und sogar als «bolschewistisch» eingefärbte Kunstinstitution etablierte: «Weimar war ein Hort von Raubvögeln, die immer auf uns einhackten», meinte er entnervt darüber später.

Der Durchbruch einer klassischen Ästhetik, die Umkehrung der Werte sowie die Variation von Standpunkt, Name und Begriff – diese neue Auffassung von Kunst und Architektur ist von Oskar Schlemmer auf dem Höhepunkt des damaligen Bauhaus-Streits als eine «gefühlsbeladene, explosive Kunst» verteidigt worden; denn die Not der Zeit sei auch die Not der Geister gewesen, die in ihrer Suche nach dem «letzten Ringen» gestaltet werden mußte. Oskar Schlemmer hat wohl die schönsten Verteidigungssätze für das Bauhaus gefunden: «Deutschland, Land der Mitte und Weimar, Herz in diesem, ist nicht das erste Mal Wahlstatt geistiger Entscheidungen», heißt es im Programm zur großen Bauhaus-Ausstellung 1923. «Es geht um die Erkenntnis dessen, was uns gemäß ist, um uns nicht ziellos zu verlieren.»[20] Der Streit um das Bauhaus symbolisiert auch die Suche nach dem geistigen Standort einer Gesellschaft, die sich tiefen Umwälzungen ausgesetzt sah. Doch in Weimar entschied man sich für das Altbewährte und jagte das Neue aus der Stadt.

Streit im Thüringer Landtag

Im abgeklärten Rückblick auf seine Weimarer Jahre hat Gropius die Ausgangssituation seiner Arbeit bedauert: das Bauhaus sei rasch zum «Kuhhandelsobjekt» zwischen den Parteien geworden. Tatsächlich geriet der Streit ab 1921 in die prinzipielle Auseinandersetzung um die Kulturpolitik, die sich mit linker Tendenz entwickelt hatte. Im Oktober 1921 wurde eine rein mehrheitssozialistische Regierung unter dem Vorsitzenden Staatsminister Frölich gewählt, die zwei Jahre später zu einer sozialdemokratisch-kommunistischen Koalitionsregierung umgebildet wurde. Im ganzen Deutschen Reich blickte man auf das «rote Thüringen», wo mit einer Serie fragwürdiger Notverordnungen regiert wurde. Die neugebildete thüringische Regierung bezeichnete sich sogar als «republikanische und proletarische Vereinigung», fühlte sich als Schützerin der «notleidenden und ausgebeuteten Massen» und kündigte an, die «Gefahr einer großkapitalistischen Militärdiktatur» zu bannen.

Weil diese erste rein sozialistische Regierung den Gedanken der Einheitsschule verfocht, spitzte sich der Streit um die Schulpolitik zu. Volksbildungsminister Max Greil, ursprünglich Volksschullehrer, dann Mitglied des Thüringer Landtages für die USPD bzw. für die SPD, kämpfte für dieses Projekt, das von den «Entschiedenen Schulreformern» mitgetragen wurde. Man träumte von der Arbeitsschule, wo theoretischer Unterricht und produktive Tätigkeit gemeinsam vermittelt werden sollten. Heute klingt dies vertraut; damals galten solche Ideen als umstürzlerisch und radikal. Weil das Weimarer Bauhaus den von Greil propagierten Gedanken der Einheitsschule mit Unterstützung der SPD auf den Kunstschulunterricht übertrug, war es ein Symbol «fortschrittlicher Kulturpolitik», wie der Minister rühmte. Das Weimarer Experiment war für ihn ein Stück «radikaler Schulreform, ja vielleicht die radikalste Kunstschule Deutschlands» überhaupt.

Heute darf bezweifelt werden, ob solches Lob dem Bauhaus zuträglich war. Aber Greil verfocht nichts mehr als die Distanz des Staates gegenüber einer Institution, die immer noch in einem sehr heiklen Experimentierstadium war; wer den Fortschritt wünsche, so beschwor der Minister unermüdlich, müsse weitherzig sein und habe den Mut zu Experimenten aufzubringen. Solche Bekenntnisse waren im emotionsgeladenen Streit dieser Jahre wichtig. «Jedem Neuen muß man Zeit für Entwicklung und Reife geben» – das waren Sätze, die vom Direktor, seinen Studenten und den zahlreichen Sympathisanten des Bauhauses natürlich begrüßt wurden.

In der entscheidenden Debatte im Thüringer Landtag war es nicht nur Greil, sondern auch der SPD-Abgeordnete Hermann Brill, der sich auf die Seite des Fortschritts stellte und dafür plädierte, künstlerische Angelegenheiten nicht mit politischen Streitfragen zu verknüpfen – «weil die Kunst eigene Gesetze ihrer Bewegung besitzt». Aber Brill erkannte, daß sich längst eine politische Abwehrfront aus mitteldeutschem Handwerker-Bund, Deutschnationaler Partei, der Deutschen Volkspartei und aus vielen lokalen kulturpolitischen Organisationen formiert hatte, die ihr Mißfallen am Bauhaus offen artikulierten und ihre Sympathien für die alte fürstliche Schule nicht verhehlten. «Es ist meiner Ansicht nach ein reaktionärer und banausischer Standpunkt», rief Brill unter dem Beifall seiner Fraktion, «der die Geistigkeit im Bauhaus einfach nicht anerkennen will. Bevor die Leute überhaupt zur Demonstration ihrer Leistung kommen, soll die Weimarer Experimentierbühne politisch totgeschlagen werden.»

Die Heftigkeit der Debatte bewies, wie stark die Gegner des Bauhauses inzwischen geworden waren und wie schwach der Rückhalt des Bauhauses nach dreijähriger Existenz schon geworden war. Selbst der große internationale Widerhall, den die Weimarer Künstler gefunden hatten, änderte nichts an den zahllosen Vorbehalten. Eine breite öffentliche Meinung war für den Erhalt des Weimarer Bauhauses eingetreten. Dem Thüringer Landtag lagen 612 Unterschriften aus Weimar und 57 Eingaben des Verbandes deutscher Kunstkritiker und Schriftsteller vor; Telegramme, Briefe und Gutachten von fast sechzig der renommiertesten Architekten, Künstler und Gelehrten aus dem In- und Ausland sorgten sich um die längst in ihrer Existenz bedrohte Institution.[21] Aber solche öffentliche Parteinahme hat wenig geholfen. Ein Abgeordneter der Deutschen Volkspartei wollte das Bauhaus nur mit «höchster Vorsicht» betrachten, weil Gropius seine Schule als «Kathedrale des Sozialismus» bezeichnete. Nach Meinung der Kommunisten blieb das Bauhaus eine «kleinbürgerliche Kunstschule», die sich mit der Theorie einer radikalsozialistischen Erziehung nicht vertrage. Dennoch stellte sich die KPD vor das Bauhaus, weil die politische Rechte die Schule endgültig zerstören wollte. Für die Sprecher der Deutschnationalen Volkspartei gehörte der Bauhaus-Streit in den Grundsatzkonflikt über Einheitsschule oder Planwirtschaft; alle Vertreter der DNVP beriefen sich auf Handwerkerkreise sowie auf Sprecher der thüringischen Industrie, auf Repräsentanten des deutschen Kulturbetriebs sowie auf angeblich empörte Steuerzahler, die das umstrittene Projekt nicht länger finanzieren wollten. Die völkischen Nationalsozialisten brachten eine Kleine Anfrage im Landtag ein und wollten wissen, ob sich unter den Meistern des Bauhauses «tatsächlich mehrere Ausländer befänden, die deutschen Schülern Unterricht erteilen».[22] Volksbildungsminister Leutheußer gab am 28. Mai 1924 zur Antwort: «Unter den Meistern sind zwei Ausländer, der Maler Kandinsky, der russischer Staatsangehörigkeit ist, aber fast sein ganzes Leben in Deutschland verbrachte und auch seine literarischen Arbeiten in deutscher Sprache schrieb, sowie der ungarische Maler Moholy-Nagy. Der Maler Feininger, in Amerika geboren, ist infolge des Krieges staatenlos geworden, ist aber von deutscher Abstammung.»[23]

Diese Debatten machten klar, daß der Direktor des Bauhauses in eine fast hoffnungslose Außenseiterposition gedrängt worden war. Gewiß hatten sich der zuständige Minister sowie die Mehrheitsfraktion der SPD noch einmal schützend vor das Bauhaus gestellt; doch bei der bürgerlichen und völkischen Rechten, in der lokalen Öffentlichkeit sowie in den Reihen einer mächtigen Kulturlobby waren die Zweifel groß, ob ein solches Experiment noch mit Steuergeldern finanziert werden solle. Erste ausländerfeindliche Töne und Fragen nach den «moralischen Qualitäten des Bauhausleiters» kamen hinzu, die von den völkischen Abgeordneten mit der Absicht gestellt wurden, die Person von Walter Gropius ins Zwielicht zu rücken. Weil im

Landtag der Etat bewilligt werden mußte, erscholl plötzlich das Postulat nach Sparsamkeit und kaufmännischem Management. Ständig hatten sich Gropius und seine Mitarbeiter dem Vorwurf auszusetzen, sie hätten öffentliche Gelder verschleudert und seien nicht in der Lage, das Kunstinstitut ordentlich zu führen. In seiner ständigen Philippika riet der deutschnationale Abgeordnete Emil Herfurth den Bauhäuslern gar, ihre Werkstatt nach München oder Berlin zu verlagern; dort sei das Bauhaus viel besser aufgehoben.

Vielleicht hat Gropius während dieser Zeit selbst daran gedacht, einfach aus der Stadt zu verschwinden, wie er in einem seiner früheren Briefe schon einmal angedeutet hatte. Aber nun kämpfte er zäh darum, sich von seinen Gegnern nicht kleinkriegen zu lassen. Die Existenz des Bauhauses in Weimar war damals nur noch eine Frage der Zeit; zur Jahreswende 1923/24 änderten sich die politischen Verhältnisse rapide. Überraschend rückte die Reichswehr in Thüringen ein, um linksradikale Kampfverbände aufzulösen, wie es offiziell hieß. Nicht nur in Berlin, sondern auch in der thüringischen Landeshauptstadt Weimar wurde gemutmaßt, daß auf diese Weise einer verhaßten Linksexekutive unter Ministerpräsident Frölich der Garaus gemacht werden sollte. Am 23. November 1923 war es bei Gropius zu einer Hausdurchsuchung gekommen, nachdem der Chef des Bauhauses von anonymen Gegnern angezeigt worden war. Die Intervention der Militärs hinterließ einen politischen Schock, zumal ein politischer Rechtsruck die Folge war. Die Weimarer Experimentierbühne geriet in die Mühlen einer politischen Auseinandersetzung, die immer härter ausgetragen wurde. Der «Kampf gegen die völkischen Herrschaften», wie Gropius diese Schlacht nannte, war in sein entscheidendes Stadium getreten. Der neue thüringische Volksbildungsminister Leutheußer teilte Gropius mit, daß er die Verträge mit ihm nicht verlängern wolle. Die Angriffe gegen das Bauhaus hatten spürbar zugenommen; besonders die thüringische Handwerkerschaft und der «Weimarer Künstlerrat» marschierten gegen eine Institution auf, die auch bei den völkischen Nationalsozialisten immer mehr zum Objekt der politischen Begierde wurde. «Heute war ein wilder Tag», schrieb Walter Gropius in jenen Tagen, «... ich muß nun also zur Offensive übergehen und die Minister sollen schwitzen. Wenn es um die Wurst geht, werde ich immer lebendig; ich lasse mich nicht im Dunkeln erschlagen.»[24]

«Die gelbe Broschüre»

Unter dem unverfänglich klingenden Titel «Das Staatliche Bauhaus und sein Leiter» war im Frühjahr 1924 ein Pamphlet erschienen, das später unter dem Titel «Die gelbe Broschüre» weit über Weimar hinaus berühmt und berüchtigt wurde. Gemeint war ein 50-Seiten-Heft, ein persönlich gefärbter Racheakt des 1922 aus Bauhaus-Diensten entlassenen Syndikus Hans Beyer; offiziell figurierte der Weimarer Handwerksmeister Arno Müller als Autor einer Anklageschrift, die für Gropius eine «Drecksbroschüre» und «infame Schweinerei» war. Der zentrale Vorwurf darin lautete, das Bauhaus sei eine politische Anstalt, in der die Erziehung den Ideen von Kommunismus und Bolschewismus unterworfen werde; auch Gropius habe seine Nähe zu einem «künstlerischen Kommunismus» niemals geleugnet. Über vier Jahre lang habe es der Bauhaus-Direktor glänzend verstanden, die Regierung und eine breite Öffentlichkeit mit «staunenerregenden Kniffen» über das Chaos seiner Arbeit hinwegzutäuschen.

Das Sündenregister war groß, das hier von einem beleidigten Insider mit der Absicht aufgetischt wurde, das Bauhaus aus Weimar zu vertreiben: Dilettantismus, Schlamperei, Ämterpatronage, Privataffären, Autoritätsmangel und Disziplinlosigkeit, Finanzdesaster, Nebengeschäfte und Korruption – diese Vorwürfe gipfelten in der Behauptung, das «Lieblingskind der sozialistischen Regierung» habe sein künstlerisches Existenzrecht verwirkt. Man solle endlich mit einer Schule aufräumen, die dem Ansehen Weimars erheblich schade. Das war ein Wink mit dem Zaunpfahl an die neue, rechtsstehende Regierung, mit der ungeliebten Institution endlich Schluß zu machen. «Es kann keinesfalls Aufgabe unseres verarmten Staates sein, Kunstschulen mit derart mangelhafter Organisation von den Steuergroschen des schwer um seine Existenz ringenden Volkes zu unterhalten.»[25]

Die Angegriffenen konnten sich gegen solche Diffamierungen kaum wehren; in Weimar sei ein «rettungslos verkalktes Spießertum leider so entsetzlich groß», hieß es in einem Rechtfertigungsschreiben aus jenen Tagen. Kategorisch rechnete der Bauhaus-Syndikus Lange mit dem Geist einer Stadt ab, der ein experimentelles Künstlertum nicht dulde. «Das Verhalten der Weimaraner im Hinblick auf die Bedeutung Weimars auf dem Gebiet einer bestimmten Kultur ist in den letzten Jahren derartig indiskutabel, eben wegen der absoluten Verspießerung und Verkalkung, daß ein sehr verpöbelter, völkischer Rummel die Atmosphäre zusätzlich vergiftet.»[26]

Das war am 26. April 1924. Eine Woche zuvor hatten sich die Führer der politisch erstarkten, mit sieben Landtagsmandaten ausgestatteten völkischen Nationalsozialisten im Weimarer «Hotel Hohenzollern» getroffen, um die Zukunft ihrer Bewegung zu beraten. Wenige Monate später sollte Ludendorffs umjubelter Auftritt in Weimar folgen. Die Stimmung war umgeschlagen. In seinem Landsberger Gefängnis konnte Hitler frohlocken. Die Stadt Goethes und Schillers war alles andere als ein Refugium von Klassik, Bildung und Geist; eine lärmende Politik der Straße hatte ihren Einzug in die Dichterstadt gehalten. Das war ein Stimmungswandel, der weder in Deutschland noch im Ausland unbeachtet blieb. «Weimar und andere mitteldeutsche Städte stehen im Zeichen der Hittler-Mütze», schreibt Syndikus Lange besorgt an einen Bauhaus-Förderer. Noch ist dessen Unkenntnis über die Nazis so groß, daß er den Namen des inhaftierten Hitler falsch schreibt. Aber die Diagnose klang besorgt;

immer häufiger seien in der letzten Zeit unbefangene Kulturtouristen aus dem In- und Ausland zu ihm gekommen, um ihr Befremden über den geistigen Zustand der Stadt auszudrücken. Die Besucher hätten alle über «Beschwernisse und Ärgernisse» geklagt, die man plötzlich in Weimar aushalten müsse.

Der Druck nimmt nochmals zu, als die Deutschnationale Volkspartei Ende des Jahres 1924 im Landtag für eine Verschmelzung des Bauhauses mit der alten Kunstschule plädiert und gemeinsam mit der Deutschen Volkspartei darum wirbt, Gropius zu entlassen. Schon wird mit Wirkung zum März 1925 allen Meistern vorsorglich gekündigt. Der umstrittene Direktor des Bauhauses wird noch nicht einmal in den zuständigen Haushaltsausschuß eingeladen, weil die Fraktionen der Deutschnationalen, der Deutschen Volkspartei und der völkischen Nationalsozialisten dies abgelehnt haben. Gemeinsam wird der Antrag verabschiedet, das Bauhaus jährlich nur noch mit 50 000 Reichsmark zu finanzieren, was die Hälfte der bisherigen Mittel und damit das Aus für das Bauhaus bedeutet. Am 26. Dezember 1924 geben der Leiter und die Meister des Staatlichen Bauhauses bekannt, daß «sie das aus ihrer Initiative und Überzeugung entstandene Bauhaus mit Ablauf ihrer Verträge vom 1. April 1925 für aufgelöst erklären». Am 13. Januar 1925 teilt die Gesamtheit der Bauhaus-Mitarbeiter der thüringischen Landesregierung in einem Protestschreiben mit, daß alle Mitarbeiter und Schüler mit dem «erzwungenen Fortgang der leitenden Personen» das Bauhaus gleichzeitig verlassen wollen. Am 24. März 1925 beschließt der Gemeinderat von Dessau unter dem Vorsitz seines liberalen und kunstsinnigen Oberbürgermeisters Fritz Hesse, mit den Stimmen der Sozialdemokraten und der Deutschen Demokraten, aber gegen die Stimmen der gesamten Rechtsparteien, die Übernahme des Bauhauses zum 1. April 1925. Das Abstimmungsergebnis ist eindeutig: 26 Stimmen dafür, 15 Stimmen dagegen. Die künftige Arbeit des Bauhauses scheint gesichert. «Wir klagen an, daß zugelassen und begünstigt worden ist», so die Erklärung der Meister vor ihrem

Auszug aus Weimar, der mit einem Abschiedsfest «Letzter Tanz» besiegelt worden war, «daß die sachliche und stets unpolitische Kulturarbeit des Bauhauses durch parteipolitische Machenschaften gestört wird.» Aber auch in Dessau hört die Wühlarbeit nicht auf; denn auch dort wurde bald mit der ominösen «gelben Broschüre» agitiert. Die Gegner wollten nicht ruhen, bis das verhaßte Bauhaus offenbar aus ganz Deutschland vertrieben worden war.[27]

Es war daher nur die halbe Wahrheit, wenn vierzig Jahre später der Frankfurter Oberbürgermeister Bockelmann in seiner Laudatio auf den damaligen Goethe-Preisträger Walter Gropius behauptete, das Bauhaus sei von einer «völkischen Regierung» verjagt worden. Die Attacken auf die Schule begannen im Zentrum einer konservativen Einwohnerschaft, die mit der Moderne nichts zu tun haben wollte. Das Bündnis von rechtsgerichteten Politikern und Nationalsozialisten brauchte nur noch zu vollstrecken, was vier Jahre lang als eine Mischung von Haß, Unverständnis und Ressentiment gegen die Institution vorgetragen worden war. Im Urteil des hochgeehrten, später in die USA emigrierten Gropius waren die turbulenten Weimarer Jahre eher eine Kette von Meinungsverschiedenheiten über die richtige Betrachtung von Kunst. Die Trägheit des menschlichen Herzens, etwas Neues zu verstehen, sei sehr stark, und es dauere zuweilen lange, bis man sich zur Aufnahme des Neuen und Ungewöhnlichen entschließe. Er habe die Überzeugung gewonnen, daß eine gesunde neue Idee ungefähr eine Generation benötige, bis sie verstanden werde. «Dies war auch der Fall mit dem Bauhaus.»[28] Aber war die Gegenreaktion des Bürgertums in Weimar nicht ungewöhnlich stark? Woran lag es, daß die Diskrepanz zwischen der realen Kunstentwicklung und den Kunstvorstellungen des Bildungsbürgers so gravierend war?

Enteignete Kultur

Viel spricht dafür, daß der Aufstand der Weimarer Bürger ein –
auf Dauer vergeblicher – Abwehrkampf war, der gleichzeitig
Verlorenes zurückholen wollte. Längst hatten frühere Residenz-
städte wie München, Dresden, Darmstadt und Weimar einen
Teil ihrer Bedeutung als Kunst- und Kulturzentrum eingebüßt.
Berlin war zur Zitadelle der modernen Großstadtkunst geworden. Je größer aber der Einfluß der Moderne wurde, um so ver-
bissener kämpfte man um «deutsche Kunst» und «deutsche
Kultur». Die Vertreibung des Weimarer Bauhauses ist fast ein
Präzedenzfall für diesen kulturpessimistischen Versuch, die
kulturelle Enteignung wieder rückgängig zu machen und die
Identitätskrise mit einer offensiven Attacke gegen das unüber-
sichtlich Neue zu heilen. Die Gebildeten spürten ihren Kompe-
tenzverlust, der mit dem Vormarsch der Moderne eingetreten
war.[29]

Die überwältigende Mehrheit der konservativen Kulturkritik
hat die im Bauhaus symbolisierte Moderne als eine Kunstrichtung abgelehnt, in der die stilistische Einheit verlorengegangen
war; alles war zerbröselt und brüchig geworden, Gesellschaft
und Staat wirkten kalt und seelenlos. Man regte sich darüber
auf, daß der Amerikanismus auf Europa übergriff und eine neue
Kultur buchstäblich in die Alte Welt «gekeilt» worden war. Den
Avantgardisten des Bauhauses warf man vor, daß ihr provoka-
tiver Eroberungsgeist die guten alten Werte mißachte. Überall
wurde die Klage eines konservativen Kulturpessimismus geführt, die sich ganz besonders am verachteten linken Intellek-
tualismus entzündete. «Tod der Vergangenheit, dem Mond-
schein und der Seele», lamentierten diese Kritiker, die schon
immer nur auf der Suche nach Goethes Weltgeist gewesen waren. Mit hanebüchener Kritik wurden die Exponate des Bauhauses von einem Bürgertum abgelehnt, dessen Vorkämpfer
sich nicht scheuten, diese Moderne mit populistischen Injurien
zu diffamieren. So wurden die Stilrichtungen des Futurismus

und des Expressionismus mit einem «Kehrichthaufen» verglichen. Der in Weimar grassierenden «expressionistischen Hyste-
rie» wollte man eine erwärmende Gegenwelt entgegenstellen,
wo die Menschen wieder in Harmonie miteinander verkehren
konnten. Den dadaistischen Werken der Bauhaus-Künstler, ihren profanen Alltagsgegenständen wie Konservenbüchsen, zer-
brochenen Hutnadeln, Flaschen, Topf- und Geschirresten, Bür-
sten oder Kämmen galt der Spott einer Kulturkritik, die sich
nach der alten gehobenen L'art-pour-l'art-Kunst zurücksehnte.
Was man heute als klassischen Expressionismus bewundert,
galt damals als Beispiel für Talentlosigkeit. «Da bedeckt noch
immer Kandinsky seine Leinwände mit farbigen Flecken und
Zeichen, Feininger bemüht sich, Landschaften ... in prismati-
schen Formen zu stilisieren ... Johannes Itten verliert sich in einer toten Formensystematik. Allein Paul Klees zierliche Erfin-
dungen verraten noch eine Beziehung zum Leben.»

Immer wieder war der Einwand zu lesen, daß mit einer Theo-
rie noch kein Genie erzeugt worden sei. Besonders dieser Vorwurf gehörte in das Arsenal jener Kulturkritiker, die alle Künst-
ler des Bauhauses zu exzentrischen Sonderlingen stempelten
und den Versuch unternahmen, das Experimentelle schlicht als
Verrücktheit abzulehnen. Natürlich waren in Weimar solche
Vorbehalte besonders groß, weil sich fast jeder hier ansässige
Kulturkritiker schon beim Spaziergang durch die Stadt mit dem
Walten der verstorbenen Genies verbunden fühlte und deren
Werke nur allzugern aus dem Bücherregal holte, um gegen den
verhaßten «Kunst- und Gedankenbolschewismus» so richtig
Front zu machen. Da hat sich mancher dieser Kulturpessimi-
sten im Angesicht von Goethes Gartenhaus, der Ackerwand
oder dem Dichterhaus am Frauenplan zum Verteidiger des
Dichtergenies berufen gefühlt. «Vorhin war ich am Goethe-
Haus vorbeigekommen. Ich dachte wieder, Du steigst hier herab
zu den Müttern im Faust, zu dem Urgrund aller Urgründe. Das
ist der Dadaismus. Und der mich staatlich unterstützt. Die Not
der kommenden Zeit wird Derartiges hinwegfegen.»

Für diesen anonymen Beschwörer einer Zeitenwende galt Weimar als heiliger Ort, wo man die Frage kategorisch mit Nein beantwortete, ob die Moderne in der deutschen Nationalkultur überhaupt ein Existenzrecht beanspruchen könne. Deshalb war die Vertreibung des Bauhauses für diese Vorkämpfer ein wichtiger Sieg sowie ein ermutigendes Signal für bessere Zeiten. Der Streit um Gropius ging weit über eine rein ästhetische Auseinandersetzung über die richtige oder falsche Betrachtung von Kunst hinaus; denn der Auszug des Bauhauses symbolisierte eine kulturelle Trendwende, die bereits der Auftakt für die unselige Kunstdiktatur war, mit der kaum fünf Jahre später Thüringens NS-Innen- und Volksbildungsminister Frick das Volksempfinden in Weimar und Thüringen bediente. Alle fatalen Weichen für diesen Paradigmenwechsel wurden früh von einem Bildungsbürgertum gestellt, das sich nach bindenden Mythen sehnte und das Bauhaus nur als Störfaktor bei dieser Suche betrachtete.

Das war eine Welt der Unnatur, eine Kunst des «Widernatürlichen», die im Urteil einer überwältigenden Mehrheit ein Irrweg blieb, weil das keine «deutsche Kunst» war, sondern fremde Meister verehrte. Von Himmelsgeläut sei im Bauhaus mit seiner Erfindungskunst leider nicht viel zu spüren gewesen, durfte man lesen, mit deutscher Art und deutschem Wesen habe das alles wenig zu tun. Nach der endgültigen Vertreibung des Bauhauses im Jahre 1932 von Dessau nach Berlin stritt man sich in diesen Kreisen noch einmal um die «sittlichen Werte». Weimars lokale Nazi-Größen plädierten dafür, dem flachen, von Gropius entworfenen Weimarer Bauhaus ein spitzes Giebeldach aufzusetzen; das entspreche nationaler germanischer Tradition und einer tief verschmähten deutschen Kunst.[30]

Die Affäre Loeb
Der Antisemitismus wird gesellschaftsfähig

Vor mir liegt eine Seite der *Allgemeinen Thüringischen Landeszeitung Deutschland*, Ausgabe Weimar, 6. Dezember 1924, mit Anzeigen und Hinweisen auf lokale Veranstaltungen. Fleischermeister Müller empfiehlt prima Rindfleisch zum Hausschlachten, und die lokale Wein- und Spirituosengroßhandlung sucht einen Vertreter. Das Lichtspielhaus wirbt für sein Wochenendprogramm. Diesmal zeigt man: «Komödie des Herzens» mit Lil Dagover. «Dieser Streifen amüsiert, mehr noch, er spendet ein köstliches, unvergeßliches Erlebnis.»

Neben dieser Anzeige prangt eine schwarz gerahmte Annonce mit zwei fettgedruckten Hakenkreuzen. «Warum verbieten die ‹Völkischen› den Juden den Zutritt zu ihren Versammlungen?» lautet die Frage am oberen Rand des Textes. Die Antwort: «Weil sie die Wahrheit fürchten und die Aufklärung scheuen, die ihnen Juden geben würden.» Denn, so die lapidare Erklärung: «Völkische Belange werden von Völkischen, jüdische Belange werden von Juden, deutsche Belange aber von Deutschen behandelt.»

Die Anzeige trägt keine Unterschrift, aber jeder aufmerksame Leser der *Allgemeinen Thüringischen Landeszeitung* ahnt, wer hinter dem Text steckt. Der Landtagsabgeordnete Arthur Dinter, gleichzeitig Fraktionsvorsitzender des von ihm geführten Völkisch-Sozialen Blocks, warb für seine Veranstaltungen mit dem Zusatz «Juden haben keinen Zutritt», und das in bürgerlichen Kreisen vielgelesene Weimarer Lokalblatt hatte diese Sätze stets abgedruckt. War es den Herausgebern und Redakteuren egal, daß hier mit bezahlten Inseraten Stimmung gegen Juden gemacht wurde? Der Abgeordnete Arthur Dinter und seine völkischen Mitstreiter, die bei den Landtagswahlen im Jahre 1924 9,3 % und in Weimar mit 18,6 % sogar doppelt soviel an Zustimmung erhalten hatten, besaßen im bevorzugten Presseorgan des thüringischen Bürgertums offenbar einen guten Leumund.

Immer wieder waren Artikel über Dinters polemische Ausfälle gegen die demokratischen Parteien erschienen. Mit Sympathie wurde über seine haßerfüllten Tiraden gegen jüdische Einwohner berichtet. Dinters zum Sturz der Reichsregierung auffordernde Rede im Nationaltheater war in dieser Zeitung in voller Länge und ohne begleitenden Kommentar abgedruckt worden; fast schien es, als habe bereits die völkische Pressezentrale geheime Regie geführt. Als Hitler in Weimar 1926 seinen ersten NSDAP-Parteitag nach der Haftentlassung abhielt, stellte sich die Geschäftsstelle dieser Zeitung zur Verfügung, um für die anreisenden Nationalsozialisten Quartiere zu besorgen. Gab es im Umfeld dieser meinungsbildenden Lokalzeitung Mitarbeiter, die sich im stillen oder sogar in demonstrativer Offenheit für den Aufstieg der stramm antisemitischen Nationalsozialisten interessierten? Die unkritische Kommentierung der *Allgemeinen Thüringischen Landeszeitung* legte dies nahe; die völkischen Nazis und ihr Gauleiter Arthur Dinter, der fanatische Judenhasser, schienen in dieser Zeitung ein Forum gefunden zu haben.

«Mehr Bekennermut», so hatte sich im August des Jahres 1924 die sozialdemokratische Zeitung *Das Volk* entrüstet. Das Blatt beschwerte sich, daß dieser «völkische Mist» ohne mit der Wimper zu zucken abgedruckt wurde. «Dieses ewige Hin- und Herschwanken ... in politischen Fragen ist schon mehr ein Skandal. Wir nehmen an, daß die Kreise, die hinter der Zeitung stehen, die Absicht haben, den jetzigen Staat zu schützen. Aus diesem Grunde müssen wir sagen, daß es eine verkehrte Rücksichtnahme ist, die gegenüber den Hoch- und Landesverrätern an den Tag gelegt wurde.»[1] Aber außer diesen empörten Journalisten schien sich kaum jemand diesem, zum Haß aufstachelnden Politiker noch entgegenzustellen, der öffentlich erklärte, daß der Jude nicht imstande sei, «deutschem Wesen» zu dienen.

So entstand eine Kluft zwischen den Juden und der Gesellschaft, die sich schnell zu einem gefährlichen Abgrund ausweiten sollte. Daß die Juden wie alle anderen Deutschen staatsbürgerliche Rechte hätten, sei nur dem Umstand zuzuschreiben, daß «die gesetzgebenden Instanzen von Juden abhängig seien», erklärte Arthur Dinter in Landtagssitzungen sogar öffentlich. Bei einem Redeauftritt am 12. April 1924 ging der stadtbekannte Abgeordnete sogar noch weiter. Er sprach den Juden nicht nur ihr Recht auf eine verfassungsrechtliche Gleichbehandlung ab, sondern versuchte sie auch aus zentralen Bereichen der deutschen Gesellschaft herauszudrängen. «Gerade auf dem Gebiet des Bank- und Börsenwesens, das wir Völkischen mit aller Rücksichtslosigkeit bekämpfen wollen, können wir keinen Juden brauchen. Das ist eine grundsätzliche Frage!»[2]

Der «Thüringer Ordnungsbund», zu dem sich die Deutsche Volkspartei, die Deutschnationalen, die Demokraten und der «Thüringer Landbund» zusammengetan hatten, konnte nur mit der Duldung der extremen völkischen Rechten regieren, die vorher handfeste Auflagen gemacht hatte. Die Entfernung des Präsidenten der Thüringischen Staatsbank, Walter Loeb, war zur Conditio sine qua non der Verhandlungen über ihre Tolerierungsbereitschaft geworden. «Mich interessiert nur seine Eigenschaft als Jude. Wir dulden keinen Beamten in der Regierung, der Jude ist. Wenn die Regierung den Juden Loeb nicht entfernt, dann werden wir die Vertrauensfrage stellen. Finden wir keine Mehrheit, wird die völkische Fraktion dem Parlament ihre Mitarbeit versagen.»[3]

Bei diesem weit über Thüringen hinaus beachteten Fall aus dem Jahre 1924 demonstrierten die Nazis zum erstenmal, wie sie antisemitische Hetze in politische Praxis umzusetzen gedachten. Und sie hatten Erfolg. Am Ende dieser verhängnisvollen Affäre mußte Walter Loeb gehen. Der Anführer der Völkischen, der schon in seiner Jungfernrede im Landtag die bedingungslose Entfernung von Juden aus allen Regierungs- und Beamtenstellen gefordert hatte, konnte ein Exempel statuieren. «Weil man nicht mehr im Mittelalter lebt und der Jude nicht mehr verbrannt werden kann, sucht man hier nach einem Strick, um den Juden aufhängen zu können», empörte sich die SPD-Opposition im Landtag. Aber solche Proteste blieben ohne große Resonanz. In einem Land, wo zuerst die Völkischen, später die von Hitler geführten Nationalsozialisten erheblich mehr Stimmenanteile als im übrigen Reich erhielten, war die Stimmung schon umgeschlagen. Ein monarchistisch eingestelltes Bürgertum im Bündnis mit einer reaktionären Bürokratie und Mitläufern in der lokalen Publizistik interessierte sich nicht für das Schicksal eines jüdischen Bankdirektors, der obendrein von den Sozialdemokraten auf seinen Posten berufen worden war.

«Der Jud' ist an allem schuld»

Der 1895 in Mannheim geborene Walter Josef Loeb war schon im Jahre 1918 als dreiundzwanzigjähriger Wirtschaftsfachmann Prokurist einer Textilfirma in Frankfurt geworden; vier Jahre später rückte er bereits zum Direktor der Süddeutschen Transportversicherungs-AG auf und wurde 1922 Präsident der Thüringischen Staatsbank in Weimar, nachdem er 1919 in die SPD eingetreten war. Damit gelangte ein politisch ziemlich unerfahrener Mann an die Spitze der Thüringischen Staatsbank, gerade als diese finanzpolitisches Neuland betreten mußte.

Das neue Institut war als öffentlich-rechtliche Bank mit der Absicht gegründet worden, den gesamtstaatlichen Geldverkehr sowie das regionale Kreditwesen zu regeln. Die geplante Staatsbank sollte das bisherige System der kleinstaatlichen Landesbanken ablösen, die für eine moderne Volkswirtschaft ein Anachronismus waren. Diese fällige Neustrukturierung aber konnte nur gelingen, wenn die Zusammenarbeit zwischen den Institutionen funktionierte und vor allem ein enges Vertrauensverhältnis zwischen dem Finanzminister und seinem Staatsbankpräsidenten existierte. Durch eine grassierende Inflation hatten 1923 kleinere und mittlere Unternehmen, Ladenbesitzer und Händler, Rentner und Pensionäre fast eine Halbierung ihrer Realeinkommen hinnehmen müssen. Die Thüringische Staatsbank sollte mit zinsgünstigen Krediten über staatlich geförderte Subventionen und mit allen Finanzhilfen Nöte lindern, die überall beim thüringischen Mittelstand eingetreten waren. Aber es waren nicht diese schwierigen finanzpolitischen Fragen, die dem neuen Chef zu schaffen machten. Eher war es der Neid und das Mißtrauen, von dem sein Aufstieg in dieses Staatsamt begleitet war. «Im Kaiserreich waren die Juden Bürger zweiter Klasse gewesen»[4] – nun rückten einige von ihnen zum großen Mißfallen des Bürgertums in Spitzenstellungen auf.

Es ist anzunehmen, daß der junge Walter Loeb, der sich auch öffentlich zu seinem jüdischen Glauben bekannte, durchaus ahnte, auf welch gefährlichen Job er sich eingelassen hatte. Zu Beginn des Jahres 1924, als er in das Fadenkreuz der Nazis geriet, wurde die Weimarer Republik von Ausschreitungen gegen prominente Juden so heftig heimgesucht, daß der «Centralverein deutscher Staatsbürger jüdischen Glaubens» konstatierte, die antisemitische Hetze habe einen «Grad von Ruchlosigkeit» erreicht, wie dies selbst im kaiserlichen Deutschland nicht der Fall gewesen sei. Eine antisemitische Propagandawelle überschwemmte das Land, zu der Arthur Dinters Schundroman «Die Sünde wider das Blut» beitrug, der bis 1932 eine Auflage von über dreihunderttausend Exemplaren erzielte. Über siebenhundert meist konservativ-völkische Publikationen streuten judenfeindliche Parolen unter das Volk. Den Juden wurde nicht nur der Zusammenbruch des Kaiserreichs, sondern auch die Niederlage im Ersten Weltkrieg angelastet. Unmittelbar nach dem Waffenstillstand hatten die *Alldeutschen Blätter* verbreitet, die Juden seien die Drahtzieher der Revolution und damit für die derzeitige politische Situation verantwortlich. Im Oktober 1918 rief der Vorsitzende des Alldeutschen Verbandes,

Heinrich Claß, alle Mitglieder auf, «die Lage zu Fanfaren gegen das Judentum und die Juden als Blitzableiter für alles Unrecht zu benutzen».[5]

Selbst die Novemberrevolution wurde als Ergebnis eines jüdischen Umsturzversuchs diffamiert. Rosa Luxemburg, Leo Jogiches, Paul Levi, Rosi Wollstein und August Thalheimer wurden als prominente jüdische Mitglieder der Spartakusführung zu Zielscheiben antisemitischer Angriffe. Am 15. Januar des Jahres 1919 ermordeten Angehörige einer rechtsradikalen Berliner Gardeschützen-Kavalleriedivision Rosa Luxemburg und Karl Liebknecht, der irrtümlich für einen Juden gehalten wurde. Fünf Wochen später wurde in Bayern der jüdische Journalist und unabhängige Sozialdemokrat Kurt Eisner ermordet. Der Aristokrat Anton Graf Arco auf Valley, dessen Vorfahren mütterlicherseits jüdischer Abstammung waren, hatte den linken Sozialisten erschossen, als dieser auf dem Weg in das Münchener Parlamentsgebäude war, um seine Rücktrittserklärung als Ministerpräsident zu verlesen. Der Politiker und Publizist Gustav Landauer, ein radikaler, undoktrinärer Sozialist, in der Münchener Räteregierung Volksbeauftragter für Volksaufklärung, wurde am 2. Mai 1919 im Gefängnis ermordet. Gustav Landauer galt ebenso wie Kurt Eisner als Exponent einer «jüdisch-bolschewistischen Gefahr». Auch Hugo Haase, seit 1917 führendes Mitglied in der Unabhängigen Sozialdemokratischen Partei, fiel 1919 einem Attentat zum Opfer. Alle wurden als «typische Vertreter eines linken Radikalismus» dargestellt, die eine jüdische Weltherrschaft oder «die sozialistische Internationale unter jüdischer Herrschaft» anstrebten.

Daß der «Jud' an allem schuld» war, wie der Spott im konservativen Bürgertum lautete, hatte auch Kurt Eisner noch vor seinem Tode zu spüren bekommen. Die konservative *Kölner Volkszeitung* hatte ihn als «hergelaufenen, rassefremden Eindringling» bezeichnet und die ultrakonservative deutschnationale *Deutsche Kreuzzeitung* warf ihm in einem gehässigen Nachruf die Sätze nach, in seiner Person habe sich eine «blutsmäßig begründete Eitelkeit im Gegensatz zu deutscher Sachlichkeit» verkörpert.

Wo immer sich jüdische Politiker in der Öffentlichkeit präsentierten, wurde ihnen vorgeworfen, mit ihrer Arbeit deutsches Denken und nationales Anliegen nicht angemessen zu repräsentieren. «Die alten militärischen und politischen Eliten, die für den verlorenen Krieg verantwortlich waren, brauchten einen Sündenbock, dem sie die Schuld für den Zusammenbruch des Kaiserreichs zuschieben konnten. Die Juden waren wie kaum jemand anders dafür geeignet, der Legende, die Armee sei nur durch den Dolchstoß im Rücken unterlegen, als das personifizierte Feindbild zu dienen. Sie konnten alternativ oder gleichzeitig als profitgierige Kriegsgewinnler oder als revolutionäre Umstürzler dem Haß der aufgewühlten Massen preisgegeben werden.»[6]

Der Mord an Rathenau

Wenn man bei der völkischen Rechten von einer «Judenrepublik» faselte, so zielte dieser Haß auf die führenden Repräsentanten des neuen Staatsgebildes. In der preußischen Staatsregierung waren dies Paul Hirsch (SPD) und Kurt Rosenfeld (USPD); in Sachsen wurde Ministerpräsident Georg Gradnauer bald Zielscheibe wüster Angriffe. In Berlin waren es der Verleger Hugo Heimann und der Arzt Hermann Weyl, die als prominente Juden an der Spitze der Revolution gestanden hatten und später dafür attackiert wurden. Die Sozialdemokraten Rudolf Hilferding und Siegfried Aufhäuser gehörten ebenso dazu wie der Jurist Hugo Preuß und der Industrielle und spätere Außenminister Walther Rathenau, die als «undeutsche Repräsentanten des neuen Staates» verunglimpft wurden. Der «geistige Vater» der Reichsverfassung, Hugo Preuß, mußte erleben, wie der neue Weimarer Staat als «jüdische Mache» diskreditiert wurde. Gegen den Vorwurf, dessen Verfassung sei undeutsch, suchte sich

Preuß mit den Sätzen zu wehren: «Es ist dies eines der Schlagworte, die trotz ihrer bodenlosen Dummheit und Verlogenheit doch auf Wirkung in der Breite berechnet sind. Wenn diese Leute mit hämischer Betonung von ‹deutsch› und ‹undeutsch› sprechen, so meinen sie nicht die ganze Volksgemeinschaft und ihre Gegner, sondern sie rufen ganz bewußt den Antisemitismus zu ihrer Hilfe herbei.»[7]

Weil Walther Rathenaus Politik der Völkerverständigung von dem Grundgedanken ausging, daß Deutschland nur durch Erfüllung der Reparationsforderungen zu einem Ausgleich mit Frankreich und den anderen alliierten Mächten gelangen könne, wurde der deutsche Außenminister das bevorzugte Opfer einer wüsten demagogischen Hetze, die ihn schließlich das Leben kostete. Rechtsradikale Freikorps-Leute hatten ihn als «gottverfluchte Judensau» beschimpft und prophezeit: «Dem Rathenau, dem Walther, blüht auch kein hohes Alter.» Am 22. Juni des Jahres 1922 wurde Walther Rathenau auf der Fahrt von seinem Berliner Haus in das Auswärtige Amt von ehemaligen Reichswehroffizieren und aktiven Freikorps-Leuten erschossen.

Die Mordtat provozierte im Reichstag stürmische Proteste gegen die Rechtsparteien, denen die intellektuelle Urheberschaft und moralische Verantwortung für das Attentat angelastet wurde. Auf der Linken sprach man von einer «Mörderzentrale», die auch das frühere Attentat gegen Matthias Erzberger, die Anschläge auf den bayerischen Linkssozialisten Gareis oder auf den früheren Reichsministerpräsidenten Scheidemann zu verantworten hätte. Zwar gab es kein verborgenes und geheimes Verschwörungs*zentrum*, und auch Querverbindungen zu konservativen Parteien konnten nicht eindeutig nachgewiesen werden. Nach jahrelangen Ermittlungen wurde bekannt, daß der Urheber und Täterkreis bei älteren Freikorps-Führern sowie den Vertretern nationalrevolutionärer Verbände gesucht werden mußte. Aber das Attentat auf Rathenau hatte nicht nur dem Repräsentanten der «Weimarer Erfüllungspolitik» gegolten; wie der Mord an Erzberger diente auch der Anschlag auf

Rathenau dem Ziel, das Ansehen der bürgerlichen Parteien und die Reputation der Republik zu beschädigen.[8]

Im ersten Schock über den Rathenau-Mord ordnete die SPD-geführte Landesregierung in Thüringen drakonische Maßnahmen an. Noch am gleichen Tage wurde über das Land Thüringen der Ausnahmezustand verhängt. Alle Umzüge und Versammlungen unter freiem Himmel waren verboten. Vaterländische Vereinigungen und Verbände wurden aufgelöst. Der «Deutsch-völkische Schutz- und Trutzbund», die «Deutsch-völkische Jugend», der «Bund der Aufrechten», der «Alldeutsche Verband», der «Verband nationalgesinnter Soldaten», der «Stahlhelm – Bund der Frontsoldaten», der «Jungsturm» und der «Jungdeutsche Orden» fielen unter das Verbot des reichsweit erlassenen Republikschutzgesetzes. Auch der «Hochschulring deutscher Art», der «Germanenorden» und die «Nationalsozialistische Arbeiterpartei» wurden untersagt. Die Republik müsse sich viel energischer als früher gegen ihre erklärten Feinde verteidigen, forderte Volksbildungsminister Greil und befahl, daß leitende Stellen in der thüringischen Lehrerschaft nur noch von republikanisch eingestellten Beamten verwaltet werden durften. Ausdrücklich schrieb ein Erlaß aus seinem Ministerium vor, daß Schulaufsichtsbeamte, Schulleiter und ihre Stellvertreter überzeugte Demokraten sein mußten. Jede im Unterricht gezeigte Ablehnung der neuen Staatsform werde nicht mehr geduldet. Die Losung müsse lauten: «Der Zwang der Republikanisierung der gesamten Schulverwaltung steht über der Rücksichtnahme auf einzelne Persönlichkeiten.»[9]

Offenbar wurde auch bei Professoren, Lehrern und Schülern noch heftig von den alten Zeiten geschwärmt; den Schülern wurde die Mitgliedschaft in republikfeindlichen Organisationen untersagt. Das Tragen antidemokratischer Abzeichen wurde verboten, Schülermützen in den monarchistischen Reichsfarben Schwarz-Weiß-Rot durften nicht mehr aufgesetzt werden. Kaisertreue Geschichtslehrer, die sich als Gegner der Republik ausgewiesen hatten, erhielten keine Lehrbefugnis mehr. Aus den Klassenzimmern der thüringischen Schulen wurden Bilder des ehemaligen Heerführers Graf von Moltke und die Büsten der Weltkriegsgeneräle Paul von Hindenburg und Erich Ludendorff verbannt. Sogar eine Ausstaffierung der Schulräume mit «Schlachten- und Kriegsbildern» wurde strikt untersagt.

Besonders umstritten war der Revers, mit dem die Mehrheit der Staatsbeamten erklären sollte, sich nicht an Aufmärschen vaterländischer Verbände zu beteiligen. «Was verstehen Sie unter monarchischen und antirepublikanischen Vereinigungen?» wollte beispielsweise der damalige Landrat im thüringischen Ort Königsee, Georg Sattler, von seiner vorgesetzten Personalbehörde im Innenministerium wissen. Sichtlich aufgebracht kündigte dieser damals noch weithin unbekannte Landesbeamte seinen Vorgesetzten an, daß er die geforderte Unterschrift verweigern werde. Es sollte nur noch zwei Jahre dauern, bis dieser stramm nationalistische Verwaltungsbeamte aus der kleinstaatlichen Idylle des ehemaligen Fürstentums Schwarzburg-Rudolstadt in die Landeshauptstadt Weimar gerufen wird, um hier über Nacht zum mächtigen Wirtschafts- und Innenminister Thüringens zu avancieren.[10]

Ein rechter Ordnungsbund

Am 21. Februar 1924 fand in Thüringen die Landtagswahl statt. «Das ganze Land kam auf den Hund, uns rettet nur der Ordnungsbund», lauteten die Werbeplakate der gemeinsamen Liste aller bürgerlichen Parteien, die sich gegen das Volksfrontbündnis von Sozialdemokraten und Kommunisten zusammengetan hatten. Hinter dem «Thüringer Ordnungsbund» formierte sich das Lager aus Demokratischer Partei, Deutscher Volkspartei, Deutschnationaler Volkspartei sowie des Thüringer Landbundes. Sie waren mit einem zugkräftigen Plakat in den Wahlkampf gezogen, auf dem das Linksbündnis von SPD und KPD als «Sündenbaum» dargestellt wurde. Das Plakat zeigte Wurzeln,

Stamm, Äste, Blätter und Früchte eines Baumes, die verfaulten und deshalb abgesägt und mit dem gesamten Wurzelwerk beseitigt werden mußten.

«Freiheit oder Sozialismus» lautete bereits damals die Parole. Das bürgerliche Lager sah sich an einem Scheideweg. Am Wahltag herrschte eine enorme Wahlbeteiligung von über 90 Prozent. Zwei politische Lager standen sich unversöhnlich gegenüber, so der DVP-Abgeordnete Georg Witzmann: «Alle Parteien, Berufsstände, Wirtschaftskreise oder Hausbesitzer, der gewerbliche Mittelstand, die Beamten und Angestellten, die Vertreter von Kirche und Schule sowie die vaterländischen Verbände hatten den Terror der bisherigen Machthaber verspürt und sich zu der Überzeugung durchgerungen, daß nur eine Zusammenfassung aller aufbauenden Kräfte den Sieg gewährleisten könne.»[11]

Das bürgerlich-konservative Schutz- und Trutzbündnis gewann als «Thüringer Ordnungsbund» mit großem Vorsprung die Wahl; aber die erforderliche Koalition zwang höchst ungleiche Partner zusammen. Zur Bildung einer arbeitsfähigen Regierung, die im Landtag fällige Gesetze verabschieden sollte, war die Duldung des Völkisch-Sozialen Blocks nötig, der mit 9,3 % und sieben Abgeordneten einen ersten Achtungserfolg errungen hatte. «Thüringen geht einer unsicheren, für das Land höchst abträglichen Entwicklung entgegen», prophezeite die *Deutsche Tageszeitung* und klagte, daß die Landtagswahl keine saubere Entscheidung gebracht hätte.[12] Und die *Mecklenburgische Warte* prophezeite: «Die Völkischen werden auch im Thüringer Landtag das Zünglein an der Waage sei. Auf sie ist jedes Kabinett angewiesen; nach ihrer Pfeife muß jede Koalition und Konstellation tanzen und sie haben tatsächlich praktisch und faktisch die Hand an der Gurgel des thüringischen Parlaments.»[13]

Der «Ordnungsbund» war keineswegs ein politisch und ideologisch gefestigtes Bündnis, sondern eher ein regionales Machtkartell, das sich häufig erst zusammenraufen mußte. Bereits beim Anlauf zur Regierungsbildung brach die Einheitsliste auseinander, weil vier Abgeordnete der Deutschen Demokratischen Partei eine Liaison mit dem Völkisch-Sozialen Block verweigerten. Damit fehlten die Stimmen für eine absolute Mehrheit im Landtag. Die Deutschnationalen, der Thüringer Landbund und die Deutsche Volkspartei luden die völkischen Nazis zu Verhandlungen ein, deren Ergebnis keine Regierungskoalition wie sechs Jahre später bei den Gesprächen war, wohl aber die Tolerierung des Minderheitenkabinetts.

Aber selbst diese Annäherung war heftig umstritten. Immerhin war die Partei des inhaftierten Hitler in den meisten Ländern verboten. Oft segelten seine Anhänger wie in Thüringen unter falscher Flagge, wo der rechtsextreme Völkisch-Soziale Block aus vier Vertretern der völkischen Listen und drei Vertretern der NSDAP bestand, die jetzt zum erstenmal in den Landtag einzogen. Durfte man mit einer Partei politische Verhandlungen führen, die gegen Republik und Demokratie auftrat und die obendrein ein erklärter Verfassungsfeind war? Allen Kritikern dieser ungewöhnlichen Machtkonstellation erschien besonders die Aufwertung der völkischen Nationalsozialisten als gefährlicher Präzedenzfall, mit dem die Extremistenpartei nicht nur in Thüringen, sondern auch im Deutschen Reich erst hoffähig gemacht wurde. Aber die Mitte-Rechts-Regierung unter Führung des politisch unerfahrenen Oberverwaltungsgerichtsrats Leutheußer wollte auf jeden Fall Neuwahlen vermeiden und lieferte sich so den Völkisch-Sozialen aus – mit höchst bedenklichen Folgen. «In Thüringen ist man drauf und dran, die Nationalsozialistische Partei so zu fördern, daß eines schönen Tages die Regierung nicht mehr in der Lage ist, dieser Organisation Herr zu werden», zürnte Paul Frölich. Die unwillkommene Zwangsehe erschien dem SPD-Politiker als schwere Beschädigung des Ansehens der Demokratie.[14]

Weil sie ihrem neuen Partner entgegenkommen wollten, hatten die Ordnungsbund-Parteien den Demokraten Arnold Paulssen von der Kandidatenliste für ein Ministeramt gestrichen.

Paulssen galt als einer der erfahrensten Politiker im bürgerlichen Lager, aber die rechtsextremen Koalitionspartner warfen ihm vor, daß er die erste Nachkriegskoalition mit den Sozialdemokraten angeführt hatte. Statt seiner wurde Georg Sattler geholt, ein bis dahin unbeschriebenes Blatt. Der studierte und promovierte Jurist war viele Jahre Leiter des abgeschiedenen ehemaligen Fürstlichen Landratsamts in Schwarzburg-Rudolstadt gewesen, wo er 1922 ausschied, um als Syndikus beim «Verband mittelthüringischer Glasfabriken» in die thüringische Industrie zu wechseln. Mit der Berufung dieses bisher unbekannten Fachbeamten brach die neue Regierung mit der Tradition, möglichst einen Politiker mit parlamentarischer Praxis an die Spitze eines wichtigen Ressorts zu berufen. Aber vor der Bildung des neuen Landeskabinetts war von allen Beteiligten die Losung ausgegeben worden, nach dem Wechsel gerade keine ausgemachten Parteienvertreter in die Exekutive aufrücken zu lassen, um gegen die verpönte «Futterkrippenpolitik» der Linken ein Zeichen zu setzen und Front zu machen. Der kometenhafte Aufstieg Georg Sattlers vom unbekannten Provinzbeamten zum mächtigen Superminister, aber auch die Berufung des späteren Finanzministers Wilko von Klüchtzner waren eine Ohrfeige an die Adresse der Opposition. Georg Sattler war zwar vom «Thüringer Landbund» vorgeschlagen worden, aber er war eingeschriebenes Mitglied der Deutschnationalen Volkspartei und gehörte sogar dem «Stahlhelm – Bund der Frontsoldaten» an – also einer rechtsradikalen, fast paramilitärischen Organisation, die von Sattlers sozialdemokratischem Amtsvorgänger im Innenministerium noch als republikfeindlich verboten worden war. Auch Thüringens Finanzminister Wilko von Klüchtzner kam aus dem Umfeld der Deutschnationalen und stand in dem zwielichtigen Ruf, heimlicher Sympathisant der völkischen Nazis zu sein.[15]

Es war Arthur Dinter, der die Parole ausgab, eine Regierung aus Ordnungsbund und Völkisch-Sozialem Block dürfe nur aus «rein deutschblütigen, nicht marxistischen Männern» bestehen. Dinter stellte vier Bedingungen für eine Tolerierung der Regierung auf, die er vorher schon in einem Flugblatt öffentlich präzisiert hatte. An oberster Stelle rangierte die Forderung, die künftige Regierung habe «die Juden aus allen Regierungs- und Beamtenstellen» zu entfernen. Er warnte, sich «hinter Entschlußlosigkeit, Unfähigkeit und Feigheit» zu verkriechen; statt dessen propagierte er Entschlossenheit «bis in alle Konsequenzen und wenn Sie alle mit den Beinen nach dem Himmel strampeln». Mit seiner Sperrminorität setzte er alle Regierungsparteien so unter Druck, daß sich selbst der damalige Staatsminister Richard Leutheußer für die Deutsche Volkspartei schließlich beugen mußte.

Dinter stellte die Ernennung des kurz zuvor in Weimar eingesetzten Oberstaatsanwalts Frieders in Frage. Er begründete diese Entscheidung mit dem Hinweis auf die «jüdische Herkunft» des Beamten. Schon im Verlauf der Koalitionsgespräche trat der ursprünglich zum Finanzminister ausersehene Paul Stolze zurück. Er hatte sich gegenüber Dinter geweigert, den amtierenden Präsidenten der Thüringischen Staatsbank Walter Loeb zu entlassen, weil Loeb «Jude und obendrein Sozialdemokrat sei», wie die Notizen aus einem langwierigen Untersuchungsverfahren später ergaben. Stolze wollte sich nicht «zum Handlanger und Popanz gewisser Wünsche machen lassen» und verzichtete auf das Amt. Schließlich mußte auch der damalige Staatsrat Fritze unter dem Druck der völkischen Nazis demissionieren, weil er als amtierender Leiter des Justizministeriums die Beförderung des plötzlich in Ungnade gefallenen jüdischen Oberstaatsanwalts Frieders genehmigt hatte.

Der völkische Tolerierungspartner hatte so durchschlagenden Erfolg bei den Verhandlungen erzielt, daß Arthur Dinter sich öffentlich brüsten konnte, daß es nur von seinem Willen abhänge, «wer in Thüringen gewählt werden könne». Von seinen Anfangserfolgen berauscht, ließ er Flugblätter mit dem Hinweis verteilen: «Dr. Arthur Dinter, der allein verantwortliche Leiter der Thüringer Politik!» Der machtbewußte Fraktionsvorsitzende war der «starke Mann in Thüringen», der offenbar nicht mehr zu stoppen war.

Aber Walter Loeb, der plötzlich zum «Fall» gewordene Direktor an der Spitze der Thüringischen Staatsbank, wollte sich nicht einschüchtern lassen, obwohl Dinter im Landtag unverblümt erklärt hatte: «Wir stehen auf dem Standpunkt, je ehrlicher und gewissenhafter ein Jude ..., um so weniger ist er imstande, deutschem Wesen zu dienen. Denn je ehrlicher und anständiger er ist, um so mehr wird er, ob er will oder nicht, jüdisches Wesen und jüdische Anschauung zur Geltung bringen. Es handelt sich im Fall Loeb ... um die Weltanschauung, daß ein Jude sich nicht zu einem deutschen Beamten eignet.»[16]

Solche Aussagen waren verfassungsfeindlich und widersprachen dem Gebot der Weimarer Reichsverfassung, die Glaubensfreiheit und Gleichbehandlung aller deutschen Staatsbürger garantierte. Aber der Judenhaß Dinters traf auf eine antisemitische Grundstimmung auch bei den meisten anderen Politikern, die ihren rabiaten Bundesgenossen das Feld der Personalpolitik mehr und mehr überließen. Anders war nicht zu erklären, warum in der höheren Ministerialbürokratie des Landes Thüringen kampflos wichtige Posten geräumt wurden. Die Juden schienen den meisten offenbar das geringste Opfer zu sein, das man für den notwendigen Zusammenhalt der Regierung erbringen mußte.

Angriffe auf einen Bankdirektor

Kurz nach Beginn der Tolerierungsgespräche zwischen der neuen Regierung und den Nazis entschloß sich Walter Loeb, mit einem demonstrativen «Offenen Brief» an die Öffentlichkeit zu gehen. Schon die ersten Zeilen verraten, wie sehr Loeb darunter litt, nicht nur als Jude und Vertreter einer staatlichen Institution beleidigt zu werden, sondern sich gegen die aus der Deckung der parlamentarischen Immunität erfolgenden Attacken nicht einmal zur Wehr setzen zu können. Aber Loeb hoffte auf alle diejenigen, die von «antisemitischer Hetze noch nicht erfaßt» waren und für seine ungewöhnliche Rechtfertigung Verständnis aufbringen konnten. Ihnen widmete er Zeilen von Ludwig Börne, die viel von der Isolation des jungen Mannes offenbaren. «Es ist ein Wunder! Tausendmal habe ich es erfahren und doch bleibt es mir ewig neu. Die einen werfen mir vor, daß ich ein Jude sei. Die anderen verzeihen es mir. Der dritte lobt mich gar dafür; aber alle denken daran. Sie sind wie gebannt in diesem magischen Judenkreise. Es kann keiner hinaus.»

Unter der vorherigen SPD-Regierung in Thüringen war der jüdische Glaube Loebs kein Problem für die Staatsbank, geschweige für die Parteien im Landtag gewesen. Aber durch die völkischen Nazis änderte sich die Szenerie völlig: anonyme Pamphlete tauchten auf, mit dem Vorwurf, leitende Mitarbeiter der Staatsbank hätten auf eigene Rechnung mit dem Geld der Bank spekuliert. Wie sich später aus den Protokollen eines parlamentarischen Untersuchungsverfahrens ergab, konzentrierte sich das Mißtrauen immer wieder auf Loeb, der sich Kredite aus dem Ausland beschafft und mit dem Geld angeblich zum Schaden der thüringischen Wirtschaft spekuliert hatte. Vergeblich wies der Beschuldigte darauf hin, daß er diese Kredite zwar mit der Hilfe von befreundeten ausländischen Kapitalgebern besorgt, aber die Gelder zum Vorteil der thüringischen Wirtschaft investiert habe. «Mit mir steht und fällt die Staatsbank ... wenn ich gehe, werden die Kredite zurückgezogen»[17], warnte er seine Gegner. Die parlamentarische Opposition im Landtag sekundierte: «Tatsache ist, daß die Völkischen die Entlassung eines Beamten fordern, von dem sie anerkennen müssen, daß er von seinem Geschäft etwas versteht, dem sie weder die Fähigkeiten und Vorbildung absprechen können. Daß sie seine Entfernung verlangen, nur allein deswegen, weil er Jude ist, ist ... bezeichnend für diese verfassungsfeindliche Stellungnahme, die durch den ganzen Ordnungsblock gestützt wird.»[18]

Aber trotz solcher Einwände nahmen die offenen und ver-

Noch können die 423 neugewählten Abgeordneten der ersten Deutschen Nationalversammlung nicht ahnen, daß sie vierzehn Jahre nach der feierlichen Eröffnung am
6. Februar 1919 von einem Diktator vertrieben werden, der ausgerechnet am *genius
loci* der Weimarer Republik zahlreiche Gesinnungsfreunde um sich versammelt hat.
In seiner feierlichen Eröffnungsansprache hatte der spätere Reichspräsident
Friedrich Ebert die Traditionen der deutschen Klassik und den integrativen «Geist
von Weimar» bemüht, um für den demokratischen Neuaufbau in Deutschland zu
werben. Über ein Jahrzehnt später wurde die krisengeschüttelte Republik vom längst
totgeglaubten Geist des preußischen Militarismus wieder eingeholt und zerstört.

«Hier ist die wüste alldeutsche Treiberei gegen mich ... Hätte ich nicht die ununterbrochene künstlerische Arbeit, so müßte ich vor Ekel vergehen.» Schon 1920 sah sich der liberale Intendant des Deutschen Nationaltheaters, Ernst Hardt, den Schmähungen radikaler völkischer Gegner ausgesetzt, die das vormalige Großherzogliche Staatstheater geistig zurückerobern wollten. Die Stätte der demokratisch gewählten Nationalversammlung, wo die Verfassung der Weimarer Republik beraten worden war, wurde zum Objekt politischer Begierde. «Zwischen Goethe und Scheidemann», so scholl es von rechts, wo man Weimars Erbe einseitig für sich reklamierte. Adolf Hitler hielt im Deutschen Nationaltheater 1926 seinen ersten NSDAP-Parteitag ab. Baldur von Schirach, Sohn des abgesetzten Generalintendanten Carl von Schirach, gründete im selben Jahr die «Hitlerjugend». Beim NS-Gautag 1938 war das berühmte Haus mit Hakenkreuzfahnen über und über behängt.

Nach der Wahl Hitlers zum Reichskanzler machten nicht nur zahlreiche lokale
Parteigrößen wie Fritz Sauckel, Baldur von Schirach und Hans Severus Ziegler
Karriere; auch das geistig-nationale Bürgertum versammelte sich hinter einem
Führer, der Weimar früh umworben und rasch erobert hatte. «Ganz eigenartig
berührte die Vermischung von Hitlerismus und Goethe», wunderte sich schon 1932
der Schriftsteller Thomas Mann. Fast widerstandslos ließ die lokale Kulturaristo-
kratie es zu, daß Goethe und Schiller für den nationalsozialistischen Ungeist in
Anspruch genommen wurden. Das Foto zeigt eine Schiller-Gedenkfeier im
Deutschen Nationaltheater am 10. November 1934.

Adolf Hitler zeigt sich während des Gautages der NSDAP im Jahr 1938 auf dem
Balkon seines Lieblingshotels «Elephant». Bei seinem ersten Besuch am 3. Juli 1926
hatte sich der fast überall mit Rede- und Auftrittsverbot belegte NS-Führer mit der
Berufsbezeichnung «Schriftsteller» in das Gästebuch eingetragen. Thüringens
Innenminister Georg Sattler sorgte dafür, daß sich Hitler ungehindert in Weimar und
anderen Städten Thüringens bewegen durfte. Das «Hotel Elephant» wurde zum
beliebten Treff für Hitlers Tafelrunden. Stets war für den NS-Führer die Nobelsuite
mit der Zimmernummer 100 reserviert.

Ein Putschist und fanatischer Nationalsozialist am Ziel seiner Wünsche: Am
11. November 1933 trägt sich der zum Reichsinnenminister ernannte und
später in Nürnberg zum Tode verurteilte Wilhelm Frick in das Goldene Buch der
Stadt Weimar ein. Am 23. Januar 1930 wird er gegen den Widerstand von
Sozialdemokraten, Kommunisten und Demokraten zum Innen- und Volksbildungsminister Thüringens gewählt. Mit seinem berüchtigten «Bildersturm» und dem
Erlaß «Wider die Negerkultur – für deutsches Volkstum» nahm der Antidemokrat
und Antisemit die faschistische Kunstdiktatur vorweg.

In der Weimarer «Villa Silberblick», wo Friedrich Nietzsche die letzten drei Jahre seines Lebens verbrachte, begann die Schwester des Philosophen mit einer verhängnisvollen Umdeutung des Nietzsche-Erbes. Elisabeth Förster-Nietzsche sammelte nicht nur die weitverstreuten Manuskripte und Fragmente ihres verstorbenen Bruders, sondern bog das Werk Nietzsches ins Nationale und Preußisch-Heldenhafte um. Die «Villa Silberblick» wurde ab 1920 zur konspirativen Begegnungsstätte, wo bald die Gegner der Republik und prominente Nazis wie der spätere thüringische Innen- und Volksbildungsminister Wilhelm Frick ein und aus gingen. Die Nietzsche-Schwester schwärmte enthusiastisch für Mussolini und Hitler, die der alten Dame persönlich ihre Aufwartung machten. Das Foto zeigt eine Tagung im Nietzsche-Archiv, dritte von links Elisabeth Förster-Nietzsche.

Lieber Führer, bitte, bitte –
Lenk auf den Balkon die Schritte!

Lieber Führer, komm heraus
aus dem Elephantenhaus!

Lieber Führer, sieh doch ein:
wir können nicht mehr länger schrein!

Lieber Führer, geh nicht fort,
Bleib an diesem schönen Ort!

«Ich liebe Weimar», hatte Hitler nach seinen ersten Besuchen in der Dichterstadt gesagt – und die Weimarer liebten ihn. Das Bild zeigt den Marktplatz während eines Hitler-Besuchs im Jahre 1938. Seit den ersten Wahlen zur Nationalversammlung hatte die nationale Rechte in Weimar ihre stärkste Bastion. Zunächst wählte das verunsicherte Bürgertum deutschnational, danach lief man zu Hitlers Anhängern über: 1924 errang die der verbotenen NSDAP nahestehende «Vereinigte Völkische Liste» das beste Ergebnis in ganz Thüringen. Was Hitler erhoffte, trat ein: Thüringen wurde zum Sprungbrett für den Marsch von Bayern nach Berlin.

steckten Anschuldigungen zu. So wurde die vollzogene Gründung einer Getreide-Aktiengesellschaft sofort als gefährliche «jüdisch-bolschewistische Erfindung» attackiert. Man streute Gerüchte, diese Institution sei nur als Notdepot angelegt worden, um einen drohenden bolschewistischen Aufstand mit den erforderlichen Nahrungsmitteln zu versorgen. In der überregionalen Zeitung *Der Tag* erschien ein Artikel mit der sensationellen Schlagzeile: «Thüringischer Staatsbank-Skandal – Der Staatsbankpräsident schiebt Devisen». Die Informationen erwiesen sich als falsch, alle Vorwürfe wurden entkräftet. Eine unmittelbar danach eingesetzte Revisionskommission stellte fest, daß der Direktor der Staatsbank die lächerliche Summe von 27 Goldmark in Devisen eingetauscht hatte, um damit ein Abonnement für ausländische Zeitungen zu bezahlen. Aber vor den Mitgliedern des Untersuchungsausschusses offenbarte sich auch, wie trotzdem fast alle damaligen Mitarbeiter und Freunde Loebs von dem Beschuldigten abrückten.

Intrigen, Verdächtigungen und gezielte Indiskretionen machten die Runde. Als der Direktor einem in Thüringen offenbar einflußreichen Gutsbesitzer nur ein Drittel des geforderten Darlehens bewilligte, wandte sich der empörte Kunde an den Aufsichtsrat der Bank und verlangte den Direktor zur Rechenschaft zu ziehen. Loeb wußte längst, daß das Kesseltreiben ihn aus seinem Amt katapultieren sollte – nicht weil er schlechte Arbeit gemacht hatte, sondern weil er Jude war. Nach der Vereidigung des neuen Finanzministers und Vorgesetzten Wilko von Klüchtzner fragte Loeb ihn im Beisein von fünf Zeugen: «Werde ich deswegen entlassen, weil ich Jude bin?» Darauf der Minister: «Ich betrachte die Frage des Juden weniger von der religiösen Seite, sondern wie die Völkischen von der Rasseseite aus.» Walter Loeb: «Ich bin deutscher Staatsbürger. Die Reichsverfassung kennt eine Deduktion nach der Rasse nicht. Ich habe es nicht notwendig, mir Ihre oder die Deduktion der Völkischen zu eigen zu machen.»[19]

Das Vertrauensverhältnis zwischen den beiden Männern war

zerstört; die Beamten im Finanzministerium und in der Thüringischen Staatsbank vermieden ostentativ, sich schützend vor den umstrittenen Chef zu stellen, gegen den Dinter weiterhin eiferte: «Der Jude Loeb muß verschwinden. Ob er ein tüchtiger Kerl ist oder nicht, ist mir egal. Mich interessiert nur der Jude Loeb!»[20]

Im Juni 1924 drohte Dinter mit der Vertrauensfrage. Die Regierung glaubte zwar, daß der völkisch-soziale Fraktionsvorsitzende wegen seines umstrittenen Vorgehens innerhalb der eigenen Partei isoliert werden würde, aber zugleich hoffte man, den standhaften Loeb auf elegante Art und Weise loszuwerden. Der einflußreiche Abgeordnete der Deutschnationalen Volkspartei, Emil Herfurth, agitierte bei dieser Affäre in vorderster Linie. «Nun müssen wir Loeb bald mürbe haben, damit er endlich geht!» Herfurths deutschnationaler Parteifreund von Klüchtzner assistierte mit der Bemerkung, er könne Juden nicht als «gleichberechtigt anerkennen», denn eine Jüdin und ein Jude hätten ihm beide sehr freundschaftlich erklärt, sie seien in erster Linie Juden und erst dann Deutsche.

Als Arthur Dinter seinen Erzfeind wieder einmal wegen dessen Glauben verleumdete, verlangte der eine sofortige Richtigstellung seines ihm vorgesetzten Finanzministers. Aber die Antwort blieb aus; die längst fällige Zurückweisung der menschenverachtenden Anwürfe erfolgte nicht. Statt dessen wurde Loeb nahegelegt, nach dem Urlaub nicht mehr an seinem Arbeitsplatz zu erscheinen – es müsse dem Präsidenten der Staatsbank doch leichtfallen, auch anderswo eine Anstellung zu finden. Schon streuten die Nazis in Weimar das Gerücht aus, der Bankdirektor sei in «drei bis vier Wochen endlich beseitigt».

In diesen rechtsorientierten Kreisen galt der Rücktritt Loebs längst als abgemachte Sache; die öffentliche Kampagne nahm zu. Stets ging es um den absurden Vorwurf, im thüringischen Bankinstitut sei eine jüdische Verschwörung im Gange. Für die völkischen Rechten war Loeb ein gerissener Drahtzieher, der sich immer wieder geschickt hinter mysteriösen und unsichtbaren Geheimgruppierungen versteckte. Der Fall Loeb war deshalb nicht nur ein politischer Fall, weil ein ausgewiesener Fachmann wegen seines jüdischen Glaubens und seiner sozialdemokratischen Bindung aus dem Amt verdrängt werden sollte – neu an dieser künstlich aufgeputschten Affäre war, daß diese Forderung mit der Unterstellung verknüpft wurde, Walter Loeb sei als Jude zwangsläufig mit dubiosen ausländischen Kapitalinteressen zum Schaden für das Land Thüringen und die Kunden der Staatsbank verschworen. Wie so oft ist es der SPD-Abgeordnete Paul Frölich gewesen, der diese infame, von langer Hand lancierte und vollkommen abstrus konstruierte Verschwörung damals erkannte und offen aussprach: «Das Urteil über Loeb ist bereits fertig bei der Rechten. Der Kampf gegen ihn ging Hand in Hand mit dem Kampf gegen die Sozialdemokratie in Thüringen.»[21]

Als der immer wieder beschuldigte Direktor nach harten internen Kämpfen, nach einer kompromittierenden Hausdurchsuchung und entwürdigenden öffentlichen Angriffen am 22. September 1924 schließlich entnervt demissionierte, entbrannte im Landtag eine scharfe Debatte. Die SPD-Opposition empörte sich darüber, daß Loeb zum Opfer eines «antisemitischen Kuhhandels» werden konnte. Aber die angeschuldigten Minister der Ordnungsbund-Regierung retteten sich in Ausflüchte. «Die Sozialdemokraten wollen, daß wir nicht vorgehen sollen, weil Loeb Sozialdemokrat ist; die Demokraten weil er Jude ist. Man will die Sache auf ein Nebengleis schieben, indem man den Juden in den Vordergrund stellt.» Aber war es nicht zuerst der Abgeordnete Dinter gewesen, der Loeb mit der Begründung aus der Staatsbankspitze entfernen wollte, er könne keinen Juden an der Spitze eines deutschen Bankinstituts dulden? Als die oppositionellen Parteien im Landtag auch dazu eine klare Auskunft verlangten, lautete die windige Stellungnahme aus dem Finanzministerium: «Ebensowenig wie Herr Loeb als Jude angegriffen werden konnte ... kann er eine besondere Schonung erwarten, weil er Jude ist. Alle Deutschen sind vor dem Gesetz gleich ...

und Herr Loeb kann für sich keine Ausnahmestellung in Anspruch nehmen.»

Solche doppelbödige Replik ignorierte, daß sich Loeb gerade auf den verfassungsrechtlich garantierten Gleichheitsgrundsatz berief, um vor den öffentlichen Diffamierungen geschützt zu werden. Er verlangte ja keine Ausnahmebehandlung, sondern pochte auf das verfassungsmäßig verbriefte Recht eines jeden deutschen Staatsbürgers, wie andere auch behandelt zu werden. Aber dieses Recht wurde ihm im Verlauf der skandalträchtigen Affäre mehr als einmal mit dem Verweis auf seine jüdische Herkunft abgesprochen. Dabei waren die Vorwürfe gegen Loeb an den Haaren herbeigezogen; alle Untersuchungen und Prozesse gegen ihn verliefen «völlig ergebnislos».[22]

Die Nazis hingegen konnten die Affäre als publizistischen und politischen Erfolg verbuchen. Mit Loebs erzwungener Demission hatten sie eine antisemitische Debatte angezettelt, die ihre Wirkung auf die eigenen Anhänger nicht verfehlte. Daraus wollte man Kapital schlagen. «Vor allem muß verhindert werden, daß der Fall Loeb in seinen typischen Einzelheiten allzu schnell der Vergessenheit anheim fällt. Denn aus dem ganzen Falle soll gelernt werden», so lautete im Oktober 1924 das Fazit der NS-Parteizeitung *Der Völkische Beobachter*.

Doch es blieb nicht nur bei öffentlichen Attacken. Im Morgengrauen des 22. September 1924 war der Chef des Landeskriminalamtes auf höhere Weisung mit zahlreichen Kriminalbeamten in die Weimarer Staatsbank eingedrungen und ließ die dort anwesenden Beamten Loeb, Maerker und Kieß verhaften. Einen Tag zuvor hatte Loeb sein Amt niedergelegt. In dieser Nacht wollte er sein Büro aufräumen, die letzten Akten ordnen und seine privaten Sachen einpacken. Zur Freude der völkischen Hintermänner wurde auch aus diesem selbstverständlichen Vorgang ein Skandal gemacht, der seine Wirkungen auf die deutsche Presse nicht verfehlte. Zahlreiche Tageszeitungen berichteten in sensationeller Aufmachung über «nächtliche Aktenbesichtigung», «mysteriöse Vorgänge», «Loebs schlechtes

Gewissen» und über einen «ertappten Präsidenten», der auch gegenüber dieser Kampagne schutzlos war. Fünf Jahre später erinnerte sich ein damaliger Mitstreiter an die Ereignisse in Thüringen, die zur vorzeitigen Entlassung des Präsidenten der Staatsbank geführt hatten. «Die Schlammflut der bürgerlichen Presse hat einen kerngesunden jungen Menschen von Krankheit zu Krankheit geführt. Nicht ein einziges Aktenstück hat er verschoben. Im ganzen Kampf ist er gegen eine niederträchtige Meute Sieger geblieben.»[23]

Konnten Hitler und seine triumphierenden Parteigenossen nach dieser Affäre nicht darauf rechnen, daß es im Umfeld eines deutschnationalen Bürgertums Vorurteile gab, die für spätere Kampagnen mobilisierbar waren? Von den nationalkonservativen Parteien wurde die Affäre Loeb dazu benutzt, den latenten Antisemitismus gegen den Sozialismus auszuspielen. Die politische Rechte setzte den Sozialismus mit Juden gleich und hob hervor, daß ohnehin ein hoher Prozentsatz Juden in der Sozialdemokratie vertreten war. An der Affäre Loeb zeigte sich, was der Historiker Hans Mommsen in seiner Auseinandersetzung mit Daniel Goldhagen betont hat: Fast widerspruchslos und ohne Skrupel habe man den völkischen Nationalsozialisten häufig und absichtsvoll die «Spielwiese» einer Judenfeindschaft überlassen, weil man deren Ressentiments für eine Art Kinderkrankheit der völkischen Bewegung hielt. Aber solch freiwillige Komplizenschaft half schon damals mit, das demokratische System der Weimarer Republik von den Rändern her zu radikalisieren.

Nicht nur ein politischer Aktivist wie Arthur Dinter, auch die völkischen und antisemitischen Intellektuellen wie Adolf Bartels und der Architekt Paul Schultze-Naumburg haben schon in der Frühzeit der Weimarer Republik einen latenten Judenhaß in Deutschland gesellschaftsfähig gemacht. In mancherlei Hinsicht stellten diese völkisch-nationalistischen Eliten eine zunächst unsichtbare Brücke dar zwischen dem radikalen nationalsozialistischen Extremismus und den übrigen Teilen der Gesellschaft.

Die Affäre um den beklagenswerten Walter Loeb war nur das Vorspiel einer Entwicklung, die den Rechtsstaat mehr und mehr aushöhlen sollte. Aber das fatale Schweigen der Bevölkerung machte es überhaupt erst möglich, daß die radikalisierten Randgruppen bald nicht nur das öffentliche politische Klima, sondern auch das staatliche Handeln bestimmten.[24]

Völkischer Radikalismus

Bereits in den ersten Stellungnahmen nach seiner Haftentlassung aus Landsberg am Ende des Jahres 1924 wies Hitler darauf hin, daß er im ehemals roten Sachsen und Thüringen schon mehr Anhänger habe als im nationalen Bayern. Ende des Jahres 1925 gab es in den Dörfern und Städten Mitteldeutschlands ebenso viele gut organisierte und auf ihren Führer eingeschworene nationalsozialistische Ortsgruppen wie in Nord- und Westdeutschland. Wo die Gründe für diesen Umschwung im einst «roten Thüringen» lagen, blieb unklar. Vielleicht war der Reflex auf das Interregnum der Linksregierung von 1921 bis 1923 so stark, daß die Ressentiments der bürgerlichen Wähler nach rechts ausschlugen. Möglicherweise kam Hitlers Idylle von staatlicher Volksgemeinschaft dieser industriell sehr zurückgebliebenen Region entgegen, in der man die Errungenschaften der industriellen Revolution ohnehin höchst mißtrauisch betrachtete. Hitlers spätere Aktivitäten in Weimar und vor allem seine bahnbrechende Rede im Deutschen Nationaltheater am 4. Juli 1926 machten deutlich, daß der NS-Führer Thüringen sehr entschlossen «zu einer Hochburg des Nationalsozialismus» ausbauen wollte. Die Voraussetzungen dafür waren günstig.

Bereits die thüringischen Landtagswahlen vom 10. Februar 1924 ließen einen Aufwärtstrend erkennen, als der rechtsradikale «Völkische Block» mit sieben Mandaten auf Anhieb den Sprung in den Landtag schaffte und sogar eine politische Schlüsselposition bei der nötigen Tolerierung der Minderheitsregierung eroberte. Noch sensationeller erschien der Erfolg bei den bayerischen Landtagswahlen am 6. April 1924, als die unter dem Namen «Völkischer Block» auftretenden Gruppen der radikalen Rechten mit 17,8 % und 23 Mandaten zur drittstärksten Fraktion wurden. Schließlich gewannen die Völkischen und die Nationalsozialisten gemeinsam bei den Reichstagswahlen am 4. Mai 1924 32 Mandate. Der Erfolg dieser Mai-Wahlen bestand besonders darin, daß die Nationalsozialisten in zehn Wahlkreisen einen außerordentlichen Zuwachs mit über einer Million Stimmen erzielten, wobei das Land Thüringen nach Oberbayern-Schwaben und Franken an dritter Stelle rangierte. So bekam die Hitler-Bewegung Abgeordnete, die mit allen Vorzügen eines Parlamentariers ausgestattet waren und über eine Freifahrkarte auf allen deutschen Eisenbahnen, über Immunität und Diäten verfügten. Ein besseres Rückgrat für den Aufbau einer starken Parteiorganisation war nicht denkbar. Schon damals frohlockte Hitler: «Uns ist die Freifahrkarte der Abgeordneten die Hauptsache. Sie bietet uns die Möglichkeit, Agitatoren herumzuschicken, dient also ebenso wie die Däten ausschließlich der Partei.»

Die Gewinne der Mai-Wahlen 1924 waren mehr als ein Achtungserfolg; die Wahlkämpfe waren oft gegen überall im Reich bestehende Rede- und Versammlungsverbote sowie ohne einen noch in Landsberg einsitzenden Parteiführer bestritten worden. Der Erfolg dieser Wahl hatte besonders in einem Stimmungsumschwung für die radikale Rechte gelegen, der schon bei den Reichstagswahlen im Dezember 1928 zurückgehen sollte, weil die Nationalsozialisten bei dieser Wahl erheblich verloren. Deshalb war es im Frühjahr 1924 für die Nazis sehr hilfreich, als sich die im «Thüringer Ordnungsbund» vertretenen Parteien unter dem Druck Dinters zu einer Aufhebung des Parteienverbots für die NSDAP entschlossen – eine Weichenstellung, die den späteren Aufstieg Hitlers in Thüringen begünstigt hat. Dinter wurde dafür mit der Ernennung zum Führer aller thüringischen NS-Verbände belohnt.

Fast alle Landesregierungen hatten in den Jahren 1922 und 1923 von der Ermächtigung durch das Erste Republikschutzgesetz Gebrauch gemacht, die NSDAP und die Völkische Freiheitspartei zu verbieten. In Thüringen hatte die SPD-geführte Regierung nach dem Rathenau-Mord im Jahre 1922 alle Aktivitäten der NSDAP untersagt. Noch im November 1923 hatte der bayerische Generalstaatskommissar von Kahr sowohl die NSDAP als auch die KPD für das gesamte bayerische Staatsgebiet verbieten lassen. Es war ein enormer Prestigegewinn für Hitler und seine überwiegend im Untergrund agierenden Mitstreiter, daß mit der frühen Aufhebung des Verbots in Thüringen eine Möglichkeit zur politischen Agitation zurückerobert wurde. An Warnungen hat es nicht gefehlt. So konstatierte der SPD-Landtagsabgeordnete Frölich am 10. Juli 1924 mit Besorgnis: «Thüringen ist anstelle von Bayern Aufmarschgebiet für antirepublikanische und zum Krieg hetzende Organisationen geworden. Was sich 1922 und 1923 in Bayern offen gegen die Republik zugetragen hat ... und am 8. November 1923 zum Putsch führte, spielt sich heute unter Duldung und Begünstigung der Thüringer Regierung in Thüringen ab.»[25]

Weil es stets gegen die «rote Mehrheit» in Thüringen ging, träumten viele Nationale, Konservative und bürgerliche Demokraten von einer «nationalen Front» unter Einschluß der Radikalen, die nur als lästiges Übel betrachtet wurden. Besonders im diffusen völkischen Umfeld der mitteldeutschen Region durfte Hitler Sympathisanten vermuten, die sich auch durch einen rabiat und hemmungslos propagierten Antisemitismus der Nazis nicht würden abschrecken lassen. Schon im Jahre 1918 hatte Thüringen die meisten Neugründungen patriotisch-vaterländischer Art zu verzeichnen. In allen agrarisch strukturierten Landkreisen um Weimar, Weißensee, Hildburghausen, Meiningen, Schleiz, Gotha und Erfurt lagen zu Beginn der Republik die Hochburgen der Deutschnationalen, die wenig später zu Bastionen der Nationalsozialisten ausgebaut wurden. 1927 gewann die NSDAP in den Landkreisen Hildburghausen und Schleiz über

10 Prozent der Stimmen. Bereits im Mai des Jahres 1928 war die Nazi-Bewegung derart im Vormarsch, daß sie besonders bei Kommunalwahlen überraschende Erfolge erzielte. Selbst ihre politischen Gegner attestierten ihr, daß die NSDAP das gesamte Reich «systematisch durchorganisiert» habe. Nicht nur in den Groß- und Mittelstädten, sondern auch in Dörfern und städtischen Randzonen gab es Ortsvereine der NSDAP. Im Entscheidungsjahr 1930 konstatierte der Journalist und SPD-Reichstagsabgeordnete Carl Mierendorff: «Jedenfalls muß festgestellt werden, daß die Nationalsozialisten im Gegensatz zum Mai 1924 heute straff organisiert sind und auf eine starke Parteimaschine gestützt in den Städten sowohl als auch auf dem flachen Lande in den nächsten Wahlkampf hineingehen werden.»[26]

Überall dort, wo es ein zahlenmäßig starkes Bürgertum in den meist wenig industrialisierten Regionen gab, reüssierten die Nationalsozialisten und wurden zur favorisierten Partei. In den kleinen Städten Meiningen und Hildburghausen votierten 1933 über 60% für Hitler, während in Schleiz 53%, in Gotha und Weimar knapp 50% aller Wähler dem NS-Führer zugejubelt haben. Die Dichterstadt wurde im Jahre 1924 zum bevorzugten Tagungsort völkischer Gruppen, weil bereits die meisten das mythische Weimar längst als Ort ausgemacht hatten, an dem ihnen besonders viel Sympathie für ihre nationale Erhebung entgegenschlug. Im Jahr 1929 gewann Hitlers Partei bei den vorgezogenen Landtagswahlen über 90000 Stimmen, zog mit 11,3% in den Thüringer Landtag ein und wurde zur drittstärksten Partei. Vor allen anderen Regionen war das Land in der Mitte Deutschlands, symbolisch auf halbem Wege zwischen Berlin und München, zwischen Preußen und Bayern gelegen, zu einer sicheren «Zelle des nationalen Freiheits- und Widerstandswillens» geworden, wie Hitlers Anhänger schon damals frohlockten.

Bei dieser Eroberung hat der antisemitische Radikalismus Dinters und seiner Gefolgsleute eine entscheidende Rolle gespielt. Besonders Dinters polemische Anzeigen mit ihren Hakenkreuzen, die von ihm angezettelte Kampagne über eine öffentliche Ausgrenzung von Juden, die Debatten über das «jüdisch-internationale Kapital» sowie gezielte Verleumdungen gegenüber Einzelpersonen gehörten zum Arsenal dieser effektvollen Strategie. Zur Unterstützung seiner Weimarer Parteifreunde schickte Hitler 1925 seinen persönlichen Beauftragten Otto May, der in zahllosen Versammlungen über einen angeblich durch Juden verlorenen Weltkrieg sowie immer wieder über die «verhängnisvolle Rolle der Juden in Deutschland» referierte. Schon bei den Wahlen zur ersten deutschen Nationalversammlung war die Deutsche Demokratische Partei als eine Partei des Judentums denunziert worden. Aber nicht nur die völkischen Nationalsozialisten kämpften gegen die «Judenrepublik», auch der Präsident des Evangelischen Landeskirchentages und weithin populäre Reichstagsabgeordnete der Deutschnationalen Volkspartei, der lokale Rittergutsbesitzer von Eichel-Streiber, polemisierte öffentlich gegen eine «Vorherrschaft der Juden», und den «zersetzenden undeutschen Geist».[27] Die Auftritte des protestantischen Würdenträgers zeigten nur zu deutlich die antisemitische Einstellung auch bei vielen evangelischen Christen, die schon damals darauf hofften, die Eliminierung der Juden aus der Gesellschaft würde endlich zur deutschen Erhebung führen.

Und der weit rechts angesiedelte «Jungdeutsche Orden» veranstaltete schon 1924 in Apolda Seminare, in denen über das Stereotyp eines «Rassejuden» hergezogen wurde. In thüringischen Lokalzeitungen konnte man häufig Artikel lesen, in denen Karl Marx als «Vollblutjude» abqualifiziert wurde und Vertreter vaterländischer Verbände über eine «jüdisch-marxistische Hölle» schwadronierten. Der eifernde Dinter malte vor seinen Zuhörern einen «jüdisch-marxistischen Weltbetrug» an die Wand und erregte sich über «ausländische Judenweiber». Und doch fand dieser fanatische NSDAP-Gauleiter schon damals gleichgesinnte Regisseure, Schauspieler und Theaterintendanten, die sein Stück «Blutsünde» auf thüringischen Lokalbühnen zur Aufführung brachten. Diese fast hemmungslose antisemitische Agitation zeigte Wirkung und blieb nicht nur auf die Säle und Versammlungslokale beschränkt.

Am «Tag der völkischen Kultur» im August 1924, für den sich der rechtsradikale «Stahlhelm» sogar in öffentlichen Anzeigen bei seinen Anhängern bedankte, kam es zu Ausschreitungen, bei denen SA-Kolonnen vor dem Haus der Thüringischen Staatsbank grölten: «Wir brauchen keine Judenrepublik!» Auf offener Straße intonierte man Sprechchöre mit dem Text: «Haut sie raus die Judenbande!» und «Wir versaufen unseren Ebert seinen Zylinder!» Das waren unübersehbare Anfänge einer rechtsradikalen Alltagskultur, die in den folgenden Jahren immer mehr Lebensbereiche erobern sollte. Bei seinem Abschied aus Weimar hatte 1924 der Reichstagsabgeordnete der NSDAP Fahrenholz in das Tagebuch des Hotels «Fürstenhof» die Sätze hinterlassen: «Hier schrieben sich ein, die Novemberverbrecher. Doch kommt der Tag nach Not, Schande und Qual – da baumeln sie alle am Laternenpfahl. Dann, Deutschland, kannst Du erst wieder gesunden, wenn Ebert, Severing und die anderen den Tod am Galgen gefunden.» Der Parteigenosse und völkische Abgeordnete Wilhelm Brückner hatte an gleicher Stelle die Parole geschrieben: «Der Revolutionsfetzen muß herunter und an dessen Stelle müssen die Verbrecher und Kanaillen vom November 1918 baumeln.» Ein anonymer Sympathisant und Hotelgast setzte hinzu: «Marx, Ebert, Scheidemann – kommen zuerst dann dran.» Und Hitler übertrug diese obszönen Anwürfe noch und rief im Oktober 1925 bei einem Tag der NDSAP in Weimar aus: «Jüdische Hände schaffen nur Mist und Jauche.»[28]

Die Ziele dieser antisemitischen Agitation waren im Nazi-Programm vom 24. Februar 1920 festgehalten worden, das die «Judenfrage» schon behandelt hatte. Danach konnte Staatsbürger nur sein, wer Volksgenosse war. Volksgenosse konnte nur sein, wer «deutschen Blutes» war. Kein Jude konnte Volksgenosse sein, sondern genoß höchstens Gastrecht in Deutschland.

Auch das Privileg, über die Führung und Gesetzgebung des Staates zu bestimmen, wurde nur deutschen Staatsbürgern zugestanden. Jede Einwanderung von nichtdeutschen Bürgern war zu verhindern. Eine besondere Bestimmung des Programms verlangte schon damals, die Kontrolle der deutschen Presse in deutsche Hände zu legen. Damit durfte allen bekannt sein, was die nationalsozialistischen Rassenideologen propagierten. Aber woran lag es, daß diese Ideologie ausgerechnet in Thüringen auf fruchtbaren Boden fiel?

Hitlers Helfer: Adolf Bartels

Ein deutsch-völkisches Sektierertum blühte nicht nur in den wirtschaftlich benachteiligten Gebieten Thüringens. Auch in der Kulturstadt Weimar bestimmten Schlagworte wie «Deutschtum», «Reinheit», «Heimat» und «Volk» immer mehr den öffentlichen Diskurs, in dem Adolf Bartels die Meinungsführerschaft übernahm. Der vielgelesene Autor, der 1905 vom damaligen Großherzog des Landes Sachsen-Weimar-Eisenach den Professorentitel erhalten hatte, ließ sich als der einzige und wahre *Praeceptor Germaniae* feiern.

Schon als Student wollte Adolf Bartels erkannt haben, daß alle Wurzeln der zeitgenössischen Übel beim Judentum und besonders im Umkreis jener Geistesgrößen gesucht werden mußten, die arglos mit den Juden sympathisierten. Der Sohn eines Schlossermeisters aus Wesselburen machte sich früh daran, in einer Fülle von Aufsätzen Literatur und Kunst nach «jüdischen» und «nichtjüdischen» Urhebern zu klassifizieren. Sein Agitationsfeld war die Literaturgeschichte, sein einschlägiges Buch dazu erzielte zehn Auflagen. Seinen fragwürdigen Ansatz, die Literatur unter rassischen Gesichtspunkten zu interpretieren, hatte er unter dem Einfluß der breiten antisemitischen Konjunkturwelle im Kaiserreich entwickelt. «Sei es im wissenschaftlichen, polemischen oder dichterischen Werk», so rühmte sein Verleger, «immer fühlt sich Bartels für die Wahrung und Reinerhaltung der im deutschen Wesen und in deutscher Dichtung schlummernden rassischen Kräfte verantwortlich.»[29]

Die Manie dieses Rechtsintellektuellen ging so weit, daß er bei der Jagd nach jüdischen und kryptojüdischen Autoren Heinrich und Thomas Mann sowie Hermann Hesse auf seine Liste setzte; mit der Analyse von Familienstammbäumen und dem Vergleich von Fotos, Namen oder körperlichen Eigenschaften suchte Bartels derart eifrig nach semitischen Spuren, daß man ihn auch bald «Judenriecher» nannte. Aber Bartels kümmerte sich nicht um seine Kritiker, zu denen Kurt Tucholsky, Johannes R. Becher und viele Vertreter der Linksintellektuellen zählten.

«Wer in unserer Zeit nicht Antisemit ist, der ist auch kein guter Deutscher», verkündete er im Jahre 1913 bei einem Vortrag über den «deutschen Verfall» in Berlin. Schon zu dieser Zeit war Bartels einer der bekanntesten Antisemiten im Deutschen Reich. Zufrieden konstatierte er, daß kein anderer deutscher Autor so beschimpft und verleumdet werde wie er. Für die linke und liberale Presse war dieser Heimatdichter aus Weimar ein «Bierbankliterat», ein «Judenhetzer» und «Teutomane», den man verspotten, aber nicht ernst nehmen mußte. «Herr Adolf Bartels in Weimar ist ein Arier von waschechter Reinheit», reimte Oskar Blumenthal im *Berliner Börsenblatt*. «Herr Adolf Bartels wünscht inniglich ein Pogrom unter den Dichtern, ein kritischer Deichgraf stellt er sich, getrost den zürnenden Richtern.» Aber unterschätzte man diesen anmaßenden Fanatiker nicht auch sträflich?

Schon im Jahre 1908 hatte Bartels umstrittene Berühmtheit erlangt, als er gegen den Bau eines geplanten Heine-Denkmals agitierte, das zum fünfzigsten Todestag des Dichters errichtet werden sollte. Hinter der Idee standen Alfred Kerr, Max Klinger, Ernst Haeckel, Gerhart Hauptmann, Richard Dehmel, Max Liebermann, Oskar Brie, Hugo von Hofmannsthal und Engelbert Humperdinck, die von ihrem völkisch-nationalistischen Weimarer Gegenspieler sogleich als «Davidsbündler» verketzert wurden; denn von den neun Unterzeichnern seien vier Juden, Haeckel sei als Gatte einer jüdischen Frau «international festgelegt», so daß nur Klinger, Hauptmann und Humperdinck als Künstler «nationaler Prägung» akzeptiert werden könnten.

Bartels wollte den nationalen Widerstand mobilisieren, weil er im Bau des geplanten Denkmals eine «Überrumpelung des deutschen Volkes» sah, dessen Seele von Heine verwüstet worden sei. «Der klassische Kosmopolitismus ging nie soweit, daß Deutsche mit Juden Bruderküsse ausgetauscht hätten», warnte er und diffamierte Heine als «spöttelnden Judenjüngling», kalt wie eine Hundeschnauze, der kein Denkmal verdiene. «Sein Haß gegen Deutschland, seine perverse Frivolität, sein grenzenloser Zynismus, die Heuchelei, als sei man zum Dichter des deutschen Volkes berufen ...» Dies alles genüge, um die Würdigung Heines als «Verletzung unserer nationalen Ehre» zu betrachten. «A la guêrre», rüttelte er seine Sympathisanten auf, die in den Redaktionen der konservativen Presse den Ruf aus Weimar aufnahmen und weiterpropagierten. Gewiß, durch die liberale deutsche Presse ging auch ein Schrei der Empörung, nachdem die Pamphlete des antisemitischen Literaturhistorikers aus Weimar erschienen waren. Aber Bartels Sätze, wonach der deutschen Literatur auch große Gefahr drohe, weil es dem Judentum leider durch die Macht der öffentlichen Meinung gelungen sei, «den Antisemitismus als etwas Verwerfliches hinzustellen», blieben im Gedächtnis. Weil nach Meinung dieses Judenhassers das «tapferste deutsche Männerherz» Angst davor hatte, sich zum Antisemitismus zu bekennen, ging Bartels als radikaler Vorkämpfer voran: «Nun, ich bin Antisemit, bin sogar stolz darauf, es zu sein, aber leichtsinnig bin ich es nicht geworden ...»[30]

Neben seinen hervorragenden Kontakten zu den eher bürgerlichen Gesellschaftskreisen pflegte dieser Literaturpapst enge Beziehungen zum radikalvölkischen Lager. So wurde der umtriebige Antisemit zum idealen Ansprechpartner für alle, die einen Brückenschlag zwischen der geistigen Elite und den Extremisten suchten. Es paßte ins Bild, daß Hitler diesem streitbaren Judenhasser schon 1925 bei seinem ersten Weimar-Besuch die Aufwartung machte. Bartels hatte beste Kontakte zum literarisch-kulturellen Bürgertum der Stadt, deren exponierteste Vertreter er in seiner Abhandlung über «Weimar und die deutsche Kunst»[31] geehrt hatte. Die eher bodenständig und nationalen Dichter und Intellektuellen Paul Quensel, Emil Herfurth, Ernst Wachler, Paul Ernst und Johannes Schlaf gehörten zu der lokalen Ahnengalerie ebenso wie Elisabeth Förster-Nietzsche und Friedrich Lienhard.

Aber dieser wahrhaft umtriebige antisemitische Konservative war nicht nur in den intellektuellen Kreisen seiner Heimatstadt zu Hause. Er blies überall dort zur Aktion, wo «Heimat, Stammestum, Volkstum und Rasse» in Gefahr schienen. 1919 veröffentlichte er Richtlinien für eine «Deutschvölkische Partei» und gründete den «Schiller-Bund», der Weimar für viele Jahre zum geschätzten Festspielort für die deutsche Jugend machte. Nicht ohne Eitelkeit rief er einen Bartels-Bund ins Leben, der zur Kaderschmiede für den antisemitischen Nachwuchs wurde; bald rühmten völkische Nationalsozialisten den Professor aus Weimar als die «stärkste Kraft der deutschen Literaturgeschichte», und es war klar, daß man ihn als intellektuelle Leitfigur akzeptierte. Seit 1908 hatte Bartels dem «Deutschbund» angehört, der ab 1912 in den Dienst eines militanten Rassengedankens gestellt worden war. Diese später mit der NSDAP verflochtene Organisation forderte von jedem einzelnen Mitglied besonderen «Eifer in aller gesetzlichen Abwehr der Juden». Auch beim Deutsch-Völkischen Schriftstellerverband tönte es nicht anders, dessen rassistische Satzung Bartels verfaßt hatte. Lange vor dem Aufkommen der Nationalsozialisten hatte Bartels schon versucht, alle völkischen Kräfte zu «Deutschen Tagen» zusammenzurufen, die später von der SA zu provozierenden Demonstrationen genutzt wurden.

Im Vorstand des Bartels-Bundes saßen mit den Nationalsozialisten Ernst Graf von Reventlow und Hans Severus Ziegler zwei völkische Vorkämpfer, die den Nationalsozialisten Dinter und Sauckel schon ab 1924 beim Aufbau der Nazi-Partei in Thüringen unter die Arme griffen. Prominente Verkünder des völkischen Deutschtums wie Friedrich Andersen und Paul Langhans gehörten zu diesem Weimarer Kreis ebenso wie der spätere Reichsdramaturg Rainer Schlösser und Baldur von Schirach, der in Weimar die Hitlerjugend gründen sollte. Es ist Adolf Bartels gewesen, der einen aggressiven Antisemitismus in der Weimarer Gesellschaft hoffähig machte; viele seiner Schüler waren später überzeugte Mitglieder der NSDAP.

Als Bartels im Juli 1924 vor den lokalen Nazi-Größen Graf von Görtz, Pölkow und Wagemann über «deutsch-völkische Arbeit» referierte, forderte er, lange vor den kulturellen Säuberungen unter dem späteren NSDAP-Innen- und Volksbildungsminister Wilhelm Frick, dazu auf, das Deutschtum zur Grundlage der gesamten Erziehung zu machen. Allen voran das Theater und der Film müßten von allen fremden Elementen gesäubert werden; statt dessen hätten «völkische Unterhaltungsabende» die Vielfalt deutscher Stammeskulturen zu präsentieren. Stürmischer Beifall und nicht enden wollende «Heil»-Rufe dankten für diesen Vortrag. Offizielles Mitglied der NSDAP ist Bartels freilich nie geworden.[32]

Ein Jahr später begrüßte Hitler den völkischen Vordenker bei seinem ersten Weimarer Auftritt als Ehrengast und bat darum, Bartels in dessen Haus in der Lisztstraße 23 besuchen zu dürfen. Es kam dann auch zu der symbolträchtigen Begegnung, bei der sich die «junge völkische Nachkriegsgeneration» und ein «einsames geistiges Kämpfertum» gegenüberstanden, wie Hans Severus Ziegler im Rückblick auf das denkwürdige Weimarer Treffen notierte. Geist und Politik schlossen einen verhängnisvollen Pakt. Bartels schmeichelte seinem Gast, er hielte dessen Buch «Mein Kampf» für die beste politische Veröffentlichung seit Bismarcks «Gedanken und Erinnerungen». An seinem 75. Geburtstag im Jahre 1937 erhielt der zum Ehrenbürger Weimars geadelte Bartels die höchste Auszeichnung, die Hitlers

Führerstaat zu vergeben hatte. Der geistige Vorkämpfer bekam den «Adlerschild des Deutschen Reiches» verliehen, der als Kulturorden noch über der begehrten Goethe-Medaille rangierte. Die *Thüringische Landeszeitung Deutschland* rühmte, daß Weimar durch Bartels schon früh den Ehrentitel «einer antisemitischen Hochburg» erhielt.

Als Bartels im Jahre 1942 achtzig wurde, erhielt er die goldene Ehrennadel der NSDAP. Ein gelehriger Schüler von Bartels hatte die Visionen seines Meisters in holperigen Gedichten vorweggenommen. «Am Schreibtisch sitzen wir und an Maschinen», reimte Baldur von Schirach, «sind Hunderttausend und nur eine Seele. Wir sind die Ketzer und die tiefen Frommen. Das Heut', das Gestern und das große Kommen.»[33]

Der Schatten von Buchenwald

Wer wie Adolf Bartels, Hans Severus Ziegler, Baldur von Schirach, der Schriftsteller Hans Malberg oder der in damaligen Fachkreisen bereits renommierte Goethe-Philologe Max Hecker unermüdlich für eine deutsche Kunst gekämpft hatte, die frei von sogenannten Perversitäten und Abnormitäten sein sollte, der sah sich im Jahre 1933 am Ziel aller Wünsche. Wie in anderen deutschen Städten kam es auch in Weimar zur Bildung einer NS-Kulturgemeinde, die sich aus dem «Kampfbund für deutsche Kultur» und dem «Reichsverband Deutsche Bühne» zusammensetzte.

In Weimar war die Mitgliederliste der neuen Vereinigung ungewöhnlich lang. Allein der Ortsverband der von Reichsleiter Alfred Rosenberg kontrollierten NS-Kulturgemeinde zählte 2951 Mitglieder. Alles, was im offiziellen Kulturleben der Stadt Rang und Namen hatte, war zu den neuen Mächten übergelaufen: die stadtbekannten Weimarer Finanzräte Krehan, Ulitzsch und Kohlschmid, der Geschäftsführer der Weimarer Commerzbank Hörning, der Oberhofmeister und Generalmajor von Beaulieu, Landgerichtsrat Beyer und Zahnarzt Otto, der Besitzer des Hotels «Elephant», Leutert, Oberstleutnant von Ziegler und Professor Quensel, die Generäle von Wurmb und Greßmann, Apothekenbesitzer Hoffmann und Bankdirektor Otto Schulze, Baronin von Buddenbrook und viele andere, die meist aus bürgerlichen Schichten und Berufen kamen und als Amts- und Landrichter, als Landgerichtsräte, Studienräte oder Rechtsanwälte seit Jahrzehnten schon zum gehobenen Bürgertum der Stadt zählten. Nun waren die Hitler-Anhänger sogar offiziell auch noch Parteigenossen geworden.[34]

Diese bürgerliche, deutschnationale und eher konservative Kulturelite schloß sich offenbar ohne Zögern den Nationalsozialisten an, die früh in der Stadt geduldet worden waren. Jetzt wollte man in der ersten Reihe sitzen, als Hitler im Nationaltheater die Feierlichkeiten zu Friedrich Schillers 175. Geburtstag eröffnete. Ein denkwürdiges Foto vom November 1934 zeigt Hitler im Frack in der überfüllten Staatsloge des Weimarer Nationaltheaters, neben ihm Joseph Goebbels und Fritz Sauckel, der 1933 Reichsstatthalter von Thüringen geworden war, dahinter die zu den Nationalsozialisten übergelaufenen Schriftsteller und Goethe-Forscher Hans Malberg und Max Hecker.

War Hitlers Erfolg in Weimar erst durch die Hilfe dieser Kulturelite zustande gekommen? Schon im Mai 1921 hatten deutsch-völkische Vereine unter der Leitung des Weimarer Pfarrers Ernst Alberti eine öffentliche Kampagne angezettelt, um das Stück «Reigen» vom «Juden Schnitzler» vom Spielplan des Nationaltheaters absetzen zu lassen. Es waren Bartels und sein gelehrigster Schüler, der frühe Hitler-Verehrer und spätere stellvertretende Gauleiter Hans Severus Ziegler, die immer wieder gegen die Juden agitiert und dafür plädiert hatten, bei der gesetzlichen Abwehr des Judentums besondere Wachsamkeit an den Tag zu legen. Die lärmenden Auftritte Ludendorffs, der NS-Parteitag Hitlers im Jahre 1926 mit seinen wüsten Ausschreitungen, die Gründung der SA sowie Arthur Dinters Ausfälle gipfelten in der Forderung nach einer «sauberen und gesunden Kultur», die jetzt, mit dem Ende der verhaßten Republik, endlich erfüllt schien. Hatten nicht zahlreiche Mitglieder dieser NS-Kulturgilde mit der Weimarer NSDAP-Ortsgruppe unter einer Decke gesteckt, die im Mai 1926 gegen die Aufführung des «Schandstücks» von Carl Zuckmayer, «Der fröhliche Weinberg», protestierte? Man durfte sicher sein, daß die vom späteren NS-Minister Wilhelm Frick eingeleitete Schul- und Kulturpolitik sowie die radikalen Säuberungsaktionen seines engsten Kulturberaters Professor Paul Schultze-Naumburg in diesen Kreisen Beifall fanden. Hatte man nicht immer für ein deutsches und gegen ein volksfremdes Künstler- und Literatentum agitiert? Was Adolf Bartels schon vor Gründung der Republik verlangt hatte, war jetzt Gesetz geworden. Nur «deutsche Volksgenossen» mit arischer Abstammung durften Mitglieder der neuen NS-Kulturgemeinde sein.

Gewiß hatte es auch vorsichtige Distanzierungen gegenüber dem Antisemitismus eines Adolf Bartels gegeben, die allerdings höchst widersprüchlich waren. Die Nietzsche-Schwester Elisabeth Förster-Nietzsche hatte Hitler und die Nationalsozialisten im engeren Kreise immer wieder wegen deren Judenfeindlichkeit kritisiert. Aber das hielt die opportunistische Leiterin des Nietzsche-Archivs nicht davon ab, engste Kontakte zum NS-Innen- und Volksbildungsminister Frick zu pflegen, sich auf die Seite der Nazis zu schlagen und Hitler schon im Jahre 1932 demonstrativ in der Loge des Weimarer Nationaltheaters zu empfangen. Bald darauf begrüßte diese anpassungsfreudige Kulturmanagerin den neuen Reichskanzler sogar an der Schwelle ihres Nietzsche-Hauses in Weimar. Auch der Dichter Johannes Schlaf hatte die Anfeindungen gegen die Juden zunächst abgelehnt und solche Ressentiments als Ausdruck allgemeiner deutscher Minderwertigkeitskomplexe interpretiert. Er verurteilte derartige Verfolgungen sogar und meinte, die Deutschen würden nur allzugerne andere zu Sündenböcken für eigene Schwächen erklären. Aber nach Hitlers Machtübernahme und dem offiziellen Beginn antisemitischer Ausgrenzungs- und Vernichtungspolitik gab es auch für diesen, bis dahin skrupulösen Weimarer Heimatdichter keine Hemmungen mehr. «Aber es ist trotzdem ganz gut, daß gewisse Größen der letzten Jahrzehnte so resolut und wirksam beiseite geschoben sind, vor allem das Literatur- und Kunstjudentum, die Wurzel allen geistigen Niedergangs und seiner talentvollen Verderbtheit.» Noch im Jahre 1935 hatte Schlaf ratlos gefragt: «Was soll man mit den Juden nur anfangen?» Zwei Jahre später gab ihm der befreundete Fritz Fink, Thüringer Landesleiter der Reichsschrifttumskammer, zur Antwort: «Wir lehnen auf dem Gebiete des deutschen Schrifttums jegliche Mitarbeit Rassefremder bis auf die kleinste Zeile restlos, bedingungslos, grundsätzlich und unerbittlich ab.»[35]

Noch Jahrzehnte später sollten diese selbsternannten Kulturträger alle Hinweise auf Judenpogrome als üble Hetze, die Verwüstung jüdischer Geschäfte als legitime Notwehrreaktion und die Judenvernichtung als Phantasiegebilde ausländischer Drahtzieher hinstellen. Vor 1933 hatte aber auch Elisabeth Förster-Nietzsche in privaten Zeugnissen zugegeben, daß «Juda» allzuviel Einfluß auf das deutsche Geistesleben gewonnen habe.

In Zieglers salbungsvollem Rechtfertigungsbuch für Hitler, das 1964 im Göttinger Schütz-Verlag erschien, werden Buchenwald und der Holocaust als Beweise einer angeblich ferngesteuerten und zutiefst deutschfeindlichen Kampagne erwähnt. Aber nicht nur Hitlers rechter Mann, sondern auch zahlreiche Repräsentanten des konservativen Bürgertums verleugneten nach 1945 einen Judenhaß, den man offen oder geheim gepflegt hatte. Die Ausgrenzung von allem, was einem «germanischen Volkskörper und Rassekern» fremd war – Juden, Polen, Slawen, Geisteskranke, Zigeuner, «unheilbare Kranke», «Asoziale», «nutzlose Elemente» –, dieser fast pathologische Haß fand in Weimar breite Resonanz. Keine Tafel der Stadt erinnert daran, daß man sich im Namen des hochgelobten Weimarer Geistes schon vor 1933 solchen brutalen und inhumanen Verfolgungen widersetzte. Niemand aus der massenhaft angewachsenen und offenbar auf politische Vorteile hoffenden lokalen NS-Kulturgemeinde brauchte zu antisemitischen Äußerungen gezwungen werden. Die Weimarer Galerie prominenter Namen zeigt, wie sehr der ganz gewöhnliche Antisemitismus in dieser Stadt lange vor Hitlers Machtübernahme verbreitet war. Für den fast notorischen Judenhasser Adolf Bartels sind erst die antisemitischen Überzeugungen Hitlers das Movens für eine politische Zusammenarbeit geworden. Auch die meisten seiner Schüler, von Baldur von Schirach über Fritz Fink bis zu Hans Severus Ziegler, haben wohl ähnlich gedacht. Allen voran Bartels hatte schon lange vor Hitlers Machtantritt die böse Losung ausgegeben: «Der Kampf ist notwendig und wenn man einmal auf dem Schlachtfeld ist, dann läuft man nicht mehr davon, dann muß man bis zum Umsinken kämpfen.»[36]

Hitler in Weimar
Ein besonderes Verhältnis und seine Folgen

Von Wien über Bayreuth in die Goethe-Stadt

Der Haß Adolf Hitlers auf die Großstadt Wien war auch dreißig Jahre nachdem er die Stadt verlassen hatte und in die Habsburger Metropole zurückkehrte, noch so groß, daß ihm als Führer und Reichskanzler der Satz entfahren sein soll: «Nach Wien gebe ich keinen Pfennig, und auch das Reich wird nichts dorthin geben.» Damit wollte er nachträglich eine Stadt bestrafen, in der er eine der schlimmsten Zeiten seines Lebens verbracht hatte.

In seinem Buch «Mein Kampf» hat er seinen sechsjährigen Aufenthalt in Wien als hart und entbehrungsreich beschrieben; aber er porträtierte sich auch als Kämpfernatur, die sich erfolgreich gegen den verhaßten Großstadtmoloch durchzusetzen wußte. An der Kunsthochschule wurde er auch nach zwei Anläufen nicht als Schüler akzeptiert. Der unbekannte junge Mann aus Linz landete in einem Obdachlosenasyl und schlug sich als Maler von Kunstpostkarten durch. Zuletzt geriet er in ein Männerheim der Wiener Wohlfahrtspflege, verbrachte seine Tage mit Besuchen im Parlament und mit einer unersättlichen Zeitungslektüre. Den wenigen Freunden und Bekannten ging er mit seinen ständigen Monologen auf die Nerven.

Nichts deutete zu jener Zeit auf den späteren politischen Erfolg eines Mannes hin, der sich im Heer der Wiener Gelegenheitsarbeiter und Arbeitslosen buchstäblich verlor. Der spätere Hitler, der Diktator, der Politiker wie der Verbrecher, war in jenen Jugendjahren kaum zu erkennen. «Er gehört selbst in diesen Kreis der Untüchtigen. Er läßt sich treiben und bringt kaum die Energie und Arbeitskraft auf, sich mit seiner Malerei auch nur notdürftig über Wasser zu halten, geschweige denn, sich für sein Lebensziel zu qualifizieren, einmal Baumeister zu werden», schrieb Brigitte Hamann über Hitlers Zeit in Wien.[1] Aber der Widerspruch zwischen Hitlers Bürgersehnsucht und der sozialen Wirklichkeit – so die einhellige Meinung aller Hitler-Biographen – sei nie wieder so kraß zutage getreten wie in der Zeit des Wiener Asyls. Im Rückblick auf jene Jahre meinte Hitler: «Aber in der Phantasie lebte ich in Palästen.»[2] Schon damals schien der als eigenbrötlerischer Sonderling beschriebene Hitler in einem Musiker sein Idol gefunden zu haben, der wie er selbst zahlreiche Enttäuschungen durchgemacht hatte und dennoch weltberühmt wurde: Richard Wagner. Erst die fast grenzenlose Bewunderung für diesen Komponisten vervollständigte jenes Bild, das Hitler dem bürgerlichen Ideal seiner Zeit entgegensetzte. «Wie fragwürdig sein Talent sich zeigte, wieviel überhaupt an plattester Hochstapelei, parasitärer Gewöhnlichkeit und Asozialität sein Männerdasein prägten. In der spätbürgerlichen Genievorstellung fand dies alles seine heimliche Rechtfertigung und in Wagner das unwiderlegbare Vorbild.»[3]

Daß Hitler Wagner verfallen war, ja geradezu einen «spleen» für den deutschen Musiker entwickelt hatte – das gab er später zu. «Ich gestehe offen, daß mich die Persönlichkeit Richard Wagners immer noch stärker angesprochen hat als die Goethes», bekannte Hitler nach seinem ersten Besuch im Weimarer Schiller-Haus im Jahre 1925. Richard Wagner sei nicht nur ein genialer Künstler, sondern auch eine starke Kämpfernatur gewesen, ja mehr noch, «ein revolutionäres Genie, das den Mut hatte, an der Beseitigung von Übelständen … persönlich mitzuwirken».[4]

Entscheidender für Hitlers spätere Karriere war jedoch die Begeisterung, die ihm während der ersten Jahre seiner «Kampfzeit» aus dem Festspielort Bayreuth entgegengebracht wurde. Der Aufstieg des Weltkriegsgefreiten über den unbedarften Bildungsoffizier im Münchener Schützenregiment zum Chef der «Deutschen Arbeiterpartei» war in der Wagner-Stadt mit Interesse verfolgt worden. Noch kannte man den radikalen

Parteiführer mit der antisemitischen Haßpathologie nicht persönlich; doch Hitlers Aufbruch in die Politik, die gewaltsamen Aktionen gegen die neue Republik und sein Münchener Putschversuch waren auf dem Bayreuther Wagnerhügel mit Wohlwollen verfolgt worden. Ähnlich wie in München, wo der politisierende Bohemien in besten Kreisen verkehrte, schaute man auch im noblen Bayreuth anfangs neugierig, später mit wachsender Sympathie auf jenen Mann, der die verhaßte Weimarer Republik herausforderte.

Für Hitler, der sich an Wagners Frühwerk «Rienzi» berauschte, war die Opernmusik des deutschen Komponisten eine einmalige musikalische und ästhetische Erfahrung. Hitlers Begegnung mit Bayreuth wurde zu einem wichtigen Markstein für die eigene Karriere. 1923 begegnete er zum erstenmal dem Wagner-Clan, ein Treffen, mit dem ihm besonders bei einem konservativen Bildungsbürgertum ein Entree verschafft wurde, das den sozial deklassierten und als «Anstreicher» verspotteten NS-Trommler bis dahin als ungebildeten Parvenü verachtet hatte.

Seine Entlassung aus der Landsberger Festungshaft Ende des Jahres 1924 wurde nicht nur von seinen engsten Freunden und Anhängern jubelnd aufgenommen. Auch die feine Münchener Gesellschaft freute sich ehrlich darüber, daß Hitler den Marsch vom 9. November 1923 in einen moralischen Sieg verwandeln konnte.

Zu den vermögenden Freunden und Gönnern seiner sogenannten Kampfzeit gehörten damals viele Frauen. Zu den Damen Bruckmann und Bechstein in München, der Gattin des berühmten Klavierbauers, gesellten sich die Innenarchitektin Troost und Winifred Wagner, damals die «Herrin von Bayreuth», eine gebürtige Engländerin und Ehefrau des Wagner-Sohnes Siegfried, die um Hitlers Gunst zu buhlen begannen. Winifred Wagner kämpfte «wie eine Löwin für Hitler», wie ihr Mann anerkennend vermerkte. Die fanatische Hitler-Bewunderin reiste unter einem Vorwand sogar nach München zum Hochverratsprozeß gegen Hitler und die Angeklagten des Novemberputschs, um ihrem Idol ganz nahe zu sein. Während der Dauer des Prozesses sparte das Publikum nicht mit Solidaritätsbekundungen für die Angeklagten. Die Huldigungen für Hitler gingen sogar so weit, daß einige seiner Anhängerinnen um die Erlaubnis baten, in seiner Wohnung ein Bad nehmen zu dürfen.[5]

Eine zweite Hitler-Bewunderin im Hause Wagner kam hinzu: Schon beim ersten, von Winifred Wagner eingefädelten Gespräch zwischen Hitler und dem englischen Rassentheoretiker Houston Stewart Chamberlain fungierte die Wagner-Tochter Eva als Interpretin ihres sprachbehinderten Mannes und sorgte dafür, daß für die Zukunft wichtige Kontakte besiegelt wurden. Nach einer Parteiveranstaltung in Bayreuth hatte Hitler Ende September 1923 dem Haus Wahnfried in Bayreuth einen kurzen Besuch abgestattet. Tief bewegt besuchte er das Grab, die Bibliothek sowie die Arbeitsräume des 1883 verstorbenen Meisters. Nach diesem Rundgang wurde er Houston Stewart Chamberlain vorgestellt, dessen Schriften zu den großen Leseeindrücken Hitlers seit seiner Jugendzeit gehörten. Es kam zu einer Begegnung von großer symbolischer Tragweite. Im Hause des allseits vergötterten Wagner trafen der antisemitische, fanatische Rassenideologe Chamberlain und der heimlich bewunderte Tatmensch Hitler aus München zusammen. Der gebürtige Engländer, der schwer an multipler Sklerose litt, hatte in seinem vom deutschen Bürgertum vielgelesenen Werk «Die Grundlagen des 19. Jahrhunderts» die Geschichte Europas als Abfolge von Rassenkämpfen interpretiert. Chamberlains kühne Spekulationen über die historischen Dekadenzprozesse hatten auch den jungen Hitler brennend interessiert. Dessen gesamte spätere Lebensphilosophie, seine Skepsis gegenüber Vernunft und Humanität sowie die romantische Verherrlichung von Blut und Trieb waren durch Chamberlains Schriften bestätigt worden. Der Hitler-Biograph Joachim Fest sieht in Chamberlain und Richard Wagner das «große Lebensvorbild» des späteren Reichskanzlers und NS-Führers, weil «Darwinismus und Antisemitismus, die Vorstellung von germanischer Kraft und Befreiungsbarbarei ... das Gute und das Böse, das Reine und Verdorbene, Herrscher und Beherrscher ... sich feindselig gegenüberstehen».[6]

Das Treffen zwischen dem greisen Chamberlain und dem damals vierunddreißigjährigen Parteiführer kam einem «nationalen Ritterschlag» gleich. Fortan glaubte das reaktionäre Wagner-Milieu in Bayreuth, von antisemitischem Haß gegen die Republik und ihre «jüdischen Novemberverbrecher» beseelt, in Adolf Hitler seinen neuen Messias gefunden zu haben. Der nahezu gelähmte Chamberlain feierte seinen Gast nicht nur als den Vorläufer für etwas schicksalhaft Großes, sondern rühmte ihn als politischen Retter und entscheidende Figur der deutschen Gegenrevolution. In einem späteren Brief an den damaligen Besucher sah Chamberlain in Hitler sogar eine «Erlösergestalt», die schöpferisch und nicht gewalttätig sei. «Sie sind ja nicht, wie Sie mir geschildert worden sind, ein Fanatiker, vielmehr möchte ich Sie als den Gegensatz von einem Fanatiker bezeichnen. Der Fanatiker erhitzt die Köpfe, Sie erwärmen die Herzen. Sie haben Gewaltiges zu leisten vor sich.»[7]

Solche Huldigungen mögen Hitlers fast krankhafte Selbstüberschätzung, sein messianisches Überlegenheitsgefühl und die manisch aufgestauten Heilserwartungen ins Grenzenlose gesteigert haben. Auf jeden Fall aber löste das überschwengliche Lob Chamberlains bei Hitler eine geradezu explosive Steigerung des eigenen Selbstbewußtseins aus. Er ließ Chamberlains Brief später millionenfach an seine Anhänger verteilen, was zeigte, wie wichtig dessen Zustimmung für Hitlers Ego war. «Hitler sah die Welt durch Wagners Brille. Und wurde dank Bayreuther Segen gesellschaftsfähig. Auf das Stück, das er gab, hatte man seit langem gewartet.»[8] Durch den Ritterschlag aus Bayreuth war der Demagoge der Biertische endlich auch von der feinen deutschen Gesellschaft als politischer Vollstrecker akzeptiert worden.

Was sich 1923 in Bayreuth vollzogen hatte, sollte sich in der

Stadt Weimar möglichst wiederholen. Wie der Festspielort Bayreuth symbolisierte auch die Goethe-und-Schiller-Stadt im konservativen bürgerlichen Lager eine Macht, die sich weniger an der Zahl von Wählerstimmen, sondern eher am bestimmenden Einfluß wichtiger Persönlichkeiten bemaß. Als Hitler nach der Bewältigung innerparteilicher Schwierigkeiten 1925 den Blick zum erstenmal nach Weimar richtete, schienen ihm die Voraussetzungen für eine politische Eroberung der Stadt günstig. Später rühmte er sich, daß er in Thüringen und Weimar erfolgreich «gesät und geerntet» habe; «eine arrogante, hochnäsige oder dumme Ablehnung der Partei» habe sich innerhalb weniger Jahre in eine «erwartungsvolle Haltung» verwandelt. Die Anfangserfolge in dieser Region waren so beeindruckend, daß er sogar überlegte, die Parteizentrale aus München nach Thüringen zu verlegen.[9]

Bevor Hitler im März 1925 zum erstenmal die Weimarer Arena betrat, waren wichtige politische Voraussetzungen geschaffen worden. Die neue rechtsgerichtete Ordnungsbund-Regierung war zu einem Tolerierungsbündnis mit den Völkisch-Sozialen bereit. Ihr Erfolg bei den Landtagswahlen hatte signalisiert, daß Hitlers Partei auch in Thüringen eine beachtliche Zahl von Wählern mobilisieren konnte. Die vereinigte «Völkische Liste», die anstelle der im Jahre 1922 verbotenen NSDAP zum erstenmal kandidierte, hatte mit 18,6% in Weimar das mit Abstand beste Ergebnis in Thüringen erzielt. Bei der darauffolgenden Wahl zum Deutschen Reichstag im Dezember 1924 wurden in Weimar 2544 Stimmen für die NSDAP ausgezählt. Das war im Vergleich zu den erfolgreichen Landtagswahlen am 10. Februar 1924 nicht überwältigend und bedeutete sogar einen erheblichen Rückgang; dennoch ließ dieses Wahlergebnis hoffen, weil die Zustimmung diesmal besonders aus großbürgerlichen Kreisen kam. «In Weimar», so stellte Fritz Sauckel denn auch 1928 fest, «dürfen wir ... auch die besten Gesellschaftskreise zu unseren Mitarbeitern und Anhängern zählen.»[10] Hitlers langfristig angelegte Eroberungsstrategie, über wichtige Brückenköpfe in der deutschen Provinz allmählich auch die Macht in den großstädtischen Ballungszentren zu gewinnen, schien jedenfalls bestätigt worden zu sein. Dafür waren Meinungsführer und politische Partner nötig, die Einfluß hatten und praktische Hilfe leisten konnten.

In der spektakulären Affäre um den geschaßten Staatsbank-Präsidenten Walter Loeb hatte Thüringens Finanzminister Wilko von Klüchtzner mehr als einmal Flagge für die völkischen Nazis gezeigt. Auch auf den neuen Volksbildungsminister Richard Leutheußer sowie auf Innenminister Georg Sattler schien in Konfliktfällen Verlaß zu sein. Der DVP-Politiker Leutheußer hatte gegen den Widerstand der öffentlichen Meinung das Bündnis mit den Nazis eingefädelt und ging seitdem mit dem Tolerierungspartner durch dick und dünn. Für den Pakt mit der Fraktion um Arthur Dinter hatte man sogar den Bruch mit der liberalen Deutschen Demokratischen Partei riskiert, die sich jeder Zusammenarbeit mit den völkischen Nationalsozialisten widersetzte. Thüringens neugewählte Regierung hatte aus ihrer nationalen Grundüberzeugung keinerlei Hehl gemacht und trat sogar öffentlich dafür ein, «das kranke deutsche Vaterland in allen seinen Teilen wieder gesunden zu lassen», wie Leutheußer im Mai 1925 in Weimar vor Journalisten reklamierte. Als Vorstandsmitglied der neugegründeten «Gesellschaft der Freunde des Nietzsche-Archivs» gehörte er mit der umtriebigen Philosophenschwester Elisabeth Förster-Nietzsche und dem Jenaer Philosophieprofessor Carl August Emge bald zu jenem einflußreichen Weimarer Kreis, der für eine starke Führung in Deutschland zu schwärmen begann; der italienische Diktator und Hitler-Verehrer Benito Mussolini erhielt von den Weimarer Nietzsche-Verehrern am 29. Juli 1933 ein überschwengliches Telegramm zu seinem fünfzigsten Geburtstag. «Dem herrlichsten Jünger Zarathustras, den sich Nietzsche träumte, dem genialen Wiedererwecker aristokratischer Werte», so lautete der Gruß, mit dem die Begeisterung für diktatorische Zeiten dokumentiert wurde.[11] Richard Leutheußer, der häufig in dem Nietzsche-Haus «Villa Silberblick» verkehrte, hatte sich schon früh großzügig gegenüber Hitler gezeigt. Er paukte die von den Nazis sehnlichst gewünschte Wiederzulassung der NSDAP und die Redefreiheit für Hitler im Lande Thüringen durch. Es schien jedenfalls, als habe sich der Sprecher der Thüringer Ordnungs-bund-Regierung auch mit diesem Kompromiß dem Druck des völkischen Tolerierungspartners gebeugt.

Auch Innenminister Georg Sattler hatte sich nicht kleinlich gezeigt. Mit der Duldung und Rückendeckung des Innen- und Wirtschaftsministeriums waren jüdische Beamte aus der thü-ringischen Ministerialbürokratie entlassen worden. Das für die öffentliche Sicherheit verantwortliche Innenressort hatte sich den Forderungen der Nationalsozialisten kaum widersetzt. Die umstrittene Genehmigung des völkischen Aufmarschs vom 18. August 1924 ging auf das Konto dieses Ministeriums, dessen Chef sich nach Meinung der parlamentarischen Opposition im Landtag mehr als einmal «auf dem rechten Auge blind» gezeigt hatte. Während Aufmärsche des sozialdemokratischen Reichs-banners zum Schutz der Republik untersagt oder nur unter be-sonderen Auflagen zugelassen wurden, drückte der Innenmini-ster bei Hitlers Nazi-Kumpanen oft beide Augen zu. Bei der August-Kundgebung im Jahre 1924 war von der Regierungs-seite demonstrativ Unterstützung signalisiert worden. Thürin-gens Regierungsvertreter hatte den Veranstaltern ein Grußwort gesandt und «gutes Gelingen» gewünscht, was im Landtag die Frage provozierte, ob man Putschisten wie Ludendorff oder Hit-ler in derartiger Weise die Sympathie bezeugen dürfe.[12]

Schwerwiegender war, daß die Landeshauptstadt Weimar zum erstenmal zum Versammlungsort und das Nationaltheater zur Tagungsstätte eines Aufmarschs freigegeben wurden, des-sen politische Ziele eindeutig gegen die Verfassung und gegen die hier gegründete Republik gerichtet waren. Das historische Theatergebäude durfte innen und außen mit Hakenkreuzfah-nen drapiert werden, die als verfassungsfeindliche Insignien verboten waren. Der NS-Fraktionsvorsitzende Arthur Dinter hatte die Reichsregierung des Hoch- und Landesverrats bezichtigt, ohne daß die Landespolizei eingeschritten war. In einer Anfrage an die Landesregierung wollte die SPD-Opposition wissen, wie diese Vorfälle mit der Reichs- und Landesverfassung zu vereinbaren seien. «Die Nationalsozialisten rufen dazu auf, daß wir durch die völkische Revolution zu einem nationalsozialistischen Staat kommen.» Sie machten doch gar keinen Hehl daraus, daß sie die Republik beseitigen wollten, so die Opposition an die Adresse der Exekutive, die als Kabinett «von völkischen Gnaden» geschmäht wurde.

In der Frühphase nationalsozialistischer Parteientwicklung war es die Gönnerschaft des Münchener Polizeipräsidenten Pöhner sowie die stille Hilfe des Oberamtmanns Wilhelm Frick gewesen, die Hitlers Absichten befördert hatten. Nun hielten der Innenminister der thüringischen Landesregierung sowie deren Ministerialbürokratie ihre Hand über ihn. Dem Besucher Hitler durfte sein Gaugeschäftsführer Fritz Sauckel schon am 4. Juli 1925 melden, die «thüringische Staatsangehörigkeit für Hitler» sei von Innenminister Georg Sattler befürwortet worden. Das vom Minister genehmigte Gesuch müsse nur noch im Reichsrat vorgelegt werden. «Der Minister meint», so Fritz Sauckel an Hitler, «daß die Genehmigung erteilt wird.» Seinen Wohnsitz sollte Hitler allerdings in München behalten.[13]

Noch wichtiger schien das geistig-kulturelle Umfeld Weimars für die geplante Eroberung zu sein. Wo bereits jeder fünfte Wahlberechtigte für die Nazis bei den Landtagswahlen votierte, war mit zahlreichen Sympathisanten zu rechnen. Wo man neben dem «Geist von Weimar» einen «Geist von Bayreuth» beschwor, ließen sich vielleicht Mitstreiter für eine Erhebung finden, die von Arthur Moeller van den Bruck bereits den Namen «Drittes Reich» erhalten hatte.

Mit dem in völkischen Kreisen populären, in der lokalen NS-Partei bewunderten Adolf Bartels stand zwar keine international respektierte Autorität wie Houston Stewart Chamberlain zur Verfügung. Aber der Geist und Tatmensch Bartels war nützlich, um wichtige Kontakte zu knüpfen. Deshalb war Hitlers Antrittsbesuch bei ihm im März 1925 ein geschickt eingefädeltes Manöver, um bei Weimars Bürgertum Eindruck zu machen. Im Haus des völkisch-antisemitischen Vordenkers, kaum einen Steinwurf vom Nationaltheater entfernt, entwickelte er bei dieser Begegnung Pläne zur Beseitigung der Weimarer Staatsform und ließ keinen Zweifel daran, daß er sich als künftiger Diktator in einem radikal veränderten Deutschland betrachtete. In der Festung Landsberg hatte er vor aufmerksam lauschenden Mitinsassen über Autobahnen und den Bau eines Volkswagens schwadroniert. Mit Bartels parlierte er nun über die Idee eines Wahlkaisertums, das anstelle der verachteten Republik installiert werden müsse. Mag sein, daß Hitler an dieser akademischen Erörterung von Verfassungsfragen tatsächlich interessiert war. Viel wahrscheinlicher ist, daß er bei seinem Treffen mit Bartels dessen persönliche Vorbehalte ausräumen wollte. Denn sein Gastgeber hatte mehrfach bekundet, daß er dem innerhalb der nationalsozialistischen Bewegung noch umstrittenen Hitler politisch wenig zutraute: Der politisierende Literaturpapst hielt den Weltkriegsgeneral Ludendorff für geeigneter, um ein Wahlkaisertum mit ständisch-autoritärer Staatsform zu etablieren.

Hitlers Sympathiewerbung war erfolgreich; Adolf Bartels und sein Schüler Hans Severus Ziegler verschafften ihm bereitwillig Zugang zu den Weimarer Kreisen. Bald kam der Verleger, Autor und Buchhändler Fritz Fink hinzu, der am Weimarer Marktplatz eine Buchhandlung sowie einen kleinen Verlag unterhielt, in dem er völkisch-rassistische Literatur vertrieb. Besonders Ziegler entpuppte sich als rühriger Mitstreiter. Der Sekretär von Bartels war Redakteur der von Bartels herausgegebenen Monatsschrift *Deutsches Schrifttum*. Er hatte in Cambrigde, Jena und Greifswald studiert, wo er mit einer Arbeit über «Friedrich Hebbel und Weimar» promoviert hatte. Schon im Februar 1925 war er Mitglied der NSDAP und Gründer der Ortsgruppen in Apolda und Weimar geworden.

Ein Jahr später konstituierte sich unter seiner Führung im Weimarer Versammlungslokal «Armbrust» der NSDAP-Jugendverband «Hitlerjugend» – eine demonstrative Verbeugung vor Hitler, der innerparteilichen Rückhalt gebrauchen konnte. Ziegler war geistiger Mentor des jungen Baldur von Schirach, der in den Kreis um Adolf Bartels geraten war und sich zum überzeugten Antisemiten gemausert hatte. Der Vater des späteren Reichsjugendführers war bis zu seiner Entlassung im Jahre 1918 Leiter des großherzoglichen Weimarer Hoftheaters gewesen. Im großbürgerlichen Haus der von Schirachs in der heutigen Abraham-Lincoln-Straße verkehrte eine Welt, die mit der Republik nicht viel zu tun haben wollte. Mit Ingrimm blickte die Familie auf eine Revolution, die nur Bitteres hervorgebracht zu haben schien. Im Oktober 1919 hatte sich Baldur von Schirachs Bruder Karl erschossen, weil er das «Unglück Deutschlands nicht mehr ertragen konnte», so die Begründung in seinem Abschiedsbrief. Die familiäre Doppelkatastrophe – der Tod des Bruders und die Entlassung des Vaters – sollten bei Baldur von Schirach einen Haß auf die neuen Herren der Republik nähren, der unbezähmbar schien. Bereits im Alter von siebzehn Jahren hatte er sich mit den Theorien Chamberlains und den Schriften von Adolf Bartels beschäftigt. Aber als Hitlers «Mein Kampf» erschien, verschlang er das Buch in einem Zuge. Das Werk sei für ihn wie eine Bibel gewesen, gestand er, «die wir fast auswendig lernten».[14]

1925 wurde Baldur von Schirach NSDAP-Mitglied, betätigte sich in der «Hitlerjugend» und gehörte zur Wehrjugend «Knappenschaft», die einen gefürchteten Saalschutz bei NS-Veranstaltungen bildete. Seit der Achtzehnjährige an der Seite Hitlers von Apolda bis Weimar im Auto mitfahren durfte, kannte seine Bewunderung keine Grenzen mehr. Er wurde zu einem fanatischen Mitläufer, der Huldigungsgedichte auf Hitler schrieb und bis zu seinem Lebensende ein glühender Anhänger seines Führers blieb. Zusammen mit Bartels und Ziegler bildete er fortan ein Triumvirat, das Hitler in die konservativ-großbürgerlichen und in die völkischen und antisemitischen Kreise Weimars einführte. Als stramme Vorkämpfer nahmen diese drei Verschworenen gemeinsam mit nationalsozialistischen Reichstags- und Landtagsabgeordneten an fast allen Versammlungen teil, die Hitler in Thüringen abhielt. Und auch bei Ziegler entstand daraus ein lebenslanges Treueverhältnis zu Hitler. Bis zu Hitlers letztem Besuch in der Goethe-Stadt war Ziegler seinem Führer ein fast intimer Vertrauter, dem der spätere Reichskanzler 1928 die Sätze sagte: «Wissen Sie, Ziegler, ich liebe nun einmal Weimar. Ich brauche Weimar, wie ich Bayreuth brauche. Und es wird der Tag kommen, da ich diese Stadt und ihrem Theater noch manche Förderung zuteil lassen werde. Mit Weimar und Bayreuth habe ich noch viel vor.»[15]

Die devote Bereitschaft, mit der Weimars Stadtväter den kaum aus dem Gefängnis entlassenen Trommler begrüßten, kontrastierte erheblich zu dessen innerparteilichen Problemen und Konflikten. Die Partei war zerstritten; der Streit um den Blut-und-Boden-Mystiker Dinter eskalierte. Hitler mußte um seine Autorität bei Kameraden kämpfen, die in seiner durch die Haft erzwungenen Abwesenheit zu den Gebrüdern Strasser, zu Ludendorff sowie anderen Parteiführern überlaufen wollten. Die Region Mitteldeutschland hatte sich schon 1925 zu einem wichtigen außerbayerischen Territorium für die NSDAP entwickkelt; der NS-Führer erklärte im Juli 1925 nicht ohne Stolz und Genugtuung, daß er «im ehemals roten Sachsen und Thüringen jetzt mehr Anhänger habe als im nationalen Bayern».[16]

Aber die Stimmung in den thüringischen NS-Verbänden blieb schwierig, weil die «Deutsch-völkische Freiheitsbewegung» aber auch die verschiedenen Wehrverbände um «Werwolf» und «Stahlhelm» und die Ortsgruppen der NSDAP untereinander konkurrierten. Schon bei der Frage, welchen Kandidaten alle deutsch-völkischen Gruppen bei der bevorstehenden Wahl zum Reichspräsidenten unterstützen sollten, waren diese Konflikte offen ausgebrochen. Erich Ludendorff war der Kandidat der im Februar 1925 wiedergegründeten NSDAP; die ebenfalls ins Leben gerufene «Deutsch-völkische Freiheitsbewegung» unterstützte jedoch Karl Jarres, der als gemeinsamer Kandidat der Deutschnationalen Volkspartei und der Deutschen Volkspartei nominiert worden war. Erst im Blick auf den zweiten Wahlgang am 26. April 1925 konnten sich die beiden Flügel der nationalsozialistischen Bewegung auf die Person des aussichtsreichen Generalfeldmarschalls von Hindenburg und damit auf einen Kandidaten einigen, der als Mann des «Reichsblocks» die Nachfolge im höchsten Staatsamt antreten sollte.

Hitlers fast bedingungsloses Eintreten für Erich Ludendorff kam einer schweren persönlichen Niederlage gleich. Der betagte Propagandist der Dolchstoßlegende hatte im ersten Wahlgang nur 1,1 % der Stimmen erhalten und landete unter sieben Bewerbern auf einem blamablen letzten Rang. Dabei war er von Hitler bei dessen meist überfüllten Saalauftritten als «hundertprozentiger Mann mit der eisernen Faust» gerühmt worden. Der Erfinder der Dolchstoßlegende mit dem berühmten, seit Tannenberg zum Mythos gewordenen Namen, der Rädelsführer der Berliner Putschisten um Kapp und Lüttwitz, der meuternde «agent provocateur», der am 9. November 1923 an der Spitze von 3000 SA-Leuten vom Bürgerbräukeller in die Münchener Innenstadt marschiert war – dieser haßerfüllte Gegner von Demokratie und Republik wurde von Hitler als ideales Staatsoberhaupt aller Deutschen gepriesen. «Es muß jeder Nationalsozialist zu der Überzeugung kommen, daß der General in unserer Bewegung der Feldherr und Führer der kommenden deutschen Armee ist», hatte Hitler seinen Anhängern zugerufen.

Ludendorffs Wahldebakel schien nicht gerade für die allseits gerühmten strategischen Fähigkeiten Hitlers zu sprechen, der seine öffentlichen Auftritte in Weimar zu einem Werbefeldzug für den Kandidaten Ludendorff umgestaltet hatte. Ende Februar 1925 war die Partei in München neu gegründet worden. Drei Wochen später, an Goethes Todestag, kam Hitler nach Weimar und absolvierte vier Veranstaltungen, die großen Zulauf hatten. Am 22. März sprach er im Schießhaussaal und am

Abend im «Gasthof Erholung». Überall wurde er mit «Heil»-Rufen begrüßt. Aber er bekam auch innerparteilichen Unmut zu spüren. «Hitler betrat den Saal. Nach dem Hitlerlied, das die Anwesenden stehend sangen, ertönten Rufe aus der Menge wie ‹Kompromißler›, ‹Ilmenau raus›, ‹Dinter raus›. Hitler wurde nervös und zuckte mit den Schultern, errötete und drohte mit dem Weggang. Diese Drohung berührte die Gemüter, aber auch Streichers Eintreten für Dinter und Hitlers Schlichtungsversuch einigten die NSDAP nur notdürftig.»[17]

Der Vorfall zeigte, daß Hitlers Autorität innerhalb des Verbandes noch umstritten war. Er war auf Helfer in seiner bürgerlichen Umgebung angewiesen, um bei den Auftritten für die NSDAP politisches Prestige zu gewinnen. Aber die Integration der anfangs noch widerstrebenden völkischen Kreise in die neugegründete NSDAP gelang. Das thüringische Parteiorgan *Der Nationalsozialist* rühmte: «Hitlers Auftreten in Thüringen ist von epochaler Bedeutung. Seine Weimarfahrt bedeutet einen gewaltigen Vorstoß ... Möge es für Adolf Hitler eine Genugtuung sein, daß der Staat Thüringen als solcher ihm das Gastrecht gern gewährte.»[18]

Als sei es völlig normal und mit der Tradition der Stadt zu vereinbaren, lud ein bekannter Weimarer Kulturträger den NS-Führer in das Allerheiligste der städtischen Museumskultur ein. «Es war in Weimar, im März 1925, als ich mit Hitler das Schillerhaus, anschließend das Goethehaus am Frauenplan besuchte», so erinnerte sich ein vom damaligen Ereignis zutiefst ergriffener Hans Severus Ziegler. «Wir standen an der Pforte zum Goethehaus, wo uns der Direktor Professor Dr. Hans Wahl schon erwartete. Als wir die berühmte Goethe-Treppe mit den niedrigen Stufen, auf denen man gleichsam emporschwebt, hinaufgingen, konnte ich es, als getreuer Weimarer, doch nicht unterlassen, zur Rechtfertigung Goethes zu bemerken, daß ich auch im Faustdichter eine ausgeprägte Kämpfernatur sehe ... Sodann übernahm Dr. Wahl das Wort zur Führung durch die Gesellschaftsräume, ließ uns einige Minuten im Arbeitszimmer und dann an der offenen Tür zu der mehr als spartanischen Schlafkammer Goethes allein verweilen, von der Hitler erschüttert war. Er warf mir einen Blick zu, als wolle er sagen: Ich sehe, daß auch hier ein harter Kämpfer gelebt hat.»[19] Viele Jahre später, nach dem Zusammenbruch des «Dritten Reiches», sollte der langjährige Direktor des Weimarer Goethe-Museums, Hans Wahl, die Behauptung verbreiten, Hitler habe das Haus am Frauenplan niemals betreten.

Tafelrunde im «Hotel Elephant»

Oft haben Hitlers Weimarer Gefolgsleute, besonders der ab 1933 zum Reichsstatthalter in Thüringen ernannte Fritz Sauckel und der spätere Generalintendant des Nationaltheaters, Hans Severus Ziegler, auf jene besondere Weimarer Atmosphäre verwiesen, die den kulturell stets ambitionierten NS-Führer offenbar vom ersten Tag seiner Aufenthalte an faszinierte. Begeistert erinnerten sie dabei an jene «Weimarer Tafelrunde», wie die oft informellen Treffen in Anspielung an den geselligen Kreis um die Herzogin Anna Amalia genannt wurden. Im Jahre 1775 hatte die kunst- und literaturbegeisterte Herzogin-Mutter einen illustren Freundeskreis um sich versammelt, zu dem Adelige des weimarischen Hofes sowie bürgerliche Schriftsteller und zahlreiche Künstler gehörten. Fast alle Zeitgenossen dieser Tafelrunden rühmten die kulturvolle, heitere Geselligkeit; stets habe es einen lebhaften Gedankenaustausch über alle Fragen der Kunst, der Musik und des Theaters gegeben. Man zeichnete, malte und musizierte; jeder trug zur geselligen Unterhaltung bei. «Es wurde geklimpert, gegeigt, geblasen und gepfiffen», schrieb Christoph Martin Wieland, der wie viele seiner Zeitgenossen eine Fürstin rühmte, die stets in der Lage gewesen sei, «in engeren Kreisen Gespräche auf die interessantesten Gegenstände zu bringen».[20]

Vom kulturell-literarischen Niveau dieser Tafelrunden war

bei den meist abendlichen Hitler-Treffs im «Hotel Elephant» nichts zu spüren. Gewiß hat der NS-Führer versucht, besonders in Weimar als kulturell ambitionierte Persönlichkeit zu wirken. Bei seinem ersten Aufenthalt im traditionsreichen Hotel am Markt, wo er bald ein und aus ging, trug er sich unter der Berufsbezeichnung Schriftsteller ein; damals schrieb er am zweiten Band von «Mein Kampf». Häufig besuchte er das Theater und lud Sänger und Schauspieler zum anschließenden Plausch in jenes Hotel ein, wo einst Ludwig Börne, Franz Liszt und Richard Wagner logierten. Im «Vorzimmer zu Weimars lebender Walhalla», wie Franz Grillparzer den seit 1696 bestehenden Gasthof nannte, hat er sich bei seinen über vierzig Besuchen in Weimar wohl gefühlt. Stets wurde die «Führersuite» Nr. 100 für ihn reserviert.

Am 4. November 1938, einen Tag vor der Eröffnung des Neubaus, jubelte die Nazi-Presse: «Über vierzigmal hat der Führer zwischen 1925 und 1936 Weimar aufgesucht und 26mal wurde sein Name ins Gästebuch des ‹Elephanten› eingetragen, davon sechsmal nach der Machtübernahme.»[21] Der treue Weggefährte Ziegler erhob das «Hotel Elephant» seit der ersten Übernachtung am 3. Juli des Jahres 1926 in den Rang eines «Hauptquartiers in der Mitte Deutschlands», wo in der Kampfzeit wichtige politische Entscheidungen getroffen wurden. NS-Gauleiter Fritz Sauckel rühmte das Hotel, weil es für den «Lauf der Bewegung und damit der Geschichte» von Bedeutung gewesen sei.

1937 sollte das traditionsreiche Haus abgerissen und neu aufgebaut werden, weil es den repräsentativen Ansprüchen der neuen Machthaber nicht mehr genügte. Man behauptete deshalb einfach, das Hotel «Elephant» sei baufällig geworden, und leitete die Umbauten in die Wege. Der Neubau von 1938 hatte 195 Betten sowie eine «Führersuite», in der ein «schlichtes Bett aus Eichenholz» auf den Führer wartete, der bis zuletzt Bedenken gegen den Abriß und Umbau gehabt hatte. Die Nazi-Hofberichterstattung lobte den Umbau, der am 5. November 1938 unter großer öffentlicher Teilnahme beendet wurde, damals in den höchsten Tönen. «Herrlich die großen zweiflügeligen Türen! Marmor der Fußboden, Marmor die Wände, Marmor die Tür- und Fensterfassungen, in kräftigem Eichenholz die Fenster! Die Sprache stolzer, edler Baukultur! Das Hoheitszeichen in Bronze, feuervergoldet! Naturtöne ... Werksteinbalkon! Aus quadratischen Säulen gebildeter Arkadeneingang! Quadratisch aufgeteilte Glasdecke! Vergoldete Linien in der Musiknische!»[22]

Alle kulturellen und ästhetischen Reminiszenzen wurden verdrängt; das Hotel wurde jetzt als Schauplatz wichtiger Entscheidungen beim Kampf um die Wähler Thüringens gerühmt. Hier empfing der machtbewußte Hitler im Januar 1930 die Unterhändler der Deutschen Volkspartei, die sich zu jenem Zeitpunkt der Ernennung des Nazi-Putschisten Wilhelm Frick zum neuen Superminister des Landes Thüringen widersetzten, und teilte ihnen kategorisch mit, daß er an der Nominierung seines einmal ausgesuchten Kandidaten unnachgiebig festhalten würde. In diesem Weimarer Traditionshotel lehnte Hitler 1932 telefonisch den Posten des Vizekanzlers ab: «In einem Vierteljahr spätestens bin ich ja doch in Berlin.» Für Thüringens lokale NS-Gilde, aber auch für alle übrigen Gefährten war das berühmte Haus am Weimarer Marktplatz deshalb mit zahlreichen Erinnerungen an den Aufstieg ihrer Partei im Gau Thüringen verbunden. «Wir alten Nationalsozialisten haben den alten Bau am Markt ... lange nicht mehr als Hotel angesehen, vielmehr in ihm ein Haus geachtet, das durch die Persönlichkeit des Führers und so viele entscheidende Taten geweiht war.»

Schon Ende 1925, nach drei oder vier Besuchen in der Dichterstadt, soll Hitler spontan ausgerufen haben: «Ich liebe Weimar!» Die Bevölkerung dieser Stadt sei bei seinen Besuchen im «Elephant» oder im Lustschloß «Belvedere» stets so zurückhaltend und sogar rücksichtsvoll gewesen, daß er sich nie «bedrängt und umlagert» gefühlt habe. Auch das südlich der Stadt gelegene «Belvedere», dessen Pavillons, Jagd- und Kavaliershäuser an die Hofhaltung einer abgedankten Dynastie erinnerten, hat Hitler oft aufgesucht. Hier flanierte er und monologisierte vor einem devot lauschenden Ziegler über die Zeitläufte der Welt. Im Jahre 1936 wurde er beim zehnjährigen Jubiläum des ersten NS-Reichsparteitages in der Dichterstadt mit einer Begeisterung empfangen, die vergleichbare Gunstbezeugungen in anderen deutschen Städten übertraf. Vor dem «Hotel Elephant» rottete sich eine unübersehbare Menschenmenge zusammen und rief den NS-Führer mit Sprechchören auf die Empore. «Lieber Führer, bitte, bitte, lenk auf den Balkon die Schritte!» Oder noch naiver: «Lieber Führer, komm heraus, aus dem Elefantenhaus.» Als Hitler auf sich warten ließ, dröhnten vom Weimarer Marktplatz die Rufe herauf: «Lieber Führer, sieh doch ein, wir können nicht mehr länger schrein.» Als er sich endlich der jubelnden Menge zeigte, verlangten seine fanatischen Anhänger: «Lieber Führer, geh nicht fort, bleib an diesem schönen Ort.» Es war Hitlers treuer Paladin Hans Severus Ziegler, der in seinem Rückblick auf jene Jahre die «geschlossene Atmosphäre» Weimars lobte, in der sich Hitler «wie zu Hause» fühlte. «Unaufhörlich branden die Heilrufe zum Balkon des ‹Elephant› empor. Nicht lange läßt der Führer auf sich warten, lächelnd erscheint er mit dem Gauleiter ... auf dem Balkon und blickt herab auf die begeisterte Menge.»[23]

Aber woran hat es gelegen, daß sich Hitler zu dieser kleinen Stadt so hingezogen fühlte? War es der «Herzschlag einer deutschen Kultur», das «Kleinod des deutschen Geistes» und die Symbolkraft des Namens, die Weimar für ihn so anziehend machten? An der Legende, daß der Führer eine musische und zutiefst schöpferische Persönlichkeit sei, hat Hitlers Entourage eifrig gebastelt. Seine häufig akademisch gebildeten Bewunderer waren, wie der weltläufige Cambridge-Student und promovierte Germanist Ziegler, in der geistigen Welt Goethes, Schillers und Wielands zu Hause; solche Bildung hat sie nicht daran gehindert, den Humanismus eines Goethe und Herder, den Idealismus Schillers oder die Charaktergestalten Lessings nur als intellektuelles Spielmaterial für ihre völkische Gesinnung zu mißbrauchen.

Später wurde die radikalvölkische Ideologie ohnehin von Hermann Burtes «Wiltfeber, der ewige Deutsche» oder von Hans Grimms «Volk ohne Raum» bedient. Man war gegen die Juden und gegen Frankreich, gegen antinationale Gefühle in den Parteien, in der Presse und im Theaterleben. In Hitler sahen wohl die meisten der in Weimar versammelten Bildungsbürger eine Identifikationsfigur, die ihre eigenen Ressentiments, Sehnsüchte und Enttäuschungen reflektieren konnte. «In magischer Koinzidenz», so der Hitler-Biograph Joachim Fest, «hatte er alle Protestgefühle, Hoffnungen und Ängste der damaligen Zeit auf seine Person konzentriert ... und dabei ein außerordentliches Gespür für die damalige Gefühlslage gezeigt. Er machte vor, welche Kräfte überhaupt mobilisiert werden konnten.»[24]

Der musische Staatsmann Hitler in der Musenstadt Weimar! Das war ein propagandistischer Slogan, den man ausbauen konnte. So lockte Fritz Sauckel, der seit 1925 als Geschäftsführer den neugegründeten NSDAP-Gau Großthüringen leitete, seinen verehrten «Führer der deutschen Volks- und Schicksalsgemeinschaft» nur allzugerne in die «Hauptstadt der deutschen Kultur», um Hitlers geistige Nähe zu Goethe und Schiller zu dokumentieren. Zum Leidwesen seines Mitkämpfers Ziegler interessierte sich Hitler kaum näher für die beiden Dichterfürsten. In «Mein Kampf» erwähnt er Goethe nur einmal, und als er das Schiller-Haus zum erstenmal sieht, zieht er gleich wieder Parallelen zur eigenen Biographie. «Als ich soeben da oben stand, an dieser primitiven Bettstatt und an diesem einfachen Schreibtisch und mir vorstellte, wie lange Schiller hat kämpfen müssen ... da kam mir aufs Neue der trostlose Gedanke, der mich schon in meiner Jugendzeit in Linz quälte, daß Genie und Schöpferkraft fast immer mit Hunger und Not verbunden sind.»[25]

Im mittelstädtischen Linz, in der Umgebung von Akademikersöhnen, vermögenden Kaufleuten und einflußreichen Personen von Stand war der Provinzler Hitler ein verschmähter Außenseiter gewesen, ein «underdog», mit dem man nicht verkehrte. Und doch hatte ihm diese Stadt ein klares Bewußtsein vom Gefüge «sozialer Rangordnungen» vermittelt, wie Joachim Fest analysierte.[26] Der Gedanke liegt nahe, daß das kleine und überschaubare Weimar mit seinem Schauspielhaus, mit der biederen Behaglichkeit und seinem Ruf einer Kulturstadt, aber auch mit seiner akademischen Gelehrsamkeit und der großen geistigen Tradition den entwurzelten Hitler an das heimatliche Linz erinnerte. «Er fühlte sich in provinziellen Verhältnissen eigentlich zu Hause und war unverlierbar fixiert auf deren Biedermeier, Überschaubarkeit und geordnete Moral», so Fest.[27] In «Mein Kampf» hatte Hitler die Welt der kleinen Hoftheater gerühmt, weil sich diese erfolgreich gegen die angeblich von den Großstädten ausgehende «Bolschewisierung der Kunst» zur Wehr gesetzt hätten. «Die Großstadt ist undankbar», meinte Hitler und räumte ein, daß er in Weimar und Bayreuth leben könne, weil er nur in diesen Städten ein «fabelhaftes Kulturleben» habe.[28] Die Großstadt – das war Korruption, Ausschweifung und Lasterhaftigkeit. Auf dem glitzernden Asphalt der Berliner Friedrichstraße und des Kurfürstendamms habe er sich so ratlos wie damals als Siebzehnjähriger bei der ein Leben lang verhaßten Ankunft in Wien gefühlt.

Gewiß war das Interesse des NS-Führers besonders auf Weimar fixiert, weil sich hier und im übrigen Thüringen erste Erfolge eingestellt hatten. Aber ihn reizte auch die Symbolik des Ortes. Von Weimar aus, vom «Hotel Elephant», hatte er seine Fäden gezogen. Der Aufmarsch im Juli 1926, als sich Hitler direkt gegenüber dem Eingang des Hotels wie ein Feldherr postierte, in unmittelbarer Nähe zum ältesten Gebäude der Stadt, der traditionsreichen Hofapotheke; die improvisierte Ansprache vom schmalen Balkon des «Elephant» im Jahre 1931, als er nach der Aufkündigung der ersten deutschen Regierungskoalition mit NS-Beteiligung theatralisch «die kommende Wende» signalisierte – solche fast zeremoniellen Handlungen symbolisierten die Nähe zu einer Stadt, die Hitler unbedingt geistig einnehmen wollte. Alle frühen Gefolgsleute der erstarkenden nationalsozialistischen Bewegung haben sich einem solchen Versuch eilfertig gebeugt. Sobald Hitler mit seinem Gefolge in das «Hotel Elephant» kam, dessen Besitzer nach 1933 wie zahlreiche andere Honoratioren auf der langen Liste der lokalen NSDAP-Mitglieder erscheint, war achtungsvoll von einer «Führertagung» die Rede. Huldvoll wurden Hitlers Leute als neue Retter Deutschlands verehrt. «Am Portal stehen zwei SS-Posten. Im Vestibül, das etwas schräg nach hinten ansteigt, stehen Formationsführer in Gruppen im Gespräch. Hoch in der Tür rechts Obergruppenführer Brückner, dort Parteigenosse Sepp Dietrich und der Arzt des Führers, Dr. Brandt, kommt durch das Hoftor hinein. Der Hotelportier hat, mehr als sonst ..., Telefonverbindung auf Verbindung herzustellen. Dort kommt die schmale Treppe Adjutant Schaub herunter, und ehe man nach dem Führer fragen will, schweift der Blick geradezu gewohnheitsmäßig links durch die Tür des blauen Gastzimmers hinauf zu der Ecke der historischen Tafelrunde, in der der Führer zu sitzen pflegt.»[29]

Für Hitler und seine Nationalsozialisten blieb das «Hotel Elephant» ein symbolischer Ort, der mit dem rücksichtslosen Kampf um die Macht in Deutschland verbunden war. Bereits am Abend nach dem NSDAP-Parteitag am 4. Juli 1926 sagte Hitler in Weimar zu seinen Paladinen, zu denen Fritz Sauckel, Hans Severus Ziegler, Paul Hennicke, Baldur von Schirach, Willy Marschler, Walter Ortlepp, Fritz Wächtler, Paul Papenbroock, Heinrich Siekmeier, später Albert Speer und der von Hitler mit dem Umbau des Hotels beauftragte Architekt Professor Hermann Giesler gehörten: «Von diesem Tage an datiert der Wiederaufstieg der Nationalsozialistischen Arbeiterpartei.»[30]

Hitler wurde offenbar über die verschlungenen Wege der Weimarer Kommunalpolitik von seinen Mittelsmännern gut informiert. Im Ton ausgesuchter Höflichkeit hatte er als Vorsitzender der NSDAP am 26. April 1926 zum Beispiel «um Überlassung des Weimarer Stadttheaters» für seinen geplanten Parteitag ersucht. Diese höfliche Anfrage war bei näherem Hinsehen eine Unverschämtheit; denn Hitler wußte, daß es einen Beschluß vom 14. Juli 1924 gab, der die Nutzung der Thüringer Landestheater mit Beginn der darauffolgenden Spielzeit für politische Zwecke grundsätzlich untersagte. Verriet Hitlers Schreiben an die Adresse des thüringischen Volksbildungsministeriums nicht die Selbstsicherheit eines politischen Führers, der sich auf seine Sympathisanten in der damaligen Bürokratie und Verwaltung verlassen konnte? Am 30. April wurde die Durchführung des Reichsparteitages vom thüringischen Staatsministerium genehmigt.[31]

In kaum zwei Jahren, vom Ludendorff-Aufmarsch im August 1924 bis zum NS-Parteitag im Juli 1926, wurde Weimar neben Bayreuth, Coburg, München und Nürnberg zum Zentrum der NS-Bewegung. «Nun denn, nach Weimar», notierte Joseph Goebbels am 2. Juli 1926 vor Beginn des ersten Reichsparteitages der NSDAP, der strenggenommen der zweite war, weil ein erster Parteitag schon im Januar 1923 in München stattgefunden hatte. «Ich habe gestern noch einmal meinen Tagebuchbericht der Weimarer Fahrt vor zwei Jahren nachgelesen. Welch ein Weg zur Höhe! In zwei Jahren! Mein Stern war gut!»[32]

Aufmarsch zum Parteitag

Prachtvolles Sommerwetter in Weimar. Am 3. Juli des Jahres 1926 drängeln sich in den Straßen und Gassen der alten Stadt viele Besucher, die zur ersten großen Massenveranstaltung der NSDAP angereist sind. Hakenkreuzfahnen, Plakate, Handzettel und zahllose Flugblätter, die von fahrenden Lastwagen auf Passanten abgeworfen werden – das Bild will zur Heiterkeit des Sommertages nicht recht passen; denn eine Vielzahl uniformierter Männer mit Rangabzeichen und Hakenkreuzemblemen gibt dem Aufmarsch ein eher militärisches Gepräge. «In Weimar schon toller Betrieb», lobt Joseph Goebbels. «Auf den Straßen wimmelt es von unseren Leuten. Ich muß tausend Hände schütteln.»[33]

Vor dem «Hotel Elephant» stehen Nazis aus Berlin und singen: «Hitler wird uns führen einst aus dieser Not.» Der als Organisator und Redner eingeteilte damalige NSDAP-Gaugeschäftsführer von Rheinland-Nord Goebbels fährt mit dem Motorrad durch die Stadt, schaut überall nach dem Rechten und lobt: «Sie haben sich alle gefreut.» Als Hitler vom «Hotel Elephant» über den Marktplatz kommt, wird Goebbels von seinem Führer und dessen Gefolge überschwenglich begrüßt. Der Führer überschüttet den damals Achtundzwanzigjährigen mit Anerkennung und freut sich darüber, «daß die Sache groß angeht». Dieser Parteitag wird nicht nur Hitlers Wiederaufstieg innerhalb der NSDAP besiegeln, sondern auch die politische Zukunft von Goebbels begründen. Wenige Wochen später steigt Goebbels zum Gauleiter des von Machtkämpfen geschüttelten Parteigaus in Berlin auf.

Ohne das demonstrative Wohlwollen Hitlers wäre diese Karriere nicht möglich gewesen; Goebbels ist Hitler seit diesem Weimarer Parteitag völlig ergeben. Bereits im November des Jahres 1925, als der spätere Reichspropagandaminister den NS-Führer in Braunschweig kennenlernt, ist er von dessen «großen, blauen Augen» fasziniert. Als ihm Hitler einen Monat später sein Buch «Mein Kampf» mit persönlicher Widmung schenkt, jubelt er: «Heil Hitler!» Im April 1926, nach einem längeren Gespräch mit dem Führer, beugt er sich dem «Größeren, dem politischen Genie». Seit den Tagen von Weimar ist Goebbels seinem Parteiführer restlos verfallen: «Hitler spricht von Politik, Idee und Organisation. Tief und mystisch. Fast wie ein Evangelium. Schauernd geht man mit ihm an dem Abgrund des Seins vorbei. Das Letzte wird gesagt. Ich danke dem Schicksal, daß es mir diesen Mann gab.»[34]

Bei der Vorbereitung des Parteitages waren auch die lokalen Hitler-Paladine nicht untätig gewesen. Noch am 23. April 1926 hatte es im Weimarer Stadthaussaal eine Feier gegeben, bei der das angebliche Genie des Parteiführers beschworen wurde. Unter Applaus hatte der Weimarer Opernsänger Karl Röser die Arie des Hans Sachs aus Richard Wagners Oper «Die Meistersinger» dargebracht. Danach zitierte der Theaterschauspieler Heinz Hugo John zwei Sonette des jungen Baldur von Schirach: «Den Wollenden» und «An Adolf Hitler»: «Du gabst uns Deine Hand und einen Blick, von dem noch jetzt die Herzen beben. Es wird uns dieser Stunde mächtig Leben, begleiten stets als wunderbares Glück.» Wieder ist es Arthur Dinter, der seinen Führer dafür lobt, weil er den «völkischen Gedanken in die Massen getragen habe».

Die Auftrittsverbote gegen diesen «Deutschesten aller Deutschen» geißelt Dinter als Ergebnis einer «Juden-Republik». Dabei ruft er aus: «Wir werden von Leichen und Gerippen regiert.» Wenige Wochen vor dem NSDAP-Parteitag ist die Euphorie unter Hitlers Anhängern groß: «Thüringen hat die alte Fahne Hitlers wieder aufgepflanzt», ruft Dinter und prophezeit, daß man die Macht auf legalem Wege erstreben wolle; was aber danach passiere, das sei ihm und seiner Partei egal. «Der parlamentarisch-demokratische Staat hat ... abgewirtschaftet und ist die Ursache allen Übels.»[35]

Mit diesem Parteitag setzte Hitler eine gestraffte, ganz auf den Anspruch des Führers ausgerichtete Parteiorganisation durch. Alle früheren Streitigkeiten und Konflikte wurden unterdrückt. Statt einer in «Stänkereien» verstrickten Partei wurde ein straffer Machtapparat gezimmert, bedingungslos auf Hitler eingeschworen.

Die Partei blickte auf einen Führer, der sich zum erstenmal an symbolträchtiger Stelle im Weimarer Nationaltheater eingefunden hatte: «An der Stelle, wo Ebert saß, sitzt und steht heute Adolf Hitler ... Das ist der Beginn einer neuen Zeit!» rühmte NS-Gauleiter Arthur Dinter beim Generalappell von SA und SS. Im fahnengeschmückten Ambiente des Nationaltheaters durfte Hitler einen Kämpfer aus alten Zeiten präsentieren. Zum erstenmal referierte Wilhelm Frick, der als verurteilter Akteur des «Münchener Putschversuchs» umjubelt wird, über nationalsozialistische Ziele. Frick, einer von Hitlers treuesten Gefährten, nahm in seiner Rede alle Forderungen vorweg, die er kaum drei Jahre später als Innen- und Volksbildungsminister Thüringens in die Praxis umsetzte. Schon damals forderte er kategorisch, alle «Revolutionsbeamten» zu beseitigen, das deutsche Berufsbeamtentum vom Marxismus zu reinigen und Angehörige der «jüdischen Rasse» aus allen öffentlichen Ämtern zu vertreiben.[36]

In Weimar gelang Hitler endlich der erhoffte Durchbruch bei seinem aus allen Teilen des Reiches angereisten Parteivolk. Nach der Veranstaltung stand er in der Pose des unbestrittenen Führers im offenen Fond seines Wagens auf dem Marktplatz der Stadt und nahm mit hochgereckter rechter Hand, in Windjacke und Gamaschenhosen, das Defilee seiner Anhänger ab. Die Stadt schien ihm und den vorbeimarschierenden Bataillonen zu gehören, die zackig den italienischen Faschistengruß entboten. Aus München waren die Verlegergattin Bruckmann, aus Bayreuth Winifred Wagner und aus Berlin «Stahlhelm»-Führer Theodor Düsterberg sowie Kaisersohn Prinz August Wilhelm gekommen, der bald darauf zur SA übertrat.

«Das Dritte Reich zieht auf!» berauschte sich Goebbels und feierte den Anbruch einer neuen Zeit: «Der Zug kommt. Mit an die Spitze. Die ganze Führerschaft. Hitler marschiert vorne. Durch ganz Weimar. Auf den Marktplatz. Fünfzehntausend SA marschieren an uns vorbei. Die Brust geschwellt vom Glauben! Deutschland erwacht!»[37]

Hakenkreuz-Terror in Weimar

Die Wirklichkeit sah hinter dieser Fassade anders aus. «Das Treiben der Hakenkreuz-Banden hat die Weimarer Polizei während der letzten Tage und Nächte in Atem gehalten und in weiten Teilen der Bevölkerung Erbitterung hervorgerufen», so die *Frankfurter Zeitung.* «Die Völkischen suchten sich vielfach als die Herren der Stadt aufzuspielen.» So berichtete der größere Teil der Presse über ein Ereignis, das Weimar erneut in ein fragwürdiges Rampenlicht gerückt hatte. «Die Stadt atmet auf, wo jetzt noch wenige Hitler-Leute hier sind», meinte das *Berliner Tageblatt.* Auch in dieser Zeitung wurde gefragt, warum gerade in Weimar ein Nazi-Aufmarsch stattfinden konnte, der «beispiellos» war. An jenem Wochenende habe die deutsche Öffentlichkeit erlebt, «wie sich die Nationalsozialisten aufführen, wenn ihnen einmal ein bißchen freie Hand gelassen wird».[38]

Die Einwohnerschaft verhielt sich aber reserviert und ablehnend gegenüber dem Aufmarsch. Lediglich an vier Weimarer Kaffeehäusern in der Innenstadt sowie an einigen Stadtvillen in den vornehmen Vierteln waren schwarzweißrote Fahnen zur Begrüßung der Teilnehmer aufgezogen worden. Weil der Oberbürgermeister Walter Felix Mueller nicht zur Eröffnungszeremonie im Nationaltheater erschien, wurde das Stadtoberhaupt im Beisein Hitlers öffentlich als «feiger Geselle» und «Oberspießer» geschmäht. Noch schlimmer aber waren die zahlreichen Krawalle und tätlichen Übergriffe, die die Stadt zwei Tage lang in Angst und Schrecken versetzten.

Wer sich als Linker verdächtig machte, der wurde gejagt. In der Nähe des Stadtzentrums wurden zwei Arbeiter von ihren Fahrrädern gezerrt, malträtiert und über ein Brückengeländer in die Ilm geworfen. Polizisten konnten Schlimmeres verhüten. Augenzeugen haben den Vorfall, der am hellichten Tag passierte, später mit einem Lynchversuch verglichen. Polizisten wurden getreten, verlacht und verspottet. Mädchen mit Bubiköpfen wurden wegen ihrer modischen, bei den Nazis eher verpönten Haartracht beschimpft und angespuckt. Wer unter den arglosen Passanten kein Hakenkreuz trug, der lief in jenen Tagen Gefahr, von bewaffneten, betrunkenen, randalierenden und grölenden Hitler-Anhängern verprügelt zu werden. Zahlreiche Bürger wurden als Juden diffamiert. Darunter befand sich der Weimarer Opernsänger Emil Fischer, der Anzeige bei der Staatsanwaltschaft Weimar erstattete. Als die Hitler-Anhänger an ihm vorbeimarschiert waren, hatte sich Fischer den Text der Sprechchöre so exakt aufgeschrieben, daß er ihn später bei der

Begründung seiner Strafanzeige dokumentieren konnte. «Wir scheißen auf die Judenrepublik!», «Haut sie raus, die Judenbande, aus unserem deutschen Vaterlande!», «Wir brauchen keine Judenrepublik, pfui, pfui, Judenrepublik!» und «Zum Putsch, zum Putsch sind wir geboren, dem Adolf Hitler haben wir's geschworen!»

Damit nicht genug. Auf dem Weimarer Rollplatz wurde ein Privatauto überfallen, die Insassen wurden ins Freie gezerrt und mit Stöcken geschlagen. Das Weimarer «Volkshaus», ein traditionelles Versammlungslokal in der heutigen Ebertstraße, galt seit jeher als Treffpunkt der organisierten Arbeiterbewegung; hier hatten Karl Liebknecht, Rosa Luxemburg, Clara Zetkin und Rudolf Breitscheid gesprochen. Eine Gedenktafel erinnert an den Generalstreik Thüringer Arbeiter gegen den Kapp-Putsch im Jahre 1920, bei dem neun Demonstranten getötet worden waren. An jenem Wochenende im Sommer 1926 wurde auch dieses Haus zum Ziel nationalsozialistischer Überfälle. Dreimal wurde in der Nacht versucht, das Lokal in Brand zu stecken. Dreihundert schwerbewaffnete Nationalsozialisten wollten in einem militärisch vorbereiteten Angriff über die Außenmauern in das Innere des «Volkshauses» eindringen und dort Feuer legen. Eine aufmerksame Polizei verhütete Schlimmeres.

Strategie und Taktik dieser Provokation erinnerten Beobachter später an die Einschüchterungsversuche italienischer Faschisten, wie im Landtag gesagt wurde. Mit derartigen Aktionen habe der Aufstieg des Diktators Benito Mussolini begonnen. «Mit dem Niederbrennen von Volkshäusern, Gewerkschaftshäusern und mit Überfällen auf Geschäftshäuser sollte auch in Weimar der Anfang gemacht werden.»[39]

Die Stadt glitt in einen Zustand von Rechtlosigkeit, Haß und Willkür ab, und die Ordnungskräfte waren fast machtlos dagegen. Bei ihrer Anfrage an die Landesregierung konnte die SPD-Opposition darauf verweisen, daß ein regelrechtes Waffenarsenal vorhanden war und mit Stöcken, Spaten, Beilen, Schuß- und

Stichwaffen auf die friedliebenden Bürger losgegangen worden war. «Jedenfalls war wohl kein einziger Nationalsozialist in Weimar, der nicht mit einer Waffe, einem Dolch oder einer Schußwaffe bewaffnet gewesen ist und die Leute waren ihrer Sache so sicher, daß sie diese Waffen offen zur Schau getragen haben.»[40] Man rechnete erschrocken vor, daß am Sonntagnachmittag mehr als dreißig Dolchträger gezählt worden waren. Am frühen Morgen war ein bewaffneter Trupp von über zweihundert Nationalsozialisten sogar noch einmal vor dem inzwischen polizeilich abgeriegelten Weimarer «Volkshaus» erschienen und hatte in lauten Sprechchören gerufen: «Blut wollen wir sehen!»

Besonders bayerische Hitler-Anhänger, die überwiegend auf Kosten der NSDAP mit Sonderbussen nach Weimar geschafft worden waren, liefen mit weithin sichtbaren Dolchen und Messern in ihren Stiefelschäften herum. In der Nähe des Bahnhofs wurde der Polizeioberwachtmeister Paul Schmidt von einem dieser Nationalsozialisten angeschossen und so schwer verletzt, daß er lange in Lebensgefahr schwebte. Später konnte der Polizeibeamte bestätigen, daß der Attentäter eine Hakenkreuzbinde getragen habe und randalierende Nazis den Vorfall mitangesehen hätten. Selbst scheinbare Belanglosigkeiten führten zu tätlichen Übergriffen. Als ein Zuschauer beim Absingen des Deutschlandliedes seine Mütze nicht abnehmen wollte, wurde er brutal zusammengeschlagen. Das spätere Fazit dieses Reichsparteitages der NSDAP war bei der Bevölkerung und bei den thüringischen Ordnungskräften vernichtend. Man sprach von flegelhaftem Verhalten und politischem Strauchrittertum. Niemand durfte sich nach diesem Wochenende mehr sicher fühlen.

Ein Kniefall vor den Nazis

Als im Thüringer Landtag über diesen Skandal debattiert wurde, warf der sozialdemokratische Abgeordnete Frölich dem Innenminister Sattler vor, bei der Behandlung rechter und linker Gruppierungen nicht mit dem richtigen Maß vorgegangen zu sein. Während die deutschen Rechtsradikalen, die doch die bestehende Verfassung abschaffen wollten, überaus vorsichtig behandelt würden, gelte ganz anderes für die republikanischen und linksgerichteten Organisationen. Weil die Nationalsozialisten in Thüringen das politische Zünglein an der Waage seien, würden sie von der Regierung geschont. Nach den Erfahrungen, die man schon im August 1924 bei der Tagung der «Nationalsozialistischen Freiheitsbewegung Großdeutschlands» gemacht habe – bei diesem Treffen hatte Dinter der Reichsregierung mit dem Galgen gedroht –, hätte die Landesregierung ihren Beschluß, das Nationaltheater nicht für politische Zwecke zur Verfügung zu stellen, niemals aufgeben dürfen.

Die stürmische Debatte im Landtag offenbarte eine tiefe und offenbar unüberbrückbare Kluft zwischen Regierung und Opposition. Als Dinter behauptete, der Schuß auf den schwerverletzten Polizeioberwachtmeister sei nicht von einem Hitler-Anhänger, sondern von einem Kommunisten abgegeben worden, kam es sogar zu Handgreiflichkeiten; dem exzentrischen Dinter wurde aus den Reihen der KPD-Fraktion ein Tintenfaß an den Kopf geworfen. Mit Billigung des Parlamentspräsidenten durfte er zur Empörung der Opposition eine Erklärung verlesen, in der die Marxisten zu alleinigen Urhebern der Vorkommnisse gestempelt wurden; die gesamte «marxistische Linke» – so der ungeheuerlich anmutende Vorwurf – habe die Nationalsozialisten provoziert. Der Tumult steigerte sich zum Eklat, der in der teilweisen Unterbrechung der Landtagssitzung endete. «Verbrecher, Lumpen, Gesindel», scholl es von den Bänken der Opposition. Vergeblich rief der Präsident zur Ordnung; nach wenigen Stunden wurde die tumultartige Sitzung abgebrochen. «Wir sehen dieselben Anfänge, wie wir sie auch in Italien haben beobachten können ... Wir wissen, daß auch die Nationalsozialisten die Staatsform mit Gewalt ändern wollen. Aber gegen diese nimmt der Innenminister nicht Stellung. Seitdem der Ordnungsbund im Thüringer Landtage die Mehrheit hat, werden die Vorschriften ... der Landesverfassung in Thüringen nicht mehr beachtet.»[41]

Auch im Stadtrat von Weimar war die Empörung groß. Nach dem NSDAP-Reichsparteitag protestierte eine Mehrheit der Parteien gegen die «unerhörten Übergriffe und Gewalttätigkeiten». Weimars Oberbürgermeister Walter Felix Mueller schilderte persönliche Eindrücke, sprach von Belästigungen der Bürger und von Schlägereien und Aufläufen, die eindeutig auf das Schuldkonto der Nationalsozialisten zu rechnen seien. Der Reichstagsabgeordnete der NSDAP, Julius Streicher – so empörte sich Mueller –, habe in seiner Rede auf dem Marktplatz die gesamte Einwohnerschaft der Stadt in unflätiger Weise beschimpft. «Wenn man ein Gastrecht genießt, dann ist es selbstverständlich, daß man sich anständig zu benehmen hat. Aber das liegt den Nationalsozialisten nicht», so Weimars Stadtoberhaupt vor seinen Ratsmitgliedern.

Der gefaßte Beschluß des Stadtparlaments, der einer eindeutigen Distanzierung gegenüber den Nationalsozialisten gleichkam, klebte später an fast allen Litfaßsäulen der Stadt. Selbst der einzige völkische Abgeordnete in der städtischen Parlamentsvertretung, Fritz Fink, enthielt sich bei der Abstimmung der Stimme nur, anstatt eine Gegenstimme abzugeben. Dafür wurde Fink später von seinen Parteigenossen als «traurige Figur» diffamiert. Gegen die Resolution stimmten drei Mitglieder der deutschnationalen Rechten, darunter der Weimarer Bankdirektor Adolf Landsberger. Wo sich selbst der völkische Ratsherr für das skandalöse Vorgehen der eigenen Parteigenossen schämte, schauten ausgerechnet drei Mitglieder der deutschnationalen Fraktion einfach über das beschädigte Ansehen ihrer Vaterstadt hinweg und drückten beide Augen zu.

Der deutschnationale Abgeordnete von Eichel-Streiber rechtfertigte das Vorgehen der Innenbehörden und gab Innenminister Sattler sogar für künftige Hitler-Aufmärsche einen Blankoscheck: «Wir stellen fest, daß die Regierung keine Veranlassung hatte, die Abhaltung des Parteitages der NSDAP unter ihrem Führer Hitler in Weimar zu verbieten. Wir billigen auch, daß die Regierung es ablehnt, den Anregungen auf Ausnahmebehandlungen der NSDAP oder ihres Führers Hitler in bezug auf die Abhaltung von Parteitagen, Versammlungen oder Verträgen in Thüringen zu folgen.» Der nationalsozialistische Abgeordnete Willy Marschler, der 1930 zum Staatsrat in Thüringen aufrückte, gab zu Protokoll: «Die Fraktion der NSDAP erklärt, daß sie die Antwort der Regierung befriedigt ... und daß sie nicht daran denkt, die Forderung des Stadtrats, den Nationalsozialisten in Zukunft die Abhaltung von Parteitagen in Weimar zu verbieten, zur Ausführung zu bringen.»[42]

Die Ablehnung aller Mißtrauensanträge stärkte die Regierung. Aber seit jenem 14. Juli 1926 hatte Hitler in Weimar endgültig den Fuß in der Tür. Der parlamentarische Rückhalt von 38 Stimmen der Regierungskoalition mußte ihm und seinen Mitstreitern signalisieren, daß Thüringen als Zwischenstation für den Marsch von Bayern nach Berlin und als fast ideales Experimentierfeld für nationalsozialistische Agitation benutzt werden konnte. Schon ein Jahr später stiegen die nationalsozialistischen Stimmengewinne bei den Kommunalwahlen besonders in den ländlichen Regionen und Städten wie Gera, Schleiz und Hildburghausen fast kontinuierlich an. Wie ein vorweggenommener Präzedenzfall für die spätere deutsche Parteiengeschichte war bereits im Verlauf dieser Landtagsdebatte das Modell jener ominösen «Harzburger Front» aufgetaucht, bei der eine konservative bürgerliche Rechte gemeinsame Sache mit den Nazis machte. Obwohl Adolf Hitler immer wieder die Beseitigung der als «System von Weimar» attackierten Verhältnisse gefordert hatte, wurde er von den Repräsentanten dieses parlamentarischen Systems keineswegs als Verfassungsfeind betrachtet. Im Gegenteil: Die Ablehnung der Mißtrauensanträge konnte auch als Vertrauensbeweis für die umstrittene NS-Partei und als eine Absage an alle republikanischen Parteien bewertet werden, die sich wie DDP und SPD um den Bestand der Republik Sorge machten und als «marxistische Linke» ausgegrenzt wurden. Schon damals entstand eine Kluft, die nie mehr überbrückt werden sollte.

Aber auch die Geduld der Stadt Weimar war auf eine ernsthafte Probe gestellt worden. Der mutige Stadtratsbeschluß, in dem sich die Empörung der Bürger über den Hakenkreuz-Terror artikulierte, wurde vom Innenminister ausdrücklich als falsch und voreilig verurteilt. In einem ungeahnten opportunistischen Schwenk kam damals sogar die Mehrheitsfraktion «Freie Bürgervereinigung» der Regierungskoalition noch nachträglich zu Hilfe. Plötzlich beschwerten sich die Abgeordneten dieser kommunalen Fraktion, in der sich Anhänger der Rechtsparteien sowie Sympathisanten der Nazis befanden, die Stadtratsresolution sei nur durch eine geschickte «Überrumpelung» und in erster Aufregung nach dem Parteitag zustande gekommen. Wie die parlamentarische Mehrheit im Landtag wollten auch diese Weimarer Mandatsträger von einer klaren Verurteilung der Vorfälle nichts mehr wissen, sorgten sich nicht mehr um das beschädigte Ansehen der Stadt, sondern hielten es mit einem Male sogar für unverantwortlich, ein abschließendes Urteil zu fällen.

Damit standen für Hitlers Partei in der thüringischen Landeshauptstadt alle Chancen gut. Allen voran die amtierende Landesregierung sowie die sie tragenden Parteien der Regierungskoalition hatten in einer brisanten, weit über Thüringen hinaus beachteten Streitfrage politische Position im Sinne der Nationalsozialisten bezogen. Hitlers Anhänger wurden sogar rehabilitiert – trotz ihres kriminellen Auftretens. Zu solcher Loyalität gesellten sich unzweideutige Sympathiebeweise aus dem Weimarer Stadtrat, wo Hitler in allen bürgerlichen Fraktionen stille Helfershelfer vermuten durfte. Schon zwei Jahre später konnte der neue NSDAP-Gauleiter Fritz Sauckel seinem Führer berichten, daß die parteipolitische Arbeit in Thüringen sehr erfolgreich sei. Besonders in den «gehobenen Kreisen des Weimarer Bürgertums» habe man große Zustimmung erzielt. Bei einem solchem Rückhalt konnte der NSDAP-Führer darangehen, das Land Thüringen und dessen Hauptstadt als strategisches Aufmarschgebiet für seinen Sprung an die Macht weiter auszubauen.

Die offizielle Interpretation der damaligen Vorfälle löste in der deutschen Öffentlichkeit fast einhellig Empörung aus. Mit einer bis dahin nicht gekannten Offenheit sprach man den Verdacht aus, daß die Thüringer Landesregierung die schweren Ausschreitungen nur verniedlicht habe, um die eigene politische Machtbasis nicht zu gefährden. «Am bedenklichsten aber ist die Tatsache, daß der Innenminister die Polizei gegen die Angriffe der Nationalsozialisten ... nicht in Schutz genommen hat», meinte das *Berliner Tageblatt*. «Das ist ein sehr gefährliches Spiel mit der Staatsautorität, die ja ohnehin schon von den Nationalsozialisten und ganz besonders in Thüringen mit den Füßen getreten wird.» Als der offizielle Antrag der Deutschen Demokratischen Partei abgelehnt wurde, im Landtag wenigstens den Polizeibericht über die Weimarer Vorfälle zu verlesen, entrüstete sich das Berliner Blatt: «Mehr kann die Regierung nicht erwarten – von der rechten Mehrheit ein derartiges Vertrauensvotum zu bekommen!» Für die überwiegende Mehrheit der Journalisten war der entscheidende Faktor aller Vertuschungsmanöver die eindeutige Haltung von Innenminister Georg Sattler. Die *Frankfurter Zeitung* urteilte: «Es unterliegt kaum einem Zweifel, daß Herr Sattler, der von der Objektivität seiner Amtsführung überzeugt sein soll, doch eine wesentlich andere Einstellung eingenommen hätte, ... wenn nicht rechtsradikale Ausschreitungen, sondern tatsächliche Exzesse linksstehender bzw. kommunistischer Kreise zur Erörterung stehen würden.»[43]

Damals erhob sich im Kreis der betroffenen und zutiefst beleidigten Bürger von Weimar eine mahnende Stimme. Der jüdische Opernsänger Emil Fischer, Mitglied des Israelitischen Religionsvereins und des «Centralvereins deutscher Staatsbürger jüdischen Glaubens», wehrte entrüstet den Verdacht ab, wonach nicht die Nationalsozialisten, sondern angeblich linke Kreise an den Tumulten schuldig gewesen seien. Fischer erstattete Anzeige und schrieb an den Staatsanwalt: «Ich halte das Auftreten dieser sogenannten Nationalen Sozialisten für schmachvoll und empfinde ihr Benehmen am vergangenen Sonntag als eine unerhörte Provokation. Ich habe schon mancherlei an Beleidigungen einstecken müssen, was ich meiner Zugehörigkeit zu einer nicht vorschriftsmäßigen Religion und Weltanschauung verdanke. Aber dieser Aufzug am Sonntage bedeutete für mich mehr als eine persönliche Beleidigung.» Emil Fischer mußte 1938 nach Holland emigrieren und wurde später in das berüchtigte Vernichtungslager Sobibor deportiert. Von dort kam er nie mehr zurück.[44]

Der Schreibtischtäter
Mit Wilhelm Frick an die Macht

Hitlers Pokerspiel

Hitlers späterer Pressechef Otto Dietrich hat in seinem im Jahre 1935 erschienenen Buch «Mit Hitler an die Macht» von einer planmäßigen Demonstrations- und Einkreisungspolitik gesprochen, die 1929 mit der Eroberung der Stadt Coburg eingeleitet wurde, um «von der Seite der Kommunen und Länder her vorzudringen und sich eine Machtposition nach der anderen zu schaffen».[1] Diese Strategie galt ganz sicher auch für Thüringen und dessen Landeshauptstadt Weimar.

In einem Brief an einen in Übersee lebenden, mit ihm befreundeten und bis heute unbekannt gebliebenen Deutschen hat Hitler 1930 seine Erwartungen und Hoffnungen formuliert, die er mit der heiklen Regierungsbildung in Thüringen verband. Ungewöhnlich freimütig beschreibt er den politischen und psychologischen Klimawechsel seit 1924 in Thüringen und rühmt den «ausschlaggebenden Einfluß», den die Nationalsozialisten dabei gehabt hätten; das verdankten sie auch der politisch und propagandistisch höchst erfolgreichen Strategie von Arthur Dinter, der bis Ende 1927 Gauleiter in Thüringen gewesen war, aber wegen ideologischer Differenzen mit Hitler abgesetzt und aus der Partei ausgeschlossen wurde.[2]

In seinem Brief verweist Hitler nicht ohne Stolz darauf, daß die NSDAP in fünf Jahren hunderttausend neue Mitglieder gewonnen hatte; allein 1929 waren achtzigtausend neue Anträge auf eine Parteimitgliedschaft hinzugekommen. «Wir haben einen gründlichen Unterbau geschaffen. Wir haben unser Volk durchgepflügt wie keine andere Partei es tut.» Damit war auch ein indirektes Lob für die erfolgreiche Parteiarbeit des neuen Gauleiters Fritz Sauckel ausgesprochen, der ein «tüchtiges Vor-

wärtskommen der Bewegung» verzeichnete, wie er in einem
Schreiben an den «hochzuverehrenden Hitler» schon im Sommer 1929 versichert hatte. Wenn sich der Stimmenanteil der
NSDAP Ende des Jahres 1929 bei den thüringischen Landtagswahlen schlagartig von 3,4 % im Jahre 1927 auf 11,3 % bei den
Landtagswahlen im Jahre 1929 verwandelte, dann war dies
auch Sauckels Verdienst. Der spätere Innenminister und
Reichsstatthalter von Thüringen war nach Dinters erzwungenem Abgang 1927 an die Spitze des NSDAP-Gaus Thüringen berufen worden und avancierte drei Jahre später zum neuen
Fraktionsführer der Hitler-Partei im Thüringer Landtag.[3]

Im Brief Hitlers an seinen anonymen Vertrauten artikuliert
sich der Stolz über die unbestreitbaren Anfangserfolge, die
seine Partei in Thüringen zu verzeichnen hatte. Besonders die
von ihm verfochtene, innerparteilich noch umstrittene Strategie
einer allmählichen Machtübernahme in den Kommunal- und
Landesparlamenten schien vorerst bestätigt worden zu sein.
Am Ende des Jahres 1929, als die NSDAP bei vorgezogenen
Landtagswahlen sechs Mandate gewann, hatte endlich Hitlers
Stunde geschlagen.

Der Eintritt der Nationalsozialisten in die thüringische Landesregierung nach schwierigen Koalitionsverhandlungen im Januar 1930 wurde von Hitlers Vasallen als Vorspiel für einen
künftigen Sieg im Deutschen Reich bejubelt. Die spätere Nominierung von Wilhelm Frick zum Innen- und Volksbildungsminister wurde als «Propaganda der Tat» gefeiert, die dem gesamten deutschen Volk eine «erste Vorstellung des kommenden
Deutschen Reiches» vermitteln sollte. Stellvertretend für eine
Mehrheit innerhalb der NSDAP frohlockte ein enger Gefolgsmann des späteren Reichsministers Frick schon damals über einen sich anbahnenden Macht- und Stimmungswechsel: «Ganz
Deutschland schaut auf die Kämpfe, die Frick als Minister Thüringens gegen Marxismus und bürgerliche Halbheit, gegen die
Reichsregierung ... und gegen die Mitregierenden in Weimar
durchficht.»[4]

Bei den Landtagswahlen vom 8. Dezember 1929 waren die Nationalsozialisten gemeinsam mit der Wirtschaftspartei und den Kommunisten auf einem dritten Platz hinter den Sozialdemokraten und dem Thüringer Landbund gelandet. Weil der «marxistischen Mehrheit» von 24 SPD- und KPD-Abgeordneten eine bürgerliche Minderheit von 23 Abgeordneten gegenüberstand, blieb nur die Alternative, sich entweder mit der Partei Hitlers oder aber mit den Sozialdemokraten zu verbünden. Schon unmittelbar nach Bekanntgabe der Wahlergebnisse zeigte sich, daß sich die geschlossene Mehrheit der «Bürgerlichen» einem Pakt mit dem als «Marxismus» stigmatisierten Lager der Linken widersetzte. Der angeblich besonders geplagte Mittelstand klagte damals unaufhörlich über unangemessen hohe Steuern und Abgaben. Die allgemeine, fast schon verdrossene Haltung, vom Staat alles zu verlangen, aber nichts mehr von ihm zu erwarten, war weit verbreitet. Es galt in diesen Kreisen als wichtig und vorrangig, besonders die Sozialdemokraten von der Macht in Thüringen fernzuhalten.

Weil die «innere Übereinstimmung mit den Sozialdemokraten» fehlte, sprachen sich die wirtschaftlichen Interessengruppen hinter dem Thüringer Landbund, der Wirtschaftspartei und der Deutschnationalen Volkspartei gegen eine Große Koalition mit der SPD aus, deren Parteiführer und Fraktionsvorsitzenden nicht einmal zu Vorgesprächen eingeladen wurden. Die Stimmung in Thüringen antizipierte bereits den sich anbahnenden Bruch der Großen Koalition im März 1930 in Berlin, wo der Vorrat an Gemeinsamkeiten nach fast zwei Jahren erschöpft war.

Mehr als ein Notbündnis auf begrenzte Zeit war diese Reichsexekutive unter dem sozialdemokratischen Reichskanzler Hermann Müller nie gewesen. Für Hitler war das Berliner Reichskabinett nur ein Bündnis zwischen den «Parteien der ehemaligen Landesverräter» – eine diskriminierende Beschreibung, die möglicherweise ihre Wirkung auch in Thüringen nicht verfehlte.

Aber eine Große Koalition war in Thüringen nie ernsthaft in

Betracht gezogen worden, obwohl die Annäherung an die NSDAP besonders für die Deutsche Volkspartei einer inneren Zerreißprobe gleichkam. «Es tut mir in der Seele weh, daß ich euch in der Gesellschaft seh», empörte sich im Namen des aufgebrachten linken Parteiflügels der damalige DVP-Parteiführer von Kardorff. Beschwörend wurde die thüringische DVP-Landesgruppe aus allen Teilen des Reiches vor einem Bündnis mit den Nationalsozialisten gewarnt. Immer wieder wurde von besorgten Parteifreunden darauf hingewiesen, daß man die um die Macht buhlenden Rechtsradikalen mit einer Regierungsbeteiligung nur aufwerten und am Ende politisch hoffähig machen würde. Alle besorgten Warnungen wurden überhört.

Vor allem Sozialdemokraten, aber auch Vertreter des Linksliberalismus und des politischen Katholizismus traten der braunen Gefahr früh und mutig entgegen. Stellvertretend für viele prangerte der SPD-Parlamentarier Max Greil im Mai 1930 die neuen Nazi-Koalitionäre an: «Der Geist, den wir jetzt in Thüringen erleben, ist der Geist des Rassenhasses und der Geist der Verleumdung der eigenen Volksgenossen.» Aber diese Kritik spiegelte bereits einen fast verzweifelten Abwehrkampf wider. Alle Beschwörungen heraufziehender Gefahren wurden besonders von der damaligen geistigen Elite überhört, die sich kaum daran zu stören schien, daß das «Nationale» von den Nationalsozialisten fast schon in geistige Erbpacht genommen worden war.

Auf den ersten Blick schien es, als sei Hitlers Partei am Ende des Jahres 1929 von der sehnlichst erhofften Entwicklung zu einer großen und schlagkräftigen Massenpartei noch weit entfernt. Bei den Landtagswahlen 1929 hatten sich die Wahlerfolge der Nationalsozialisten in Grenzen gehalten. In Sachsen hatte die NSDAP fünf, in Baden sechs, in Mecklenburg-Schwerin zwei, in Lübeck und Thüringen sechs Mandate erhalten. Die Anzahl rechtsradikaler Mandatsträger war auch in den übrigen Landtagen relativ unbedeutend geblieben. Aber schon die Reichstagswahl 1928 hatte einen Aufwärtstrend für die

Nationalsozialisten signalisiert – Hitlers Partei errang zwölf Mandate. Überall waren stetige Zugewinne für die NSDAP zu verzeichnen. Die thüringische Landtagswahl im Dezember 1929 brachte dann den entscheidenden Durchbruch bei den nationalen und konservativen Wählern. Die Aufnahme der NSDAP in die vom Thüringer Landbund geführte Regierung hatte für Hitler und seine Sympathisanten große strategische Bedeutung. Der Historiker Karsten Rudolph hat darauf hingewiesen, daß der damalige Grundkonsens zwischen allen Beteiligten bereits darin bestand, die deutsche Sozialdemokratie von der Macht fernzuhalten und sich zugunsten eines Notverordnungsregimes von der parlamentarischen Demokratie Schritt für Schritt abzuwenden.[5]

Noch im Landtagswahlkampf hatten fast alle Redner der Nationalsozialisten beteuert, daß ihre Partei nie mit den «verspießerten», «verkalkten», «vertrottelten», «feigen», «verräterischen» und «verbürgerlichten Parteien» gemeinsame Sache machen würde. Nun übten gerade die verhöhnten Parteien ihren Kotau vor den neuen Partnern. Die Thüringer Landbund-Partei erklärte, man dürfe den Nationalsozialisten nicht mehr die Rolle eines Tolerierungspartners überlassen. Man müsse Hitlers Partei kategorisch vor die Alternative stellen, sich entweder an der neuen Regierung zu beteiligen oder weiterhin in der Opposition zu bleiben. Aber auch bei Hitler war politisches Umdenken zu spüren. In Sachsen hatte er sich noch mit der parlamentarischen Unterstützung einer bürgerlichen Regierung begnügt. Jetzt gehorchte der Eintritt in das Koalitionsbündnis einer langfristigen Strategie, die auf Dauer angelegt war und kein Übergangsphänomen sein sollte. Hitlers Schritt war von «epochaler Bedeutung», wie der Rechtshistoriker Ernst Rudolf Huber analysiert, weil der Weg vorgezeichnet wurde, auf dem sich der Rechtsradikalismus die Macht in den Ländern und später im Reich erobern wollte.[6]

Nach der Überwindung zahlreicher Skrupel hatte die Deutsche Volkspartei zwar den Weg zur Regierungsbeteiligung geebnet. Aber die Nationalsozialisten waren damit noch lange nicht im Weimarer Verfassungsstaat angekommen. Der historische Irrtum der bürgerlichen Parteien bestand darin, daß keiner ihrer Vertreter die Radikalität der neuen Bündnispartner ernst nahm. Mit einer Zuschauerrolle wollte sich Hitler nun nicht mehr begnügen. Nun ging es um die ganze Macht, deren Bastionen zum Propagandafeldzug genutzt werden mußten.

Allen voran die große Zustimmung in der Dichterstadt Weimar ließ auf glorreiche Zeiten hoffen; mit 23,8 % der Stimmen hatte bereits jeder fünfte Wahlberechtigte in der Goethe-und-Schiller-Stadt für Hitlers Partei votiert. Da bahnte sich ein politischer Systemwechsel an, der offenbar auch von zahlreichen Wählern so gewollt war; von diesem Stimmungsumschwung konnte die NSDAP nur profitieren. In der zweiten Jahreshälfte 1929 war es in Deutschland zu einem allgemeinen politischen Klimawechsel gekommen, dessen Folgen auch in Thüringen spürbar wurden. Die Auswirkungen der Weltwirtschaftskrise und die praktische Unerfüllbarkeit der deutschen Reparationsschuld ließen die Propaganda der stärker gewordenen Nazis einen immer größeren Widerhall finden. In der klein- und mittelständischen Landbevölkerung Thüringens, bei den Angestellten und im wachsenden Heer der Arbeitslosen, das schon 1929 die Drei-Millionen-Grenze überschritten hatte, fand die auf einen radikalen Systemwechsel drängende NSDAP potentielle Verbündete. Allen voran die Jugend aus allen sozialen Schichten jubelte bald Hitler und seiner Partei zu, die zum Motor des Neuen und zum unbestrittenen Hoffnungsträger geworden waren. Spürte Hitler diese geheime Zustimmung bereits drei Jahre vor seinem endgültigen Machtantritt? Der ehemalige Thüringer Landesminister Karl Riedel (DVP) berichtet in seinen Memoiren über seinen Neffen, der in zahllosen Nazi-Versammlungen die Hakenkreuzfahne entrollte und zum glühenden Anhänger Fricks und Hitlers geworden war. Auf die Frage des Onkels, wie das Programm Hitlers eines Tages finanziert werden solle, erhielt Riedel zur Antwort, daß man die jüdischen Banken erobern und das dort «schlummernde Gold für die deutsche Volksgemeinschaft» verwenden wolle.[7]

Die historische Parallelität war beklemmend; das frivole Schauspiel einer Anbiederung an die NSDAP aus dem Jahr 1924 wiederholte sich noch einmal sechs Jahre später. Weil die konservative Rechte und die bürgerlichen Parteien keine Mehrheit hatten, wurde nach einem neuen Koalitionspartner gesucht. Die Führer der demokratischen Parteien hätten nach den zwiespältigen Erfahrungen der zurückliegenden Zeit – nach dem Hakenkreuz-Terror des Jahres 1926, unter dem Eindruck der antisemitischen Hetze prominenter NSDAP-Mitglieder oder der ungemein zügellosen Kampagne gegen den Young-Plan sowie gegen Gustav Stresemann – eine Regierungsbeteiligung der NSDAP ablehnen können. «Dieser gehässige Antisemitismus, wie er von den Nationalsozialisten gepflegt wird, ist mit einem wahren Christentum nicht in Einklang zu bringen», warnte beschwörend ein Landtagsabgeordneter der Demokraten. Aber die Chance zur allgemeinen Besinnung und Neuorientierung wurde vertan, weil eine Koalition mit den Rechtsextremen für die Konservativen weniger riskant zu sein schien als ein politisches Bündnis mit den Sozialdemokraten. Hannelore Braun kommt nach ihrer Analyse über die Frick-Regierung in Thüringen zu dem Resümee: «Der Versuch, mit einer so aktiven kleinen Partei wie der NSDAP zu paktieren, schien angesichts der Machtverteilung im Land kein Risiko zu bergen. Schlechte Erfahrungen mit ihr als Regierungspartei fehlten ... die Gefahr, von den Neulingen überrumpelt zu werden, wurde nicht ins Auge gefaßt.»[8]

Die politische Arglosigkeit der bürgerlichen Parteien war groß. So sprach man von einem «gewissen Kitt», der das geplante Koalitionsbündnis ideologisch verband, und vertraute darauf, daß Hitler seine Zusage einhalten und die Reichs- und Landesverfassung respektieren werde. Niemand ahnte, wie rücksichtslos er Gebrauch von seiner neuen Macht machen würde. Dazu hatte er sich in seinem denkwürdigen Brief bereits unmißverständlich geäußert: «Man mußte deshalb dieses Mal gleich von Anfang an den Herren Parteipolitikern zeigen, daß jeder Versuch einer Übertölpelung der nationalsozialistischen Bewegung lächerlich ist.»[9]

Hitler pokerte hoch und gewann. Er forderte nicht nur die Beteiligung an der Koalition, sondern eroberte mit der Forderung nach dem Innen- und Volksbildungsressort die Kontrolle über zwei Schlüsselministerien der neuen Regierung. Damit beherrschte die NS-Partei nahezu alles, was die Weimarer Reichsverfassung den Ländern noch an Kompetenzen gelassen hatte. Erst nach der Zusage für dieses Schlüsselressort ließ er die Katze aus dem Sack und nannte mit Wilhelm Frick einen Kandidaten für das neue Ministeramt, an dem die Vereinbarungen fast noch einmal gescheitert wären.

Dem Innenministerium unterstanden ein Großteil der allgemeinen Landesverwaltung sowie das wichtige Personalreferat, wo über die Ein- und Absetzung von Beamten entschieden werden konnte. Die ministerielle Aufsicht über die thüringische Landespolizei kam hinzu. Wer dieses Ministerium in die Hand bekam, kontrollierte praktisch die innere Sicherheit des Landes. Auch bei dem zweiten, von Hitler ultimativ eingeforderten Ressort lagen die machtpolitischen Verhältnisse nicht anders. Dem thüringischen Volksbildungsministerium unterstand mit dem gesamten Schul- und Bildungswesen ein Aufgabenbereich, der von der Volksschule bis zur einzigen Landesuniversität in Jena reichte. Hinzu kamen die finanzielle Kontrolle und die politische Weisungsbefugnis über die Landestheater, über die Oper, über die Kinos, über das gesamte Konzertwesen sowie über alle übrigen Kulturveranstaltungen. «Wer diese beiden Ministerien besitzt und rücksichtslos und beharrlich seine Macht in ihnen ausnutzt, kann Außerordentliches bewirken», folgerte Hitler im Rückblick auf seinen damaligen Eroberungsfeldzug, der mit einem zweiten Paukenschlag gekrönt werden sollte.

Weil es Hitler um die Eroberung der gesamten Exekutive «von innen her» ging, mußte er die Schaltstellen des ministeriellen Machtapparats mit Vertrauensleuten besetzen, die genauso skrupellos dachten wie er. Für diesen riskanten Auftrag kam nicht «irgendein kleiner Parlamentarier», sondern nach Hitlers eigener Beschreibung nur ein «durchgekochter Nationalsozialist» in Frage. Einen derartigen Gefolgsmann und Überzeugungstäter schien er in einem Mann gefunden zu haben, der mit ihm seit der «Kampfzeit» durch dick und dünn gegangen war. Der Kandidat für das Ministeramt war Wilhelm Frick, ein glühender Parteisoldat mit der Nr. 10 im Mitgliedsausweis der NSDAP, und enger Vertrauter, den sein Parteichef als «energischen, kühnen und verantwortungsfreudigen Beamten» rühmte. Frick erhielt von seinem Führer darüber hinaus das Lob, ein «fanatischer Nationalsozialist» zu sein.[10]

Wie Adolf Hitler witterte auch der überraschend ins Spiel gebrachte Frick in der geplanten Übernahme des Doppelministeriums die Chance, in Thüringen sukzessive «eine Machtposition um die andere zu erobern». Für diesen glühenden Vorkämpfer der NS-Bewegung war das geplante Ministeramt nur ein Instrument, um «in grundsätzlicher Abkehr von den bisherigen Methoden neudeutscher Regierungskünste» neue Wege einzuschlagen. Ähnlich wie Hitler träumte Frick davon, in Thüringen, Sachsen und Bayern einen «Widerstandsblock» gegen Berlin zu errichten, um so die Reichspolitik zu erobern.

Fricks Abrechnung mit der bisherigen Politik war gnadenlos; seit 1919 sei in Deutschland eine «Erfüllungs-, Tribut- und Versklavungspolitik» betrieben worden, die von angeblich volkszerstörenden Marxisten, bürgerlichen Zuhältern und «Organisationen des Untermenschentums» gemacht wurde. Und dieser rechtsextreme Verfassungsfeind, der dem Geist der Weimarer Republik sechs Jahre nach dem von ihm mitgetragenen Münchener Putsch den erbitterten Kampf ansagte, sollte plötzlich ein mit weitreichenden Kompetenzen ausgestatteter Superminister werden? Weder Hitler noch Frick verheimlichten ihre Absicht, die demokratische Weimarer Verfassung abzuschaffen und eine diktatorische Staatsform zu errichten. «So sieht der Geist von Weimar von 1919 aus, der nichts anderes ist wie der

Geist des Zusammenbruchs, der Niederlage, des Verzichts und der Unterwerfung. Diesem Geist oder vielmehr Ungeist setzen wir Nationalsozialisten den Geist von Weimar von 1930 entgegen, indem wir Thüringen, das grüne Herz Deutschlands, zum Mittelpunkt des nationalen Widerstands und eines unbändigen deutschen Wehrwillens und Freiheitswillens machen wollen.»[11]

Der Personalvorschlag mit dem Namen Wilhelm Frick war eine auf den ersten Blick unerträgliche Provokation, zu Recht «untragbar», wie die erste Reaktion aus den Reihen der Deutschen Volkspartei lautete. Noch am 18. Dezember des Jahres 1929 hatte Frick, damals Abgeordneter des Deutschen Reichstages, den wenige Monate zuvor gestorbenen Vorsitzenden der Deutschen Volkspartei, Reichsaußenminister Gustav Stresemann, in unflätiger Weise diffamiert. Auch Stresemann war für Frick nichts anderes als ein «Nutznießer dieser Republik, der in erster Linie unser altes glänzendes Heer zertrümmert hatte». Allen voran Frick hatte an der Spitze alle rechtsradikalen Kampagnen gegen den Young-Plan und gegen die Versöhnungs- und Ausgleichspolitik Gustav Stresemanns gestanden, der sich als deutscher Außenminister überall in der Welt hohe Achtung erworben hatte.

Frick gehörte auch zu den Verfechtern eines Siegfriedens, die unbedingt an den verhaßten Kriegsalliierten Rache nehmen wollten: «Will das deutsche Volk die finanzkapitalistischen Sklavenketten in alle Ewigkeit weiter schleppen und immer mehr in Not und Elend versinken», so fragte er demagogisch, «oder bekennt es sich zur deutschen Freiheitsbewegung mit dem Ziel der Schaffung eines Dritten Reiches in Freiheit, in Macht und in Ehren?»[12]

Der Abschluß der Haager Konferenz, zu der sich am 6. August 1929 die Vertreter der an den Sachverständigenberichten beteiligten sechs Hauptmächte Deutschland, Frankreich, England, Belgien, Italien und Japan sowie die Vertreter weiterer Signatarstaaten des geplanten Friedensvertrages versammelten, war Gustav Stresemanns letzter außenpolitischer Erfolg gewesen. Doch der mühsam ausgehandelte Kompromiß, der zu einer Räumung des Rheinlandes sowie zu einer differenzierten Neuregelung der heiklen Reparationsfrage führte, wurde bald zum Gegenstand einer haßerfüllten nationalen Agitation. Besonders der Widerstand der beiden großen Rechtsparteien gegen den Young-Plan war ein geeignetes Mittel, um den Generalangriff gegen das «Weimarer System» vorzubereiten. Die Speerspitze dieses Angriffs war die seit Herbst 1928 von Alfred Hugenberg geführte Deutschnationale Volkspartei, deren Vorsitzender bei seiner Wahl eine «kompromißlose Opposition» gefordert hatte. Dieser Ruf wurde vom «Stahlhelm» und der NSDAP fast einmütig unterstützt, die zusammen mit den Deutschnationalen den «Reichsausschuß für das Volksbegehren» ins Leben riefen, um das für die Ratifikation der Haager Übereinkunft erforderliche Zustimmungsgesetz des Reichstages durch eine Volksabstimmung zu Fall zu bringen.[13]

Das mit moderner Propagandatechnik inszenierte Plebiszit gegen einen angeblichen deutschen Landesverrat ist nach einer ungemein kontroversen und aufgewühlten Debatte am 22. Dezember 1929 gescheitert. Aber die erregte öffentliche Auseinandersetzung über den Young-Plan bildete noch die Kulisse für die Koalitionsverhandlungen in Thüringen, die fast zum gleichen Zeitpunkt begannen.

Demokraten als Steigbügelhalter

Auch Hitler war es nicht entgangen, daß schon zu Lebzeiten von Gustav Stresemann der thüringische Landesverband der DVP einen massiven Rechtskurs eingeschlagen hatte. Gemeinsam mit den Vertretern der Wirtschaftspartei, der Bauern- und Landvolk-Partei bzw. dem Landbund sowie den Vertretern der Deutschnationalen Volkspartei hatte man in Thüringen gegen das Young-Abkommen agitiert. Schon in diesen Initiativen kündigte sich jener Rechtsruck an, der die sich anbahnende Koalitionsbildung mit den Nationalsozialisten erleichtern sollte. In der polarisierten Stimmung jener Tage wurde die SPD-Opposition ohnehin pauschal als Fraktion der «Marxisten» bezeichnet, was praktisch einer politischen Ausgrenzung gleichkam. Im Kampf zwischen Bürgertum und Marxismus, so lautete die Faustregel, dürfe es keinen lachenden Dritten auf der Linken geben. Wieder einmal ging es nur um die Alternative «Bürgerliches oder rotes Thüringen», wie die Wahlslogans lauteten. Eine «Koalition mit den Sozialdemokraten in irgendeiner Form» – so erinnerte sich mit einem Anflug von Resignation der DVP-Landtagsabgeordnete Georg Witzmann, der von 1919 bis 1933 dem Landtag angehörte – sei von Anfang an ausgeschlossen gewesen. Ohnehin habe es nach dem Ergebnis der Landtagswahlen bei der Deutschnationalen Volkspartei, bei den Vertretern vom Thüringer Landbund und bei der kleinen, mit der mittelständischen Lobby verknüpften Wirtschaftspartei einen «großen Ruck zu der NSDAP gegeben, zu der man unmittelbar nach der Wahl Fühlung aufgenommen habe».[14]

Damit schlossen sich die Parteien zusammen, die gemeinsam gegen das Young-Abkommen in Thüringen agitiert hatten. Die einhellige und solidarische Ablehnung der geplanten Reparationsleistungen und die empörte Auflehnung gegen das verhaßte Young-Abkommen: das war der «gemeinsame Kitt», von dem bereits ahnungsvoll gemunkelt wurde. «Mit großen Skrupeln», erinnert sich Karl Riedel, der von 1928 bis 1930 der Thüringer Landesregierung als Innen- und Justizminister angehörte, wollte die Volkspartei den «heimlichen Sieger der Wahlen zur verantwortlichen Mitarbeit» gewinnen. Man ärgerte sich in der Deutschen Volkspartei zwar darüber, daß die Nazis immer wieder ihren Totalitätsanspruch betonten und keinerlei Bereitschaft zum Kompromiß erkennen ließen. Aber man wollte einer «so starken Bewegung auch Gelegenheit zur positiven Arbeit geben», wie Riedel bemerkte. So hoffte man auf ehrliche Zusammenarbeit und tröstete sich damit, daß Hitlers Partei nur mit zwei Ministern an der Regierung beteiligt war; neben Minister Wilhelm Frick sollte Willy Marschler als zukünftiger Staatsrat in die neugebildete Landesregierung einziehen. Aber durfte man Wilhelm Frick akzeptieren, der für die innere Sicherheit sowie für die Kulturpolitik Thüringens verantwortlich sein sollte? Durfte ausgerechnet in der Dichterstadt Weimar, wo einst der Wirkliche Geheime Rat Johann Wolfgang von Goethe die Kulturpolitik des Herzogtums inspiriert und beaufsichtigt hatte, der Kampf gegen die Freiheit der Kultur beginnen?

Die Deutsche Volkspartei sträubte sich lange, diese Kröte zu schlucken. Zusammenarbeit mit den Nazis ja, aber ohne Frick als zukünftigen Minister – so lautete die Devise, mit der man den Fraktionsvorsitzenden des Landbundes als Unterhändler in das Weimarer «Hotel Elephant» schickte, wo Hitler wie gewöhnlich residierte. Als der Landbund-Abgesandte den NSDAP-Führer darauf hinwies, daß die geplante Koalition nicht am Prinzip der vorher bereits beschlossenen und als unumstößlich geltenden Kandidatenauswahl scheitern dürfe, erhielt er zur Antwort, bei den Nationalsozialisten gehöre es nun einmal «zum Prinzip», nur die besten und fähigsten Köpfe für ein Ministeramt zu nominieren. Zugleich mußte sich der Abgeordnete belehren lassen, daß an «Prinzipienlosigkeit der bürgerlichen Parteien Deutschland zu Grunde gegangen» sei. Er setzte den zögernden Parteienvertretern eine Frist: Entweder die Nominierung von Frick innerhalb von drei Tagen – so lautete das Ultimatum des NS-Führers – oder die sofortige Ausschreibung von Neuwahlen.

Diese Reaktion zeigte, wie kompromißlos Hitler seine Schlüsselrolle in diesem Machtpoker zu nutzen wußte. «Man glaubte, daß wir vor der Drohung eines Mißlingens der Regierungsbildung vielleicht doch klein beigeben würden ... So fuhr ich denn nach Weimar und habe den Herren ganz kurz in aller Bestimmtheit versichert, daß entweder Dr. Frick unser Minister wird oder Neuwahlen kommen.»[15]

Wie bei der folgenreichen Koalitionsbildung im Jahre 1924, als nach den Landtagswahlen ebenfalls äußerst knappe Mehrheitsverhältnisse zu einem Tolerierungsbündnis mit den völkischen Nazis zwangen, hing auch im Jahre 1930 die Angst vor Neuwahlen wie ein Damoklesschwert über der Regierungskoalition. Weil ein neuer Urnengang vermieden werden sollte, gab es aus der Perspektive des Bürgerblocks wenig Spielraum für Kompromisse. Aber es zeigte sich bald, daß die bürgerlichen Parteien bereits zwischen allen Stühlen saßen, während Hitler alle Fäden in der Hand behielt. Als die Koalition immer noch am Veto der Deutschen Volkspartei zu scheitern drohte, schickte er einen ausgesuchten Wirtschaftsfachmann seiner Partei nach Weimar, um in Einzelgesprächen mit Parteienvertretern und Repräsentanten der thüringischen Wirtschaft Kontakte aufzunehmen. Erst danach schaltete er sich persönlich ein und bat mit schriftlicher Einladung zu einem «politischen Tee» am 11. Januar 1930 in das Weimarer Hotel «Kaiserin Augusta».

Die Zusammenkunft wurde zu einem denkwürdigen Treffen, auf dem über die Zukunft des geplanten Regierungsbündnisses entschieden wurde. «Abends spricht Hitler im geschlossenen Kreise. Vor 150 Großkopfeten. Es stinkt nach Vornehmheit. Hitler spricht fabelhaft. So hörte ich ihn selten. Der Erfolg ist auch danach», notierte Joseph Goebbels nach dem Nobeltreff. Der *Völkische Beobachter* berichtete am 17. Januar 1930 von mehr als «zweihundert maßgeblichen Persönlichkeiten der Politik und Verwaltung, des Handels, der Wirtschaft und Industrie sowie der Kunst und der Wissenschaft», die aus ganz Thüringen nach Weimar gekommen waren. Und der Artikel zitierte eine rüde Drohung Hitlers an die Adresse der versammelten Honoratioren: «Versöhnung gibt es für uns nicht! Es gibt nur eins – Rettung unseres Volkes – und wenn es sein muß durch die Erledigung unserer Gegner!»[16]

Es ist bemerkenswert, daß die Mehrheit der bürgerlichen Parteien trotz dieser brutalen Drohungen die Verhandlungen doch zu einem Abschluß brachte. Hitler konnte seine prominenten Zuhörer mit der Versicherung besänftigen, seine Partei werde keinen sozialistischen Weg im Sinne des NSDAP-Flügels um Otto Strasser einschlagen. Andere Vorbehalte gegen Personen und Programm der Nazis bestanden offenbar nicht. Schon nach dem Auftritt des NSDAP-Führers waren der Thüringer Landbund, die mit sechs Mandaten im Landtag vertretene Wirtschaftspartei sowie die ohnehin mit den Nazis sympathisierende Deutschnationale Volkspartei für ein Zusammengehen mit den neuen Partnern. Weil Hitler persönlich zusagte, daß der neue Innen- und Volksbildungsminister Wilhelm Frick den vorgeschriebenen Eid auf die Verfassung leisten werde, beugte sich schließlich auch die Deutsche Volkspartei. Die Reichsführung der DVP nahm zu den Ereignissen in Thüringen nicht einmal offiziell Stellung; die eindringlichen Warnungen des linken Parteiflügels wurden vom weit nach rechts gerückten thüringischen Landesvorstand der DVP kategorisch zurückgewiesen. Nach Hitlers Eingeständnis war auf die lokalen Führer der DVP ein «scharfer Druck» ausgeübt worden, so daß man fragen mußte, wie groß die politische Entscheidungsfreiheit der Parteiführung überhaupt noch war.

Am 23. Januar 1931 wurde Wilhelm Frick mit 28 Stimmen der NSDAP, des Thüringer Landbundes, der Wirtschaftspartei bzw. «Reichspartei des Deutschen Mittelstandes», der DVP und der DNVP gegen 22 Stimmen der SPD, der KPD und der Demokratischen Partei zum neuen Innen- und Volksbildungsminister gewählt. Der Nationalsozialist Willy Marschler avancierte zum Staatsrat und wurde auf diese Weise an allen Abstimmungen der Regierung mitbeteiligt. Die DVP schwächte sich noch einmal selbst, weil sie die Übernahme eines Ministeramts ablehnte und sich mit dem Amt eines parlamentarischen Staatsrats begnügte. Damit blieb ausgerechnet diejenige Partei aus dem Machtzentrum ausgesperrt, die mit ihrer nachgiebigen Haltung das fatale Bündnis erst ermöglicht hatte.

Vor der Vereidigung Fricks zum neuen Innen- und Volksbildungsminister kam es im Thüringer Landtag zu einer erregten Aussprache, bei der die SPD-Opposition monierte, daß der Landtagspräsident die schwarzrotgoldene Fahne auf dem Landtagsgebäude hatte einziehen lassen. Der Sozialdemokrat August

Frölich fragte, ob man durch diese Maßnahme demonstrieren wolle, «daß die Farben des dritten Reiches unter Hitler-Frick an Stelle der Reichs- und Landesfarben treten sollen». Bei dieser Debatte erst stellte sich heraus, daß die Nationalsozialisten auf einem Ämtertausch an der Parlamentsspitze bestanden hatten. «Weil ein nationalsozialistischer Minister niemals in die Hand eines Marxisten schwört», schob der damalige NSDAP-Fraktionsvorsitzende Fritz Sauckel als Begründung nach.

Mit diesem ungebildeten und stets haßerfüllten Hitler-Gefolgsmann erschien ein Mann auf der Bühne des Landtages, der die politische Atmosphäre nachhaltig vergiften sollte. Die verbalen Kraftausdrücke, Drohungen und Beleidigungen aus dem Munde Sauckels haben immer wieder zu Tumulten im Landtag geführt. Der spätere Reichsstatthalter von Thüringen versprach gleich zu Beginn der Regierungsarbeit den Sozialdemokraten einen «Kampf bis aufs Messer». Darauf nannte der SPD-Abgeordnete Frölich die Fraktion der Nazis einen «Saustall».[17]

Sauckel hatte sogar schon gedroht, dem «parlamentarischen System die Luft abzudrücken» und damit nur laut gesagt, was er und seine NS-Komplizen ohnehin über diese Regierungsbildung dachten. Aber Sauckels unbedachte Bemerkung führte sofort in den ersten Tagen zum Eklat unter den Koalitionsparteien, die ihren neuen Bündnispartner aufforderten, eine solche Androhung zurückzunehmen. Der von den eigenen Parteifreunden arg bedrängte Sauckel fügte deshalb seiner kompromittierenden Äußerung die Entschuldigung hinzu, daß solches «Luftabdrücken» nur auf parlamentarischem Wege geschehen solle. Das schwelende Mißtrauen innerhalb der Regierung und die Vorbehalte der Opposition waren damit keineswegs aus der Welt geschafft. Im Verlauf jener turbulenten Wochen mit ihren von einer polarisierten Stimmung geprägten Auseinandersetzungen fiel auch zum erstenmal ein später gefürchteter Name. Der Weimarer Polizeibeamte Paul Schmidt, dessen Nazi-Attentäter immer noch nicht gefaßt worden waren, wurde – so behauptete damals der Sozialdemokrat Frölich – nach einer

Hetzrede angeschossen, «die Ihr Parteigenosse Rechtsanwalt Freyse aus Kassel am Bahnhof gehalten hat». Noch war dieser Nazi aus Hessen für die deutsche Öffentlichkeit ein unbeschriebenes Blatt. Aber hinter dem Namen Freyse verbarg sich der frühe Hitler-Anhänger Roland Freisler, der zu einem der radikalsten Verfechter nationalsozialistischer Strafrechtsprinzipien wurde und später als unversöhnlicher Präsident des Volksgerichtshofs die Terrorjustiz des NS-Regimes bei der Verfolgung der Widerstandsbewegung nach dem 20. Juli 1944 vertreten hat.

Weil Frick noch am 27. Januar 1928 die Amnestierung und sofortige Freilassung von sogenannten Fememördern verlangt hatte, also von rechtsextremen Gewalttätern, die wegen schwerer Körperverletzung, Mord und Totschlag verurteilt worden waren, wurde der zukünftige Innen- und Volksbildungsminister hart attackiert. Immerhin hatte Frick die sofortige Amnestierung von Ernst Werner Technow gefordert, der wegen seiner Beteiligung am Attentat gegen Rathenau noch im Zuchthaus saß. Thüringens künftiger Chef über die innere Sicherheit des Landes hatte auch Straffreiheit für die beiden Erzberger-Attentäter Schulz und Tillessen verlangt, die seit Jahren auf der Flucht waren und nach Meinung Fricks ihren Mord an Erzberger damit schon gesühnt hatten. Zu dieser ohnehin schon ungeheuerlichen Behauptung hatte Wilhelm Frick hinzugefügt: «Von höheren Gesichtspunkten, vom Schicksal des gesamten deutschen Volkes aus gesehen, wiegt übrigens die Schuld dieser Attentäter federleicht gegenüber den weltgeschichtlichen Verbrechen der Erzberger, Rathenau und anderer neuer deutscher Staatsmänner.»[18]

Unausgesprochen war mit den «anderen Staatsmännern» auch Gustav Stresemann gemeint, der für seine Verständigungspolitik im Jahre 1926 gemeinsam mit dem französischen Außenminister Aristide Briand den Friedensnobelpreis erhalten hatte. Durfte die Deutsche Volkspartei, deren Vorsitzender der verstorbene deutsche Außenminister bis 1929 gewesen war, mit

Nationalsozialisten gemeinsame Sache machen, die für Feme-mörder verlangten, daß sie straffrei ausgehen und sogar den «Dank des Vaterlandes erhalten sollten», wie Frick in einer anderen Rede gefordert hatte?

«Mit Rebellen verhandelt man nicht, man bekämpft sie», hatte der SPD-Landtagsabgeordnete Hermann Brill jenen Parteien zugerufen, die mit Hitlers Paladinen ohne große Skrupel paktierten. Aber auch die Warnungen dieses couragierten Parlamentariers konnten nicht verhindern, daß in Thüringen zum erstenmal in der deutschen Verfassungsgeschichte ein Mitglied der NSDAP, ein enger Mitstreiter Hitlers und obendrein ein radikaler Antisemit zum Superminister eines Landes avancierte.

Die katastrophale Veränderung der Wirtschaftslage, die Renaissance nationaler und religiöser Gefühle, die Favorisierung neuer Werte wie Glaube und Volksgemeinschaft gegenüber dem Gruppenegoismus von Parteien und Verbänden, die radikale Abwehr eines dämonisierten Kommunismus, der besonders in Thüringen nach dem Zwischenspiel einer Volksfrontregierung von 1921 bis 1923 irrationale Ängste und Verdächtigungen geweckt hatte – dieses Krisenpanorama war Wasser auf die Mühlen der Nationalsozialisten, die bald auf der nationalen Rechten den Zuruf hörten, daß nur ein starker Mann mit dem Namen Hitler die deutsche Not beheben könne. Die Sozialdemokraten boten den bürgerlichen Parteien mehr als einmal die Zusammenarbeit an. Immer wieder nutzte die SPD alle Formen des parlamentarischen Widerstands aus und versuchte, die Öffentlichkeit zu mobilisieren. Aber die politischen Möglichkeiten demokratischer Opposition sind begrenzt, zumal die allgemeine Politikverdrossenheit zunahm.

Zu Beginn der Republik hatte die Angst vor einem von Moskau aus gesteuerten Bürgerkrieg die bürgerlichen Parteien der Mitte und der nationalen Rechten zusammengeschweißt. Nach Meinung des Historikers Donald R. Tracey war die seit 1924 einsetzende Radikalisierung nach rechts und der Aufstieg des Nationalsozialismus in Thüringen eine Reaktion auf die Politik der sozialistischen Regierungen zwischen 1921 und 1923. Aber wurde die Radikalisierung der politischen Verhältnisse nicht auch von außen angetrieben und geschürt? Besonders die ab 1930 einsetzende Entwicklung beweist, daß es in Thüringen eine «Krise vor der Krise» gab, in der sich die bürgerlichen Parteien unter dem Druck der Nationalsozialisten in reine Interessencliquen auflösten und am Ende geschluckt wurden. «Die NSDAP profilierte sich gezielt als Anti-Partei: Sie verlangte den starken Staat, versprach den Interessengruppen alles ..., bot sich als letztes Aufgebot des nationalen Lagers gegen die drohende Gefahr des Bolschewismus an, attestierte dem Bürgertum gleichermaßen Untergang und Wiedergeburt in der ‹deutschen Volksgemeinschaft›.»[19]

Der Glaube war weit verbreitet, daß ein neuer Messias zur Rettung des deutschen Vaterlandes endlich gefunden war. Die Sehnsucht nach einem gewaltsamen «Befreiungsschlag» wurde von Tag zu Tag größer. Der DVP-Politiker Georg Witzmann, der später den Pakt seiner Partei mit der NSDAP zu bereuen schien, sah diesen Umschlag der nationalen Gefühlslage mit einer fast resignativen Klarheit voraus: «Die Nationalsozialisten aber fanden stärkste Sympathien in weitesten Kreisen der thüringischen Bevölkerung ... Je mehr sie Gewaltmethoden predigten und ausübten, um so mehr fanden sie Zulauf. Allzu viele Menschen gab es auch im Bürgertum, die der Meinung waren, in solchem Auftreten müsse man nur den gärenden Most jugendlicher Kraftentfaltung erblicken, aus dem sich doch, wenn man nur Geduld habe, im Lauf der Zeit guter Wein entwickeln werde ...»[20]

Ein Putschist wird Minister

Am Anfang des Jahres 1930 war Wilhelm Frick, der spätere Reichsinnenminister und Reichsprotektor in Böhmen und Mähren, noch keine reichsweit bekannte Nazi-Größe. Der damalige Vorsitzende der kleinen NSDAP-Reichstagsfraktion galt zwar als enger Mitkämpfer Hitlers, der den aus der Festungshaft entlassenen Putschisten schon am Gefängnistor in Landsberg begrüßte. Aber in Thüringen war der Gefolgsmann des NS-Führers kaum bekannt. Im Jahre 1924 hatte er zum erstenmal die Stadt Weimar besucht, um am Testlauf des mit großem propagandistischem Aufwand inszenierten völkischen Kulturtreffens teilzunehmen. Danach war er nur an seine spätere Wirkungsstätte zurückgekommen, um vor ausgesuchten lokalen Parteigrößen Vorträge zu halten. Dabei wurde der promovierte Jurist stets als fanatischer Parteisoldat gerühmt, der 1923 gemeinsam mit Hitler geputscht hatte und dafür wegen Beihilfe zum Hochverrat verurteilt worden war.

Am 4. Mai 1924 war Wilhelm Frick, der für eine legale Machtergreifung der Nationalsozialisten plädierte, in den Deutschen Reichstag gewählt worden. Nun, im Jahr 1930, rückte er überraschend in ein Ministeramt auf und bekam im Urteil seiner besonders in Weimar zahlreichen Anhänger endlich die Chance, zum «revolutionären Staatsmann» zu werden. 1946 wurde Frick in Nürnberg vom Internationalen Militärgerichtshof zum Tode verurteilt. Für seinen Ankläger Robert W. Kempner war Frick ein Verschwörer, ein Usurpator der Staatsmaschinerie und Unterdrücker jedweder Opposition. Aus der Sicht Kempners verkörperte Frick den totalitären Unrechtsstaat in einer Person: Er sei der brutale Schöpfer des Nazi-Polizeisystems und Organisator der Judenverfolgungen gewesen, er galt als der kompetente Verwaltungsspezialist für die späteren Angriffskriege und wurde zum «Schöpfer der Todesmühlen», die sich als das Konzentrationslager Buchenwald in unmittelbarer Nähe der Klassikerstadt Weimar erhoben. Wilhelm Frick war ein «Legalist des Unrechtsstaates», wie ihn sein Biograph Günter Neliba später genannt hat. Für Robert W. Kempner war Wilhelm Frick ein Mann, «der mit juristischer Niedertracht selbst Verbrechen als harmlose Gesetze tarnte und der zum angeblichen Hüter von Gesetzen werden konnte, die meist das krasse Gegenteil von Gesetzlichkeit waren».[21]

Schon als Innen- und Volksbildungsminister konnte Frick eine Verwaltung dirigieren, die bald in stiller Loyalität und großer Anpassungsbereitschaft mithalf, die demokratische Ordnung Stück für Stück zu vernichten. Die politische Biographie dieses Mannes hätte alle Gutgläubigen warnen müssen, die auf eine faire Koalition mit den Nationalsozialisten vertrauten und die leider viel zu spät erkannten, daß es eine ehrliche Partnerschaft mit einer Partei, die auf «kompromißlose und ausschließliche Totalität» setzte, nicht geben konnte. «Das war der Fehler in der ganzen Rechnung», so der DVP-Fraktionsführer im Thüringer Landtag, Georg Witzmann, «den damals die bürgerlichen Parteien und insbesondere die Deutsche Volkspartei begangen haben.» Aber hatte man den Lebenslauf des neuen Ministers bewußt ignoriert, oder kam die politische Haltung Fricks einigen innerhalb der Regierungskoalition sogar entgegen?

Vaterländisches Denken, nationale Gesinnung und Haß auf die Juden hatten Frick zum Schulterschluß mit Münchens weithin berüchtigtem Polizeipräsidenten Pöhner gebracht. Die beiden Rechtsradikalen im Staatsdienst von Bayern wurden die Hauptverantwortlichen bei der Anbahnung und Vertuschung rechtsextremer Mordtaten in Bayern. Frick war in den Anfangsjahren der Republik von 1919 bis 1921 Leiter der Abteilung «Politische Polizei» der Polizeidirektion München gewesen; dieses Amt hinderte den Beamten jedoch keineswegs daran, zugleich aktives Mitglied in paramilitärischen Kampfverbänden zu werden, die ihre radikale Agitation gezielt gegen die Republik richteten. Die gewaltsame Beseitigung der verhaßten demokratischen Staatsform sowie die Errichtung einer nationalen Diktatur wurden Fricks erklärte politische Ziele. «Unter Pöhner und Frick wurde die politische Abteilung der Polizeidirektion München zu einem Werkzeug nationaler Politik.»[22]

Wilhelm Frick war als einer der Drahtzieher des Münchener Putschs vom November 1923 zusammen mit den übrigen Mittätern Hitler, Ludendorff, Pöhner, Weber und Kriebel angeklagt worden, weil auch er «eine Revolution entfesseln... und eine nationale Reichsdiktatur ausrufen wollte, um die Weimarer Verfassung und das... parlamentarische System sowie alle Folgen der Revolution von 1918 zu vernichten», wie die Münchener Disziplinarkammer im Jahre 1924 in ihrer Urteilsbegründung gegen Frick formuliert hatte. Aber der spätere Hitler-Prozeß nahm für Frick einen äußerst günstigen Verlauf; man konnte ihm keine aktive Unterstützung der Putschisten nachweisen.

Fricks Eintreten für einen autoritären Staat sowie die offene Parteinahme für die NSDAP änderten wenig an dem Urteil, das in der kritischen Öffentlichkeit als Skandal und Verstoß gegen eine unabhängige Rechtspflege gescholten wurde. «Das Volksgericht hat Politik getrieben und seine Sympathie für die ... Angeklagten deutlich zum Ausdruck gebracht», zürnte damals der SPD-Abgeordnete Wilhelm Hoegner im Bayerischen Landtag. Nicht nur die Hauptakteure, sondern auch die Handlanger des damaligen Putschversuchs kamen vor dem «dümmsten Gericht» (Hoegner) des Deutschen Reiches glimpflich davon. Adolf Hitler erhielt lediglich fünf Jahre Festungshaft. Wilhelm Frick wurde wegen Beihilfe zum Hochverrat zu einem Jahr und drei Monaten Festungshaft auf Bewährung verurteilt. Bei gleichzeitiger Bewilligung einer Bewährung wurde er jedoch sofort auf freien Fuß gesetzt. Den Verurteilten Hitler, Pöhner, Weber und Kriebel wurde nach der Verbüßung von nur sechs Monaten Festungshaft eine Bewährung in Aussicht gestellt; der Mitputschist Erich Ludendorff wurde sogar freigesprochen.

Da war nicht nur im «Namen des bayerischen Volkes» ein krasses Fehlurteil erlassen worden, das den Angeklagten als Verfassungsfeind einstufte und ihn gleichzeitig als einen «tüchtigen Beamten von makelloser Vergangenheit» rühmte. In seiner Urteilsbegründung hob das Gericht sogar den «vaterländischen Geist» sowie den «edelsten selbstlosen Willen» des Angeklagten hervor – das waren Beschreibungen, die bei der späteren Verharmlosung des höchst umstrittenen Ministerkandidaten eine wichtige Rolle spielen sollten.

Die Aufhebung des Ersturteils sowie der glatte Freispruch,

der in der Revision für den Angeklagten Frick durchgefochten wurde, sind in der deutschen Öffentlichkeit als «Prämie auf den Hochverrat» empfunden worden. «Der Disziplinarhof hat sich also auf den Standpunkt gestellt, daß ein Polizei- und Verwaltungsbeamter sich ruhig an einem Putsch gegen den Staat beteiligen und wegen Beihilfe zum Hochverrat verurteilt werden kann, ohne daß er die Eigenschaft als Staatsbeamter einzubüßen braucht. Revolution machen läßt sich scheinbar mit der Pflicht eines Staatsbeamten vereinbaren», schrieb *Der Bayerische Kurier* am 10. November 1924 über ein Urteil, das Schlagzeilen machte.[23] Für die meisten Kritiker hatten Hitler und seine Mitverschwörer eine Art Blankoscheck für ihre Agitation gegen die Republik erhalten. Bei solchen Richtern – so mutmaßte man – konnte einem Rechtsradikalen vom Schlage eines Wilhelm Frick nicht viel passieren.

Dabei hatte Frick schon nach seiner Wahl in den Deutschen Reichstag im Jahre 1924 keine Zweifel darüber aufkommen lassen, wie sehr er die politische Bühne haßte, auf der er nun als gewählter Parlamentarier agieren mußte. Das in Berlin residierende Parlament war für ihn eine völlig überflüssige Schwatzbude. Die sogenannte «positive Arbeit» diente Frick lediglich dazu, «unsere Gegner mit ihren eigenen Waffen zu bekämpfen ... und die Parlamentsbühne zur Werbung für unsere nationalsozialistischen Ziele zu benutzen».[24] «Frick war unermüdlich – ganz unermüdlich», rühmte sein Fraktionskollege Franz Stöhr.

Unablässig kämpfte Frick für eine baldige Aufhebung des lästigen Redeverbots für Hitler, das Anfang 1927 in Sachsen und Bayern durchgesetzt wurde. Preußen wehrte sich gegen die Freigabe, und Frick attackierte die «augenfällige Herrschaft des Juden, des Erfinders und Förderers aller kommunistisch-marxistischen Zerstörungsarbeit», die angeblich im preußischen Berlin existiere. Aber schließlich hatten seine zahllosen Beschwerden beim Berliner Oberverwaltungsgericht Erfolg: Das Redeverbot für Hitler wurde auch in der Reichshauptstadt Berlin aufgehoben. Das war ein Sieg für Frick, der vor Hitler ein

Jahr später in Weimar als «mein bester Mann» präsentiert wurde.

Gewiß war Frick im Sinne des gängigen NS-Vokabulars ein «Soldat des Führers» und vor allem ein Vorkämpfer, der «sich nie und nimmer vom Parlamentarismus und seinen Giftstoffen ankränkeln ließ», wie Hitler zu rühmen wußte. Aber bereits seine Einstandsrede im Reichstag am 2. Juni 1924 ist Beweis für die antisemitische und rassistisch motivierte Denkweise des Innen- und Volksbildungsministers gewesen.[25] Hatte man dessen Haß auf die Juden überhört, oder war Frick gerade wegen seiner überaus berüchtigten Ausfälle gegen die Juden im Weimarer Großbürgertum willkommen? Von stürmischen Unterbrechungen, erregten Zurufen und andauerndem Lärm begleitet, plädierte er mit unverfrorener Offenheit für die vorzeitige Haftentlassung seines Münchener Putschgefährten Kriebel, weil «Hochverrat» nicht gleich «Hochverrat» sei. Damit stellte Frick sich nicht nur außerhalb der Strafrechtsordnung – er betonte auch ausdrücklich, daß er die Verfassung des «Juden Preuß», dieses von «international-pazifistisch demokratischem Geist» verseuchte Papierwerk ohnehin ablehne. Nach Frick war die Rassenfrage der «Schlüssel zur Weltgeschichte»; er plädierte dafür, das «Überhandnehmen des verheerenden Judentums» in der Rechtspflege, in Kunst und Literatur sowie auf dem Sektor der Wirtschaft einzudämmen.

Unter Frick wurden bis dahin noch weithin verpönte Vorstellungen in das parlamentarische Geschehen eingebracht, so daß sich die Ausschüsse des Reichstags damit beschäftigen mußten. Immer wieder suchte er neue Bühnen, auf denen er sich profilieren konnte. So kämpfte er wie viele Völkisch-Konservative unentwegt gegen die Ostjuden, unterstellte den Sozialdemokraten, sie würden öffentliche Finanzen zur Bezahlung einer verhaßten und selbstverschuldeten «Erfüllungspolitik» verschleudern und klagte die SPD an, weil sie das Geld angeblich in die «Hände der Juden» spielen würde. «Die Staatsgewalt geht vom Volke Israel aus», deklamierte er und nahm ungerührt zur

Kenntnis, wenn er für derartige Verbalinjurien vom Reichstags-präsidenten zur Ordnung gerufen wurde.

Für Frick war die Beseitigung des Parlaments nur eine Frage der Zeit, weil dieses System die «Persönlichkeit unterdrücke» und eine «Herrschaft der Minderwertigen» etabliere. Aus seiner Sicht waren jüdische Rechtsanwälte a priori unfähig, deutsches Recht zu sprechen. Schon wenige Monate nach Fricks Einzug in den Reichstag forderte ein von der nationalsozialistischen Fraktion eingebrachter Gesetzentwurf den «Ausschluß der jüdischen Rasse von allen öffentlichen Ämtern im Reich, in den Ländern und in den übrigen Selbstverwaltungskörpern. Wir halten es unter unserer Würde, daß wir uns von Leuten dieser Rasse beherrschen lassen.»[26]

Dieser Mann, der keinen Unterschied zwischen Kommunisten und Sozialdemokraten machte, weil beide Parteien vom «Geist des Marxismus» geprägt seien, nahm als Abgeordneter des Reichstages den fanatischen Rassenhaß aller späteren Nazi-Ideologen vorweg. Er wollte in ein deutsches Strafgesetzbuch besondere Bestimmungen für Rasseschutz und Rassereinheit einfügen lassen und verlangte die Einführung von «Eheführungszeugnissen», damit kranke Menschen keine Ehe eingehen konnten. Das Verbot von «Rassemischehen» zwischen Ariern und Juden, der unversöhnliche Ruf nach einem «Fremdenrecht für Juden» und die kategorische Forderung nach einer «rassischen Höherentwicklung durch eine planmäßige Auslese» gehörten in Fricks antisemitisches Arsenal ebenso wie das Postulat einer «geplanten Zuchtwahl», die jede Hilfeleistung für «Krüppel, Epileptiker, Blinde, Irre, Taubstumme usw.» ausschloß. Dieser Vorgriff auf spätere Euthanasieprogramme der Nationalsozialisten sollte sich auch auf «Dumme, Schwache, Haltlose, Energielose, erblich Belastete und krankhaft Veranlagte» erstrecken, denen man nicht nachweinen dürfe.[27]

Es ist erstaunlich, daß bereits derartige Rassendiskriminierungen nicht zum Anlaß genommen wurden, um von seiten der bürgerlichen Parteien jegliche Zusammenarbeit mit den Nazis auszuschließen. Völlig arglos tat man solchen menschenverachtenden Antisemitismus als «verhältnismäßig harmlose Übertreibung einer jungen Bewegung» ab. Was den umstrittenen Kandidaten für das Ministeramt in Thüringen anging – so später Georg Witzmann von der Deutschen Volkspartei –, war Wilhelm Frick durch seine ominöse Vergangenheit nicht mehr belastet als «andere Politiker, mit denen die bürgerlichen Parteien ohne Bedenken» zusammengearbeitet hatten.[28]

Gehorsam und Gesinnungsschnüffelei

Adolf Hitler hatte seinem Kandidaten eine «langsame Säuberung des Verwaltungs- und Beamtenapparats» sowie eine «Nationalisierung des Schulwesens von den roten Revolutionserscheinungen» als Fernziel mit auf den Weg gegeben. Neben diesen zentralen Aufgaben gebe es auch bei einer Reform des thüringischen Polizeiwesens viel zu tun. Gehorsam machte sich Frick nach seiner Vereidigung zum Minister an diese Aufgaben. Über seine destruktive Rolle äußerte er sich unverhohlen: «Wir Nationalsozialisten sind nicht ins Parlament gegangen, um sogenannte positive Arbeit dort zu leisten, sondern um unsere Gegner mit ihren eigenen Waffen zu bekämpfen.» Die Tribüne des demokratisch und frei gewählten Landtages sollte als willkommenes Instrument für die NS-Propaganda benutzt werden, wie Joseph Goebbels den eigenen Anhängern eingehämmert hatte: «Darin unterscheiden wir uns von allen anderen Parteien. Die anderen treten ein, reden, debattieren, stimmen ab, lassen sich Diäten auszahlen. Wir aber wollen unser Programm verwirklichen.»

Aber es dauerte über ein Jahr, bis die bürgerlichen Parteien überhaupt merkten, mit wem sie sich da eingelassen hatten. Offenbar haben die meisten Vertreter der Regierungskoalition vorher nicht geahnt, daß hier ein Mann die politische Arena betreten hatte, der sich nicht länger an die hergebrachten Spielregeln halten wollte. Arglos ging man sogar daran, ein ominöses «Ermächtigungsgesetz» zu erarbeiten, das dem machtbewußten Innen- und Volksbildungsminister alle gewünschten Vollmachten an die Hand geben sollte. Unter dem Vorwand, eine überfällige Verwaltungsreform durchsetzen zu wollen, wurde so die Exekutive immer mehr der parlamentarischen Kontrolle entzogen. Das waren von langer Hand geplante Eingriffe; denn mit der Schwächung des Parlaments ging der von Hitler erstrebte Bedeutungsverlust der Parteien sowie die Zerstörung der parlamentarischen Formen und Regeln einher.

«Die gesamte Landesverwaltung und der gesamte Behördenaufbau werden im Hinblick auf die Not von Land und Volk zur Vereinfachung und Verkleinerung umgebildet», lautete die wichtigste Bestimmung dieses Ermächtigungsgesetzes, das die grenzenlose Vertrauensseligkeit der bürgerlichen Regierungsparteien offenbarte. Paradoxerweise kämpfte man in der Debatte über die insgesamt neun Änderungsanträge für das Gesetz immer wieder gegen einen sogenannten Einfluß der Parteien, der nach der Meinung der bürgerlichen Fraktionen unbedingt verhindert werden sollte. Der Ruf nach einem von der Verfassung legalisierten Ermächtigungsgesetz war vor allem Fricks Idee gewesen. Nun taten ihm seine Koalitionspartner den Gefallen, ihre eigene Macht zugunsten des radikalen Bundesgenossen zu beschränken, der damit ganz andere Pläne im Sinn hatte. Weil das Ermächtigungsgesetz die legislative Arbeit des Parlaments erheblich einschränkte, bekam die Exekutive für die Dauer eines halben Jahres weitreichende Vollmachten an die Hand. Sogar in namentlicher Abstimmung hatte die geschlossene Mehrheit der Koalitionsparteien einer Gesetzesregelung zugestimmt, die Fricks Strategie in ungeahnter Weise beförderte.

Schon am ersten Tag nach der Vereidigung der Minister bekamen die Beamten beider Ministerien ihren neuen Chef zu spüren. Zur Übergabe seiner neuen Verantwortungsbereiche aus den Händen seiner beiden Amtsvorgänger Riedel und

Paulssen erschien Frick gar nicht erst. «Wir warteten vergeblich; der neue Herr erschien nicht. Der erste Affront gegen die Systemmächte», notierte Karl Riedel, der bis dahin Innen- und Justizminister gewesen war. Dafür klärte Frick bei seiner Begrüßungsrede die Beamtenschaft darüber auf, daß nun im «echten Geiste von Weimar», aber nicht im Sinne eines «landesverräterischen Novembergeistes» regiert werde. Diese Ankündigung enthielt eine unüberhörbare Drohung an die Adresse derjenigen, die dem von Frick propagierten «neuen Geist» vielleicht kritisch gegenüberstehen wollten.[29]

Der Minister brachte eine Prätorianergarde mit in die Behörden, deren bisherige politische Tätigkeit wenig Gutes verhieß. Die Beamten mußten sich auf unsichere Zeiten einstellen. Der Volksschullehrer und spätere NS-Innen- und Volksbildungsminister Fritz Wächtler sowie der Hauptschriftleiter des *National-sozialist* und stellvertretende NS-Gauleiter Hans Severus Ziegler wurden als ehrenamtliche Referenten verpflichtet. So etablierte sich eine Nebenexekutive, wo wahllos Personalakten geprüft und Verdächtigungen ausgesprochen werden konnten. «Zähneknirschend», so schrieb die *Vossische Zeitung*, «haben die durchweg weit rechts stehenden Referenten vor Herrn Wächtler ... und seiner rücksichtslosen Parteibuchpolitik gekuscht.» Als zum Beispiel ein Arzt für ein Kreiskrankenhaus eingestellt werden sollte und ein Dozent aus Jena den Vorzug für den Posten erhielt, schleuste Frick nachträglich einen Bewerber mit dem Parteibuch der NSDAP auf diese Stelle. Als der zuständige Beamte nach den Gründen für diese Änderung der Bewerberliste fragte, wurde er aufgefordert, weitere Nachfragen zu unterlassen.

Schon wenige Tage nach Fricks Dienstantritt verloren zwei als fachlich hochqualifiziert gerühmte Oberregierungsräte ihre Ämter, weil sie im Verdacht standen, Mitglieder der SPD zu sein. Frick versuchte mit seiner eingeschleusten NS-Truppe gleich vom ersten Tag an, einen strammen antimarxistischen Kurs einzuschlagen und beide Ministerien national auf Vordermann

zu bringen. Zeitgenossen berichten von einem Klima der Miß-
gunst und Denunziation, das urplötzlich in den Behörden Thüringens herrschte. «Die Befriedung des Landes ist zerstört. Agi-
tations- und Demonstrationslust und Demagogie, ja selbst Haß
und Einseitigkeit gegen weite Volksschichten waren die Trieb-
kräfte der Verwaltungsmaßnahmen», kritisierte der Landtagsabgeordnete Kallenbach von den Demokraten und warf dem
neuen Minister vor, alle Bereiche des öffentlichen Lebens im
Sinne der NSDAP zu politisieren. Daraufhin entstand zwischen
dem sozialdemokratischen Reichsminister des Innern und seinem nationalsozialistischen Amtskollegen in Thüringen ein
Streit über die Frage, ob die begehrten Polizeikostenzuschüsse
aus Berlin auch an ein Länderministerium gezahlt werden sollten, wo zwei der höchsten Polizeiposten für nationalsozialistische Verfassungsfeinde freigehalten wurden. Der Streit endete
zunächst mit einer Sperre der Polizeikosten durch das Reich,
das durch den Sozialdemokraten Carl Severing und später
durch den Zentrumspolitiker Joseph Wirth vertreten wurde.

Der Vorsitzende des thüringischen Staatsministeriums, der
Landbund-Politiker Erwin Baum, stellte sich schützend vor
diese Ämterpatronage und schrieb an den damaligen Reichsinnenminister Carl Severing (SPD), daß «Angehörige der NSDAP
bei der Besetzung von Ämtern nicht ausgeschlossen werden
dürften». Als Baum darauf hingewiesen wurde, daß sich ein
deutscher Beamter zwar zu einer staatsfeindlichen Partei «bekennen könne», nicht aber in ihr politisch tätig sein dürfe,
erhielt Severing zur Antwort: «Es ist nach der Auffassung
meines Kabinetts nicht folgerichtig, wenn zwar ein Angehöriger
der NSDAP als Minister oberster Leiter der Landespolizei sein
darf ... für nachgeordnete Beamtenstellen aber Angehörige dieser Partei nicht in Frage kommen sollen.» Damit war klar, daß
mit der Beschäftigung eines NS-Ministers im öffentlichen Dienst
für die Beamtenschaft ein gefährlicher Präzedenzfall geschaffen worden war. Während der empörte Reichsinnenminister auf
den «unpolitischen Charakter der Schutzpolizei» verwies, die

«ein verfassungstreues und zuverlässiges Instrument der republikanischen Staatsgewalt bleiben» müsse, sahen seine Thüringer Kontrahenten diese Sache anders. Wilhelm Fricks Gefolgsleute argumentierten, daß eine Polizei niemals «unpolitisch» sein könne, sondern immer ein Instrument in der Hand der «jeweiligen Regierung» bleiben müsse. Sobald die gesamte vereidigte Regierung als verfassungstreu angesehen werde, müsse dies auch für Beamte mit dem Parteibuch der NSDAP gelten. Das war zwar eine Schlußfolgerung, die nicht mit der gängigen Rechtsprechung konform ging, wohl aber mit der Absicht Fricks, aus dem Konflikt mit dem Reichsinnenminister möglichst viel politisches Kapital zu schlagen.

Der propagandistisch ausgeschlachtete Streit wurde zuletzt vor dem Leipziger Staatsgerichtshof des Reichs ausgetragen und endete mit einem Vergleich. Thüringen wurde zwar verpflichtet, den «unpolitischen Charakter der Schutzpolizei» zu gewährleisten. Aber das Reich hob die geltende Zuschußsperre auf und überwies im Januar 1931 als Nachzahlung 2,12 Millionen Reichsmark an Thüringen, wo sich Wilhelm Frick und seine Paladine als große Sieger aufspielen konnten. Unter dem Druck der NSDAP-Landtagsfraktion wurden die umstrittenen Personalvorschläge nachträglich genehmigt. Der Kandidat Walter Ortlepp wurde Leiter der Weimarer Polizei. Im Jahre 1936 wurde Ortlepp als Staatssekretär zum faktischen Leiter des thüringischen Innenministeriums, das nach dem Ausscheiden des Ministers Wächtler dem Reichsstatthalter unterstellt wurde.[30]

In der fast vierzehnmonatigen Amtszeit Fricks, die im April 1931 nach einem oppositionellen Mißtrauensantrag unter Mithilfe der Deutschen Volkspartei zu Ende ging, hat es zahllose Beispiele für diese handfeste Einflußnahme gegeben. Bereits am 7. Februar 1930 war eine Verfügung an die zuständigen Schulräte Thüringens mit der Aufforderung ergangen, in allen Bibliotheken nach dem Erfolgsbuch «Im Westen nichts Neues» von Erich Maria Remarque zu suchen, das im Februar 1929 erschienen war und nach wenigen Monaten eine Auflage von über

600 000 Exemplaren erreicht hatte. Remarques Antikriegsbuch war ein im In- und Ausland gefeierter Bestseller; doch in Thüringen sollte das Werk aus den Regalen verschwinden. Dabei ging man in mehreren Etappen vor: Zunächst wollten die Schnüffler des Volksbildungsministers wissen, wo das Buch vorhanden war, wer den Erwerb veranlaßt hatte und wo das Antikriegsbuch im Schulunterricht benutzt wurde. Drei Wochen später ging eine verschärfte Aufforderung auch an die Berufs- und Fortbildungsschulen des Landes. Danach wurde das Buch als Klassenlektüre in Thüringen verboten. Der Filmversion des gefeierten Remarque-Bestsellers ging es nicht besser. Schon bei der Premiere war es im Berliner «Mozartsaal» zu Tumulten gekommen, die von Schlägertrupps der SA provoziert worden waren. Der Berliner NSDAP-Gauleiter Joseph Goebbels notierte über die Eskalation der Gewalt am 5. Dezember 1931: «Schon nach zehn Minuten gleicht das Kino einem Tollhaus. Die Polizei ist machtlos. Die erbitterte Menge geht tätlich gegen die Juden vor. Der erste Einbruch in den Westen. Juden heraus! Hitler steht vor den Toren! Die Polizei sympathisiert mit uns. Die Juden sind klein und häßlich. Draußen Sturm auf die Kassen. Fensterscheiben klirren. Tausende von Menschen genießen dieses Schauspiel. Die Vorstellung ist abgesetzt. Auch die nächste. Wir haben gewonnen.»[31]

Am 11. Dezember 1931 wurde die Aufführung des Films auf Antrag der Länder Sachsen, Bayern und Württemberg wegen «Gefährdung des deutschen Ansehens» im gesamten Deutschen Reich untersagt. Die Verteidiger von Remarque waren in eine hoffnungslose Minderheit geraten. Im Landtag konnte der SPD-Abgeordnete Hermann Brill alle Nationalsozialisten zwar als «Mussolini-Affen» attackieren, weil es der italienische Diktator gewesen war, der das Buch als erster in seinem Land verboten hatte. Aber Brills beschwörender Hinweis, wonach das Werk in eine Reihe von Klassikern wie «Die Leiden des jungen Werthers» oder Rousseaus «Bekenntnissen» gehöre, wurde kaum registriert. Die verantwortliche Regierung war der Debatte demonstrativ ferngeblieben. Wer sich Frick in den Weg stellte, galt bald als «Fricktöter», der einen hochgeschätzten Minister diskreditieren wollte.

Nachdem sich die Deutsche Volkspartei im April des Jahres 1931 zu einem Mißtrauensvotum gegen den Koalitionspartner und damit zum Sturz des umstrittenen Ministers durchgerungen hatte, gab es dafür Prügel von den eigenen, meist großbürgerlichen Wählern. Wegen ihrer Handlungsweise wurden die renitenten DVP-Vertreter als «Volks- und Vaterlandsverräter» diffamiert, die eine angeblich erfolgreiche «Ära Frick» beendet hatten. Der Fraktionsvorsitzende der DVP erhielt über zweihundert Briefe aus Thüringen und dem Reich, in denen er angepöbelt wurde. «Man empfand es als männlich, die Beratungen im Landtag als Schwätzereien, die Abgeordneten als Tagediebe und Diätenschinder und den Kampf mit der Faust nicht nur als erfolgreicher, sondern auch als berechtigter als alle geistigen Auseinandersetzungen zu bezeichnen.»[32]

Es bleibt erstaunlich, daß Fricks Eingriffe in das Kulturleben des Landes keinen nennenswerten Widerstand provozierten. Ein Teil der Öffentlichkeit applaudierte sogar und verteidigte gemeinsam mit dem NS-Innenminister das Recht des Staates, sich zusammen mit dem Volk zum obersten Richter über Kunst und Literatur aufzuschwingen. Mit «frivoler Animiertheit», so der Schriftsteller Klaus Mann später, schaute man den Umtrieben der Nationalsozialisten zu. So wunderte sich der DVP-Politiker Karl Riedel über den neuen Zeitgeist, der besonders das mittlere und gehobene Bürgertum erfaßt hatte: «‹Es muß anders werden›, ‹steter Tropfen höhlt den Stein› – das wurde das Rezept, nach dem die Propaganda lief ... Jedem wurde das Seine versprochen. Deutschland die Freiheit und die alten ruhmreichen Farben schwarz-weiß-rot, dem Offizierskorps das Heer und damit die Aussicht, wieder eine Rolle zu spielen. Der Kirche die Wiederherstellung ihres Ansehens. Zumindest die Evangelische Kirche glaubte erfreulichen Zeiten entgegenzusehen und ein Teil ihrer Diener schloß sich der Partei an. Ich sehe noch den später zum Oberpfarrer in Arnstadt ernannten Pfarrer Scheibe auf einem mit Hakenkreuzfahnen geschmückten Lastwagen durch Jenas Straßen fahren und höre ihn mit seinen Gesinnungsgenossen ‹Juda verrecke› schreien.»[33]

«Negererlaß» und Schulgebete

Weil der Innen- und Volksbildungsminister Frick die deutsche Jugend zum erfolgreichen Widerstand gegen «gefährliche Einflüsse art- und volksfremder Kräfte» erziehen wollte, wurden im April 1930 fünf Schulgebete für den Unterricht empfohlen. Diese Anordnung hätte dem letzten Zweifler klarmachen müssen, daß mit dem Mittel der staatlichen Repression eine Auffassung oktroyiert werden sollte, die dem Freiheits- und Toleranzgebot der Weimarer Verfassung eklatant widersprach. Weil nach den Ankündigungen Fricks die angebliche «Verseuchung deutschen Volkstums durch fremdrassige Unkultur» mit polizeilichen Mitteln verhindert werden sollte, machten sich bereits «unverkennbare Züge einer Kunstdiktatur» bemerkbar.[34] Drei der fünf Schulgebete, die den Auftakt für diesen ungewöhnlichen Kulturkampf machten, waren eindeutige Pamphlete gegen die demokratische Verfassungsordnung der Weimarer Republik. Der einseitige völkisch-nationalistische Inhalt dieser Verse, an denen Hans Severus Ziegler sowie ein protestantischer und ein katholischer Pfarrer mitgewirkt hatten, war kaum zu leugnen.

«Vater, in deiner allmächtigen Hand
steht unser Volk und Vaterland
Du warst der Ahnen Stärke und Ehr
bist unsere ständige Waffe und Wehr.
Drum mach uns frei von Betrug und Verrat
mache uns stark zu befreiender Tat,
schenk uns des Heilands heldischen Mut

Ehre und Freiheit sei höchstes Gut
Unser Gelübde und Losung stets sei
Deutschland erwache! Herr mach uns frei!»

«Vater im Himmel
Ich glaube an deine allmächtige Hand,
Ich glaube an Volkstum und Vaterland
Ich glaube an der Ahnen Kraft und Ehr
Ich glaube, Du bist unser Waffe und Wehr,
Ich glaube, Du strafst unser Landes Verrat
und segnest der Heimat befreiende Tat
Deutschland erwache zur Freiheit!»

«Vater im Himmel
Ich glaube an Deine Allmacht,
Gerechtigkeit und Liebe.
Ich glaube an mein liebes deutsches Vaterland.
Ich weiß, daß Gottlosigkeit und Vaterlandsverrat
unser Volk zerriß und vernichtete.
Ich weiß, daß trotzdem in den Besten die Sehnsucht
und die Kraft zur Freiheit wohnt.
Ich glaube, daß diese Kraft zur Freiheit kommen wird
durch die Liebe des Vaters im Himmel,
wenn wir an unsere eigene Kraft glauben.»

Die Gebete wurden am 22. April 1930 im Amtsblatt des thüringischen Volksbildungsministeriums veröffentlicht. Im Verlauf einer stürmischen Landtagssitzung verkündete NSDAP-Fraktionschef Fritz Sauckel, daß «weiteste Kreise der religiös gesinnten thüringischen Bevölkerung» hinter der neuen Anordnung stünden. Wilhelm Frick ging im Landtag noch weiter und begründete die Notwendigkeit der von den Nationalsozialisten erlassenen «Freiheitsgebete» mit dem Hinweis, diese seien zur «Abwehr des Betruges» geschrieben worden, der durch «den Marxismus und die Juden am Volk begangen worden sei». Diese ungeheuerliche Behauptung löste jedoch bei den Parteien der regierenden Koalition keinerlei Entrüstungsstürme aus. Offenbar glaubten nicht nur die Nationalsozialisten, sondern auch zahlreiche Repräsentanten der Kirchen, der Wirtschaft, der Kultur sowie Wissenschaft und Bildung, daß ein schneidender kulturpolitischer Wechsel erforderlich sei. Eine kleine, aktive Gruppe der «Deutschen Christen» forderte schon lange einen Religionsunterricht mit «germanisch-kämpferischer Note». Der Landtagsabgeordnete der Wirtschaftspartei, Gerstenhauer, hatte einen solchen Richtungswechsel bereits im Evangelischen Landeskirchenrat von Thüringen angemahnt. Und ohnehin konnte die NSDAP bei rechtsstehenden Kreisen der evangelischen Kirche auf breite Zustimmung rechnen.

Auch in der Thüringer Lehrerzeitung gab es nur schwache verbale Proteste gegen die Anordnung des Ministers, in Thüringens Schulen Gebete zur Pflicht zu machen. Vergeblich haben die Sozialdemokraten versucht, den thüringischen Lehrerverein zu einer Klage gegen die ministerielle Verfügung zu bewegen. Der sozialdemokratische Abgeordnete Hermann Brill beklagte noch 1946 die «kulturelle Apathie und moralische Feigheit der damaligen Lehrervereinsbewegung, die nichts gegen die würdelosen Haßgebete unternahm».[35] Auch der DVP-Politiker Georg Witzmann beobachtete, daß die meisten kulturpolitischen Erlasse bei «vielen anderen ernstgesinnten Menschen mehr oder weniger Zustimmung fanden». So wurde der deutschen Kirche der Vorwurf gemacht, daß sie sich «rücksichtslos … für diese Schulgebete begeistert».[36]

Dennoch hatte Frick mit seiner Anordnung wieder einmal diejenigen bürgerlichen Parteienvertreter herausgefordert, die sich einer Politisierung des schulischen und religiösen Lebens strikt widersetzten. Zu dieser Gruppe gehörten Teile der Deutschnationalen Volkspartei und der Deutschen Volkspartei, wo Fricks großspurig angekündigtes «Kulturprogramm» für übertrieben gehalten wurde. Selbst der reaktionäre «Stahlhelm» protestierte. Aber die Entrüstung ging nicht so weit, daß gegen die Allgewalt Fricks etwas unternommen worden wäre. Wie beim Streit um die Polizeikostenzuschüsse war das Überleben der Koalition viel wichtiger. Opportunismus und Anpassung dominierten. Niemand wagte dem großspurig auftretenden Frick und seinen Vasallen ernsthaft entgegenzutreten. Man duckte sich oder paßte sich an. Die bürgerlich-agrarischen Koalitionspartner, die hinter ihnen stehenden Wirtschaftsverbände und die Kirche deckten sowohl die fragwürdigen Schulreformen wie die spektakuläre Einführung der antisemitischen Schulgebete schonungslos. Man beklagte sich nur über das Tempo, mit dem Frick vorgegangen war. Eindringliche Verurteilungen wie die des SPD-Abgeordneten Greil wurden überhört; er konstatierte, daß sich die Thüringer Schulgebete eindeutig «gegen die Juden, gegen die Außenpolitik des Reichs, gegen die Reichsverfassung und gegen die Völkerverständigung» richteten. Aber auch die Gefahr einer allmählichen Aushöhlung des bürgerlichen Rechtsstaates, vor der der demokratische Landtagsabgeordnete Kallenbach immer wieder warnte, schreckte offensichtlich nicht mehr: «Wir haben von Anfang an den Standpunkt eingenommen, daß der Exponent einer Partei, die nicht auf dem Boden dieses Staates steht, diesen Staat auch nicht etwa ausbauen, sondern ihn unterhöhlen will, ihm die Luft abdrehen will, um ihn zu vernichten.»[36] Als die aufgebrachte SPD-Landtagsopposition und der über den Inhalt der Schulgebete empörte Zentrumspolitiker Joseph Wirth als damaliger Reichsinnenminister ultimativ die sofortige Rücknahme des Frick-Erlasses verlangten, wurde diese Aufforderung von allen Parteien der Regierungskoalition unisono zurückgewiesen – und wieder einmal durften die Nationalsozialisten triumphieren. Aber der Innenminister des Reichs brachte die Schulgebete vor den Leipziger Staatsgerichtshof, der in seinem Urteil vom 11. Juli 1930 drei der vorgeschlagenen Texte mit der Begründung verwarf, ihr Inhalt würde die «Empfindungen Andersdenkender» verletzen.

Bildersturm in Weimar

Wenige Wochen nach seinem Amtsantritt hatte Minister Wilhelm Frick in Begleitung seines frisch ernannten Fachberaters Paul Schultze Naumburg das Weimarer Schloßmuseum besucht. In sechs Sälen hingen als Leihgaben aus der verflossenen Bauhaus-Zeit ungefähr siebzig Gemälde und Zeichnungen von Otto Dix, Lyonel Feininger, Wassily Kandinsky und Paul Klee sowie Graphiken von Ernst Barlach, Charles Crodel, Erich Heckel, Oskar Kokoschka, Franz Marc, Johannes Molzahn, Emil Nolde, Oskar Schlemmer und Karl Schmidt-Rottluff. Was von einem künstlerisch aufgeschlossenen Publikum als Meisterwerke der Moderne bewundert wurde, gehörte nach Auffassung des für die Weimarer Kunstsammlungen zuständigen Ministers Frick in die «kunstbolschewistische Folterkammer». Aber damit nicht genug. Während des damaligen Museumsbesuchs wurde noch einmal Rache an jenen Künstlern geübt, die man bereits mit völkischer Hilfe sechs Jahre zuvor aus dem Weimarer Bauhaus vertrieben hatte. Die keinesfalls zufällig arrangierte Visite Fricks wurde zum Auftakt eines Bildersturms, der einen vorläufigen Höhepunkt in der Kulturkampagne des nationalsozialistischen Ministers darstellen sollte.

Der spektakuläre Coup war von Fricks neuem Direktor an der Weimarer Kunst- und Bauhochschule inszeniert worden. Der Architekt Paul Schultze Naumburg hatte als ehemaliger Genremaler den «Kulturkampf» völkisch-nationaler Autoren wie Hans F. K. Günther, Walter Darré und Hans Severus Ziegler in seinem «Saaleckkreis» in einer eigenen Burg unterhalb der Ruine Saaleck gepflegt. Unter der Protektion namhafter Nazi-Größen aus der sogenannten Kampfzeit wurde Schultze Naumburg zum völkisch-rassistischen Kulturideologen, der zur Erhaltung einer «deutschen Kultur» zuallererst «Ausmerzung» und «Säuberung» verlangte.

Die Ordnungsbegriffe dieses fanatischen Hitler-Gefolgsmannes hießen «Auslese» und «Gegenauslese». Damit war eine

Theorie der «physiognomischen Rassetüchtigkeit» gemeint, die dem allgemeinen Kulturbetrieb eine völlig neue Aufgabe zuweisen wollte. Deutsche Kunst, so propagierte Schultze Naumburg vor einem wachsenden Kreis von Gesinnungsfreunden, sollte in ihrer Gegenwart neue Ziele aufzeigen und das Zukunftsbild einer neuen Rasse formen. Der überzeugte Nationalsozialist Schultze Naumburg, den Frick schon 1930 zu seinem Kunstberater machte, plädierte für die «gute alte deutsche Baukunst» und lehnte neue Bauformen wie Glas, Beton und Kunststoff für das abendländische Wohnhaus ab. Dieser germanisch und antijüdisch eingestellte Architekturprofessor warb unermüdlich für den heimischen Kalkstein und versuchte sogar, die Alternative zwischen Steil- oder Flachdach in eine Frage der Rassenauslese umzumünzen. Weil er den «rassetüchtigen deutschen Handwerkersinn» erwecken wollte, polemisierte er im Auftrag des Dachdeckerverbandes gegen das «orientalische Flachdach», empfahl nachdrücklich die Schieferbedeckung und versprach dem Handwerkerstand Thüringens einen goldenen Boden, sobald die Nationalsozialisten alle Macht im Staat errungen hätten. Die Besetzung des Direktorenpostens der Weimarer Bauhochschule war unter dem Einfluß des lokalen Bausteingewerbes und der thüringischen Handwerkerlobby eingefädelt worden. Nach dem erklärten Willen der nationalsozialistischen Führung sollten Weimars «Vereinigte Kunstlehranstalten» in Zukunft Pflanzstätten für die zukünftigen Künstler und Lehrer sein, wo die Erziehung zu «nordisch-deutscher Gesinnung und Gesittung» gepflegt werden sollte.[37]

Der Weimarer Bildersturm war von langer Hand geplant worden. Vor Beginn des Semesters im Oktober 1930 ließ Schultze Naumburg die Wandfresken des Bauhaus-Meisters Oskar Schlemmer weiß übertünchen. Wenige Tage danach erging ein Befehl des Innenministers an den Direktor des Schloßmuseums, innerhalb weniger Stunden die Bilder der Moderne aus den Ausstellungsräumen zu entfernen und an ihrer Stelle Zeichnungen aus dem 19. Jahrhundert aufzuhängen. Niemand schien gegen die Anordnung ernsthaft zu opponieren. Kurz danach ließ das Thüringer Ministerium über die Telegraphen-Union melden, die verfemten Kunstwerke hätten nichts mit «nordisch-deutschem Wesen» gemeinsam und würden sich darauf beschränken, das «ostische oder minderrassische Untermenschentum» darzustellen. Jetzt habe man auf die Quellen der deutschen Kultur zurückzugreifen. Allen voran die Stadt Weimar sei der ideale Ort, um aus vergangenem Kulturgut endlich «deutsches Seelen- und Geistestum» zu schauen.

Bis zu jenem Tag war weithin unbekannt geblieben, daß dem Sturm auf die Moderne ein großangelegtes Stühlerücken vorausgegangen war. Schon im verflossenen Sommersemester war fast das gesamte Personal der «Vereinigten Kunstlehranstalten» gegen absolut linientreue NSDAP-Parteileute ausgewechselt worden. Noch im Mai 1930 hatte der Nationalsozialistische Studentenbund eine Studentenausschußwahl gewonnen, die zum erstenmal an der von Paul Schultze Naumburg geleiteten Schule durchgeführt worden war. Als das Herbstsemester unter neuer Führung feierlich eröffnet wurde, zeigte ein Wald von Hakenkreuzfahnen und eine große Zahl uniformierter SA-Leute die neue politische Richtung an. In das Künstlerhaus von Henry van de Velde und Walter Gropius war drei Jahre vor Hitlers «Machtergreifung» der braune Geist eingezogen. «Ich selbst habe jede weitere Lust an Weimar verloren», klagte Paul Klee, dessen Bilder «Traumstadt» und «Sterbende Pflanzen» Eigentum des Museums geworden waren. «Das Furchtbare dieser Kulturreaktion liegt darin», so notierte Oskar Schlemmer in sein Tagebuch, «daß es sich hier nicht um die Verfolgung von Werken mit politischer Tendenz handelt, sondern um künstlerische, ästhetische Werke ..., die lediglich, weil sie neuartig, andersartig, eigenwillig sind, mit ‹Bolschewismus› gleichgesetzt werden.»[38]

Die deutsche Öffentlichkeit reagierte zunächst mit Ungläubigkeit und Spott, aber auch mit einer fast naiven Gleichgültigkeit – es schien, als habe man das in Weimar praktizierte Kunstdiktat in seiner politischen Tragweite überhaupt nicht erkannt.

Aber Fricks kunstpolitische Zwangsmaßnahme war weder in der lokalen Öffentlichkeit noch in der bürgerlichen, allein auf ihren Zusammenhalt fixierten Regierungskoalition auf ernsthaften Widerstand gestoßen. Mit dem Bildersturm hatte Weimar das Modell geliefert, das 1937 in der Aktion «Entartete Kunst» reichsweit praktiziert wurde. Welche Bedeutung diesem Eingriff auch außerhalb der thüringischen Landesgrenzen in gewissen Kreisen beigemessen wurde, bewies ein Dankschreiben aus dem westfälischen Hagen-Haspe an Minister Frick, in dem der «außerordentliche Mut» des Ministers gerühmt wurde: «Ich hoffe, daß diese Tat, die beweist, daß in Thüringen noch Kultur herrscht, im ganzen Deutschen Reiche ihre Nachahmer finden möchte. Ich sende der Stadt, die als erste wieder vornehm deutsch fühlt, meinen herzlichsten Glückwunsch und wünsche ihr eine Zukunft, ihrer Vergangenheit gleich.»[39]

Aber auch von der liberalen Öffentlichkeit hatte der allmächtige Frick nicht allzuviel zu befürchten. Kritik hielt sich in Grenzen. Häufig wurde der Bildersturm als die Verrücktheit einiger Einzelgänger abgetan. «Vielleicht, daß das Thüringische Volksbildungsministerium ... danach auch der gesamten neueren Literatur einen Scheiterhaufen errichtet», frotzelte die Zeitung *Hallesche Nachrichten* und fragte, was man schließlich in Weimar nach Goethe und Schiller an Literatur noch nötig habe. Zum Zeitpunkt dieses Kommentars am 26. November 1930 war Wilhelm Fricks ominöser Erlaß «Wider die Negerkultur» längst Realität geworden, und Remarques Buch «Im Westen nichts Neues» war verboten. Schon Ende des Jahres 1930 wurde in Thüringen alles verfemt und verfolgt, was der Rosenbergsche NS-Kampfbund «Kultur» als «nationale Gefahr» ausgemacht hatte. Die Filme von Pudowkin und Eisenstein, die «Dreigroschen-Oper» oder Friedrich Wolfs Theaterstück «Cyankali § 218» in der Inszenierung von Erwin Piscator. Aus den Programmen der staatlichen Theater mußten alle Werke von Walter Hasenclever, Ernst Toller und Leoš Janáček gestrichen werden. Warum wurden diese Akte von Zensur und Willkür

nicht als Aktion einer rechtsextremen und gefährlichen Kultur-
revolution angeprangert? Die Zeitung *Leipziger Neueste Nachrichten* empörte sich zwar darüber, daß in Weimar sechzig
Werke der Moderne im Magazinkeller des Museums verschwunden waren. Aber das Weimarer «Kunstdiktat» wurde
als Schildbürgerstreich und als «blindwütige Maßnahme»
empfunden, die schleunigst korrigiert werden müßten. «Was
kann um Himmels willen diesen Bildersturm veranlaßt haben?» fragte mit gespielter Besorgnis die *Thüringische Allgemeine Zeitung*, als sei Fricks Anordnung vom heiteren Himmel
gefallen. Eilfertig wies das konservative Blatt darauf hin, daß
Ernst Barlach der «deutscheste aller deutschen Meister» und
daß Franz Marc 1916 vor Verdun mit dem Gewehr in der Hand
für Deutschland gefallen sei. Aber man vertraute auf die Vernunft des neuberufenen Ministers, dem offenbar die ganze
Kunstrichtung nicht gefalle. «Vielleicht suchen wir Gründe, wo
keine sind.»

Mit kaum verhohlener Zustimmung konstatierte die *Weimarische Zeitung*, die schon immer Sympathien für die Nationalsozialisten gehegt hatte: «Die Maßnahme trägt keinen politischen,
sondern einen sachlichen Charakter!» War damit jene rassistische Begründung über ein Untermenschentum gemeint, die
Frick seinem Befehl zur Entfernung der Bilder beigefügt hatte?
Dazu hüllte sich das Blatt in Schweigen.

In der Weimarer Bürgerschaft regte sich kein nennenswerter
Widerstand. Geharnischter Protest kam aus den Redaktionen
jener Zeitungen, die von den Nazis immer wieder als «Asphalt-
presse» diffamiert worden waren. «Durch solche Taten, die die
deutsche Seele retten sollen, wächst sich die Tätigkeit des nationalsozialistischen Ministers zum Skandal aus», schalt das
Berliner Tageblatt. «Den modernen Kunstbestrebungen, die
einst in Weimar ihre Heimstätte hatten, ist das Entgegenkommen der damaligen demokratisch-sozialdemokratischen Regierung nachgerade zum Verhängnis geworden. Die Nationalsozialisten werden niemals eine Kunst anerkennen, die unter ‹mar-

xistischem Protektorat› gestanden hat. Sie werden die Schönheit einer Rose nicht sehen, wenn sie rot ist.»

Aber war dieser Bildersturm nicht auch das Vorspiel für eine politische Zeitenwende, die dem liberalen Geist den Garaus machen wollte? Es sei eine «deutsche Angelegenheit ersten Ranges», schrieben mit tiefer Besorgnis Kurt Weill, Alfred Döblin, Erwin Piscator und auch Oskar Schlemmer in einer Protestresolution, die unter dem Titel «Frick über Deutschland» von Harry Graf Kessler verfaßt worden war, «wenn der Geist ... einer engstirnigen und krausen Ideologie sich über das ganze deutsche Kulturgebiet ausbreitet». Solche Mahnungen blieben freilich Einzelstimmen. Selbst die liberale, im deutschen Bürgertum hochangesehene *Frankfurter Zeitung* empörte sich mehr darüber, daß Frick die Kunst der Moderne «nur durch alte Zeichnungen» an den Wänden des Schloßmuseums ersetzt habe. Anstatt sich über den einmaligen diktatorischen Eingriff aufzuregen, mokierte sich das Blatt über die «banausischen» Zustände, die offenbar in Weimar ausgebrochen seien.

Auch für die *Vossische Zeitung* hatte sich in Weimar eine bis dahin beispiellose Vergewaltigung von moderner Kunst abgespielt; aber man tröstete sich damit, daß das Museum der Nachbarstadt Erfurt die verbotenen Kunstwerke wieder aufnehmen werde. Fricks Angriffe gegen das «ostische oder sonstige Untermenschentum» wurden in dieser Zeitung als Ausdruck einer «verworrenen Ahnungslosigkeit» und nicht als Willkürmaßnahme interpretiert, die Bestandteil einer antisemitischen und antiliberalen Ideologie war. Weit süffisanter rechnete man mit einer bei der NSDAP verbreiteten «Spießer-Mentalität» ab und gab vermeintlich kulturell noch etwas Unerfahrenen den onkelhaften Rat, sich in Kunstdingen die «selbstgefertigten Kinderschuhe» abzulaufen.

Für das deutschnationale und durchaus mit der radikalen Ideologie Hitlers sympathisierende deutsche Bürgertum war es der bekannte Literaturhistoriker Paul Fechter, der den Weimarer Bildersturm in ausgewogenem Sowohl-Als-auch interpretierte und dessen Drahtzieher Paul Schultze Naumburg sogar als Mann «von vielen Qualitäten» zu rühmen wußte. Das Recht eines Ministers, Bilder und Plastiken aus einem Museum zu entfernen, fand Fechter in Ordnung; denn auch im Jahre 1918 seien Bilder aus der kaiserlichen Zeit «in Rudeln» aus den deutschen Museen verschwunden. Die Weimarer Bilderaffäre blieb dem deutschen Literaturpapst deswegen verschwommen und unklar, «weil rassemäßige Kennzeichnungen» gegen Leute erhoben wurden, auf die solche Merkmale offenbar nicht zutrafen. Damit erklärte sich einer der angesehensten deutschen Literaturhistoriker zu einem konservativen Rasseästheten, der sich um eine gerechte Differenzierung zwischen richtigen und falschen «ostischen und Untermenschen» sorgte. Ein Maler aus dem ostpreußischen Danzig, der sich stets einer nationalen Betrachtungsweise befleißigt habe, könne nicht einfach als ein «ostischer Untermensch» abgetan werden. Gegen die pauschale Ausgrenzung der übrigen verfemten Künstler und gegen das Verdikt über deren Stil und Gattung hatte Paul Fechter nichts einzuwenden.

«Weimarer Mist für Erfurt!» empörte sich stellvertretend für zahlreiche thüringische Provinz- und Regionalzeitungen die *Mitteldeutsche Zeitung* und verwahrte sich dagegen, daß die in Weimar vom Staat brüskierten «Auchkünstler» fortan in Erfurt gezeigt werden sollten. Es sei einfach richtig, wenn die Leihgaben aus Weimar möglichst auch in Erfurt in irgendeiner Bodenkammer verschwinden könnten. «Das soll uns recht sein.» Das ungemein zwiespältige Echo in der deutschen Presse konnte Frick und seine Helfershelfer nur ermutigen. Die diktatorischen Zugriffe waren unerwartet glatt verlaufen. Mit wenigen Ausnahmen war der spektakuläre Akt, von völkisch-nationalen Meinungsführern gestützt und von sympathisierenden Kommentaren flankiert, sogar als quasiplebiszitäres Herrschaftsmittel anerkannt worden. In der Stadt Weimar, wo man sich bekanntlich schon seit 1918 ein Einspruchsrecht gegenüber der modernen Kunst angemaßt hatte, fand die Maßnahme Fricks durchweg Zustimmung. Seit der Vertreibung des Bauhauses war das einst gefeierte «Ilm-Athen» in Sachen Kunst ohnehin zu einer belanglosen Kleinstadt geworden. Deshalb wurde auch hier nicht bestritten, daß jeder Volksbildungs- und Innenminister das Recht für sich beanspruchen könne, die Freiheit der Kunst mit Füßen zu treten.

Unter dem Pseudonym «Peregrinus» meldete sich in der Zeitschrift *Tagebuch* ein Rezensent zu Wort, der die politische Tragweite der Weimarer Zensurmaßnahmen offenbar erkannte: «Dieser windige Nachfolger auf Goethes Ministersessel wagt so etwas nur, weil er weiß, daß eine Anzahl von Gesinnungsgenossen hinter ihm steht, nicht nur im Inland sondern auch im Ausland.» Nun müsse es endlich darum gehen, sich gegen das «rückständige Gestänkere» der Nazis zur Wehr zu setzen. «Die Hauptsache ist: gegen die Anderen! Die Frick-Gesinnung kann nie einen Wert schaffen!»[40]

Der Schreiber irrte sich. Das nationalsozialistische Interregnum fand zwar nach vierzehn Monaten am 1. April 1931 ein jähes Ende, weil die Deutsche Volkspartei endlich den Mut hatte, den NS-Ministern in der Regierungskoalition, Frick und Marschler, das Vertrauen zu entziehen. Aber die Prophezeiung des wutschäumenden Frick ging in Erfüllung, daß sich die Zahl der Nazi-Anhänger ständig vermehren und daß bei den Neuwahlen «vom bürgerlichen Brei der Mitte» nur herzlich wenig übrigbleiben werde. Der Plan einer stufenweisen Eroberung der Macht war letztendlich aufgegangen. Die Gegenrevolution hatte offenbar auch auf der ganzen künstlerischen Linie gesiegt.

Die bürgerlichen Parteien waren längst kraftlos geworden. Darüber konnte auch die Aufkündigung der Regierungskoalition durch die DVP nicht mehr hinwegtäuschen. Der NSDAP-Fraktionsvorsitzende Sauckel hatte die Koalitionspartner von der DVP öffentlich als eine Schar von «trottelhaften Greisen, Verrätern und Betrügern» bezeichnet. Dies ging auch den gutwilligsten Befürwortern zu weit; deshalb hatten die Nationalsozialisten nach Ansicht wohlmeinender Koalitionäre den Bogen

überspannt. Plötzlich war man über die Geschmacklosigkeit erbost, daß die NSDAP ausgerechnet zu Goethes hundertstem Todestag im Weimarer Nationaltheater eine Parteiveranstaltung
zum Thema «Justizmord von heute» abgehalten hatte. Nicht die
Maßnahmen Fricks, sondern die Beleidigungen Sauckels waren
die Ursache für eine längst fällige Aufkündigung der Regierungskoalition. Wie der über den vorzeitigen Koalitionsbruch
tief verärgerte Frick reagierte auch Sauckel damals mit vulgären Drohungen: «Wir kommen wieder und über Ihre Parteileichname spaziert das deutsche Volk.»[41]

Die Minderheitsregierung, die nach der Entmachtung Fricks
gebildet worden war, brach schon im Juli des Jahres 1932 nach
kaum einjähriger Regierungszeit auseinander. Das politische
Machtvakuum in der Endphase der Weimarer Republik, das
sich im Ruf nach einer Präsidialregierung artikulierte, spiegelte
sich auch im brüchig gewordenen Parteiensystem Thüringens
wider. Die Neuwahlen für den Thüringer Landtag wurden am
31. Juli 1932 gemeinsam mit den Reichstagswahlen durchgeführt. Beide Wahlgänge wurden zu einem Triumph für die
NSDAP, die in Thüringen mit 43,9 % der Stimmen für den Reichstag sogar erheblich mehr Zulauf als in allen anderen Ländern
Deutschlands erzielte. Die Strategie Hitlers war aufgegangen.

Bei den Landtagswahlen votierten 42 % aller wahlberechtigten Thüringer für Hitlers Partei. In der Landeshauptstadt
Weimar, die zum Aufmarschgebiet einer vorgezogenen Machtübernahme umfunktioniert worden war, gaben sogar 44 % der
Wähler den Nationalsozialisten ihre Stimme. Alle diejenigen,
die wie Kommunisten, Sozialdemokraten, Demokraten und die
kleine Schar der Deutschen Volkspartei vor der «braunen Gefahr» gewarnt hatten, mußten sich von diesem Ergebnis düpiert
fühlen. Denn die umstrittene Kunst- und Kulturdiktatur Fricks
mit ihren schwerwiegenden Eingriffen in das demokratische
Verfassungssystem der Republik war nachträglich belohnt worden. Was Frick den bürgerlichen Parteien nach dem Bruch der
Regierungskoalition drohend prophezeit hatte, war plötzlich

düstere Realität geworden: «Im vierzehnmonatigen Besitz der Macht haben wir den Weg zur Rettung des deutschen Volkes zur Genüge gezeigt. Daß man uns hinderte, ihn weiterzugehen, hat seither die Zahl unserer Anhänger nur vermehrt und die der schuldigen Parteien dezimiert. Das werden die nächsten Wahlen beweisen.»[42]

In der neuen Landesregierung von Thüringen saßen schon im Jahr 1932 fast ausschließlich Nationalsozialisten. Der «Geist von Weimar», wie ihn der neue Vorsitzende, Staatsminister Fritz Sauckel, für sich und seine neuen Machthaber reklamierte, hatte mit dem einst von Friedrich Ebert beschworenen Vermächtnis der demokratisch gewählten Nationalversammlung nichts mehr zu tun: «Namen wie Herder, Fichte, Nietzsche, Goethe, Schiller, Bach, Wagner und Liszt und alle die Meister der bildenden Künste, die im vorigen Jahrhundert in Weimar ihre Wirkungsstätte hatten, legen ... der Landesregierung größte Verpflichtungen auf ... Die Staatsregierung gibt hiermit ihrer Überzeugung Ausdruck, daß ihr höchstes Ziel ... die Entfaltung und Gestaltung aller geistigen und seelischen Kräfte in Rasse und Volkstum sein muß.»[43]

Nach der «Machtergreifung» Hitlers im Jahre 1933 machten besonders Politiker aus Weimar und Thüringen Karriere. Wilhelm Frick rückte zum Reichsinnenminister auf, Baldur von Schirach avancierte zum «Jugendführer des Deutschen Reiches», Hans Severus Ziegler wurde Staatskommissar für die thüringischen Landestheater und Fritz Sauckel durfte sich nach der Zerschlagung der Länderhoheiten mit dem Titel «Reichsstatthalter» schmücken. Von Weimar aus verwandelte Fritz Sauckel gemeinsam mit nationalsozialistischer Regionalpolitikern wie Paul Hennicke, Willy Marschler, Walter Ortlepp, Paul Papenbroock, Fritz Wächtler, Otto Weber, Hans Severus Ziegler und Gustav Zunkel das Land in einen «Trutzgau des Führers». Bereits am 1. Januar 1935 verfügte die NSDAP hier über 94 979 eingeschriebene Mitglieder, zu denen etwa 600 000 Mitglieder der Deutschen Arbeitsfront, 150 000 Anhänger der Hitlerjugend und fast 9000 Mitglieder der SS hinzukamen. Mit dieser Organisationsdichte nahm Thüringen unter den deutschen NS-Gauen einen der vordersten Plätze ein.

Ab 1932 kam es in Thüringen zur schrittweisen Machtübernahme. Ein Trupp von SA-Männern demontierte die von Walter Gropius entworfene Gedenktafel zur Erinnerung an die Verfassung von 1919, die bis dahin an der Vorderseite des Weimarer Nationaltheaters angebracht war. Der neuernannte NSDAP-Landtagspräsident Fritz Hille verkündete am 1. Mai 1933: «Das neue Weimar wird mit allen Kräften danach streben müssen, den Schandfleck, der seit 1919 auf ihm liegt, zu beseitigen.» Vieles von dem, was später in Hitlers Führerstaat angeordnet werden sollte, war bereits in Thüringen ein Jahr früher durchexerziert worden. So führte Volksbildungsminister Fritz Wächtler am 10. Oktober 1932 an allen Schulen Thüringens einen «Wechselspruch gegen die Kriegsschuldlüge» ein. Die an Wilhelm Fricks «Schulgebete» erinnernde Maßnahme verlangte, daß auf allen an inländische Empfänger gerichteten Schreiben des Ministeriums zwei Jahre lang der Spruch aufgestempelt werden sollte: «Wer behauptet, Deutschland sei am Krieg schuld, lügt. Diese Lüge ist die Wurzel unserer Not.»

Schon Anfang Januar 1933 wurden in Weimar und Thüringen, deren deutschnational gestimmte Bürger schon immer demonstrativ die schwarzweißrote Fahne des Kaiserreichs geflaggt hatten, offiziell die alten Reichsfarben wieder zugelassen. Am 18. Januar des Jahres 1933 veranstalteten die neuen Machthaber in der Landeshauptstadt eine Reichsgründungsfeier, an der neben Gruppen der SA, der SS und des «Stahlhelm» auch Formationen der Landespolizei und der Reichswehr teilnahmen, die nicht auf eine einzige Partei, sondern noch auf den demokratischen Staat vereidigt worden waren. Der Führerstaat warf seine Schatten voraus.

Fritz Sauckel sagte kurz nach seiner Ernennung zum Reichsstatthalter allem einen unbarmherzigen Kampf an, «was sich der inneren Aussöhnung der Nation» entgegenstellte. Allein in

Thüringen wurden bald über eintausend Kommunisten verhaftet, die in Nohra bei Weimar untergebracht waren. Später wurde dieses erste Sammellager sogar offiziell als «Konzentrationslager» bezeichnet. «Ich befehle Ihnen nunmehr die Intoleranz gegen alles andere», hatte Sauckel verordnet, «alle Gegenstömungen sind als Schädlinge am deutschen Volke zu bekämpfen!»[44]

Hitler – «er ist ein Wunder!»

Im Herbst des Jahres 1933 kam es zwischen dem neuen deutschen Reichskanzler Hitler und der 87jährigen Elisabeth Förster-Nietzsche, der Schwester des Philosophen Friedrich Nietzsche, in Weimar zu einem denkwürdigen Treffen. Der «Führer» und die Bewahrerin des Nietzsche-Erbes trafen sich in der «Villa Silberblick», dem Sterbehaus des Philosophen auf einem Hügel hoch über Weimar. Hier hatte die rührige Schwester die Manuskripte und Fragmente ihres Bruders in einem Archiv gesammelt, das längst zur Wallfahrtsstätte nationaler und internationaler Nietzsche-Verehrer geworden war. Aber an jenem Tag, als der Führer mit einem riesigen Strauß dunkelroter Rosen bei der alten Dame erschien, hatte die verhängnisvolle Umdeutung Nietzsches einen makabren Höhepunkt gefunden; die Schwester eines der größten deutschen Philosophen machte ihren endgültigen Kotau vor Hitler. «Ihr Besuch, Herr Reichskanzler, ist mir eine ganz besondere Freude. Ich habe mir in den letzten Jahren alles eingehend über den Aufstieg Ihrer Bewegung berichten lassen und freue mich sehr, den Führer heute bei mir begrüßen zu können.»[45]

Der allgemeine Rechtsruck in Thüringen, der schon 1924 eingesetzt hatte und im Jahre 1930 zur Beteiligung von Nationalsozialisten an der Landesregierung führte, war von der einflußreichen Dame im Weimarer Nietzsche-Archiv gefördert worden. Elisabeth Förster-Nietzsche hatte zwar früher mit der Moderne um Henry van de Velde und Harry Graf Kessler sympathisiert. «Mir scheint es in der Erinnerung, als ob jeder Tag neue geistige Anregungen und neue Probleme gebracht hätte», schrieb sie noch am 29. Mai 1933 an den «hochverehrten Freund» Henry van de Velde. «Sie waren der Magnet, der die junge Generation der geistreichen Leute nach Weimar zog.»[46]

Im Gegensatz zu jenen modernen Künstlern und Intellektuellen, die einst zusammen mit van de Velde, Kessler, Rodin und Hugo von Hofmannsthal auch in ihrem Haus verkehrt hatten, bezog die ambitionierte Nietzsche-Schwester früh andere politische Positionen. Als 1914 der Weltkrieg ausbrach, bekannte sie sich zu den Kriegszielen der Alldeutschen, die einen unversöhnlichen Kampf bis zum bitteren Ende propagierten. Nach dem Weltkrieg wählte sie rechts und schwärmte gegenüber ihren ehemaligen Mitstreitern von der «Reinheit der deutschnationalen Seele». Bald ging Oswald Spengler, der Autor des mit hohen Auflagen verbreiteten Buches «Der Untergang des Abendlandes», bei ihr ein und aus. Unter dem Einfluß Spenglers, der später Träger des Nietzsche-Preises wurde, ist der Philosoph Nietzsche vornehmlich als Gegner der Demokratie, als Feind des Sozialismus, als Befürworter einer elitären Herrschaft und als Verkünder des Krieges interpretiert worden. Der demokratisch und liberal eingestellte Harry Graf Kessler registrierte bei seiner einstigen Mitstreiterin einen politischen Wandlungsprozeß, der ihn an eine betagte «Backfisch-Frau» erinnerte. Das «Spinngewebe Weimarer Intrigen» habe die Schwester des Philosophen nachhaltig verändert, schreibt Kessler in sein Tagebuch: «Die alten Greisinnen und Exzellenzen haben ihr den Kopf verdreht.»

Schon 1922 registrierte Kessler, wie sehr sich der Haß der kultivierten alten Dame gegen die «Roten» richtete, die für die Niederlage im Weltkrieg, für die Revolution und das Ende des geliebten Kaiserreichs verantwortlich gemacht wurden. Sogar die absurde These, wonach Rathenau durch bolschewistische Attentäter ermordet worden sei, wurde von der Archivgründerin geglaubt. Vergeblich versuchte Kessler der alten Freundin klarzumachen, daß ausgerechnet Ludendorff diese Lüge in einem Interview mit der englischen Zeitung *Daily Express* in die Welt gesetzt hatte. «Also wird diese abgeschmackte Lüge jetzt bei alten Damen propagandistisch verbreitet, um die Mordschuld abzuwälzen!»[47]

Der Historiker Erhard Naake hat nachgewiesen, wie sich der Wandel der Nietzsche-Schwester von einer nationalkonservativen Gegnerin der Republik zur aktiven Mitkämpferin eines völkischen Rechtsradikalismus vollzog. Schon der Putsch des NS-Führers in München war für Elisabeth Förster-Nietzsche ein «vaterländisches Bestreben» gewesen, und den Prozeß gegen die Attentäter hatte sie «zum Weinen» gefunden. Aber zur engeren Anlehnung an die Hitler-Partei kam es erst, als sich auch ein persönliches Verhältnis zum Innen- und Volksbildungsminister Thüringens anbahnte, der in der «Villa Silberblick» bald seine Aufwartung machte. Wilhelm Frick wollte die vielfältigen Beziehungen der alten Dame nutzen, um persönliche Kontakte zu wichtigen Persönlichkeiten Thüringens zu knüpfen. Gleichzeitig dachten die Nationalsozialisten längst daran, Nietzsches Ausführungen über den «Willen zur Macht», über den Krieg, den «Übermenschen» sowie über eine «neue Herrenrasse» für die eigene Propaganda zu benutzen.

Das sanfte Überrumpelungsmanöver des Ministers glückte; schon nach den ersten Besuchen wurde Frick als eine Persönlichkeit gerühmt, die nach der Bekundung der Nietzsche-Schwester sogar als «Liebling des Volkes» in die Geschichte eingehen könnte. Der charmant und gebildet auftretende Frick durfte «hier und da zu einem Plauderstündchen» hinauf in das Haus der alten Dame kommen, das immer mehr zur wichtigen Begegnungsstätte wurde. Zahlreiche zur Weimarer Militärgarnison abkommandierte Offiziere der Reichswehr machten ihr einen offiziellen Antrittsbesuch; darunter auch Generalleutnant Hasse, der mit seinem aus Berlin befohlenen Einmarsch im Jahre 1923 das «rote Thüringen» überwand. Harry Graf Kessler saß eines Tages mit der alten Freundin beim Tee, als Hasse plötzlich erschien und ihm die Schwester des Philosophen fast um den Hals fiel. Längst schwärmte die Greisin von ihrem «lieben Freunde Mussolini», der zum «Trost ihres Alters» wurde, wie sie einmal sagte. Als das Napoleon-Drama «Hundert Tage» des italienischen Faschistenführers am 30. Januar 1930 im Deutschen Nationaltheater zur deutschen Uraufführung gelangte, kam es zur ersten Begegnung zwischen Hitler und Elisabeth Förster-Nietzsche. Der Führer machte der alten Dame seine Honneurs in der Theaterloge. Die NS-Parteizeitung *Der Angriff* lobte danach: «Der Parlamentarismus und seine Stützen, Parlament und Presse erfahren eine unmißverständliche Abfuhr ... Die Aufführung ... bedeutet in der bisher schwachen Bilanz des Deutschen Nationaltheaters einen Aktivposten, den die Intendanz bitter nötig hätte.»[48]

Von dieser intensiven, fast schwärmerischen Bewunderung für den italienischen Duce bis zur Begeisterung für den kommenden deutschen «Führer» ist es nur ein kleiner Schritt. Als die NSDAP am 14. September 1930 überraschend 107 Reichstagsmandate eroberte, erhielt Frick die wärmsten Glückwünsche aus dem Nietzsche-Archiv, wo Elisabeth ihren häufigen Gast als «edlen und guten Menschen» rühmte, mit dem sie längst ein freundschaftliches Verhältnis verbinde. Zur Konsequenz dieser engen Beziehungen gehörte, daß die Nationalsozialisten ihren Einfluß auf die Personalpolitik des Nietzsche-Archivs geltend machten. Bereits am Ende des Jahres 1930 übernahm ein Parteigenosse Fricks, der in Jena lehrende Rechtsphilosoph Professor Carl August Emge, die Arbeit an der großen kritischen Ausgabe des Nietzsche-Nachlasses. Damit war garantiert, daß wesentliche Lehren Nietzsches im Sinne der nationalsozialistischen Parteidoktrin interpretiert wurden. Die Berufung Emges, die gezielte Förderung des NS-Philosophen Alfred Bäumler, die rückhaltlose Unterstützung der beiden Hitler-Anhänger und Vettern Max und Richard Oehler, die bereits die Archivarbeit weitgehend kontrollierten – dies alles sorgte dafür, daß das Werk Friedrich Nietzsches im Sinne der Nationalsozialisten gedeutet werden konnte. Als Harry Graf Kessler im Sommer 1932 die «Villa Silberblick» besucht, bekommt er von der Nietzsche-Schwester zu hören, «im Archiv sei alles, vom Diener bis zum Major hinauf, nur Nazi. Nur sie selber sei noch deutschnational.»[49]

«Hitlers Kampf gegen das Judentum», so schreibt Elisabeth Förster-Nietzsche 1933 in ihrem Brief an Henry van de Velde, bereite ihr «wirklich Kummer». Aber die Schwester des Philosophen hoffte auch darauf, daß sich «diese ganze Antisemiterei mit der Zeit mildern und verständnisvoll gestalten werde». Wie viele im damaligen Weimarer Großbürgertum tröstete auch sie sich, daß dies nicht so wichtig sei und nur eine Übergangserscheinung sein würde; es seien ohnehin «nur junge Heißsporne unter den Nationalsozialisten», die diese «ganze antijüdische Bewegung so übereifrig angefangen hätten».

Möglicherweise hingen diese Vorbehalte auch damit zusammen, daß Elisabeth Förster-Nietzsche zahlreiche jüdische Freunde besaß, die wegen des zunehmenden «Radau-Antisemitismus» der Nazis besorgt zu ihr kamen. Immer wieder hat die Nietzsche-Schwester beteuert, daß sie mit dem Antisemitismus der völkischen Rechten nichts zu tun haben wollte. Auch den von Frick sehnlichst gewünschten Eintritt in die NSDAP lehnte sie ab. An ihrer grundsätzlichen Haltung zu Wilhelm Frick, dessen antisemitischer Haß kaum zu übertreffen war, änderte dies freilich wenig. Auch der «Führer» Adolf Hitler blieb trotz aller Vorbehalte und Einschränkungen die glühend bewunderte Idealgestalt, der sich die Herrin über das Nietzsche-Archiv rückhaltlos verschrieb. «Ich möchte nichts weiter über ihn sagen, als – er ist ein Wunder!»[50]

Jedem das Seine
Weimar und das Konzentrationslager Buchenwald

Der Häftling Ernst Cramer

«Es war im Bahnhof von Weimar am 11. November 1938. Wir waren in einem der Fußgängertunnel, die unter den Gleisen durch von Bahnsteig zu Bahnsteig führen. Wir, das waren mehrere hundert Juden, die unter SA-Sonderbewachung in einem Sonderzug von Breslau nach Weimar gebracht worden waren. Der Zwangstransport hatte in Waggons der dritten Klasse stattgefunden. Das war zwar nicht bequem, aber doch wesentlich erträglicher als die Viehwagen, in denen nur wenige Jahre später Hunderttausende deportiert, das heißt, fast ausnahmslos in den Tod geschickt wurden.

Wir waren also in Weimar angekommen. Am Bahnhof wurde der Transport – es waren mehrere hundert jüdische Männer zwischen achtzehn und sechzig Jahren – von Parteisoldaten in braungrauer SS-Uniform übernommen. Unter lautem Gebrüll wurden wir aus den Abteilen gezerrt und mit Schlägen in die Unterführung gejagt, getrieben. Unten angekommen, wurden wir wie Herdenvieh zusammengepfercht und an die linke Mauer gedrängt.

Wenige Tage vorher hatte mir meine Mutter in München einen schweren Tuchmantel gekauft. Dieser milderte die pausenlos niederprasselnden Schläge etwas ab. Unter dem Mantel fanden auch noch zwei andere Platz. Ein junger Freund, der immer an meiner Seite geblieben war, und ein kleiner grauhaariger Mann mit blutender Nase, den ich aufgezerrt hatte, als er auf der Treppe gestolpert war. Ich stand in der hintersten Reihe. Zwischen mir und der Mauer duckten sich noch sechs Leute auf engstem Raum, nicht mehr als einem Meter. Wie lange die Prügeleien und das Gejohle andauerten, weiß ich nicht. Vielleicht waren es nur Minuten, vielleicht war es viel länger. In Momenten irrationalen Entsetzens verliert man jedes Zeitgefühl.

Die Gedanken wanderten. Erst etwa sechsunddreißig Stunden vorher hatte ich von meiner Mutter Abschied genommen. Sie hatte mich in München zum Schnellzug gebracht, der nach Breslau fuhr. Nur mit Sorge hatte ich sie am Bahnsteig in München zurückgelassen. Sie fuhr noch am Abend nach Augsburg, unserer Heimatstadt, zurück. Überall am Münchener Hauptbahnhof trieben sich grölende, meist betrunkene Männer in den verschiedensten Parteiuniformen herum. Sie hatten den fünfzehnten Jahrestag des mißglückten ‹Bierhallen›-Putsches von 1923 gefeiert. Im Juni wurde auf Wunsch Hitlers in München die große Synagoge gesprengt. Sie lag für seinen Geschmack zu nahe beim Haus der Deutschen Kunst. Während des Sommers wurden im ganzen Reichsgebiet viele Juden als sogenannte ‹Arbeitsscheue› verhaftet. Die ‹Arisierung› lief auf vollen Touren. Ende Oktober wurden in Deutschland lebende Juden polnischer Staatsangehörigkeit bei Nacht und Nebel an die Grenze gejagt. In vielen Fällen weigerten sich die Polen, die Verjagten aufzunehmen.

Der Sohn eines dieser Vertriebenen erschoß in Paris den deutschen Diplomaten Ernst vom Rath. Darauf war es in einzelnen Teilen des Deutschen Reiches zu gewaltsamen antijüdischen Ausschreitungen gekommen. Am Tage meines Abschieds von meiner Mutter war bekannt geworden, daß vom Rath seinen Verletzungen erlegen war. Bald nach meiner Ankunft in Breslau (ich bereitete mich dort auf einem landwirtschaftlichen Lehrgut auf meine Auswanderung vor) wurde ich verhaftet und zusammen mit etwa zwei Dutzend meiner Freunde aus dem Auswandererlehrgut ins Breslauer Gefängnis gebracht. Dort warteten schon viele andere. Vor Tagesanbruch, im Nebelgrauen, marschierten wir zum Güterbahnhof. Es war eine gespenstische Formation: Immer eine Reihe Häftlinge, gefolgt von einer Reihe Wachmannschaften in den verschiedensten Uniformkombinationen. Alle Bewacher hatten einen Knüppel oder ein Bajonett bei sich. An den Straßenecken standen geifernde Frauen und höhnende Männer. Gesichter der Scham oder des Entsetzens sah ich keine.

Nach dem bedrückenden Marsch durch Breslau kam die Fahrt ins Ungewisse. Und jetzt erlebten wir die Hölle im Weimarer Bahnhof.

Plötzlich ertönte ein Pfiff. Unter verstärktem Gebrüll wurden wir von der Wand weg zum Ausgang hingeprügelt. Im Laufschritt ging es die Treppe hinauf. Wieder stolperten manche der Älteren. Am Bahnhofsvorplatz warteten Lastwagen, in die wir hineingehetzt wurden. Wenn ein Wagen vollgepfercht war, ging die Fahrt ins Ungewisse los. Einige Gebrechliche wurden von SS-Leuten an Händen und Füßen gepackt und einfach in den Laderaum geworfen. Wenn ein Laster voll war, wurde er mit Planen hermetisch von der Außenwelt abgeschlossen. Die Fahrt dauerte nicht lange. Die Plane wurde aufgerissen. Sofort begann ein neuer Höllentanz.

Über anscheinend absichtlich aufgetürmte Steinhaufen hinweg und durch lehmigen, regennassen Morast mußten wir einem Tor zulaufen. ‹Jedem das Seine› hieß es über dem Durchgang. Wir waren auf dem Ettersberg, auf dem mehr als hundert Jahre vorher Goethe mit Charlotte von Stein geflirtet hatte. Jetzt hieß es Konzentrationslager Buchenwald. Nach der Ankunft wurden wir eine Zeitlang wahl- und sinnlos hin- und hergehetzt, dann in Blöcken zu je hundert Mann aufgestellt, kahlgeschoren und registriert. Nachher standen wir stundenlang herum oder mußten uns auf den naßkalten Boden setzen. Rühren durften wir uns nicht. Wehe dem, der das nicht aushielt.

Inzwischen kamen immer mehr Menschen an. Am Abend kehrten reguläre Häftlinge in ihren blau-grau gestreiften KZ-Uniformen von der Fronarbeit ins Lager zurück. Wir erfuhren langsam, was überall in Deutschland geschehen war: Geschändete Gotteshäuser, geplünderte Geschäfte, zerstörte Wohnungen, üble Prügeleien. Besonders in Kleinstädten herrschte ungezügelter Sadismus. Wir erlebten den ersten Appell und

gleichzeitig die erste Bestrafung eines Häftlings auf dem berüchtigten Bock. Was der Unglückliche verbrochen haben sollte,
erfuhren wir nicht. Er bekam fünfundzwanzig Stockhiebe auf
sein nacktes Hinterteil. Er selbst mußte den Bock herbeischaf-
fen und auch wieder wegtragen.

Nach dem Abendappell wurden wir Neulinge wie eine riesige
Viehherde in einen durch einen Drahtverhau abgesonderten
Teil des KZ, das ‹Kleine Lager› getrieben und auf fünf Holzba-
racken verteilt, die gerade notdürftig fertig geworden waren.
Die Baracken bestanden aus rohen Brettern. Sie hatten weder
Fenster noch Türen. Nur in der Mitte war ein nach beiden Seiten offener Durchgang, ähnlich wie in manchen Schafställen in
der Heide. Dort gab es keine Betten, keine Wäsche, keine Stroh-
säcke, keine Toiletten. In fünf Lagen übereinander waren in
Abständen von etwa sechzig Zentimetern Holzplanken gelegt
worden. Darauf schlief man. Das – ohne jede Unterlage, ohne
Decke – war unsere Ruhestätte und blieb es für mich sechs Wochen lang. Wieder war mein dicker Mantel für mich ein Glücks-
fall – für mich und meine Nachbarn. Waschgelegenheiten gab es
nicht. Sechs Wochen konnte ich mich weder waschen noch ra-
sieren noch die Unterwäsche wechseln. Direkt neben den Baracken waren zwei große Latrinen ausgehoben worden. Nachts
war es schon bitterkalt. Aber wir froren kaum, weil wir so eng
aneinandergepfercht waren.

Menschen wurden wahnsinnig, rannten in den elektrischen
Zaun. Einen fanden wir morgens erstickt in der Latrine. Ein anderer wurde nach einem epileptischen Anfall von einem SS-
Wachmann zu Tode getrampelt. Insgesamt kamen in der Zeit,
während der ich in Buchenwald war, etwa zweihundertundfünf-
zig jüdische Häftlinge ums Leben. Ich selbst stand mindestens
einmal an der Schwelle zum Tod. Ich hatte mich freiwillig gemeldet, um aus den Baracken Kranke und Tote in das Wasch-
haus zu tragen, das als notdürftiges Spital und gleichzeitig als
Totenhalle diente. Als ich nach beendeter Arbeit zu meinem
Hunderter-Block zurückkehrte, in dem sich die Menschen be-

fehlsgemäß der Größe nach formiert hatten, überragte ich, ganz am Ende stehend, meine Nachbarn um fünfzehn oder mehr Zentimeter. ‹Das bringen wir gleich in Ordnung›, sagte ein in der Nähe stehender SS-Offizier in makelloser schwarzer Uniform, ergriff eine Holzlatte und schlug mir langsam und methodisch auf meinen kahlgeschorenen Schädel.

Ich weiß nicht, wie lange ich das ausgehalten hätte. Aber zu meinem Glück ertönte nach einigen Minuten ein Pfiff, dann schnarrte es über den Lautsprecher: ‹Alle Judenvögel Laufschritt ins Kleine Lager.› Mein Peiniger ließ von mir ab und auch ich rannte oder taumelte zu meiner Baracke, der Baracke Nummer Vier.

Ich wurde in jener Zeit, im Spätherbst 1938, nach etwa vier Wochen entlassen. Eines Tages wurde mein Name über den Lautsprecher aufgerufen. In Eile wurde mir noch einmal der Kopf geschoren. Dann mußte ich Entlassungspapiere unterschreiben und dabei unter anderem bestätigen, daß ich gut behandelt worden und mir auch keine schlechte Behandlung anderer aufgefallen sei. Als ich mit der Unterschrift zögerte, fragte mich der Schreiber, ein österreichischer Häftling: ‹Was magst lieber, a bisserl lügen oder hierbleiben?› Ich unterschrieb.»[1]

General Patton befreit das Lager

Wenige Tage nach dem Einmarsch gab der Kommandeur der dritten amerikanischen Armee, George S. Patton, den Befehl, die Einwohner Weimars mit dem Grauen in Buchenwald zu konfrontieren. Am 16. April 1945 mußten sich in der Weimarer Paulinenstraße über eintausend Männer und Frauen im Alter über siebzehn Jahren versammeln. Unter der Aufsicht bewaffneter US-Soldaten machten sich diese Einwohner, zu denen auch prominente NS-Bonzen gehörten, auf den kilometerlangen Fußmarsch nach Buchenwald. Amerikanische Kriegsberichterstatter haben die damaligen, erschütternden Szenen in einem Film festgehalten. Zunächst geht es wie bei einem heiteren, sonnigen Frühlingsausflug zu; die plaudernden Einwohner, darunter viele Mädchen und Frauen, ahnen nichts von dem Grauen, das sie in Buchenwald erwartet. Vielen sieht man die Freude darüber an, daß der Krieg endlich zu Ende ist.

Doch die beschwingte Stimmung schlägt in Entsetzen um, als die im Lager Buchenwald Angekommenen die aufgetürmten Leichenberge sehen. Frauen fallen in Ohnmacht und weinen, Männer bedecken ihr Gesicht und drehen den Kopf weg, weil sie den Anblick nicht ertragen können. Viele liegen sich fassungslos und gegenseitig tröstend in den Armen.

Der ungarische Schriftsteller Imre Kertész war damals Häftling in Buchenwald. «Mein Kiefer bearbeitet ein amerikanisches Kaugummi, mein Blick schweift gelangweilt umher zwischen den Typhusbaracken gegenüber und den etwas entfernteren, noch offenen Massengräbern, in denen die mit Löschkalk übergossenen Leichen wie Holzscheite liegen. Plötzlich werde ich auf eine unglaubliche Szene aufmerksam: Vom Hügel her nähert sich eine Gesellschaft von Damen und Herren. Röcke flattern im Wind. Feierliche Damenhüte, dunkle Anzüge. Hinter der Gesellschaft einige amerikanische Uniformen. Sie erreichen das Massengrab, verstummen, stellen sich langsam um das Grab herum auf. Die Herrenhüte werden einer nach dem anderen abgesetzt. Taschentücher werden hervorgeholt. Ein, zwei Minuten stummer Bewegungslosigkeit. Dann kommt wieder Leben in das erstarrte Gruppenbild. Die Köpfe wenden sich den amerikanischen Offizieren zu. Arme heben sich und breiten sich in Schulterhöhe aus, fallen wieder auf die Oberschenkel zurück, heben sich erneut empor. Die Köpfe werden verneinend geschüttelt ... Sie wußten gar nichts. Niemand wußte irgend etwas.»[2]

Gewiß hat man in Weimar nichts von dem Grauen geahnt, das sich im Konzentrationslager Buchenwald zugetragen hat. Aber die Weimarer Bürger haben früh gewußt, daß sich in dem Lager auf dem Ettersberg etwas abspielte, das nach den Worten des

Zeitzeugen Wolfgang Held «zumindest furchteinflößend» war. Schon seit 1937 war das Gebiet des westlichen Ettersbergs für die normale Bevölkerung gesperrt worden. An die Bäume waren Schilder mit aufgemalten Totenköpfen und der Aufschrift genagelt: «Sperrzone! Weitergehen verboten!» Wer trotz dieser Warnungen tiefer in das Gelände eindringen wollte, der wurde bald von bewaffneten SS-Posten aufgehalten. Damals wurde in Weimar die Geschichte eines ahnungslosen Pilzesammlers kolportiert, der im Wald von Ettersberg plötzlich von einem SS-Offizier gestoppt und am Weitergehen gehindert wurde. Als er laut zu seiner Frau sagte: «Ich möchte zu gerne wissen, was sich da eigentlich abspielt», bekam er vom SS-Wachtposten die Antwort: «Das, mein lieber Volksgenosse, können Sie haben!» Der Mann wurde mitgenommen, die Frau ging nach Hause und hat ihren Mann mehrere Wochen lang nicht gesehen.

In den Weimarer Familien wurde hinter vorgehaltener Hand erzählt, daß plötzlich Handwerker aus der Stadt verschwanden. Wenn in Buchenwald ein Kunstschmied gebraucht wurde, dann konnte es passieren, daß in Weimar mit Hilfe der Gestapo-Leitstelle ein geeigneter Bewerber verhaftet und unter dem Vorwand, etwas verbrochen zu haben, einige Wochen im Lager festgehalten wurde. «Diese Geschichten kursierten in der Stadt. Also wußte man, daß dort oben kein Erholungsheim existierte. Außerdem sind die Leichen auf dem Weimarer Friedhof verbrannt worden. Und es ging damals wie ein Lauffeuer durch die Stadt, daß von einem dieser Lastwagen einige Tote mitten in der Stadt auf die Straße gefallen sind, weil sich die Ladeklappe gelöst hatte. So etwas wird schnell weitererzählt. Man wußte: Da oben werden nicht nur Bäume gefällt und da entstehen nicht nur Häuser, sondern da oben wird auch gestorben.»[3]

Bald war allgemein bekannt, daß im Lager Antifaschisten, Kriminelle und rassisch Verfolgte eingesperrt wurden. Über fünfzig Jahre später erinnert sich eine damalige Weimarer Internatsschülerin daran, daß die in der Stadt auftauchenden Männer in gestreifter Häftlingskleidung «Buchenwäldler» waren, die oft für erniedrigende Arbeiten eingesetzt wurden. «Uns wurde immer eingehämmert: Sparen, Sparen, Sparen. Beim Kochen mußten wir mit dem Wasser sparen und auch beim Schälen von Kartoffeln, Äpfeln und Gemüse mußten wir sparen und alles fein säuberlich in einen Eimer sammeln, der für das Stadtschwein bestimmt war. Dieses Stadtschwein wurde zu verschiedenen Zeiten durch die Stadt gezogen, nicht von Pferden, sondern von Menschen. Es stand auf einer Plattform angeschnallt, damit es nicht runterspringen konnte; wir wunderten uns, daß Menschen den Wagen zogen und schoben. Weimar war ja auch hügelig und es war echt schwer, dieses Schwein mit dem schweren Wagen zu uns den Berg raufzuschieben. Rings um diese Plattform waren Haken angebracht, an denen Eimer hingen, in die der Salatabfall reingekippt wurde. Das geschah fast jede Woche einmal. Das waren Männer, zu denen wir nicht besonders hingeschaut haben. Denn es hieß, daß es sowieso böse Männer aus dem Zuchthaus waren. Sie hatten schwarz-weißgestreifte Anzüge an. Es tat mir oft weh mitanzusehen, wie sie sich abmühten, dieses Schwein zu ziehen. Aber die Bevölkerung sollte doch sehen, wie das Schwein ganz dick wurde und eines Tages für die arme Bevölkerung geschlachtet werden sollte.»[4]

Häftlinge aus Buchenwald wurden seit 1937 bei Arbeitskommandos im Weimarer Stadtgebiet eingesetzt. Sie arbeiteten in den Gustloff-Werken vor den Toren des Lagers und stellten unter der Anleitung deutscher Vorarbeiter Waffen und Geschützteile her; mindestens vierzig Firmen aus Weimar, darunter Bäkker, Metzger und Lebensmittelhändler, brachten täglich Waren ins Lager. Oft wurden spezielle Produkte, wie Rohrstücke und Chemikalien, geliefert, die von der Lagerleitung angefordert worden waren.

Es gab zahllose soziale Kontakte zwischen dem Lager und der Stadt, weil auch die fast viertausend Mitglieder des SS-Totenkopfverbandes zum Bild der Garnisonsstadt Weimar gehörten. Ihr Musikzug spielte zu städtischen Platzkonzerten auf; die Fußballmannschaft der SS-Standarte beteiligte sich sogar unter offiziellem Namen an lokalen Turnieren. Seit 1939 hatte Buchenwald ein eigenes Standes- und Einwohnermeldeamt, wo Geburt und Tod registriert wurden. Auf den Totenscheinen war zu lesen: «Schädelzertrümmerung durch Unfall», «Erschießen auf der Flucht» oder «Herzversagen bei allgemeiner Körperschwäche».

Ab 1939 organisierte das Weimarer Nationaltheater Vorstellungen für die Buchenwald-SS. Am 25. November 1939 wurde für die vom Ettersberg anreisende Waffen-SS die Oper «Zar und Zimmermann» aufgeführt, mit reservierten Plätzen in den ersten Reihen. Umgekehrt fuhr das gesamte Ensemble des Nationaltheaters in der Spielzeit des Jahres 1941/42 zweimal nach Buchenwald, um dort eine Oper und ein Schauspiel aufzuführen. Später reiste sogar die Weimarer Staatskapelle auf den Ettersberg, um im Lager «volkstümliche Konzerte» zu geben. Diese Ereignisse zeigen, daß das ominöse KZ auf dem Ettersberg kein hermetisch abgeriegelter Ort war[5], zu dem niemand Einblick hatte.

Es herrschte keineswegs «völlige Ahnungslosigkeit», wie nach 1945 oft behauptet wurde. Aber die Angst unter der Bevölkerung war groß, daß man selbst zum Opfer werden konnte. «Erzähl diese Geschichte nicht, sonst landest du in Buchenwald», lautete die Warnung einer eingeschüchterten Bevölkerung, die sich vor der Denunziation des Nachbarn fürchtete.

Als der Buchenwald-Häftling Ernst Cramer an einem Novembermorgen des Jahres 1938 mit kahlgeschorenem Kopf, verfilztem Bart und lehmverkrusteter Kleidung in eine Weimarer Vorortbahn geschoben wird, um die ersehnte Heimreise anzutreten, stehen die Arbeiter erschrocken auf und bieten ihm ihre Plätze an. Einer fragt die Gruppe freigelassener Häftlinge: «Wo kommt ihr denn her?» Da fährt ihm ein anderer über den Mund: «Frag nicht so dumm!»

Auch wenn niemand außer den unmittelbar Beteiligten genau wußte, was im Konzentrationslager Buchenwald tatsächlich geschah, so wußten alle doch immerhin so viel, daß dieses

Wissen disziplinierend und einschüchternd wirkte. «Im Miteinander von Nichtwissen und Wissen erfüllten die Lager ihre Terrorfunktion nach außen. Sie sollten Feinde des Nationalsozialismus verängstigen, ihr Handeln lähmen, sie zum Schweigen bringen – und sie taten es. Jeder kannte jemanden oder hatte von jemandem gehört, der im Morgengrauen abgeholt worden war und nicht mehr zurückkehrte.»[6]

Die «Gnade der späten Geburt»

Nachdem die Weimarer Bürger zu einer Besichtigung des Konzentrationslagers auf dem Ettersberg gezwungen worden waren, wurde am darauffolgenden Sonntag in den Gottesdiensten der Kirchengemeinde eine vom damaligen Probst und evangelischen Superintendenten Kuda verfaßte Predigt verlesen. «In Buchenwald sind Vorgänge ans Licht gekommen, die uns bisher völlig unbekannt waren», hieß es darin. «So dürfen wir vor Gott bekennen, daß wir keinerlei Mitschuld an diesem Greuel haben.»

Die in diesen Sätzen behauptete Ahnungslosigkeit der Weimarer Bürger ist inzwischen widerlegt. Aber genügt es, sich vor dem apokalyptischen Massenmord moralisch zu entsetzen, ohne nach den Ursachen für das Zustandekommen dieser Verbrechen zu fragen? Bis heute ist im Diskurs über diese Frage die Neigung zu erkennen, im Blick auf den Nationalsozialismus von etwas «Unerklärbarem» zu reden und dabei die Generation der Täter zu «pathologisieren», sie entweder als gehorsames Werkzeug oder als unschuldiges Opfer eines unchristlichen, grausamen und sadistischen Regimes hinzustellen. Ich glaube, solche Interpretationen machen es sich zu leicht: Wo die Mitglieder der Waffen-SS lediglich als eine Bande von Verrückten erklärt wird, der alles zuzutrauen war, gerät auch das eigene Weltbild nicht in Schwierigkeiten. So rechtfertigte der beflissene Superintendent in seiner Predigt seine angebliche Unkenntnis damit, das Todeslager Buchenwald sei nur möglich gewesen, weil in Deutschland seit 1933 ein unchristliches Regime am Werke gewesen sei.

«Vor allem sollten wir nicht vom Unerklärbaren reden, als handele es sich um ein Mysterium Gottes oder des Teufels», fordert der Historiker Christian Graf von Krockow. «Was wir schuldig sind, ist eine Anstrengung zum Verstehen, und es ist die Genauigkeit des Hinsehens. Denn jede Wiederkehr des Unmenschlichen wird sich tarnen. Sie wird unerwartete Orte suchen und Verkleidungen wählen, um als ehrbar zu gelten. Dabei ist entscheidend, daß wir rechtzeitig erkennen, was sich anbahnt.»[7]

Ich habe dieses Buch geschrieben, weil mir eine ethisch-moralisierende Analyse im Rückblick auf unsere Geschichte nicht genügt. Als Sohn eines belasteten Vaters, der zur Generation der Täter gehörte, habe ich nach dessen Biographie und besonders nach den historischen Gründen zu fragen, die einen damals Zweiundzwanzigjährigen in den Kreis der Täter geraten ließen. Dieses freiwillige Erinnern eines Sohnes wurde leider durch das verbissene Schweigen erzwungen, mit dem sich der Vater allen Fragen erwehrte.

Aber reden die anderen, inzwischen hochbetagten Zeitzeugen freiwillig darüber, wie sie damals Mitglieder der Waffen-SS, der «Totenkopfdivision» oder in der SS-Verfügungstruppe wurden? Warum sie sich geehrt und in höchstem Maße ausgezeichnet fühlten, plötzlich zu Hitlers auserwählten Kriegern, zur selbsternannten Elite und zur Prätorianergarde des umjubelten «Führers» zu gehören? Ich kenne nur wenige Väter im Umkreis meiner gleichaltrigen Freunde, die nach der Rückkehr aus Krieg und Gefangenschaft ihren Kindern freiwillig erzählten, wie es gewesen war, zum erstenmal auf einen Menschen geschossen oder noch schlimmere Greuel verübt zu haben. Ihre Alpträume sah man den Heimgekehrten an; doch ihr Mund blieb stumm.

«Jedenfalls müssen Sie eins wissen: Man kann es nie seinen Kindern erzählen», heißt es in Sempruns Buchenwald-Roman

«Die große Reise». «Man kann seinem Sohn nichts erzählen, wenn man einen Sohn hat. Unbekannten kann man es am besten erzählen; denn dann ist man weniger betroffen, weniger feierlich.»[8] Hat mein Vater auch deswegen vor seinen Kindern geschwiegen?

Seit über einem Jahr streitet die deutsche Öffentlichkeit über eine Ausstellung des Hamburger Instituts für Sozialforschung, in der am Beispiel schockierender Fotos und Feldpostbriefe Kriegsverbrechen der deutschen Wehrmacht im Zweiten Weltkrieg dokumentiert werden. Die Bilder zeigen in greller Deutlichkeit, wie viele Soldaten sich von der mörderischen Ruchlosigkeit des Hitler-Regimes haben anstecken lassen. In Hitlers rassenideologisch motiviertem Vernichtungsfeldzug gegen den «jüdischen Bolschewismus» spielten eben nicht nur die SS, die Gestapo und die NS-Polizeiformationen eine wichtige Rolle, sondern auch die deutsche Wehrmacht übernahm den ihr zugewiesenen Part. Aber mit der öffentlichen Aufarbeitung dieser Rolle wurde an ein Tabu gerührt.

Gerade die aufgewühlte Debatte über die «Verbrechen der Wehrmacht» scheint zu beweisen, daß sich diese Auseinandersetzung immer noch in den Bahnen einer historiographischen Beruhigung, also meist zwischen Rechtfertigung und Anklage bewegt. Aber wird damit zur Genüge erklärt, wie es zu Hitlers Willkürstaat kam und wie Entwürdigung, Ausgrenzung und Vernichtung Schritt für Schritt über das deutsche Volk hereingebrochen sind?

Wer will, daß sich diese Geschichte nie wiederholt, der muß auch danach fragen, wie Demokratie, Freiheit und Menschenwürde in Deutschland nicht erst ab Hitlers Machtantritt im Jahre 1933, sondern lange vorher mit Füßen getreten wurden – warum zum Beispiel Weimar zu einer Stadt wurde, deren geistige Elite sich freiwillig und gewissermaßen in vorauseilendem Gehorsam dem Despoten Hitler angedient hat. «Es geht darum, Geschichte so zu schreiben, daß verständlich ist, wie es dazu hat kommen können, wie die Voraussetzungen bestimmter Ereignisse beschaffen gewesen sind, die sein Zustandekommen möglich und damit bis zu einem gewissen Grade wahrscheinlich gemacht haben, aber gleichzeitig auch so ... daß die Ereignisse Taten gewesen sind, die hätten unterbleiben können, wenn die, die sie begangen haben, es anders gewollt hätten.» So hat Jan Philipp Reemtsma, der Initiator der Ausstellung «Verbrechen der Wehrmacht», sein historisches Anliegen formuliert.[9]

Warum hat es ausgerechnet in Deutschland, das 1933 eine europäische Industrienation mit einer hochstehenden Kultur war, einen so großen Mangel an Zivilcourage und mitfühlendem Hinschauen gegeben? Warum akzeptierte die Mehrheit der Deutschen fast alle Anordnungen und Schritte, wie sie vom Nazi-Regime verordnet worden waren? Diese Fragen scheinen auch heute noch nicht endgültig beantwortet zu sein. Bei dem Historiker Saul Friedländer, der in seinem Werk «Das Dritte Reich und die Juden» die Rolle von Tätern und Opfern untersuchte, bleibt trotz gründlicher Recherchen ein «Gefühl von Unverständnis» zurück. «Was mich am meisten beschäftigt, ist die Einstellung der Bevölkerung. Da gibt es Fragen, die keine Ruhe lassen. Wie kommt es, daß die allgemeine Bevölkerung im großen und ganzen so gleichgültig war? ... Wie kommt es, daß sich kirchliche und intellektuelle Eliten so passiv verhalten haben? Daß es nicht viele waren, versteht man. Daß es fast keiner war, versteht man nicht. Das zweite Rätsel ist, daß die menschlichen Bindungen zwischen Deutschen und Juden ganz früh, schon 1933, abgebrochen sind. Das Menschliche ist zerrissen, der Nachbar war mit einem Mal kein Nachbar mehr. Was war in dieser Gesellschaft, das sie nicht nur so indifferent, sondern auch so brutal machte?»[10]

Auch ich habe auf diese Frage keine Antwort gefunden. Vor mir liegt ein altes Schwarzweißfoto, das vermutlich Ende August 1932 gemacht wurde, als mit der NS-Regierung Sauckel-Marschler das Ende des demokratischen Verfassungsstaates in Thüringen besiegelt worden war. Eine Gruppe von SA-Leuten schleppt die schwere Tafel fort, die seit Verkündung der Weima-

rer Republik im Jahre 1919 an der Vorderseite des Nationaltheaters angebracht war. Die sieben SA-Leute machen fast alle
zufriedene, ja sogar triumphierende Gesichter, als sei ihnen
klar, daß mit dem Abriß der Erinnerungstafel endlich der Untergang des alten und der Anbruch einer neuen Zeit besiegelt worden sei.

Vielleicht waren wenige Monate vor diesem Ereignis, während der Feierlichkeiten zu Goethes hundertstem Todestag, die
Ehrengäste aus über siebzig Ländern noch am Nationaltheater
vorbeigegangen und hatten die historische Inschrift mit dem
Verweis auf die erste deutsche Nationalversammlung gelesen.
Der Schriftsteller Thomas Mann hatte sich danach über den
veränderten «Weimarer Geist» gewundert: «Ganz eigenartig
berührte mich die Vermischung von Hitlerismus und Goethe.
Weimar ist ja eine Zentrale des Hitlertums. Überall konnte man
das Bild von Hitler usw. in nationalsozialistischen Zeitungen
ausgestellt sehen. Der Typus des jungen Menschen, der unbe-
stimmt entschlossen durch die Stadt schritt und sich mit dem
römischen Gruß begrüßte, beherrschte die Stadt.»[11]

Warum redete die in Weimar versammelte Elite der Goethe-
Bewunderer noch in schwülstigem Pathos über einen Dichter,
feierte ihn gar als einen «neuen Christus», während sich draußen bereits das politische Urteil angebahnt hat? Schon hatte die
Weimarer Ortsgruppe der NSDAP unter dem haßerfüllten Fritz
Sauckel prominente Mitglieder dieser Goethe-Tagung, darunter
Thomas Mann, Gerhart Hauptmann, Walter von Molo und zahlreiche ausländische Intellektuelle, als «Juden und Judengenos-
sen» geschmäht. Wo blieb der in Weimar formulierte Protest?
Zur Goethe-Feierwoche müsse ganz Weimar im nationalsozialistischen Fahnenschmuck prangen, hatte Sauckel angeordnet,
um «diesen Pazifisten die Antwort zu erteilen». Welcher Haus-
bewohner weigerte sich, die Hakenkreuzfahne aus dem Fenster
zu hängen? Schon am 2. April 1930, dem Tag nach dem Sturz
von Wilhelm Frick als Volksbildungs- und Innenminister, war es
in ganz Thüringen zu einem gewalttätigen Aufmarsch der Na-

tionalsozialisten und zu schweren Saalschlachten in mehreren Ortschaften gekommen. Wer distanzierte sich von der Gewalt, die offenbar zum probaten Mittel der politischen Auseinandersetzung geworden war? Wer fiel jenen sieben SA-Leuten in die Hände, als sie im Triumph die historische Erinnerungstafel vor dem Nationaltheater abmontierten? Warum hatte in dieser von dichterischer Huldigung so verwöhnten Stadt kein einziger ihrer Bürger den Mut, dem heraufziehenden Geist von Intoleranz mutig und konsequent die Stirn zu bieten? Diese Fragen mögen fast siebzig Jahre später überflüssig sein. Aber sie sind an jene Eltern und Erzieher, Lehrer, Professoren, Dichter und Repräsentanten eines Kulturbetriebs gerichtet, die damals politische Verantwortung trugen – und die sich früh vom Geist des «Dritten Reichs» verführen ließen.

Der hier beschriebene Fall der Kulturstadt Weimar, so einmalig er vor seiner historischen Konstellation auch war, sollte eine Lehre sein. Einer der wenigen Unbeugsamen, der von 1937 bis 1945 in Sachsenhausen und Dachau inhaftierte Pfarrer Martin Niemöller, hat dazu rückblickend gesagt: «Als die Nazis die Kommunisten holten, habe ich geschwiegen; ich war ja kein Kommunist. Als sie die Sozialdemokraten einsperrten, habe ich geschwiegen; ich war ja kein Sozialdemokrat. Als sie die Katholiken holten, habe ich nicht protestiert; ich war ja kein Katholik. Als sie mich holten, gab es keinen mehr, der protestieren konnte.»[12]

Ich lege meine Hand nicht dafür ins Feuer, daß ich anders als Martin Niemöller gehandelt hätte. Aber ich bewundere alle kleinen und stillen Helden, die mit ihrem Mut die Legende zerstörten, daß man wehrlos ausgeliefert war und «nichts habe machen können». Ich reklamiere ausdrücklich und im Gefühl später Erleichterung «meine Gnade der späten Geburt», die mich von einer Berührung mit jenem «Weimarer Geist» verschonte, dessen Verirrungen in diesem Buch beschrieben worden sind. Aber gerade weil ich zur Generation der Nachgeborenen gehöre, muß ich mich viel schärfer der Vergangenheit zuwenden, als dies unseren Eltern möglich ist, die mit der Vergangenheit möglicherweise ihr eigenes Verhalten kritisieren und dabei um ehrliche Antworten haben kämpfen müssen.

Der Zeitzeuge Wolfgang Held

«Ein Tag Mitte April 1945. Gestern sind amerikanische Panzer in der Stadt angekommen. Es ist warm wie im Sommer. Ich, fünfzehnjährig, bin unterwegs hinauf zum Ettersberg. Eiserne Brücke, Gut Lützendorf, quer über den alten Truppenübungsplatz. Hier habe ich in den Kriegsjahren mit meiner Großmutter Pilze, Waldbeeren und Hagebutten gesammelt.

Heute bin ich allein auf dem Weg. Ich will zum Buchenwald. Jetzt, wo die Leute in Weimar anstelle der Hakenkreuzfahnen weiße Laken aus den Fenstern hängen und den in ihren Jeeps vorbeifahrenden Amerikanern genauso fröhlich zuwinken wie damals im Spätsommer 1939 den in den Krieg ziehenden Panzergrenadieren der Weimarer Garnison, jetzt hat mir meine Mutter verraten, daß dort im KZ Buchenwald womöglich auch mein Onkel Rudi ist, den die Gestapo 1936 verhaftet hatte.

Buchenwald – ich habe erlebt, wie Erwachsene erst über die Schulter schauten und dann dieses Wort nur flüsternd über die Lippen brachten. ‹Ein Platz für Volksfeinde›, hat uns der Lehrer im nationalpolitischen Unterricht erklärt. Leute, die wollen, daß Deutschland den Krieg verliert, daß es wieder Arbeitslose gibt, Bettler, die unter Brücken schlafen, Menschen, die hungern und frieren. Und mir war all die Jahre von den Eltern verboten gewesen, irgendwo vom Onkel Rudi zu erzählen oder von Tante Sophie, die ins KZ Ravensbrück gebracht worden war, weil sie einen jungen Polen mit ins Schlafzimmer genommen hatte.

Seit ein paar Tagen ist das nun alles anders. Jetzt erfahre ich sogar, daß mein Vater damals nicht den Volksempfänger repariert hat, wenn er sich und unser kleines Radio unter einer

Decke versteckt hielt. ‹Radio London› oder ‹Radio Moskau›, hat mir nun meine Mutter verraten. Und daß sie Angst gehabt haben – vor manchen Freunden, vor den Nachbarn, aber genauso auch vor uns, meinem kleinen Bruder und mir. Heute erzählt mir meine Mutter, daß auch Eltern wegen eines Witzes über Hitler oder dem Abhören eines verbotenen Rundfunksenders von den eigenen Kindern verraten und dafür ins KZ Buchenwald gebracht worden sind.

Der Bismarckturm auf dem hohen Buckel des Berges ist schon nahe. Von den Teufelslöchern her klingt das Dröhnen schwerer Motoren. Ich schlage einen Bogen. Mein Ziel sind nicht die tiefen, urzeitlich von der Natur geschaffenen, trichterförmigen Bodeneinschnitte. Ich will zum Lager.

JEDEM DAS SEINE kann ich an dem weit offenen schmiedeeisernen Tor lesen. Ich sehe keine Wache, nur Männer in blau-weiß gestreifter Häftlingskleidung und uniformierte Amerikaner, manche mit Rot-Kreuz-Armbinden, einige mit Foto- oder Filmkameras. Alle haben Gesichter wie aus Stein. Nirgendwo ein lautes Wort. Niemand beachtet mich. Über dem asphaltierten Appellplatz hängt der Übelkeit erregende Geruch von Verwesung und Desinfektionsmitteln. Ich gehe benommen, will meine Frage loswerden, traue mich nicht, einen der stummen, ernsten Männer anzusprechen.

Und dann stehe ich plötzlich vor toten Menschen, nackt, kahl, nur noch Haut und Knochen, aufgeschichtet zu einem Stapel. Ein amerikanischer Sanitäter zieht mich fort, läßt meinen Arm erst bei den Baracken wieder los. Er wird gerufen. Ich zögere, folge ihm dann in das Dunkel der Häftlingsunterkunft, stocke nach wenigen Schritten im Gang zwischen hölzernen Pritschen. Zu Skeletten abgemagerte Menschen ruhen dort, blutleer und reglos. Nur in ihren übergroß wirkenden Augen glimmt noch Leben. Und diese Augenpaare starren mich an, fragend, anklagend, hilfesuchend, sind lautlose Schreie, vor denen ich zurückweiche. Ich laufe durch den Wald, will vorbei an Bismarckturm und Teufelslöchern, nur heimwärts, zurück zur Stadt, achte nicht auf das Motorengedröhn und gerate in ein Bild, so ungeheuerlich und grauenvoll, daß es sich mir bis an das Ende meiner Tage immer und immer wieder quälend in die Träume drängen wird.

Eine Planierraupe schiebt Tote in den Krater. Vor dem breiten Schild türmen sich die Überreste von Menschen, erschossen, totgeprügelt, verhungert noch vor dem nahen Tag der Freiheit oder nun schon zu schwach zum Weiterleben. Nackte abgezehrte Leiber, dürre Arme und Beine, im infernalischen Wirrwarr hinabstürzend auf den schon bedeckten Grund des Teufelslochs. Es schnürt mir die Kehle zu. Ist dies die Wahrheit hinter dem Hakenkreuz? Deshalb soviel Schweigen, so viele Lügen? Meine Augen werden naß. Die Lippen zittern. Jemand legt mir die Hand auf die Schulter. Ein kleiner Mann mit spitzem Kinn, braunäugig und unrasiert. Er trägt gestreifte Häftlingskleidung, an der Brust ein rotes Dreieck, darunter ein heller Stoffstreifen mit einer Nummer. Er weist mit einer Kopfbewegung zu dem Krater hin und schaut mich dann an. Was er sagt, behutsam und doch eindringlich, bestimmt seither mein Leben: ‹Da sind Tränen nicht genug, mein Junge...!›»[13]

Danksagung

Ohne die Hilfe meiner Weimarer Freunde Wolfgang Held und Heike Siegel wäre dieses Buch zwar begonnen, aber niemals abgeschlossen worden. Deshalb danke ich Vetter und Cousine für den unermüdlichen Zuspruch während der letzten drei Jahre. Über den kritischen Umgang mit den kulturellen Traditionen im Nationalsozialismus habe ich vor der Niederschrift mit Lothar Ehrlich (Weimar), Jürgen John (Jena), Karl Robert Mandelkow (Hamburg), Karsten Rudolph (Hamburg), Burkhard Stenzel (Weimar) und Justus H. Ulbricht (Weimar) Gespräche geführt, deren Anregungen in den Text aufgenommen wurden. Bei Dieter Marek (Thüringisches Hauptstaatsarchiv), Dr. Bodo Morawe (Paris), Michael Siebenbrodt (Kunstsammlungen zu Weimar) und Dr. Harry Stein (Gedenkstätte Buchenwald) bedanke ich mich für die kritische Durchsicht des Manuskripts. Den Mitarbeitern der Weimarer Anna Amalia Bibliothek, der Bonner Universitäts-Bibliothek und der Bibliothek des Deutschen Bundestages bin ich zu großem Dank verpflichtet; ebenso den Helferinnen und Helfern im Münchener Institut für Zeitgeschichte sowie im Thüringischen Hauptstaatsarchiv. Bei dem Deutschen Literaturarchiv (Marburg) bedanke ich mich für Hinweise aus dem Nachlaß von Harry Graf Kessler. Herr Ernst Cramer (Berlin) überließ mir liebenswürdigerweise sein Vortragsmanuskript. Den Bonner Mitarbeitern Ingrid Glogau, Johanna Gummlich und Harald Schlund gilt mein Dank ebenso wie meinem Freund Erich Schallus (Köln) für Hilfe, Anregungen und Informationen. Meine Familie, ganz besonders meine Frau Ute Walberg und meine Kinder Mathias, Anna und Julia haben mir oft den Rükken gestärkt. Auch für sie und für meine geliebte Mutter habe ich dieses Buch geschrieben.

Anmerkungen

Weimar – Doppelgesicht einer Stadt

1 Semprun, Jorge: Was für ein schöner Sonntag, Frankfurt/Main 1991, S. 15.
2 Mauersberger, Volker: Jorge Semprun: Zurück aus dem Exil – Der Literat und Widerstandskämpfer in seiner neuen Rolle, in: *Die Zeit*, 22. Juli 1988.
3 Semprun, Jorge: Blick auf Deutschlands Zukunft. Rede zur Entgegennahme des Weimar-Preises, 3. 10. 1995, ders.: Die große Reise, Frankfurt/Main 1963, ders.: Eine meiner Wurzeln liegt an den Ufern der Ilm, in: *Weimarer Kultur Journal*, Nr. 12, 1995, S. 10.
4 Vgl. Hackett, David A.: Der Buchenwald-Report-Bericht über das Konzentrationslager Buchenwald bei Weimar, 2. Aufl. München 1997. Post Weimar/Thür. 1937–1945. Katalog zu der Ausstellung aus der DDR. Hg. von den Nationalen Mahn- und Gedenkstätten, Buchenwald 1990. Vgl. Volkhard Knigge, Jürgen M. Pietsch, Thomas A. Seidel: Versteinertes Gedenken – Das Buchenwalder Mahnmal von 1958. Band 1 und Band 2, Weimar 1998.
5 Hackett, David A.: Der Buchenwald-Report, a. a. O., zit. S. 164 ff.
6 Weimar 1945 – Ein historisches Protokoll. Hg. von Walter Steiner, Renate Ragwitz, Frank Funke und Anke Bickel. Weimarer Schriften, Heft 53, 1997. Hg. vom Stadtmuseum Weimar, S. 59 ff.
7 Schwarz, Gudrun: Eine Frau an seiner Seite – Ehefrauen in der SS-Sippengemeinschaft, Hamburg 1997, S. 17.
8 Semprun, Jorge: Die große Reise, a. a. O., S. 123.
9 Semprun, Jorge: Blick auf Deutschlands Zukunft, a. a. O., S. 18.
10 Bauer, Yehuda: Rede im Deutschen Bundestag anl. des Gedenktages für die Opfer des Nationalsozialismus, 27. Januar 1998.
11 Ziegler, Hans Severus: Adolf Hitler – Aus dem Erleben dargestellt, Göttingen 1964, S. 126, vgl. V. Wahl: Wissen Sie, daß Hitler niemals hier gewesen ist? In: *Thüringische Landeszeitung*, 7. 9. 1996, S. 3.

12 Vgl. Schneider, Jens: Wenn nur die Klassiker und das KZ nicht wären. In: Feuilleton-Beilage der *Süddeutschen Zeitung*, 28. 2. 1997.

13 Friedländer, Saul: Das Dritte Reich und die Juden. Die Jahre der
Verfolgung 1933–1939. München 1998, S. 132.

14 Hitler, Adolf: Mein Kampf, München 1941, S. 274 f.

15 Ziegler, Hans Severus, Adolf Hitler, a. a. O., S. 11.

16 Vgl. Marek, Dieter: Die Zeit des Nationalsozialismus, in: Genius
huius loci, Weimar. Kulturelle Entwürfe aus fünf Jahrhunderten.
Ausstellungskatalog, Stiftung Weimarer Klassik, 1992, S. 175 ff.
Schmidt-Möbus, Friederike und Möbus, Frank: Kleine Kulturgeschichte Weimars, Weimar 1998, S. 263 f. Merseburger, Peter: Mythos Weimar – Zwischen Geist und Macht, Stuttgart 1998, S. 242 ff.
Steinfeld, Thomas: Weimar, Stuttgart 1998, S. 237 ff.

Der Sturz des Großherzogs

1 Zit. nach: Erdmann, Ulrich: Vom Naturalismus zum Nationalsozialismus? Zeitgeschichtliche biographische Studien zu Max Halbe,
Gerhart Hauptmann, Johannes Schlaf und Hermann Stehr, Frank-
furt/Main 1997, S. 241.

2 Kessler, Harry Graf: Tagebücher 1918–1937. Hg. von Erich Pfeiffer-
Belli 1. Auflage, Frankfurt/Main und Leipzig 1996, S. 12.

3 Baudert, August: Sachsen – Weimars Ende. Historische Tatsachen
aus sturmbewegter Zeit, Weimar 1923, S. 4.

4 *Weimarische Zeitung*, Nr. 239, 11. 10. 1918.

5 Zit. nach: Erdmann, Ulrich: Vom Naturalismus zum Nationalsozialismus? A. a. O., S. 240.

6 Patze, Hans/Schlesinger, Walter (Hg.): Geschichte Thüringens, Bd. 5.
Politische Geschichte in der Neuzeit, Köln/Wien 1978, S. 339.

7 Zit. nach: Erdmann, Ulrich: Vom Naturalismus zum Nationalsozialismus? A. a. O., S. 240.

8 Scholz, Wilhelm: An Ilm und Isar. Lebenserinnerungen, Leipzig
1939, S. 33 f.

9 Nachlaß Harry Graf Kessler, Tagebücher Weimar. 15. Dezember
1908. Deutsches Literaturarchiv Marbach (der Text wurde der heutigen Schreibweise behutsam angepaßt).

10 Zit. nach: Schmidt, Alf: Deutschlands kleine Könige, in: *Frau im
Spiegel*, 6. 8. 1972.

11 Von Wildenbruch, Ernst: Gesammelte Werke. Dritte Reihe, 16.
Band, Berlin 1924, S. 27, vgl. von Egloffstein, Hermann: Das Weimar

von Carl Alexander und Wilhelm Ernst. Erinnerungen, Berlin 1934, S. 111. Voß, Richard: Aus einem phantastischen Leben. Erinnerungen, Stuttgart 1920, S. 304. Von Taube, Otto: Wanderjahre – Erinnerungen aus meiner Jugendzeit, Stuttgart 1950, S. 14. Von Schorn, Adelheid: Das nachklassische Weimar unter der Regierungszeit Karl Friedrichs und Maria Paulowa, Weimar 1911, S. 175 ff.

12 Reichold, Helmut: Bismarcks Zaunkönige. Duodez im 20. Jahrhundert – Eine Studie zum Föderalismus im Bismarck-Reich, Paderborn 1977, S. 243, Fußnote 147.

13 Van de Velde, Henry: Geschichte meines Lebens. Hg. und übertragen von Hans Curjel, München 1962, S. 206 ff.

14 Von Scholz, Wilhelm: An Ilm und Isar, a.a.O., S. 33 ff.

15 Kessler, Harry Graf: Tagebücher 1918–1937, a.a.O. S. 179. Vgl. Stark, Michael: Deutsche Intellektuelle – Aufrufe, Pamphlete, Betrachtungen, Heidelberg 1984. Veröffentlichungen der Akademie für Sprache und Dichtung, S. 33 f.

16 Günther, Gitta/Wallraf, Lothar: Geschichte der Stadt Weimar. Weimar 1975, S. 408, Fußnote 99. Vgl. Günther, Gitta, Huschke, Wolfgang und Steiner, Wolfgang: Weimar – Lexikon zur Stadtgeschichte, Weimar 1998, S. 221.

17 Zit. nach: Müller-Krumbach, Renate: Die Cranach-Presse in Weimar, in: Weimar – Tradition und Gegenwart, Heft 20, November 1971, S. 16 f. Vgl. Stenzel, Burkhard: Harry Graf Kessler und die Weimarer Reformen von 1902 bis 1906. Ein Versuch der Moderne, in: Jürgen John (Hg.): Kleinstaaten und Kultur in Thüringen vom 16. bis 20. Jahrhundert, Weimar, 1994, S. 504.

18 Vgl. Nipperdey, Thomas: Deutsche Geschichte 1860–1918, Band 1, Arbeitswelt und Bürgergeist, 2. Auflage, München 1991, S. 812.

19 Vgl. Tenfelde, Klaus: Soziale Frage und soziale Bewegung in der deutschen Doppelrevolution. Vortrag vor dem Forum der Historischen Kommission der SPD am 20./21. 3. 1998 in Berlin, S. 17, vgl. Bude, Heinz: Kultur als Problem, in: *Merkur*, Deutsche Zeitschrift für europäisches Denken, Heft 9/10, 48. Jg. 1995, S. 779.

20 Baudert, August: Sachsen-Weimars Ende, a.a.O., zit. S. 9.

21 Huber, Ernst-Rudolf: Deutsche Verfassungsgeschichte seit 1789, Band 7: Ausbau, Schutz und Untergang der Weimarer Republik, Stuttgart 1984, S. 47.

22 Zit. nach: Erdmann, Ulrich: Vom Naturalismus zum Nationalsozialismus? A.a.O., zit. S. 245.

Flucht in den Mythos

1 Zit. nach: Patze/Schlesinger: Geschichte Thüringens, Bd. 5/2. Halbd., a.a.O., S. 341.

2 Zit. nach: Günther, Gitta/Wallraf, Lothar: Geschichte der Stadt Weimar, a.a.O., S. 521.

3 Von Klemperer, Klemens: Konservative Bewegungen zwischen Kaiserreich und Nationalsozialismus, Oldenburg 1957, S. 86.

4 Demokratischer Volksbund, Aufruf November. Berlin 1919.

5 Von Klemperer, Klemens: Konservative Bewegungen, a.a.O., S. 103.

6 Baudert, August: Sachsen-Weimars Ende, a.a.O., S. 56.

7 Meinecke, Friedrich: Betrachtungen und Erinnerungen, Wiesbaden 1946, S. 52f.

8 Quo vadis? In: *Weimarische Zeitung*, 18. 1. 1919. Vgl. Buchhorn, Josef: Zwischen Goethe und Scheidemann. Weimarer Eindrücke, Berlin 1919.

9 Redslob, Edwin: Weimar als Sinnbild des schöpferischen Gedankens, in: *Weimarer Blätter*, 1921, 3. Jg., Heft 7, S. 331.

10 Hardt, Ernst: Weimar, in: *Weimarer Blätter* 1919, 1. Jg., Heft 1/2, S. 1.

11 Von Scholz, Wilhelm: An Ilm und Isar – Lebenserinnerungen, Leipzig 1939, S. 33ff.

12 Im Gespräch mit dem Autor, in: Hitler in Weimar – Der Fall einer deutschen Kulturstadt, Hörfunkfeature bei *Radio Bremen*, 3. 11. 1997. Vgl. Ulbricht, Justus H.: Im Herzen des geheimen Deutschland – Kulturelle Opposition gegen Avantgarde, Moderne und Republik in Weimar, 1900–1933. Ungedr. Manuskript, 1997. Vgl. Schildt, Axel: Radikale Antworten von Rechts auf die Kulturkrise der Jahrhundertwende, in: Jahrbuch für Antisemitismus-Forschung, Heft 4, 1995, S. 63ff.

13 Thimme, Annelise: Flucht in den Mythos – Die Deutschnationale Volkspartei und die Niederlage von 1918, Göttingen 1969, S. 8. Vgl. Trippe, Christian: Konservative Verfassungspolitik 1918–1923. Die DNVP in Reich und Ländern, Düsseldorf 1995, S. 26f. Winkler, Heinrich-August: Zwei Zusammenbrüche. Deutschland nach 1918 und 1945, in: *Süddeutsche Zeitung*, Nr. 237, 15. 10. 1997, S. 19.

14 Falter, Jürgen: Wahlen und Abstimmungen in der Weimarer Republik. Materialien zum Wahlverhalten 1919–1933. München 1986, S. 110. Vgl. Tracey, Donald R.: Der Aufstieg der NSDAP bis 1930, in: Heiden, Detlev/Mai, Gunther (Hg.) Nationalsozialismus in Thüringen, Weimar 1995, S. 58.

15 Bürgertum am Scheideweg, in: *Weimarische Zeitung*, 11. 3. 1919.

16 Wähler und Wählerinnen, in: *Weimarische Zeitung*, 19. 3. 1919.

17 Aufgaben und Ziel der Deutsch-Nationalen Volkspartei, in: *Weimarische Zeitung*, 27. 1. 1919.

Die ungeliebte Republik

1 So Ulbricht, Justus H.: Zur letzten Ruhe neben Goethe, *Thüringische Landeszeitung*, 17. 1. 1998.

2 Oehme, Walter: Damals in der Reichskanzlei – Erinnerungen aus den Jahren 1918–1919, Berlin 1958, S. 345.

3 Huber, Ernst-Rudolf: Dokumente zur deutschen Verfassungsgeschichte, Band 3: Dokumente der Novemberrevolution und der Weimarer Republik, 1918–1933, Stuttgart 1966, S. 52.

4 Oehme, Walter: Die Weimarer Nationalversammlung 1919, Berlin 1962, S. 70.

5 Huber, Ernst-Rudolf: Dokumente zur deutschen Verfassungsgeschichte, Band 3, a.a.O., S. 66f. Vgl. Schulze, Hagen: Weimar – Deutschland 1917–1933, Berlin 1982, S. 184ff. Patze/Schlesinger: Geschichte Thüringens, Bd. 5/2. Halbband, a.a.O., S. 387. Kaiser, Paul: Die Nationalversammlung und die Stadt Weimar, in: Weimar – Tradition und Gegenwart, Heft 16, Weimar 1969, S. 31ff.

6 Kessler, Harry Graf: Tagebücher, a.a.O., zit. S. 196.

7 Huber, Ernst-Rudolf: Deutsche Verfassungsgeschichte seit 1789, Band 5: Weltkrieg, Revolution und Reichserneuerung, 1914–1919, Stuttgart 1978, S. 1158.

8 Schulze, Hagen: Weimar, a.a.O., S. 202.

9 Huber, Ernst-Rudolf: Deutsche Verfassungsgeschichte seit 1789, Band 5, a.a.O., S. 1158ff. Vgl. Winkler, Heinrich August: Weimar 1918–1933. Die Geschichte der ersten deutschen Demokratie, München 1993, S. 94.

10 In letzter Stunde, in: *Weimarische Zeitung*, 7. 6. 1919.

11 Offenes Sendschreiben an die führenden Kräfte der fremden Kulturvölker, in: *Weimarische Zeitung*, 7. 6. 1919.

12 In letzter Stunde, in: *Weimarische Zeitung*, 7. 6. 1919.

13 Huber, Ernst-Rudolf: Deutsche Verfassungsgeschichte seit 1789, Bd. 5, a.a.O., S. 1158.

14 Was war, was ist, was wird sein? In: *Weimarische Zeitung*, 7. 2. 1919.

15 Zit. bei Erdmann, Ulrich: Vom Naturalismus zum Nationalsozialismus? A.a.O., zit. S. 247.

16 Hesse, Fritz: Aus den Jahren 1925–1950. Erinnerungen an Dessau, 1963, Band 1, S. 112.

17 Oehme, Walter: Die Nationalversammlung, a. a. O., S. 68.

18 Was war, was ist, was wird sein? In: *Weimarische Zeitung*, 7. 2. 1919.

19 Kessler, Harry Graf: Tagebücher, a. a. O., S. 200.

20 Witt, Peter Christian: Friedrich Ebert, 1871–1925, Parteiführer, Reichskanzler, Volksbeauftragter, Reichspräsident, Bonn 1971, S. 144.

21 Meissner, Otto: Staatssekretär unter Ebert – Hindenburg – Hitler. Der Schicksalsweg des deutschen Volkes von 1918 bis 1945, wie ich ihn erlebte, Hamburg 1950, S. 46.

22 Was war, was ist, was wird sein? In: *Weimarische Zeitung*, 7. 2. 1919.

23 Schulze, Hagen: Weimar – Deutschland 1917–1933, a. a. O., S. 209 ff.

24 Der Erzdemagoge, in: *Weimarische Zeitung*, 28. 7. 1919.

25 Baudert, August: Sachsen-Weimars Ende, a. a. O., S. 56 ff. Patze/Schlesinger: Geschichte Thüringens, Bd. 5/2. Halbband, a. a. O., zit. S. 397.

26 Zit. bei Erdmann, Ulrich: Vom Naturalismus zum Nationalsozialismus? A. a. O., S. 244.

27 Kessler, Harry Graf: Tagebücher, a. a. O., S. 190.

28 Tracey, Donald R.: Der Aufstieg der NSDAP bis 1930, in: Nationalsozialismus in Thüringen, a. a. O., S. 53 f. Vgl. Lothar Ehrlich/Jürgen John: Weimar 1930 – Politik und Kultur im Vorfeld der NS-Diktatur, Weimar 1998, S. 14.

29 Maser, Werner: Der Sturm auf die Republik. Aus der Frühgeschichte der NSDAP, Düsseldorf 1994, S. 252.

30 Der Tag deutschen Heldengedenkens, in: *Allgemeine Thüringische Landeszeitung Deutschland*, 4. 8. 1924.

31 Vgl. die Berichterstattung der *Allgemeinen Thüringischen Landeszeitung Deutschland*, August/Sept. 1924.

32 *Allgemeine Thüringische Landeszeitung Deutschland*, 14. 11. 1937.

33 Haffner, Sebastian: Der Verrat, 3. korr. und erw. Auflage, München 1995, S. 22.

34 Eine außerordentliche Sitzung des Stadtrats in Weimar, in: *Allgemeine Thüringische Landeszeitung Deutschland*, 12. 9. 1924.

Der Haß auf die Moderne

1 Isaac, Reginald R.: Walter Gropius – Der Mensch und sein Werk, Band 1, Berlin 1983, S. 203. Vgl. Rüdel, Walter: Bauhaus – Ein Gespräch mit Walter Gropius, in: *Der Monat*, Heft 249, Juni 1969, 21. Jg., S. 79. Vgl. Weber, Klaus: Wir haben viel an Ihnen gut zu machen – Einige Dokumente zum Verhältnis von Walter Gropius und Henry van de Velde, in: Klaus-Jürgen Umbach/Birgit Schulte (Hg.): Henry van de Velde – Ein europäischer Künstler in seiner Zeit, Köln 1992, S. 360 ff. Vgl. van de Velde, Henry: Geschichte meines Lebens, hg. und übertragen von Hans Curjel, München 1962, S. 373, und Hüter, Karl-Heinz: Henry van de Velde als Künstler und Erzieher bis zum Ende seiner Tätigkeit in Weimar. Ungedr. Dissertation Weimar 1961, S. 42. Ders.: Henry van de Velde, Berlin 1967.

2 Thomas Föhl, Michael Siebenbrodt und andere: Staatliches Bauhaus in Weimar. In: Bauhaus-Museum, 2. verb. Auflage, München/Berlin 1996, S. 129. Gropius, Walter: Rede zur Verleihung des Goethe-Preises der Stadt Frankfurt, 28. August 1961, S. 13.

3 Meyer, Jochen (Hg.): Briefe an Ernst Hardt – Eine Auswahl aus den Jahren 1898–1947. In Verbindung mit Tilla Goetz-Hardt. Marbacher Schriften, Nr. 10. Marbach 1975, S. 109.

4 Bayer, Herbert: Walter Gropius, Isa Gropius. Bauhaus 1919–1918, Stuttgart 1955, S. 9.

5 Isaac, Reginald: Walter Gropius, a. a. O., S. 188.

6 Walter Gropius, in: Ja-Stimmen des Arbeiterrates für Kunst, Berlin 1919. In: Hüter, Karl-Heinz: Das Bauhaus in Weimar. Studien zur gesellschaftspolitischen Geschichte einer deutschen Kunstschule, Berlin 1982, Dokument 7, S. 206.

7 Winkler, Klaus-Jürgen: Das Bauhaus in Weimar, in: Genius huius loci, a. a. O., S. 146.

8 Hüter, Karl-Heinz: Das Bauhaus in Weimar, a. a. O., Dokument 28, S. 220.

9 Zit. nach Bayer, Herbert: Walter Gropius, Isa Gropius. Bauhaus, a. a. O., S. 9.

10 Hüter, Karl-Heinz: Das Bauhaus, a. a. O., Dok. 25. Kundgebung von Direktoren und Professoren deutscher und österreichischer Kunstschulen für das Staatliche Bauhaus zu Weimar, 1920, S. 218.

11 Hüter, Karl-Heinz: Das Bauhaus, a. a. O., zit. Dok. 58. Briefe an die Dollarkönige Ford, Rockefeller …, 25. 1. 1923, S. 241.

12 Rüdel, Walter: Ein Gespräch mit Walter Gropius, a. a. O., zit. S. 81.

13 Isaac, Reginald: Walter Gropius, a. a. O., zit. S. 237.
14 In einem Brief an Theodor Heuß, zit. nach Ulbricht, Justus H.: Willkomm und Abschied des Bauhauses in Weimar. Eine Rekonstruktion, in: *Zeitschrift für Geschichtswissenschaft*, 46. Jg., Heft 1, Berlin 1998, S. 13.
15 Hüter, Karl-Heinz: Bauhaus, a. a. O., zit. Dokument 16. Offener Brief der national-chauvinistischen Studierenden des Bauhauses, 16. Dezember 1919, S. 213.
16 Hüter, Karl-Heinz: Bauhaus: Brief an Schikowski, Dokument 28, 8. Juni 1921, S. 228.
17 Freytag-Loringhoven, Mathilde: Der ideelle Wert Weimars, in: *Thüringische Landeszeitung Deutschland*, 13. 12. 1928.
18 Bollenbeck, Georg: Kulturelle Enteignung? Diskursive Reaktionen auf die Moderne in Deutschland, in: Weimar 1930 – Politik und Kultur im Vorfeld der NS-Diktatur. Hg. von Lothar Ehrlich und Jürgen John, Weimar 1998, S. 40.
19 Hess, Hans: Lyonel Feininger, New York 1961, S. 56, vgl. Patze/Schlesinger: Geschichte Thüringens, Bd. 5/2. Halbband, a. a. O., S. 492 ff.
20 Hüter, Karl-Heinz: Manifest zur Bauhaus-Ausstellung 1923, Dok. 60, S. 242.
21 Föhl, Siebenbrodt u. a.: Bauhaus-Museum, a. a. O., S. 134.
22 Stenographische Berichte des Landtags von Thüringen, 18. Sitzung, 15. Mai 1924.
23 Stenographische Berichte des Landtags von Thüringen, 38. Sitzung, 28. Mai 1924.
24 Isaac, Reginald R.: Walter Gropius, a. a. O., S. 332.
25 Das staatliche Bauhaus und sein Leiter, ohne Verf., Weimar 1924, Bauhaus-Archiv Berlin.
26 Hüter, Karl-Heinz: Das Bauhaus, a. a. O., Dok. 86. Syndikus Lange an Max Berg, 26. April 1924.
27 Hesse, Fritz: Aus den Jahren 1925–1930, a. a. O., S. 112 ff.
28 Rüdel, Walter: Bauhaus, a. a. O., S. 81.
29 Bollenbeck, Georg: Kulturelle Enteignung, a. a. O., S. 40 f.
30 Vgl. Argan, Giulio Carlo: Gropius und das Bauhaus, Hamburg 1962, S. 20 f.

Die Affäre Loeb

1 Mehr Bekennermut! Die «objektive Berichterstattung der Zeitung Deutschland», in: *Das Volk*, 19. 8. 1924.

2 Stenographische Berichte des Landtags von Thüringen, 17. Sitzung, 12. April 1924.

3 Stenographische Berichte des Landtags von Thüringen, 17. Sitzung, 12. April 1924.

4 Liepach, Martin: Das Wahlverhalten der jüdischen Bevölkerung in der Weimarer Republik, Tübingen 1996, S. 15 f.

5 Vgl. Liepach, Martin, Das Wahlverhalten der jüdischen Bevölkerung, a. a. O., S. 15 f.

6 Barkai, Avraham/Mendes-Flohr, Paul: Deutsch-jüdische Geschichte in der Neuzeit, Bd. IV. Aufbruch und Zerstörung, München 1997, S. 51.

7 Zit. nach: Liepach, Martin: Das Wahlverhalten der jüdischen Bevölkerung, a. a. O., S. 23.

8 Huber, Ernst-Rudolf: Deutsche Verfassungsgeschichte seit 1789, Bd. 7: Ausbau, Schutz und Untergang der Weimarer Republik, Stuttgart 1984, S. 253.

9 Witzmann, Georg: Thüringen von 1918–1933. Erinnerungen eines Politikers, Meisenheim 1958, S. 86.

10 Georg Sattler. Der Reichsstatthalter in Thüringen. Der Staatssekretär und Leiter des Thüring. Ministerium des Innern. Akt. Verz. 7460, 1903. Bd. 1, HSTA Weimar.

11 Witzmann, Georg: Thüringen von 1918–1933, a. a. O., S. 108.

12 Zit. nach: *Thüringische Landeszeitung Deutschland*, 12. 2. 1924.

13 Zit. nach: *Thüringische Landeszeitung Deutschland*, 12. 2. 1924.

14 Stenographische Berichte des Landtags von Thüringen, 54. Sitzung, 5. 9. 1924.

15 Vgl. Sattler, Georg. Der Reichsstatthalter in Thüringen. Personalakte 7460. Bd. 1, HSTA Weimar.

16 Stenographische Berichte des Landtags von Thüringen, 54. Sitzung, 5. 9. 1924, vgl. Tracey, Donald R.: Der Aufstieg der NSDAP bis 1930, a. a. O., S. 53.

17 Sitzungs-Protokolle über den Untersuchungsausschuß zur Prüfung der gegen den Staatsbank-Präsidenten Loeb ergriffenen Maßnahmen, Bd. 1. 5–10. Sitzung, 29. 11. 1924. Nr. 200, S. 10, HSTA Weimar.

18 Stenographische Berichte des Landtags von Thüringen, 17. Sitzung, 12. April 1924.

19 Sitzungs-Protokolle Untersuchungs-Ausschuß Loeb, a. a. O., ebda.

20 Sitzungs-Protokolle Untersuchungs-Ausschuß Loeb, a. a. O., ebda.

21 Stenographische Berichte des Landtags von Thüringen, 17. Sitzung, 12. April 1924.

22 Witzmann, Georg: Thüringen von 1918–1933, a. a. O., S. 124.

23 Kieß, Paul: Die bürgerliche Presse ist der Feind der Arbeiterklasse – Eine Erinnerung, in: *Das Volk*, 24. 9. 1929.

24 Mommsen, Hans: Die Deutschen und der Holocaust, in: Die Deutschen – ein Volk von Tätern? Zur historisch-politischen Debatte um das Buch von Daniel J. Goldhagen. Schriftenreihe der Friedrich-Ebert-Stiftung, Bonn 1996, S. 14.

25 Stenographische Berichte des Landtags von Thüringen, 48. Sitzung, 10. Juli 1924.

26 Mierendorff, Carl: Gesicht und Charakter der Nationalsozialistischen Bewegung, in: *Die Gesellschaft*, Jg. 7, 1930/31, Heft 6, Juni 1930, S. 493, vgl. Walter, Franz: Von der roten zur braunen Hochburg – Wahlanalytische Überlegungen zur NSDAP in den beiden thüringischen Industrielandschaften, in: Nationalismus in Thüringen, a. a. O., S. 146, vgl. Weber, Otto: Offener Brief an Adolf Hitler, Selbstverlag Otto Weber, Weimar 1930, S. 7.

27 Franz, Peter: Beobachtungen zum Antisemitismus im 20. Jahrhundert, bezogen auf die Region Apolda, in: Blätter zur Geschichte des jüdischen Lebens in Thüringen. Hg. von Thomas Bahr, Jena 1996, S. 141 ff. Vgl. MA, 135, 137 000, Institut für Zeitgeschichte München, Brief Sauckels an Hitler.

28 Franz, Peter: Beobachtungen zum Antisemitismus, a. a. O., S. 151, vgl. Stenographische Berichte des Landtags von Thüringen, vom 14. 7. 1926.

29 Bartels, Adolf: Wilde Zeiten, Weimar 1935, Einführung, S. 5, vgl. Rösner, Thomas: Adolf Bartels, in: Handbuch zur Völkischen Bewegung, 1871–1918, hg. von Uwe Puschner, Walter Schütz, Justus H. Ulbricht, München 1996, S. 879 ff. Ulbricht, Justus H.: Deutsche Renaissance: Weimar und die Hoffnung auf die kulturelle Regeneration Deutschlands zwischen 1900 und 1933, in: Zwischen Konvention und Avantgarde, hg. von Jürgen John und Volker Wahl, Weimar 1995, S. 197, ders.: Im Herzen des geheimen Deutschland, a. a. O., S. 5 ff.

30 Bartels, Adolf: Heine-Genossen. Zur Charakteristik der deutschen Presse und der deutschen Parteien, Dresden 1908, S. 123.

31 Bartels, Adolf: Weimar und die deutsche Kunst, Weimar 1937, S. 111.

32 Erster Kreistag der Nationalsozialistischen Freiheitsbewegung in Thüringen, in: *Thüringische Landeszeitung Deutschland*, 2. 7. 1924.

33 Baldur von Schirach: Die Fahne der Verfolgten, Berlin o. J., S. 12, vgl. Ziegler, Hans Severus: Adolf Hitler, a. a. O., S. 110.

34 Verzeichnis der Mitglieder der NS-Kulturgemeinde. Thüringisches Volksbildungsministerium, AZ 958 HSTA Weimar.

35 Erdmann, Ulrich: Vom Naturalismus zum Nationalsozialismus? A. a. O., zit. S. 201, vgl. Stenzel, Burkhard: ... die deutsche Kunst zu säubern, in: *Weimarer Kultur Journal*, Nr. 4, 1996, S. 26.

36 Bartels, Adolf: Heinrich Heine. Auch ein Denkmal, a. a. O., S. 124.

Hitler in Weimar

1 Hamann, Brigitte: Hitler in Wien – Lehrjahre eines Diktators, München 1996, S. 9.

2 Fest, Joachim: Hitler, a. a. O., S. 71, vgl. Schubert, Elke: Die unmögliche Karriere eines «Streithansels», in: Literatur-Rundschau, Beilage zur *Frankfurter Rundschau*, 2. 10. 1996.

3 Fest, Joachim, Hitler, a. a. O., S. 72.

4 Ziegler, Hans Severus: Adolf Hitler, a. a. O., S. 125.

5 Köhler, Joachim: Wagners Hitler – Der Prophet und sein Vollstrecker, München 1997, S. 19, vgl. Large, David Clay: Hitlers München – Aufstieg und Fall der Hauptstadt der Bewegung, München 1998, S. 247.

6 Fest, Joachim: Hitler, a. a. O., S. 88.

7 Vgl. Ziegler, Hans Severus: Adolf Hitler, a. a. O., S. 145. Fest, Joachim: Hitler, a. a. O., S. 259. Weißbecker/Pätzold: Adolf Hitler – Eine politische Biographie, Leipzig 1995, S. 85 ff. Broszat, Martin: Die Machtergreifung – Der Aufstieg der NSDAP und die Zerstörung der Weimarer Republik, München 1984, S. 19 ff.

8 Köhler, Joachim: Wagners Hitler, a. a. O., S. 21.

9 Dickmann, Fritz: Die Regierungsbildung in Thüringen als Modell der Machtergreifung. Ein Brief Hitlers aus dem Jahr 1930. In: VJHZG, 14. Jg. 1966, S. 454 ff., vgl. Schmidt-Möbus: Kleine Kulturgeschichte Weimars, a. a. O., S. 278.

10 Parteikorrespondenz Sauckel, Brief Sauckel an Hitler, BAAZ, Berlin, 20. 8. 1928.

11 Ulbricht, Justus H.: Im Herzen des geheimen Deutschland, a. a. O., S. 4.

12 Stenographische Berichte des Landtags von Thüringen, 54. Sitzung, 5. 9. 1924.

13 Parteikorrespondenz Sauckel. Brief Sauckel an Hitler, BAAZ, R 2 Pers.

14 Wortmann, Michael: Baldur von Schirach, in: Die braune Elite, hg. von Ronald Smelser und Rainer Zitelmann, Darmstadt 1989, S. 248.

15 Ziegler, Hans Severus: Adolf Hitler, a. a. O., S. 13, Schmidt-Möbus: Kleine Kulturgeschichte Weimars, a. a. O., S. 278 f.

16 Hüttenberger, Peter: Die Gauleiter. Studie zum Wandel des Machtgefüges in der NSDAP, in: Schriftenreihe der Vierteljahrshefte für Zeitgeschichte, Nr. 19, Stuttgart 1969, S. 22.

17 So die *Thüringische Landeszeitung*, zit. nach Hüttenberger, Peter: Die Gauleiter, a. a. O., S. 43.

18 Zit. nach Schmidt-Möbus: Kleine Kulturgeschichte Weimars, a. a. O., S. 277.

19 Ziegler, Hans Severus: Adolf Hitler, a. a. O., S. 126. Vgl. Wahl, Volker: Wissen Sie, daß Hitler niemals hier gewesen ist? In: *Thüringische Landeszeitung*, 7. 9. 1996, S. 3.

20 Ziegler, Hans Severus: Der Führer im alten Elephant. Erinnerungen, in: Der Führer in Weimar, 1936, S. 30, vgl. Günther, Gitta: Weimar – Lexikon zur Stadtgeschichte, a. a. O., S. 438.

21 Ziegler, Hans Severus. Der Führer im alten Elephant, a. a. O., S. 31, vgl. Bayer, Isabel: Das Hotel Elephant – Vorzimmer zu Weimars lebender Walhalla, *Südwestdeutscher Rundfunk*, 24. 7. 1998, S. 14.

22 Ziegler, Hans Severus: Der Führer im alten Elephant, a. a. O., ebda.

23 Ziegler, Hans Severus: Der Führer im alten Elephant, a. a. O., ebda.

24 Fest, Joachim: Hitler, a. a. O., S. 38.

25 Ziegler, Hans Severus: Adolf Hitler, a. a. O., S. 124.

26 Fest, Hitler, a. a. O., S. 38.

27 Fest, Hitler, a. a. O., ebda.

28 Ziegler, Hans Severus: Adolf Hitler, a. a. O., S. 131.

29 Ziegler, Hans Severus: Der Führer im alten Elephant, a. a. O., ebda.

30 Ziegler, Hans Severus: Der Führer im alten Elephant, a. a. O., ebda.

31 Dokument 175, Antrag des Vorsitzenden der NSDAP, Adolf Hitler auf Nutzung des Deutschen Nationaltheaters, 26. 4. 1926, in: Genius huius loci, a. a. O., S. 181.

32 Goebbels, Joseph: Tagebücher, a. a. O., S. 259.

33 Goebbels, Joseph: Tagebücher, a. a. O., S. 260.

34 Goebbels, Joseph: Tagebücher, a. a. O., ebda. Vgl. Hüttenberger, Peter: Die Gauleiter, a. a. O., S. 27.

35 Die Reichstagung der Nationalsozialisten in Weimar, in: *Allgemeine Thüringische Landeszeitung Deutschland*, 5. 7. 1926.

36 Die Reichstagung der Nationalsozialisten in Weimar, in: *Allgemeine Thüringische Landeszeitung Deutschland*, 5. 7. 1926.

37 Goebbels, Joseph: Tagebücher, a. a. O., ebda.

38 Die Vorkommnisse in Weimar, in: *Berliner Tageblatt*, 14. 7. 1926.

39 Stenographische Berichte des Landtags von Thüringen, 14. Juli 1926.

40 Die Hakenkreuzler in Weimar, in: *Frankfurter Zeitung*, 15. 7. 1926.

41 Stenographische Berichte des Landtags von Thüringen, 192. Sitzung, 14. Juli 1926, vgl. Der Mißtrauensantrag der Sozialdemokraten im Landtag abgelehnt, in: *Allgemeine Thüringische Landeszeitung Deutschland*, 16. 7. 1926, S. 3.

42 Der Mißtrauensantrag der Sozialdemokraten abgelehnt, in: *Allgemeine Thüringische Landeszeitung Deutschland*, 16. 7. 1926.

43 Die Hakenkreuzler in Weimar, in: *Frankfurter Zeitung*, 15. 7. 1926.

44 Das Dokument befindet sich im Stadtarchiv Weimar, 2-23-1, Bl. 90 f. Der Verf. dankt Dr. Harry Stein und Udo Wohlfeld für den Hinweis.

Der Schreibtischtäter

1 Dietrich, Otto: Mit Hitler an die Macht, 31. Auflage, München 1935, S. 34.

2 Dickmann, Fritz: Die Regierungsbildung in Thüringen als Modell der Machtergreifung, a. a. O., S. 454 ff.

3 Post, Bernhard: Vorgezogene Machtergreifung 1932. Die Regierung Sauckel, in: Heiden, Detlev/Mai, Gunther (Hg.): Thüringen auf dem Weg ins Dritte Reich, Erfurt 1996, S. 149.

4 Fabricius, Hans: Dr. Frick – Der revolutionäre Staatsmann, in: Der Reichskanzler Dr. Frick, 3. Auflage, Berlin 1939, S. 163.

5 Rudolph, Karsten: Untergang auf Raten. Die Auflösung und Zerstörung der demokratischen Kultur in Thüringen 1930 im regionalen Vergleich, in: Weimar 1930 – Politik und Kultur im Vorfeld der NS-Diktatur, hg. von Lothar Ehrlich und Jürgen John, Weimar 1998, S. 25 f.

6 Huber, Ernst Rudolf: Deutsche Verfassungsgeschichte seit 1789, Band 6: Die Weimarer Reichsverfassung, Stuttgart 1981, S. 820.

7 Riedel, Karl: Lebenserinnerungen. Unveröff. Manuskript im ThHSTA Weimar, S. 124.

8 Braun, Hannelore: Das Ministerium Frick in Thüringen (1930/31)

als Beispiel nationalsozialistischer Regierungspolitik vor 1933. MA-Hausarbeit, München 1972, S. 16.

9 Zit. nach Dickmann, Fritz: Die Regierungsbildung in Thüringen, a.a.O., S. 461f.

10 Zit. nach: Dickmann, Fritz: Die Regierungsbildung in Thüringen, a.a.O., S. 461.

11 Frick, Wilhelm: Sechs Monate nationalsozialistischer Minister in Thüringen, in: Nationalsozialistisches Jahrbuch 1931. Hg. unter Mitwirkung der Reichsleitung der NSDAP, S. 174.

12 Frick, Wilhelm: Sechs Monate nationalsozialistischer Minister, a.a.O., zit. S. 177.

13 Huber, Ernst Rudolf: Deutsche Verfassungsgeschichte, Band 6, a.a.O., S. 697ff..

14 Riedel, Karl: Lebenserinnerungen, a.a.O., S. 115.

15 Dickmann, Fritz: Regierungsbildung in Thüringen, a.a.O., S. 462.

16 Dickmann, Fritz: Regierungsbildung in Thüringen, a.a.O., ebda.

17 Vgl.: Der Kampf um Thüringen – Ein Bericht über die Tätigkeit des ersten nationalsozialistischen Staatsministers und der thüringischen nationalsozialistischen Landtagsfraktion, hg. Gauleitung Thüringen der NSDAP, S. 15. Vgl. Post, Bernhard: Vorgezogene Machtergreifung, a.a.O., zit. S. 149ff.

18 Schönhoven, Klaus/Vogel, Hans-Jochen (Hg.): Frühe Warnungen vor dem Nationalsozialismus. Ein historisches Lesebuch, Bonn 1998, S. 87.

19 Rudolph, Karsten: Untergang auf Raten, a.a.O., zit. S. 27.

20 Witzmann, Georg: Thüringen von 1918–1933, a.a.O., zit. S. 176.

21 Kempner, Robert M. W.: Die preußische Bürokratie auf der Anklagebank. Anklagerede gegen den Angeklagten Wilhelm Frick, gehalten am 16. Januar 1946 vor dem Internationalen Militärtribunal in Nürnberg. Institut für Zeitgeschichte München, AZ, FK, 1349, S. 6.

22 Gritschneider, Otto: Das dümmste Gericht. Im Namen des bayerischen Volkes. Wie dem Terroristen Hitler 1924 zur Bewährungsfrist verholfen wurde, in: *Süddeutsche Zeitung*, 13./14. 9. 1997.

23 Zit. bei Gritschneider, Otto: Das dümmste Gericht, SZ, 13./14. 9. 1997.

24 Dickmann, Fritz: Die Regierungsbildung in Thüringen, a.a.O., ebda. Vgl. Fischer, Werner: Wilhelm Frick – An den Galgen mit den Verbrechern, in: Pätzold/Weißbecker: Stufen zum Galgen – Lebenswege vor den Nürnberger Urteilen, Leipzig 1996, S. 231f.; Weber,

Reinhard: Ein tüchtiger Beamter von makelloser Vergangenheit. Das Disziplinarverfahren gegen den Hochverräter Wilhelm Frick 1924, in: VJHFZG, 42. Jg. 1994, S. 130.

25 Neliba, Günter: Wilhelm Frick – Der Legalist des Unrechtsstaates. Eine politische Biographie. Paderborn 1992, S. 46 ff. Vgl. ders.: Wilhelm Frick und Thüringen als Experimentierfeld für die nationalsozialistische Machtergreifung, in: Nationalsozialismus in Thüringen, a. a. O., S. 75 ff.

26 Zit. nach Neliba, Günter: Wilhelm Frick – Der Legalist des Unrechtsstaates, a. a. O., S. 48.

27 Zit. ebda.

28 Witzmann, Georg: Thüringen von 1918–1933, a. a. O., S. 156.

29 Braun, Hannelore: Das Ministerium Frick in Thüringen, a. a. O., S. 147.

30 Koellreutter, Otto: Der Konflikt Reich/Thüringen in der Frage der Polizeikostenzuschüsse, in: Archiv für Öffentliches Recht, 20. Bd., Tübingen 1931, S. 68 ff.

31 Goebbels, Joseph: Tagebücher 1924–1945. Hg. Ralf Georg Reuth, Band 2, 1930–1934, München 1992, S. 543.

32 Witzmann, Georg: Thüringen 1918–1933, a. a. O., S. 178.

33 Riedel, Karl: Lebenserinnerungen, a. a. O., zit. S. 123.

34 Brenner, Hildegard: Die Kunstpolitik des Nationalsozialismus, a. a. O., zit. S. 32.

35 Brill, Hermann: Gegen den Strom, Offenbach 1946, S. 8.

36 Witzmann, Georg: Der Kampf um Thüringen, a. a. O., S. 176, vgl. Stenographische Berichte des Landtags von Thüringen, 22. 5. 1931.

37 Brenner, Hildegard: Die Kunstpolitik des Nationalsozialismus, a. a. O., S. 30 f.

38 Zit. bei Brenner, Hildegard: Die Kunstpolitik des Nationalsozialismus, a. a. O., S. 34.

39 Zit. bei Genius huius loci, Weimar. Kulturelle Entwürfe aus fünf Jahrzehnten, a. a. O., zit. Kat.-Nr. 182. Dankschreiben Bernhardine Beines' von Ziegesar an Minister Frick für die Durchführung des «Bildersturms» in der Weimarer Kunstsammlung, 27. 11. 1930.

40 Vgl. *Hallesche Nachrichten*, 26. 11. 1930. Entfernung der modernen Kunst? In: *Leipziger Neueste Nachrichten*, 27. 11. 1930. Entfernung der modernen Kunst aus dem Weimarer Museum?, in: *Thüringische Allgemeine Zeitung*, 27. 11. 1930. Bildersturm in Weimar, in: *Weimarische Zeitung*, 28. 11. 1930. Was geht im Schloßmuseum vor?, in:

Berliner Tageblatt, 20. 11. 1930. Der Bildersturm von Weimar, in: *Frankfurter Zeitung*, 30. 11. 1930. Fricks Gründe für einen Feldzug gegen die moderne Kunst, in: *Deutsche Allgemeine Zeitung*, 3. 12. 1930. Bildersturm in Weimar, in: *Mitteldeutsche Zeitung*, 13. 12. 1930. Weimarer Mist für Erfurt, in: *Beilage zum Hannoverschen Kurier*, 2. 12. 1930. Untermenschentum, in: *Tagebuch*, 10. 1. 1931.

41 Zit. bei Post, Bernhard: Vorgezogene Machtergreifung, a.a.O., S. 149.

42 Frick, Wilhelm: Thüringische Bilanz, a.a.O., S. 216.

43 Zit. bei Schmidt-Möbus: Kleine Kulturgeschichte Weimars, a.a.O., S. 285.

44 Zit. bei Schmidt-Möbus: Kleine Kulturgeschichte Weimars, a.a.O., S. 286.

45 Elisabeth Förster-Nietzsche an Henry van de Velde, 29. 5. 1933. Kopie in Privatbesitz des Verfassers.

46 Elisabeth Förster-Nietzsche an van de Velde, a.a.O., ebda.

47 Kessler, Harry Graf: Tagebücher, a.a.O., zit. S. 345.

48 Zit. in Genius huius loci, Weimar, a.a.O. Mussolini-Forzano-Uraufführung in Weimar. *Der Nationalsozialist*, 2. 2. 1932. Kat.-Nr. 187, vgl. Naake, Erhard: Die Beziehungen zwischen Elisabeth Förster-Nietzsche und dem Thüringer Innen- und Volksbildungsminister Wilhelm Frick, in: Weimar 1930, a.a.O., S. 275 ff. Riedel, Manfred: Nietzsche in Weimar – Ein deutsches Drama, Leipzig 1997, S. 124 ff.

49 Kessler, Harry Graf: Tagebücher, a.a.O., zit. S. 722.

50 Brief Elisabeth Förster-Nietzsche an van de Velde, a.a.O., ebda.

Jedem das Seine

1 Cramer, Ernst: Buchenwald – Erinnerung und Verpflichtung, Vortrag im Hilton Hotel Weimar, 22. April 1993. Mit frdl. Genehmigung des Verfassers. Vgl.: Geschunden, geschlagen und wie Vieh gepfercht – Eine Rede zum Gedenken an die Pogromnacht vom November 1938, Rede vor der Jüdischen Gemeinde in Berlin, 10. November 1996.

2 Kertész, Imre: Das unsichtbare Weimar: Das Konzentrationslager Buchenwald. Eine Erinnerung, in: *Merian*, 4. 4. 1994, S. 100.

3 Gespräch mit Wolfgang Held. Vgl. ders. in: Buchenwald-Weimar, hg. von Peter Krakulec, Roland Schopf, Siegfried Wolf, in: Studien zum Nationalsozialismus, hg. von Eike Herms, Münster/Hamburg 1994, Bd. 4.

4 Der Autor im Gespräch mit Frau Christa Hosse (Münster).

5 Vgl. Stein, Harry: Die Geschichte der Juden von Weimar. Referat vor dem Symposium der Stiftung Weimarer Klassik im September 1997. Hecker, Bernhard: In Weimar zu Gast – Gästebücher erzählen. Von der Klassik bis heute, Stuttgart 1998, S. 94f. Merseburger, Peter: Mythos Weimar, a. a. O., S. 342f.

6 Von Krockow, Christian Graf: Epilog zu «Totenstill», hg. von Dirk Reinartz und Christian Graf von Krockow, 2. Auflage, Göttingen 1994, S. 21.

7 Von Krockow: Epilog zu «Totenstill», a. a. O., S. 46.

8 Semprun, Jorge: Was für ein schöner Sonntag, a. a. O. S. 371.

9 Reemtsma, Jan Philipp: Rede zur Verleihung des Geschwister Scholl-Preises an Saul Friedländer, in: *Süddeutsche Zeitung*, 25. 11. 1998, S. 17.

10 Friedländer, Saul: Eine Geschichte bis zum Tode. Gespräch mit Jan Philipp Reemtsma, in: *Süddeutsche Zeitung*, 24. 11. 1998, S. 14.

11 Mann, Thomas: Meine Goethereise. Rede am 5. April 1932, in: ders., Gesammelte Werke in dreizehn Bänden, Bd. 13, Frankfurt/Main 1974, S. 71 ff.

12 Zit. nach von Krockow: Epilog zu «Totenstill», a. a. O., S. 46.

Literatur

Allgemeine Thüringische Landeszeitung, 71.-78. Jg., 1919–1926.

Apelt, Willibald: Geschichte der Weimarer Reichsverfassung. München 1946.

Argan, Giulio Carlo: Gropius und das Bauhaus. Hamburg 1962.

Aschheim, Steven E.: Nietzsche und die Deutschen. Karriere eines Kults. Aus dem Englischen von Klaus Laermann. Stuttgart 1996.

Barkai, Avraham; Mendes-Flohr, Paul: Deutsch-jüdische Geschichte in der Neuzeit. Bd. IV: Aufbruch und Zerstörung. München 1997.

Bartels, Adolf: Heinrich Heine. Auch ein Denkmal. Dresden, Leipzig 1906.

Bartels, Adolf: Weimar und die deutsche Kunst. Weimar 1937.

Bartels, Adolf: Heine-Genossen. Zur Charakteristik der deutschen Presse und der deutschen Parteien. Dresden, Leipzig 1908.

Bartels, Adolf: Wilde Zeiten. Weimar 1935.

Baudert, August: Sachsen – Weimars Ende. Historische Tatsachen aus sturmbewegter Zeit. Weimar 1923.

Bayer, Herbert: Walter Gropius, Isa Gropius: 1919–1928 Bauhaus. Stuttgart 1955.

Bayer, Isabel: «Das Hotel Elephant». Vorzimmer zu Weimars lebender Walhalla. Südwestdeutscher Rundfunk, 24. 7. 1998.

Becker, Peter W.: Fritz Sauckel, Generalbevollmächtigter für den Arbeitseinsatz. In: Smelser, Ronald; Zitelmann, R.: Die braune Elite. 22 biographische Skizzen. Darmstadt 1989.

Benz, Wolfgang (Hg.): Politik in Bayern 1919–1933. Berichte des württembergischen Gesandten Moser von Filseck. Stuttgart 1971.

Berding, Helmut: Moderner Antisemitismus in Deutschland. Frankfurt 1988.

Bollenbeck, Georg: Kulturelle Enteignung? Diskursive Reaktionen auf die Moderne in Deutschland, in: Weimar 1930 – Politik und Kultur im Vorfeld der NS-Diktatur. Hg. von Lothar Ehrlich und Jürgen John. Köln, Weimar, Wien 1998.

Braun, Hannelore: Das Ministerium Frick in Thüringen (1930/31) als Beispiel nationalsozialistischer Regierungspolitik vor 1933. Magisterarbeit, München 1972.

Brenner, Hildegard: Die Kunstpolitk des Nationalsozialismus. Reinbek bei Hamburg 1963.

Brill, Hermann: Das politische Ergebnis der thüringischen Kommunalwahlen. In: Die Gemeinde 6 (1929).

Brill, Hermann: Reichsreform – Eine thüringische Schicksalsfrage. Altenburg 1932.

Brill, Hermann: Gegen den Strom. Offenbach 1946.

Broszat, Martin: Die Machtergreifung – Der Aufstieg der NSDAP und die Zerstörung der Weimarer Republik. München 1984.

Buchhorn, Josef: Zwischen Goethe und Scheidemann. Weimarer Eindrücke. Berlin 1919.

Bude, Heinz: Kultur als Problem. In: Merkur, Deutsche Zeitschrift für europäisches Denken, 48. Jg. (1995), H. 9/10.

Das Staatliche Bauhaus und sein Leiter. April 1924, o. V. Staatliches Bauhaus-Archiv Berlin.

Cramer, Ernst: Buchenwald – Erinnerung und Verpfichtung, Vortrag im Hilton Hotel Weimar am 22. April 1993.

Cramer, Ernst: «Geschunden, geschlagen und wie Vieh gepfercht». Eine Rede zum Gedenken an die Pogromnacht vom November 1938 vor der Jüdischen Gemeinde in Berlin, November 1996.

Curtius, Robert: Deutscher Geist in Gefahr. Berlin 1932.

Demokratischer Volksbund, Aufruf November. Berlin 1919.

Der Kampf um Thüringen – Ein Bericht über die Tätigkeit des ersten nationalsozialistischen Staatsministers und der thüringischen nationalsozialistischen Landtagsfraktion. Hg. von der Gauleitung Thüringen der NSDAP, Weimar 1932.

Deetjen, Werner: Auf den Höhen Ettersburgs. Leipzig 1924.

Die deutschen Eliten und der Weg in den Zweiten Weltkrieg. Hg. von Martin Broszat und Klaus Schwabe in Verb. mit Ludolf Herbst u. a. München 1989.

Dickmann, Fritz: Die Regierungsbildung in Thüringen als Modell der Machtergreifung, Ein Brief Hitlers aus dem Jahre 1930. in: Vierteljahrshefte für Zeitgeschichte 14, 1966.

Dietrich, Otto: Sieben Jahre Thüringen. In: Der Deutschen Spiegel, Jg. 4 (1927), H. 2.

Dietrich, Otto: Mit Hitler an die Macht. München 1935 (31. Auflage).

Döhn, Lothar: Politik und Interesse. Die Interessenstruktur der Deutschen Volkspartei. Phil. Diss. Universität Marburg 1968.

Du Mont, Karl: Der Zusammenschluß Thüringens. Gotha 1927.

Dusik, Bärbel: Hitler – Reden, Schriften, Anordnungen. 2 Bde. München 1992.

Egloffstein, Hermann von: Das Weimar von Carl Alexander und Wilhelm Ernst. Erinnerungen. Berlin 1934.

Erdmann, Ulrich: Vom Naturalismus zum Nationalsozialismus? Zeitgeschichtliche biographische Studien zu Max Halbe, Gerhart Hauptmann, Johannes Schlaf und Hermann Stehr. Frankfurt 1997.

Ehrlich, Lothar; John, Jürgen: Weimar 1930 – Politik und Kultur im Vorfeld der NS-Diktatur. Köln, Weimar, Wien 1998.

Fabricius, Hans (Hg.): Der Reichskanzler Dr. Frick. Berlin 1939 (3. Auflage).

Facius, Friedrich: Politische Geschichte Thüringens. In: Patze, Hans; Schlesinger, Walter (Hg.): Geschichte Thüringens, Bd. 5, Teil 2. Köln, Wien 1978.

Falter, Jürgen: Wahlen und Abstimmungen in der Weimarer Republik. Materialien zum Wahlverhalten 1919–1933. München 1986.

Fest, Joachim: Hitler. Eine Biographie. Frankfurt, Berlin, Wien 1973.

Fischer, Werner: Wilhelm Frick – An den Galgen mit den Verbrechern. In: Pätzold, Kurt; Weißbecker, Manfred: Stufen zum Galgen – Lebenswege vor den Nürnberger Urteilen. Leipzig 1996.

Flitner, Wilhelm: Erinnerungen 1889–1945. Paderborn 1986.

Förster-Nietzsche, Elisabeth: Brief an Henry van de Velde, 29. 5. 1993. THSTA Weimar.

Franz, Peter: Beobachtungen zum Antisemitismus im 20. Jahrhundert, bezogen auf die Region Apolda. In: Beiträge zur Geschichte des jüdischen Lebens in Thüringen. Hg. von Thomas Bahr, Jena 1996, S. 141–162 (Zeitschrift des Vereins für Thüringische Geschichte, Beiheft 29).

Frick, Wilhelm: Sechs Monate nationalsozialistischer Minister in Thüringen. In: Nationalsozialistisches Jahrbuch 1931, 5. Jahrgang. München 1931.

Friedländer, Saul: Das Dritte Reich und die Juden. Die Jahre der Verfolgung 1933–1939. München 1998.

Gaus, Günter: Deutschland im Juni. Köln 1988.

Genius huius loci, Weimar. Kulturelle Entwürfe aus fünf Jahrzehnten. Weimar 1992.

Goebbels, Joseph: Tagebücher 1924–1945. Hg. von Ralf Georg Reuth, Bd. 2, 1930–1934. München 1992.

Graefe, Albrecht von: Damals in Weimar 1919 – Der Verrat am deutschen Volk. Ein Blick hinter die Kulissen. Berlin 1929.

Gritschneider, Otto: Das dümmste Gericht. Im Namen des bayerischen Volkes. Wie dem Terroristen Hitler 1924 zur Bewährungsfrist verholfen wurde. In: Süddeutsche Zeitung 13./14. 9. 1997.

Gropius, Walter: Rede zur Verleihung des Goethe-Preises der Stadt Frankfurt, 28. August 1961.

Günther, Gitta; Huschke, Wolfgang; Steiner, Wolfgang: Weimar – Lexikon zur Stadtgeschichte. Weimar 1998.

Günther, Gitta; Wallraf, Lothar: Geschichte der Stadt Weimar. Weimar 1975.

Hackett, David A.: Der Buchenwald-Report – Bericht über das Konzentrationslager Buchenwald bei Weimar. München 1997 (2. Auflage).

Härtl, Ursula; Stenzel, Burkhard und Ulbricht, Justus H.: Hier, hier ist Deutschland. Von nationalen Kulturkonzepten zur nationalsozialistischen Kulturpolitik. Hg. im Auftrag der Gedenkstätte Buchenwald und der Stiftung Weimarer Klassik. Göttingen 1997.

Haffner, Sebastian: Der Verrat. München 1995 (3. korr. und erw. Aufl.).

Hamann, Brigitte: Hitler in Wien – Lehrjahre eines Diktators. München 1996.

Hardt, Ernst: Weimar. In: Weimarer Blätter 1919, 1. Jg., H. 1/2.

Hecker, Bernhard: Weimar-Anekdoten. Von Würsten, Fürsten, Goethe, Liszt und Tücke. Stuttgart 1998 (2. veränderte und erw. Auflage).

Hecker, Bernhard: In Weimar zu Gast. Gästebücher erzählen. Von der Klassik bis heute. Stuttgart 1998.

Held, Wolfgang: «Das machte stumm!» Der Zeitzeuge Wolfgang Held. In: Buchenwald – Weimar. Hg. von Peter Krakulec, Roland Schopf, Siegfried Wolf (= Studien zum Nationalsozialismus, Bd. 4). Münster, Hamburg 1994.

Henning, Friedrich: Kleine Geschichte Thüringens. Würzburg 1964.

Hess, Hans: Lyonel Feininger. New York 1961.

Heß, Ulrich: Geschichte Thüringens 1860–1914. Hg. von Volker Wahl. Weimar 1991.

Hesse, Fritz: Aus den Jahren 1925–1950. Erinnerungen an Dessau, Bd. 1. Selbstverlag 1963.

Hille, Karoline: Beispiel Thüringen. Die Machtergreifung auf der Probebühne 1930. In: 1933 – Wege zur Diktatur. Hg. von der Staatlichen

Kunsthalle Berlin und der Neuen Gesellschaft für Bildende Kunst. Berlin 1988.

Hitler, Adolf: Mein Kampf. München 1937.

Holzbach, Heidrun: Das «System Hugenberg». Die Organisation bürgerlicher Sammlungspolitik vor dem Aufstieg der NSDAP. Stuttgart 1981.

Huber, Ernst-Rudolf: Dokumente zur deutschen Verfassungsgeschichte, Bd. 3: Dokumente von der Novemberrevolution und der Weimarer Republik, 1918–1933. Stuttgart 1966.

Huber, Ernst-Rudolf: Deutsche Verfassungsgeschichte seit 1789. Bd. V: Weltkrieg, Revolution und Reichserneuerung, 1914–1919. Stuttgart, Berlin, Köln, Mainz 1978.

Huber, Ernst-Rudolf: Deutsche Verfassungsgeschichte seit 1789, Bd. VI: Die Weimarer Reichsverfassung. Stuttgart, Berlin, Köln Mainz 1981.

Huber, Ernst-Rudolf: Deutsche Verfassungsgeschichte seit 1789, Bd. VII: Ausbau, Schutz und Untergang der Weimarer Republik. Stuttgart 1984.

Hüter, Karl-Heinz: Henry van de Velde als Künstler und Erzieher bis zum Ende seiner Tätigkeit in Weimar. Ungedr. Dissertation. Weimar 1961.

Hüter, Karl-Heinz: Henry van de Velde. Berlin 1967.

Hüter, Karl-Heinz: Das Bauhaus in Weimar. Studie zur gesellschaftspolitischen Geschichte einer deutschen Kunstschule. Berlin 1982.

Hüttenberger, Peter: Die Gauleiter. Studie zum Wandel des Machtgefüges in der NSDAP. Schriftenreihe der Vierteljahrshefte für Zeitgeschichte. In: VJHZG 19 (1969).

Hugenberg, Alfred: Streiflichter aus Vergangenheit und Gegenwart. Berlin 1927.

Issac, Reginald R.: Walter Gropius – Der Mensch und sein Werk, Bd. 1. Berlin 1983.

John, Jürgen (Hg.): Gedanken über künftige Forschungen zur Geschichte Thüringens. In: Jahrbuch für Religionsgeschichte 17, 1990.

John, Jürgen (Hg.): Kleinstaaterei und Kultur in Thüringen vom 16. bis zum 20. Jahrhundert. Weimar, Köln, Wien 1993.

John, Jürgen: Thüringische Verfassungsgeschichte im 19. und 20. Jahrhundert. In: Schriften zur Geschichte des Parlamentarismus in Thüringen, Heft 3, Jena 1993.

Kaiser, Paul: Die Nationalversammlung und die Stadt Weimar. In: Weimar – Tradition und Gegenwart, Heft 16, Weimar 1969.

Kempner, Robert M. W.: Die preußische Bürokratie auf der Anklagebank. Anklagerede gegen den Angeklagten Wilhelm Frick, gehalten am 16. Januar 1946 vor dem Internationalen Militärtribunal in Nürnberg. Institut für Zeitgeschichte München.

Kertész, Imre: Das unsichtbare Weimar. Das Konzentrationslager Buchenwald. Eine Erinnerung. In: Merian «Weimar», 4. April 1994.

Kessler, Harry Graf: Tagebücher 1918–1937. Hg. von Erich Pfeiffer-Belli, Frankfurt a. M., Leipzig 1996.

Kessler, Harry Graf: Nachlaß. Tagebücher Weimar, 15. Dezember 1908. LA Marbach.

Kieß, Paul: Die bürgerliche Presse ist der Feind der Arbeiterklasse. Eine Erinnerung. In: Das Volk, 24. 9. 1929.

Klemperer, Klemens von: Konservative Bewegungen zwischen Kaiserreich und Nationalsozialismus. Oldenburg, Wien 1957.

Knigge, Volkhard; Pietsch, Jürgen M.; Seidel, Thomas A.: Versteinertes Gedenken – Das Buchenwalder Mahnmal von 1958. Zwei Bände. Weimar 1998.

Köhler, Joachim: Wagners Hitler – Der Prophet und sein Vollstrecker. München 1997.

Koellreutter, Otto: Der Konflikt Reich/Thüringen in der Frage der Polizeikostenzuschüsse. In: Archiv für öffentliches Recht 20. Tübingen 1931.

Kriesche, Ernst: Die Stadt Weimar. Weimar 1914.

Krockow, Christian Graf von: Epilog zu «Totenstill». Hg. von Reinartz, Dirk; Krockow, Christian Graf von. Göttingen 1994 (2. Auflage).

Kühn, Paul: Weimar, bearb. von Hans Wahl. Leipzig 1921 (3. Auflage).

Large, David Clay: Hitlers München – Aufstieg und Fall der Hauptstadt der Bewegung. München 1998.

Liepach, Martin: Das Wahlverhalten der jüdischen Bevölkerung in der Weimarer Republik. Tübingen 1996.

Mann, Thomas: Meine Goethereise – Rede am 5. April 1932. In: Thomas Mann: Gesammelte Werke in 13 Bänden. Bd. 13. Frankfurt am Main 1974.

Maercker, G.: Vom Kaiserheer zur Reichswehr. Ein Beitrag zur Geschichte der deutschen Revolution. Leipzig 1921.

Marek, Dieter: Die Zeit des Nationalsozialismus. In: Genius huius loci, Weimar. Kulturelle Entwürfe aus fünf Jahrzehnten. Weimar 1992.

Maser, Werner: Der Sturm auf die Republik. Aus der Frühgeschichte der NSDAP. Düsseldorf 1994.

Mauersberger, Volker: Rudolf Pechel und die Deutsche Rundschau – Eine Studie zur konservativ-revolutionären Publizistik in der Weimarer Republik 1918–1933 (zugl. Diss.). Bremen 1971.

Mauersberger, Volker: Jorge Semprun: Zurück aus dem Exil – Der Literat und Widerstandskämpfer in seiner neuen Rolle. In: Die Zeit, Nr. 30 v. 22. Juli 1988.

Mauersberger, Volker: Hitler in Weimar – Der Fall einer deutschen Kulturstadt. Rundfunkmanuskript, gesendet bei Radio Bremen am 3. November 1997.

Meinecke, Friedrich: Betrachtungen und Erinnerungen. Wiesbaden 1946.

Meissner, Otto: Staatssekretär unter Ebert – Hindenburg – Hitler. Der Schicksalsweg des deutschen Volkes von 1918 bis 1945, wie ich ihn erlebte. Hamburg 1950.

Merseburger, Peter: Mythos Weimar. Zwischen Geist und Macht. Stuttgart 1998.

Meyer, Jochen (Hg.): Briefe von Ernst Hardt – Eine Auswahl aus den Jahren 1898–1947. In Verbindung mit Tilla Goetz-Hardt. Marbacher Schriften, Nr. 10. Marbach 1975.

Mierendorff, Carl: Gesicht und Charakter der nationalsozialistischen Bewegung. In: Die Gesellschaft, Jg. 7 (1930/31), Heft 6, Juni 1930.

Mommsen, Hans: Die Deutschen und der Holocaust. In: Die Deutschen – Ein Volk von Tätern? Zur historisch-politischen Debatte um das Buch von Daniel Goldhagen. Schriftenreihe der Friedrich-Ebert-Stiftung, Bonn 1996.

Müller-Krumbach, Renate: Die Cranach-Presse in Weimar. In: Weimar – Tradition und Gegenwart, Heft 20 (Nov. 1971).

Nacke, Erhard: Die Beziehungen zwischen Elisabeth Förster-Nietzsche und dem Thüringer Innen- und Volksbildungsminister Wilhelm Frick. In: Weimar 1930 – Politik und Kultur im Vorfeld der NS-Diktatur, hg. von Lothar Ehrlich und Jürgen John. Köln, Weimar, Wien 1998.

Neliba, Günter: Wilhelm Frick – Der Legalist des Unrechtsstaates. Paderborn 1992.

Neliba, Günter: Wilhelm Frick und Thüringen als Experimentierfeld für die nationalsozialistische Machtergreifung. In: Detlev Heiden/Gunther Mai (Hg.): Nationalsozialismus in Thüringen. Weimar 1995.

Nipperdey, Thomas: Deutsche Geschichte 1860–1918, Bd. 1: Arbeitswelt und Bürgergeist. München 1981 (2. Auflage).

Noether, Erich: Ziele, in: Weimarer Blätter, Heft 1 (1919).

Nostiz, Helene von: Aus dem alten Europa. Menschen und Städte. Hg. Oswald von Nostiz. Frankfurt a. M. 1979.

Oehme, Walter: Damals in der Reichskanzlei – Erinnerungen aus den Jahren 1918–1919. Berlin 1958.

Oehme, Walter: Die Weimarer Nationalversammlung 1919, Erinnerungen. Berlin 1962.

Overesch, Manfred: Hermann Brill in Thüringen 1895–1946. Ein Kämpfer gegen Hitler und Ulbricht. Bonn 1992.

Patton, George S.: Krieg – Wie ich ihn erlebte. Bern 1950.

Petersen, Julius: Erdentage und Ewigkeit. Rede in Weimar 1932. In: Jahrbuch der Goethe-Gesellschaft 1932.

Post Weimar/Thür. 1937–1945. Katalog zu der Ausstellung aus der DDR. Hg. von den Nationalen Mahn- und Gedenkstätten. Buchenwald 1990.

Post, Bernhard: Vorgezogene Machtergreifung 1932. Die Regierung Sauckel. In: Heiden, Detlev; Mai, Gunther (Hg.): Thüringen auf dem Weg ins Dritte Reich. Erfurt 1996.

Weimarer Konzepte. Die Kunst und Bauhochschule 1860 bis 1995. Hg. von Achim Preiss und Klaus-Jürgen Winkler, Weimar 1996.

Rausch, R.: Weimar 1919. Die belagerte Stadt. In: Der Heimatfreund, Beilage zum Kulturspiegel der Stadt Weimar, Jg. 1956.

Redslob, Edwin: Von Weimar nach Europa. Berlin 1972.

Reichel, Peter: Der schöne Schein des Dritten Reiches. Faszination und Gewalt des Faschismus. München, Wien 1991.

Reichold, Helmut: Bismarcks Zaunkönige. Duodez im 20. Jahrhundert. Eine Studie zum Föderalismus im Bismarck-Reich. Paderborn 1977.

Riedel, Manfred: Nietzsche in Weimar – Ein deutsches Drama. Leipzig 1997.

Riedel, Karl: Lebenserinnerungen. Unveröffentlichtes Manuskript. THSTA Weimar.

Riege, Gerhard (Hg.): Dokumente zum Thüringer Staatsrecht 1920–1952, Stuttgart 1991.

Ringer, Fritz K.: Die Gelehrten. Der Niedergang der deutschen Mandarine. Stuttgart 1983.

Rohkrämer, Thomas: Der Militarismus der kleinen Leute. München 1990.

Rösner, Thomas: Adolf Bartels. In: Handbuch zur «Völkischen Bewegung» 1871–1918. Hg. von Uwe Puschner; Walter Schütz; Justus H. Ulbricht, München, London, Paris 1996.

Rüdel, Walter: Bauhaus – Ein Gespräch mit Walter Gropius. In: Der Monat 249, 21. Jg. (Juni 1969), S. 79.

Rudolph, Karsten: Untergang auf Raten. Die Auflösung und Zerstörung der demokratischen Kultur in Thüringen 1930 im regionalen Vergleich. In: Weimar 1930. Politik und Kultur im Vorfeld der NS-Diktatur. Hg. von Lothar Ehrlich; Jürgen John. Weimar 1998.

Ruhmer, Eberhard: Lyonel Feininger. München 1961.

Sattler, Georg: Der Reichsstatthalter in Thüringen. Personalakte 7460. Bd. 1 THSTA Weimar.

Scheidemantel, Eduard: Die deutsche Nationalversammlung. In: Weimarer Blätter, Jg. 1919, Heft 1.

Scheidig, Walter: Bauhaus Weimar 1919 bis 1924. O. O. 1966.

Schildt, Axel: Radikale Antworten von Rechts auf die Kulturkrise der Jahrhundertwende. In: Jahrbuch für Antisemitismus-Forschung 4 (1995).

Schirach, Baldur von: Die Fahne der Verfolgten. Berlin o. J.

Schmidt, Alf: Deutschlands kleine Könige. In: Frau im Spiegel, Nr. 39 v. 6. 8. 1972.

Schmidt-Möbus, Friederike und Möbus, Frank: Kleine Kulturgeschichte Weimars. Köln, Weimar, Wien 1998.

Schneider, Jens: Wenn nur die Klassiker und das KZ nicht wären. In: Feuilleton-Beilage der Süddeutschen Zeitung, Nr. 49 v. 28. 2. 1997.

Scholz, Wilhelm: An Ilm und Isar. Lebenserinnerungen. Leipzig 1939.

Schönhoven, Klaus; Vogel, Hans Jochen (Hg.): Frühe Warnungen vor dem Nationalsozialismus. Ein historisches Lesebuch. Bonn 1998.

Schorn, Adelheid von: Das nachklassische Weimar unter der Regierungszeit Karl Friedrichs und Maria Paulowa. Weimar 1911.

Schorn, Adelheid von: Das nachklassische Weimar. Bd. 2. Weimar 1912.

Schubert, Elke: Die unmögliche Karriere eines «Streithansels». In: Literatur-Rundschau, Beilage zur Frankfurter Rundschau v. 2. 10. 1996.

Schüren, Ulrich: Der Volksentscheid zur Fürstenenteignung 1926. Düsseldorf 1978.

Sehulze, Hagen: Weimar – Deutschland 1917 – 1933. Berlin 1982.

Schwarz, Gudrun: Eine Frau an seiner Seite – Ehefrauen in der SS-Sippengemeinschaft. Hamburg 1997.

Semprun, Jorge: Blick auf Deutschlands Zukunft. Rede zur Entgegennahme des Weimar-Preises am 3. 10. 1995.

Semprun, Jorge: Die große Reise. Frankfurt a.M. 1963.

Semprun, Jorge: Was für ein schöner Sonntag. Frankfurt a. M. 1991.

Severing, Carl: Mein Lebensweg. Köln 1950.

Severing, Karl: 1919–1920 im Wetter- und Watterwinkel. Bielefeld 1927.

Sitzungsprotokolle des Untersuchungsausschusses zur Prüfung der gegen den Staatsbankpräsidenten Loeb ergriffenen Maßnahmen, Bd. 1–5, 5.–10. Sitzung, 29. 11. 1924, Nr. 200 THSTA Weimar.

Staat und NSDAP 1930 bis 1932. Quellen zur Ära Brüning, eingeleitet von Gerhard Schulz, bearbeitet von Ilse Maurer und Udo Wengst. Düsseldorf 1977.

Staatliches Bauhaus in Weimar. In: Bauhaus-Museum. Hg. von Thomas Föhl, Michael Siebenbrodt u. a. München, Berlin 1996 (2. verb. Auflage).

Stark, Michael: Deutsche Intellektuelle 1910–1933. Aufrufe, Pamphlete, Betrachtungen (= Veröffentlichungen der Akademie für Sprache und Dichtung). Heidelberg 1984.

Stein, Harry: Die Geschichte der Juden von Weimar. Referat vor dem Symposium der Stiftung Weimarer Klassik im September 1997.

Stenzel, Burkhard: Harry Graf Kessler und die Weimarer Reformen von 1902–1906. Ein Versuch der Moderne. In: Jürgen John (Hg.): Kleinstaaten und Kultur in Thüringen vom 16. bis 20. Jahrhundert. Weimar, Köln, Wien 1994.

Stenzel, Burkhard: «... die deutsche Kunst zu säubern». In: Weimarer Kultur Journal, Nr. 4 (1996), S. 26.

Stern, Fritz: Kulturpessimismus als politische Gefahr. Eine Analyse nationaler Ideologie in Deutschland. Bern u. a. 1963.

Stern, L. (Hg.): Arbeiterklasse siegt über Kapp und Lüttwitz, Bd. 2. Berlin 1971.

Taube, Otto von: Wanderjahre – Erinnerungen aus meiner Jugendzeit. Stuttgart 1950.

Tenfelde, Klaus: Soziale Frage und soziale Bewegung in der deutschen Doppelrevolution. Vortrag vor dem Forum der Historischen Kommission der SPD am 20./21. 3. 1998 in Berlin.

Thimme, Annelise: Flucht in den Mythos. Die Deutschnationale Volkspartei und die Niederlage von 1918. Göttingen 1969.

Thüringischer Landtag. Stenographische Berichte. 17.–54. Sitzung, 12. April 1924 – 5. September 1924.

Tracey, Donald R.: Der Aufstieg der NSDAP bis 1930. In: Detlev Heiden; Gunther Mai (Hg.): Nationalsozialismus in Thüringen. Weimar 1995.

Trippe, Christian: Konservative Verfassungspolitik 1918–1923. Die DNVP in Reich und Ländern. Düsseldorf 1995.

Ulbricht, Justus H.: Deutsche Renaissance: Weimar und die Hoffnung auf kulturelle Regeneration Deutschlands zwischen 1990 und 1933. In: Zwischen Konvention und Avantgarde. Hg. von Jürgen John und Volker Wahl, Weimar 1995.

Ulbricht, Justus H.: Willkomm und Abschied des Bauhauses in Weimar. Eine Rekonstruktion. In: Zeitschrift für Geschichtswissenschaft, 46. Jg., Heft 1, Berlin 1998.

Ulbricht, Justus H.: «Zur letzten Ruhe neben Goethe». In: Thüringische Landeszeitung v. 17. 1. 1998.

Ulbricht, Justus H.: «Im Herzen des geheimen Deutschland». Kulturelle Opposition gegen Avantgarde, Moderne und Republik in Weimar 1900 bis 1933. Ungedrucktes Manuskript, im Besitz des Verfassers.

Velde, Henry van de: Geschichte meines Lebens. Hg. und übertragen von Hans Curjel. München 1962.

Voß, Richard: Aus einem phantastischen Leben. Erinnerungen. Stuttgart 1920.

Wahl, Volker: Wissen Sie, daß Hitler hier niemals gewesen ist? In: Thüringische Landeszeitung v. 7. 9. 1996.

Walk, Joseph: Kurzbiographien zur Geschichte der Juden 1918–1945. München, New York, London, Paris 1988.

Walter, Franz: Von der roten zur braunen Hochburg. Wahlanalytische Überlegungen zur NSDAP in den beiden thüringischen Industrielandschaften. In: Detlev Heiden; Gunther Mai (Hg.): Nationalsozialismus in Thüringen. Weimar 1995.

Weber, Otto: Offener Brief an Adolf Hitler. Weimar (Selbstverlag Otto Weber) 1930.

Weber, Reinhard: «Ein tüchtiger Beamter von makelloser Vergangenheit.» Das Disziplinarverfahren gegen den Hochverräter Wilhelm Frick 1924. In: Vierteljahrshefte für Zeitgeschichte 42 (1994).

Weimar 1945 – Ein historisches Protokoll. Hg. von Walter Steiner; Renate Ragwitz; Frank Funke u. a. (= Weimarer Schriften, Heft 53). Weimar 1997.

Weimarer Republik. Manifeste und Dokumente zur deutschen Literatur 1918 bis 1933. Hg. von Anton Kaes. Stuttgart 1983.

Weissbecker, Manfred; Pätzold, Kurt: Adolf Hitler – Eine politische Biographie. Leipzig 1995.

Werner, Matthias: Die Anfänge eines Landesbewußtseins in Thüringen. In: Michael Gockel (Hg.): Aspekte hessisch-thüringischer Geschichte. Marburg 1992.

Wildenbruch, Ernst von: Ein Wort über Weimar. Berlin 1903.

Wildenbruch, Ernst von: Gesammelte Werke. Dritte Reihe, Bd. 16. Berlin 1924.

Wingler, Hans M.: Das Bauhaus. Köln 1975.

Winkler, Heinrich August: Weimar 1918–1933. Die Geschichte der ersten deutschen Demokratie. München 1993.

Winkler, Heinrich August: Zwei Zusammenbrüche. Deutschland nach 1918 und 1945. In: Süddeutsche Zeitung, Nr. 237 v. 15. 10. 1997.

Witt, Peter Christian: Friedrich Ebert. 1871–1925: Parteiführer, Reichskanzler, Volksbeauftragter, Reichspräsident. Bonn 1971.

Winkler, Klaus-Jürgen: Das Bauhaus in Weimar. In: Genius huius loci – Kulturelle Entwürfe aus fünf Jahrhunderten. Ausstellungskatalog. Weimar 1992.

Witzmann, Georg: Thüringen von 1918–1933. Erinnerungen eines Politikers. Meisenheim am Glan 1958.

Wortmann, Michael: Baldur von Schirach. In: Die braune Elite. Hg. von Ronald Smelser; Rainer Zitelmann. Darmstadt 1989.

Ziegler, Hans Severus: Adolf Hitler – Aus dem Erleben dargestellt. Göttingen 1964.

Ziegler, Hans Severus: Der Führer im alten Elephant. Erinnerungen. In: Der Führer in Weimar. Beilage zum zehnjährigen Jubiläum der NSDAP 1936. THSTA Weimar.

Register

O

Oehler, Max: 287
Oehler, Richard: 287
Oehme, Walter: 93
Ortlepp, Walter: 221, 266, 282
Osthaus, Karl-Ernst: 133

P

Falezieux-Falconnet, Aimé von:
55
Fapenbrock, Paul: 221, 282
Fatton, Georg S.: 295
Faulssen, Arnold: 94, 172 f., 264
Feterhans, Walter: 141
Piscator, Erwin: 276, 278
Föhner, Ernst: 257 f.
Fölkow, Julius: 192
Freuß, Hugo: 103, 122, 167 f.

Q

Quensel, Paul: 191, 194

R

Rath, Ernst von: 292
Rathenau, Walther: 71, 122, 167 f.,
285
Reemtsma, Jan Philipp: 303
Reich, Lili: 141
Reitter, Leopold: 21
Remarque, Erich Maria: 266 f.
Renoir, Auguste: 55
Reventlow, Ernst von: 191
Riedel, Karl: 248, 264, 268
Rodin, Auguste: 55 f., 75, 285
Rohe, Mies van de: 141
Rosenberg, Alfred: 119, 193
Rosenfeld, Kurt: 167
Röser, Karl: 223
Roth, Alfred: 83

Rothe, Karl: 63
Rousseau, Jean-Jacques: 267
Rudolph, Karsten 241

S

Sachs, Hans: 223
Sattler, Georg: 118, 170, 173,
207–209, 231
Sauckel, Fritz: 20, 192, 194, 206,
209, 215 f., 219, 221, 233, 237 f.,
252, 270, 281–283
Scheidemann, Philipp: 76, 92, 95 f.,
99, 101, 107, 168, 187
Scheidemantel, Eduard: 74, 78, 86
Scheper, Hinnerk: 141
Schiller, Friedrich von: 11, 28 f.,
40, 43, 47, 73 f., 78, 124 f., 138,
194, 218 f., 276
Schirach, Baldur von: 74, 192, 197,
211, 221, 224, 282
Schlaf, Johannes: 40, 66, 74, 102,
191, 195, 196
Schlemmer, Oskar: 141, 147, 273,
275, 278
Schlösser, Rainer: 192
Schmidt, Jost: 141
Schmidt, Paul: 228, 252
Schmidt-Rotluff, Karl: 273
Schneider, Reinhold: 69
Scholz, Wilhelm von: 79
Schorn, Adelheid von: 54
Schreyer, Lothar: 141
Schultze, Otto: 194
Schultze Naumburg, Paul: 181,
195, 273–275, 279
Schulze, Hagen: 98
Seghers, Anna: 11
Semprun, Jorge: 17 f., 26, 301 f.
Severing, Carl: 187, 265

Bildnachweis

Mit Ausnahme der Fotos «Tagung im Nietzsche-Archiv» und «Abgeordnete der Deutschen Nationalversammlung im Deutschen Nationaltheater 1919», die aus dem Fotostudio Louis Held in Weimar stammen,
wurden uns sämtliche Aufnahmen freundlicherweise vom Stadtarchiv
Weimar zur Verfügung gestellt.